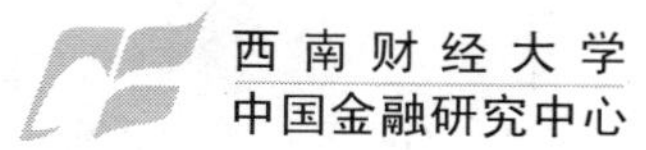

本项目受到西南财经大学“十五”“211”工程资助

ZHUANXINGQI ZHONGGUO JINRONG YANJIU CONGSHU
转型期中国金融研究丛书

中国转型期

研究

ZHONGGUO ZHUANXINGQI
GUOJI SHOUZHI YANJIU

■ 邹宏元　何泽荣　著

中国金融出版社

责任编辑：王海晔　任黎鸿
责任校对：张志文
责任印制：丁淮宾

图书在版编目（CIP）数据

中国转型期国际收支研究（Zhongguo Zhuanxingqi Guoji Shouzhi Yanjiu）/邹宏元，何泽荣著．—北京：中国金融出版社，2006.8
（转型期中国金融研究丛书）
ISBN 7－5049－4074－7

Ⅰ．中…　Ⅱ．①邹…　②何…　Ⅲ．国际收支—研究—中国　Ⅳ．F812.4

中国版本图书馆 CIP 数据核字（2006）第 077419 号

出版
发行　中国金融出版社
社址　北京市广安门外小红庙南里 3 号
市场开发部　（010）63272190，66070804（传真）
网上书店　http：//www.chinafph.com
　　　　　（010）63286832，63365686（传真）
读者服务部　（010）66070833，82672183
邮编　100055
经销　新华书店
印刷　三河市瑞丰印刷有限公司
尺寸　165 毫米×239 毫米
印张　22.75
字数　430 千
版次　2006 年 8 月第 1 版
印次　2006 年 8 月第 1 次印刷
印数　1—3000
定价　42.00 元

前　言

《中国转型期国际收支研究》是西南财经大学“十五”“211工程”重点学科建设项目“中国现代金融科学及技术”的子项目“中国转型期金融理论与实践”的一个课题。

全书分为八章。

第一、二章根据国家外汇管理局公布的、经调整的1982—2004年中国国际收支平衡表，分别对我国国际收支的总体情况、经常项目、资本和金融项目、储备项目和净误差与遗漏项目进行了详细的论述。

在第一章中，我们主要研究了两个问题：(1) 1982—2004年中国的国家收支呈现出明显的“顺差——顺逆差互现——更大顺差”的阶段性特征。(2) 根据大量的统计数据，对经常项目的4个子项目分别进行了论述，并指出中国的经常项目呈现出“顺差减少——持续逆差——大幅度顺差”的阶段性特征。

在第二章中，我们分析了：(1) 在资本和金融项目中，相对于资本项目而言，金融项目是最主要的组成部分；相对于经常项目而言，资本和金融项目规模虽小，但增长速度却快得多；资本和金融项目呈现出“资本和金融项目逆差——资本和金融项目顺差——顺逆差互现——大规模顺差”。(2) 在国际储备项目的其他部分变化不大的情况下，我国的外汇储备总的呈现一个增加的势头，尤其是进入21世纪之后，更是大幅度增加。(3) 按照国际货币基金组织的“净误差与遗漏的绝对值与货物贸易进出口总额之比为5%是可以接受的”标准，我国的这一比值经历了“低——高——低——高”的变化。

第三章探讨我国经常项目与宏观经济的关系。在这一章中，我们主要分析了以下两个问题：(1) 改革开放以来，中国经济的增长究竟是产业结构调整带来的，还是出口带动的？通过对经济结构调整和出口的数据的回归分析，我们的结论是：产业结构的调整对中国经济增长的贡献大于出口对经济增长的贡献。(2) 在此基础上，我们探讨了中国经济增长的战略应该是出口带动型还是内需带动型的问题。根据需求增长的核算分析法，我们的结论是：中国经济的持续增长应该是内需和出口的双增长。此外，本章还介绍了一种新的经常项目分析法——经常项目的跨时分析法。但我们在这里没有对这个分析方法进行实证分析。

第四章和第五章分别研究中国资本的流入和流出问题。

第四章研究的是外资流入与中国宏观经济的关系。外资的流入包括直接投资、证券投资和其他投资三个部分，我们在本章中着重分析的是外国直接投资对中国宏观经济的影响。(1) 我们分别分析了外国直接投资对中国经济增长的贡献、对中国技术进步的作用、对中国投资与储蓄的影响、通过资本形成总量的增加对国内消费的作用、对中国出口的影响，以及对国内就业和工资的影响。(2) 由于现在外国对中国的金融投资规模和影响都不如直接投资大和明显，因此，我们只介绍了中国加入世界贸易组织时开放中国金融业的承诺。(3) 在外资流入对中国经济的影响中，不能不提到国际热钱的流入问题。我们分析了国际热钱存在的必然性、基本特征、进入中国的渠道和如何减轻国际热钱的破坏作用。

第五章讨论中国的对外投资。(1) 我们分别分析了中国对外直接投资的存量和流量的特点。(2) 我们提出了我国对外直接投资应该注意的几个问题，包括直接投资的动因、跨国并购和政府的政策导向。(3) 在讨论资本流出中应该研究资本外逃问题。但由于资本外逃很难从资本流出中分离出来，因此，我们仅仅介绍了学术界识别和测定资本外逃的一些方法。

第六章研究 1990 —2005 年中国的国际储备，但把重点放在外汇储备的研究上。(1) 分析了形成我国外汇储备连续大幅度增加的原因：根本原因是经济多年连续增长；直接原因是国际收支的连年顺差；与我国经济的对外依存度密切相关；一定程度上受国际经济变化的影响。(2) 探讨了影响我国外汇储备适度规模的自变量：进口的需要、外债还本付息的需要、执行政策的需要和应付偶发事件的需要。(3) 在研究外汇储备的收益和成本时，着重研究了我国外汇储备大量增加的成本。(4) 根据世界知名的中国台湾学者蒋硕杰先生的观点，建议将我国大量的外汇储备用于“边际生产力最高的投资上去”。

第七章讨论我国的人民币汇率。这一章讨论的重点是：(1) 通过对 1949 年至今的人民币汇率制度的演变，得出了我国汇率制度选择的依据是：经济体制的变革、中国的经济金融状况、一定情况下的国与国之间的关系。(2) 根据国外的有关资料，对 2005 年 7 月 21 日开始的新的有管理浮动汇率制度中的“一篮子货币”提出了我们的看法。

第八章是开放的宏观经济学。在这一章中，我们在介绍开放宏观经济学和新开放宏观经济学的基础上，（1）对经济的内部均衡和外部均衡的含义，以及它们之间的关系提出了看法；（2）着重分析了当前中国经济的内外失衡问题：内外失衡的表现和产生的原因，提出了解决内外失衡的对策建议：从治理内部失衡入手。

以上是《中国转型期国际收支研究》一书的主要内容。我们深感对这个问题的研究还十分肤浅，某些地方介绍已有的理论和研究成果多，结合中国的情况进行实证和计量分析还比较少。我们把自己的观点表达出来，是想起到抛砖引玉的作用，并求教于国内外同行。

中国是世界上最大的发展中国家，也是从计划经济体制向社会主义市场经济体制转型的国家。如果我们能够很好地总结中国在改革开放和转型过程中的国际收支方面的经验和教训，会有助于其他发展中国家和转型经济国家参考借鉴。

作者

2006 年春

目　　录

第一章　中国国际收支概论（上） …… 1
　第一节　中国国际收支概述 …… 1
　　一、中国的国际收支平衡表 …… 1
　　二、国际收支平衡表中各项目之间的关系 …… 6
　　三、中国国际收支变动的阶段性 …… 6
　第二节　经常项目 …… 13
　　一、中国 1982—2004 年经常项目综述 …… 13
　　二、货物贸易 …… 19
　　三、服务贸易 …… 50
　　四、收益项目 …… 63
　　五、经常转移项目 …… 65

第二章　中国国际收支概论（下） …… 70
　第一节　资本和金融项目 …… 70
　　一、中国 1982—2004 年资本和金融项目综述 …… 70
　　二、金融项目 …… 74
　第二节　储备资产项目 …… 89
　　一、中国国际收支储备资产的结构 …… 89
　　二、中国外汇储备 …… 91
　第三节　净误差与遗漏项目 …… 97
　　一、净误差和遗漏项目的客观存在 …… 97
　　二、对中国净误差与遗漏项目的分析 …… 100

第三章　经常项目与中国宏观经济 …… 105
　第一节　中国产业结构调整对经济增长贡献的实证分析 …… 105
　　一、关于经济增长的新古典观点和结构主义观点 …… 105

二、非均衡模型 …… 107
三、产业结构变化对经济增长的贡献 …… 108
第二节 中国出口对经济增长贡献的实证分析 …… 111
一、贸易和经济增长的理论 …… 111
二、出口与经济增长的关系——非均衡方法 …… 112
三、出口与经济增长的关系——斯伯尔曼秩相关分析 …… 114
四、结论 …… 115
第三节 经济增长战略：出口带动还是内需带动 …… 116
一、出口带动型增长战略 …… 116
二、国内需求和出口带动型战略的定义 …… 118
三、需求增长的核算分析 …… 119
四、私人部门、政府部门和国外部门的分解分析 …… 121
五、结论 …… 122
六、中国的储蓄问题 …… 123
第四节 经常项目的跨时分析法 …… 124
一、概述 …… 124
二、模型 …… 125
三、计量经济模型的建立 …… 126
四、一些实证分析 …… 128
附录 经常项目的跨时分析法 …… 129

第四章 外资流入与中国宏观经济 …… 138
第一节 外国直接投资概述 …… 138
一、外国直接投资的概念界定 …… 138
二、外国直接投资的决定因素 …… 139
三、外国直接投资的理论依据和动机 …… 141
第二节 在中国的外国直接投资 …… 145
一、中国对外国直接投资政策的演变过程 …… 145
二、外国直接投资在中国的发展状况 …… 148
第三节 外国直接投资对中国宏观经济的影响 …… 154
一、外国直接投资对中国经济增长的贡献 …… 154
二、外国直接投资对中国技术进步的促进 …… 160

三、外国直接投资对中国投资—储蓄关系的影响 …………… 164
四、外国直接投资对国内消费的影响 ……………………… 169
五、外国直接投资对中国对外贸易的影响 ………………… 173
六、外国直接投资与中国的就业和工资 …………………… 174
第四节 外国对中国的金融投资 ……………………………… 177
一、外资银行进入中国的步伐以及加入世界贸易组织后对银行业开放的承诺 ……………………………………… 177
二、中国保险业对外开放情况以及加入世界贸易组织后的开放承诺 ………………………………………………… 179
三、中国证券业对外开放情况以及加入世界贸易组织后的开放承诺 ………………………………………………… 180
第五节 国际热钱的流入 ……………………………………… 182
一、国际热钱的概念与基本特征 …………………………… 182
二、关于国际热钱进入中国的问题 ………………………… 184
三、我们能停止热钱的赌博吗？ …………………………… 185
四、结论 …………………………………………………… 188
附录 1 银行服务及其他金融服务附表：服务贸易减让表 ……… 188
附录 2 银行服务及其他金融服务附表：服务贸易承诺时间表 ……… 191
附录 3 保险及其相关服务附表：服务贸易减让表 ……………… 192
附录 4 证券服务附表：服务贸易减让表 ………………………… 194
附录 5 证券服务附表：服务贸易承诺时间表 …………………… 195

第五章 中国对外投资 ………………………………………… 196
第一节 中国对外直接投资概况 ……………………………… 196
一、中国对外直接投资概况 ………………………………… 196
二、2004 年中国对外直接投资存量的特点 ………………… 197
第二节 近年来我国对外直接投资的流量分析 ……………… 201
一、中国对外直接投资的境内主体特点 …………………… 202
二、中国对外直接投资企业的特点 ………………………… 203
三、中国对外直接投资的特点 ……………………………… 204
第三节 对外直接投资中几个值得关注的问题 ……………… 207
一、我国对外直接投资的动因 ……………………………… 207

二、跨国并购 …… 207
三、政府的政策导向 …… 209
第四节 资本外逃 …… 209
一、资本外逃的含义 …… 209
二、资本外逃的测定 …… 212

第六章 中国国际储备 …… 217
第一节 世界国际储备概况 …… 217
一、国际储备的含义 …… 217
二、世界国际储备结构的演变 …… 218
三、世界外汇储备构成分析 …… 220
第二节 国际储备充足性需求理论 …… 221
一、国际储备的充足性问题 …… 221
二、主要决定因素同储备需求之间的决定关系的示意模型 …… 223
三、传统的储备/进口比例法（R/M） …… 225
四、成本—收益模型（海勒模型） …… 227
五、缓冲存量模型 …… 230
六、当前有关国际储备的观点 …… 232
第三节 我国国际储备研究 …… 233
一、我国国际储备结构管理 …… 233
二、影响中国外汇储备的主要因素分析 …… 234
三、对我国外汇储备适度规模的分析 …… 237
四、关于我国外汇储备的成本与收益问题 …… 239

第七章 人民币汇率 …… 242
第一节 汇率制度选择的理论和现实 …… 242
一、汇率制度选择的评价标准和理论 …… 242
二、汇率制度分类问题 …… 244
三、汇率制度选择与一国宏观经济制度特征 …… 247
四、苏联、东欧国家转型过程中汇率制度的演变 …… 249
第二节 人民币汇率制度的选择 …… 251

一、人民币汇率的产生 …… 251
二、人民币汇率的演变过程 …… 252
第三节 新的有管理的浮动的人民币汇率制度 …… 257
一、新的有管理的浮动汇率制度的形成及完善 …… 257
二、人民币货币篮子的构成 …… 259
三、国内外对人民币货币篮子权重的计算 …… 260
四、从人民币货币权重的计算看人民币汇率的走势 …… 261
五、我们对人民币货币篮子的观点 …… 262
六、对中国汇率制度选择的总结 …… 264
第四节 人民币经常项目可兑换 …… 264
一、《国际货币基金组织协定》关于经常项目可兑换的有关条款 …… 265
二、经常项目可兑换性的一般先决条件 …… 269
三、我国实行经常项目可兑换的条件 …… 273
四、我国实现经常项目可兑换的进程 …… 274
第五节 人民币均衡汇率测定的理论基础 …… 277
一、国内外对人民币均衡汇率的研究 …… 277
二、均衡汇率的概念 …… 278
三、宏观经济平衡方法 …… 279
四、扩展的购买力平价方法 …… 287

第八章 开放宏观经济学 …… 294
第一节 经济目标与经济政策关系的理论 …… 294
一、经济目标和经济政策 …… 294
二、丁伯根法则 …… 295
三、斯旺模型 …… 296
四、米德冲突 …… 298
五、蒙代尔搭配法则 …… 299
第二节 传统的开放宏观经济模型：IS—LM—BP 模型 …… 301
一、货币市场的一般均衡：LM 曲线 …… 301
二、商品市场的一般均衡：IS 曲线 …… 304
三、货币市场和商品市场的同步均衡：IS—LM 模型 …… 306

四、国际收支均衡：BP 曲线 …… 307
五、开放经济的均衡：IS—LM—BP 模型 …… 311
第三节 新开放经济的宏观经济学 …… 313
一、归来模型（REDUX） …… 314
二、对归来模型的再思考 …… 320
三、随机的一般均衡开放经济模型 …… 327
四、新的研究方向 …… 329
五、总结和评论 …… 335
第四节 中国经济的内外均衡问题 …… 336
一、经济均衡、内部均衡及外部均衡的含义 …… 336
二、中国经济的内外均衡 …… 337
三、解决中国经济内外失衡的对策建议 …… 340

参考文献 …… 343

后记 …… 350

第一章 中国国际收支概论（上）

国际收支平衡表是一种统计报表，它系统地记载了在特定时期内一经济体与世界其他地方的各项经济交易。国际收支是开放经济中政府决策最重要的经济指标之一。1980 年，作为国际货币基金组织和世界银行的创始国之一，中国恢复了在这两个机构中的合法席位，并开始在原有的外汇收支平衡表的基础上试编国际收支平衡表。1982 年，我国正式公布了按照国际货币基金组织《国际收支手册》第四版编写的国际收支平衡表。随着国际交易方式的变化，如服务贸易的增加、金融市场自由化、资本控制在许多国家被取消、新的金融工具的发明以及重组外债新方法的出现等，国际货币基金组织在 1993 年出版了《国际收支手册》第五版，我国也于 1996 年开始实行新的《国际收支统计申报办法》。1997 年，我国在 1996 年推出的通过金融机构间接申报国际收支的基础上，又推出了直接投资、证券投资、金融机构对外资产及损益、汇兑等四项直接申报工作，为按照《国际收支手册》第五版编制国际收支平衡表奠定了基础。同年，我国正式颁布了第一次按照《国际收支手册》第五版要求编写的年度国际收支平衡表，之后，中国国家外汇管理局也按照《国际收支手册》第五版的要求对 1982—1996 年的国际收支平衡表进行了调整，并最早在《中国外汇管理年报 1999》中披露了调整后的国际收支平衡表的概览。在这一章里，我们将总体介绍中国的国际收支，接着将详细地说明经常项目。关于资本和金融项目、储备资产项目、净误差和遗漏项目等三个项目，我们将在下一章中详细地阐述。

第一节 中国国际收支概述

一、中国的国际收支平衡表

中国政府作为国际货币基金组织和世界银行的创始国之一，于 1980 年恢复了合法席位。作为这两个机构的成员国，中国开始在原来的外汇收支平衡表的基础上试编国际收支平衡表，并于 1982 年正式公布了国际收支平衡表。国家外汇管理局负责编制、公布中国的国际收支平衡表。在1996年以前，外管局在编制国际收支平衡表时，从各种来源收集数据，主要包括政府机构、银行和外管局的记录。国际收支平衡表的编制是按照国际货币基金组织《国际收支手册》第四版规定的方法。1996年以后，中国的国际收支统计开始根据国际货币基金组织的《国际收支手册》第五版编制，以外管局1996年1月开始实行的国际收支统计申报制度[①]为基础，辅之以海关进出口统计、外管局外债统计及其他相关部门统计。1997年，国家外汇管理局颁布了第一个按照《国际收支手册》第五版编制的国际收支平衡表。该年及以后各年的国际收支平衡表相对于1996年及其以前有以下一些重要的变化[②]：

1. 重新定义经常项目。根据《国际收支手册》第五版，经常项目被重新定义为商品（或称为货物）、服务、收入以及经常转移，将原来没有区分的资本转移划到重新命名的资本和金融项目中。经常项目的这一种分类有助于与国民账户体系（SNA）保持一致，便于统计国内生产总值（GDP）、国民生产总值（GNP）、国民可支配收入（Gross National Disposable Income）和国民储蓄（National Saving）等。

2. 为了反映服务交易日益增长的重要性，以满足各种统计体系的需要，扩大了服务交易的组成部分。

3. 对资本项目重新命名。资本项目现被命名为资本和金融账户（Capital and Financial Account）。资本项目包括资本转移和非生产、非金融资产的收买及放弃。金融项目按照投资类型或功能分为直接投资、证券投资、其他投资和储备资产等。

4. 在第五版中，金融流量和存量包括的范围明显扩大，并在结构上重新进行了调整。该手册在这方面覆盖了各种新的金融工具以及涉及特别融资交易的补充分类（即国际收支平衡表与拖欠相关的项目）。

为了更完善地了解国际收支各项目的经济含义和它们之间的相互关系，我们下面将详细地介绍中国的国际收支平衡表的构成。

按照国际货币基金组织《国际收支手册》第五版的要求对我国当前国际收支平衡表（Balance of Payments Statement）的标准组成部分予以介绍。

---

① 该申报制度以从银行交易记录中得到的信息为基础，以调查为补充，收集有关旅游、直接投资、证券投资以及其他金融机构交易的数据。

② 除了以下四个变化，第五版还要求各成员国编制国际投资头寸表，从而使国际投资头寸表上的存量分析与国际收支表上的流量分析相结合。

（一）经常账户

经常账户（Current Account）涉及经济价值以及居民和非居民之间不包括金融账户在内的所有交易，还包括未得到任何回报而提供的或得到的经常性经济价值抵消账目。经常账户包括四个部分：

1. 货物（Goods）。货物（常称为商品）包括一般进出口商品、用于加工的货物、各种运输工具、在港口购买的货物（如燃料、给养、储备和物资）、非货币黄金。需要指出的是，该项目的统计以海关进出口统计资料为基础，根据国际收支统计口径要求进行调整，出口、进口都以商品所有权变化为原则进行调整，均采用离岸价格（FOB）计价，即海关统计的到岸价进口额减去运输和保险费用统计为国际收支口径的进口，出口沿用海关的统计。另外，此项目中还包括一些未经我国海关的转口贸易等，对商品退货也在此项目中进行了调整。出口记在贷方，进口记在借方。

2. 服务（Services）。服务包括运输、旅游、通讯服务、建筑服务、保险服务、金融服务、计算机和信息服务、专有权利使用费和特许费、其他商业服务、个人、文化和娱乐服务、别处未提及的政府服务（如大使馆、领事馆的开支、国际性和地区性组织的服务）。

（1）运输（Transportation）：指与运输有关的服务收支，包括海、陆、空运输，太空和管道运输等。

（2）旅游（Travel）：指对在我国境内停留不足一年的外国旅游者和港澳台同胞（包括因公、因私）提供货物和服务获得的收入以及我国居民出国旅行（因公、因私）的支出。

（3）通讯服务（Communication Services）：包括：①电讯，指电话、电传、电报、电缆、广播、卫星、电子邮件等；②邮政和邮递服务。

（4）建筑服务（Construction Services）：指我国企业在经济领土之外完成的建筑、安装项目，以及非居民企业在我国经济领土之内完成的建筑、安装项目。

（5）保险服务（Insurance Services）：包括各种保险服务的收支，以及同保险交易有关的代理商的佣金。

（6）金融服务（Financial Services）：包括金融中介和辅助服务收支。

（7）计算机和信息服务（Computer and Information Services）：包括计算机数据和与信息、新闻有关的服务交易收支。

（8）专有权利使用费和特许费（Royalties and License Fees）：包括使用无形

资产的专有权、特许权等发生的收支。

(9) 咨询 (Consultation Services): 包括法律、会计、管理、技术等方面的咨询服务收支。

(10) 广告、宣传 (Advertisement and Promotion Services): 包括广告设计、创作和推销，媒介版面推销，在国外推销产品，市场调研等的收支。

(11) 电影、音像 (Audiovisual and Related Services): 包括电影、电视节目和音乐录制品的服务以及有关租用费用收支。

(12) 其他商业服务 (Other Business Services): 指以上未提及的各类服务交易的收支，驻华机构办公经费（不含使领馆）也在此项下。

(13) 别处未提及的政府服务 (Government Services, n.i.e): 指在前面分类没有包括的各种政府服务交易，包括大使馆等国家政府机构的所有涉外交易。

3. 收益 (Income)。收益包括: ①职工的报酬 (Compensation of Employees), 指我国个人在国外工作（1 年以下）而得到并汇回的收入以及我国支付在华外籍员工（1 年以下）的工资福利。②投资收入 (Investment Income), 包括直接投资项下的利润利息收支和再投资收益、证券投资收益（股息、利息等）和其他投资收益（利息）。要说明的是，这里并不把金融资产的购买记入到收入这一项目，而只把在金融资产上赚得的收入记入经常项目，这是因为投资收入能用于当前的消费。

4. 经常转移 (Current Transfer)。经常转移包括侨汇、无偿捐赠和赔偿等项目，既有货物形式，又有资金形式。经常转移分为政府间的经常转移和其他部门间的转移。贷方表示我国从国外获得的无偿转移，借方反映我国向国外提供的无偿转移。

通常我们把上述项目发生的收支又称为贸易收支、非贸易收支和转移收支。

贸易收支是由商品的进出口所引起的收与支。贸易收支不仅在经常项目中，而且在整个国际收支中具有重要地位。其收入与支出的差额形成贸易顺差或逆差，进而影响到经常项目的状况。由于该状况反映的是具有一定物质存在形式的、看得见摸得着的实物，因而人们又把它称为有形贸易 (Visible Trade) 收支。

服务收支是由服务的输出和输入引起的收与支。由于服务是无形的，因此，服务收支又可称为无形贸易 (Invisible Trade) 收支。

转移收支是指单方面进行的、不要求等价交换或赔偿的价值转移，所以又称为单方面转移（Unilateral Transfers）。私人转移主要有年金、侨民汇款、赠与、奖学金等。官方转移主要有对外经济和军事援助、战争赔偿、捐款等。

（二）资本和金融账户（Capital and Financial Account）

它由资本账户和金融账户两大部分构成。

1. 资本账户。资本账户的主要组成部分是资本转移和非生产、非金融资产的收买/放弃。资本转移包括涉及固定资产所有权的转移、同固定资产买进联系在一起或以其为条件的资金转移，以及债权人不索取任何回报而取消的债权。非生产、非金融资产的收买/放弃包括各种无形资产，如注册的单位名称、租赁合同或其他可转让的合同和商誉。

2. 金融账户。按投资类型或功能划分，金融账户包括三个部分：

（1）直接投资（Direct Investment）。直接投资反映一经济体的居民单位（直接投资者）对另外一个经济体的居民单位（直接投资者）的永久利益。国际收支平衡表中的“直接投资”就包括这两者的所有交易。因此，直接投资被分为我国在外直接投资和外国在华直接投资两项。

（2）证券投资（Portfolio Investment）。证券投资包括股票和债券的交易。它通常按资产和负债加以区别。

债券交易又细分为长期债券、中期债券、货币市场工具和衍生金融工具（如选择权）。

证券投资和直接投资的区别在于：前者只是为了获得投资收益；后者不光要获得投资收益，还要进一步获得控制和管理的权益。经济学家一般认为，获得股权大于10%的投资，称为直接投资；获得股权小于10%的投资，称为证券投资。

（3）其他投资（Other Investment）。其他投资包括长短期的贸易信贷、货款、货币和存款以及应收款项和应付款项。它通常按资本和负债加以区别，如按一年或一年以下和一年以上区别，则可分为短期或长期资产和负债。

（三）储备资产（Reserves）

储备资产包括一经济体的货币当局可用来满足国际收支和在某些情况下满足其他目的的资产交易。具体地说，储备资产包括货币黄金（Monetary Gold）、特别提款权（Special Drawing Rights）、在基金组织的储备头寸（Reserve Position in the Fund）、外汇资产（Foreign Exchange，包括货币、存款和有价证券）以及其他债权（Other Claims）。

当经常账户与资本和金融账户相抵后仍有差额时，往往通过官方储备的增减变动来加以调节，以达到平衡。由于官方储备的增减变化是为了平衡上述项目的差额，因此，官方储备的增加反映在国际收支平衡表的借方（负号项目）；反之，官方储备减少反映在贷方（正号项目）。同时，经济学家也使用储备资产的变化，或者是外汇储备的变化来考察国际收支是赤字还是盈余。

（四）净误差与遗漏（Net Errors and Omissions）

净误差与遗漏是一个人为的平衡项目。由于国际收支平衡表是按照复式记账原理编制的，借方总额与贷方总额必须相等，而经常项目与资本和金融项目冲抵后的净差额应通过官方储备的增减来达到平衡。但是，由于统计数据来源不一，甚至数据不全或有错误等原因，净差额与官方储备的实际增减数并不相等，借贷方不能平衡。为了使整个国际收支平衡表的净差额为零，于是建立了“净误差与遗漏”项目来人为地使国际收支平衡表平衡。

二、国际收支平衡表中各项目之间的关系

根据国际收支平衡表各项目的性质，国际收支平衡表各项目之间的关系可以用以下三个等式表示：

$$C + K = R + E \tag{1.1}$$

$$(C + K) - R = E \tag{1.2}$$

$$(C + K) - (R + E) = 0 \tag{1.3}$$

式中：C 为经常项目；K 为资本和金融项目；R 为官方储备；E 为净误差与遗漏。

式（1.1）表明，自主性交易（$C+K$）与调节性交易（$R+E$）的数额相等，方向相反，也表明调节性交易的性质和作用。

式（1.2）表明“净误差与遗漏”数量的计算方法，即“净误差与遗漏”是在动用了官方储备（R）弥补（$C+K$）的缺口后的差额。从这里也可以看出，它完全是一个为了会计上的需要而人为设置的平衡项目。

式（1.3）表明整个国际收支平衡表的净差额应为零。

三、中国国际收支变动的阶段性

表 1－1 是对 1982—2004 年中国国际收支情况的概括。其中 1996 年及其以前的数据均经过国家外汇管理局按照《国际收支手册》第五版进行了调整，因此从统计上大体形成了一组可以比较的系列数据。从数据中可以看到，中国国

际收支呈现出阶段性的趋势。

表 1－1　　　　中国国际收支概览　　　　单位：百万美元

年　份	1982	1983	1984	1985	1986	1987	1988
经常项目差额	5 674	4 240	2 030	－11 417	－7 035	300	－3 803
贷方	25 401	25 355	29 320	30 078	31 199	40 536	47 949
借方	19 727	21 115	27 290	41 495	38 234	40 236	51 752
1. 货物与服务差额	4 812	2 571	54	－12 501	－7 390	291	－4 061
贷方	23 712	23 282	26 802	28 253	29 782	39 171	45 912
借方	18 900	20 711	26 748	40 754	37 172	38 880	49 973
A. 货物差额	4 249	1 990	14	－13 123	－9 140	－1 661	－5 315
贷方	21 125	20 707	23 905	25 108	25 756	34 734	41 054
借方	16 876	18 717	23 891	38 231	34 896	36 395	46 369
B. 服务差额	563	581	40	622	1 750	1 952	1 254
贷方	2 587	2 575	2 897	3 145	4 026	4 437	4 858
借方	2 024	1 994	2 857	2 523	2 276	2 485	3 604
2. 收益差额	376	1 158	1 534	841	－23	－215	－161
贷方	1 017	1 453	1 922	1 387	901	976	1 469
借方	641	295	388	546	924	1 191	1 630
3. 经常转移差额	486	511	442	243	378	224	419
贷方	672	620	596	438	516	389	568
借方	186	109	154	195	138	165	149
资本和金融项目差额	－1 736	－1 372	－3 752	8 485	6 540	2 731	5 269
贷方	3 556	3 041	4 512	21 174	21 333	19 166	20 262

续表

年　份	1982	1983	1984	1985	1986	1987	1988
借方	5 292	4 413	8 264	12 689	14 793	16 435	14 993
1. 资本项目差额	—	—	—	—	—	—	—
贷方	—	—	—	—	—	—	—
借方	—	—	—	—	—	—	—
2. 金融项目差额	－1 736	－1 372	－3 752	8 454	6 540	2 731	5 269
贷方	3 556	3 041	4 512	21 174	21 333	19 166	20 262
借方	5 292	4 413	8 264	12 689	14 793	16 435	14 993
A. 直接投资差额	386	823	1 285	1 327	1 794	1 669	2 344
贷方	430	916	1 419	1 956	2 244	2 314	3 194
借方	44	93	134	629	450	645	850
B. 证券投资差额	21	－621	－1 638	3 027	1 568	1 051	876
贷方	41	153	942	3 049	1 608	1 191	1 216
借方	20	774	2 580	22	40	140	340
C. 其他投资差额	－2 143	－1 574	－3 399	4 131	3 178	11	2 049
贷方	3 085	1 972	2 151	16 169	17 481	15 661	15 852
借方	5 228	3 546	5 550	12 038	14 303	15 650	13 803
储备资产变动	－4 217	－2 695	531	5 422	1 727	－1 660	－455
贷方	61	0	681	5 576	1 851	0	76
借方	4 278	2 695	150	154	124	1 660	531
其中：外汇储备变动	－4 278	－1 915	681	5 576	1 172	－1 451	－499
净误差与遗漏	279	－173	1 191	－2 490	－1 232	－1 371	－1 011

续表

年　份	1989	1990	1991	1992	1993	1994	1995	1996
经常项目差额	－4 318	11 997	13 271	6 401	－11 904	7 658	1 618	7 242
贷方	50 193	60 767	70 507	85 618	92 237	126 435	154 257	181 363
借方	54 511	48 770	57 236	79 217	104 141	118 777	152 639	174 121
1. 货物与服务差额	－4 928	10 668	11 601	4 998	－11 792	7 357	11 958	17 550
贷方	47 822	57 374	65 898	78 817	86 557	118 927	147 240	171 677
借方	52 750	46 706	54 297	73 819	98 349	111 570	135 282	154 127
A. 货物差额	－5 620	9 165	8 743	5 183	－10 654	7 290	18 050	19 535
贷方	43 220	51 519	58 919	69 568	75 659	102 561	128 110	151 077
借方	48 840	42 354	50 176	64 385	86 313	95 271	110 060	131 542
B. 服务差额	692	1 503	2 858	－185	－1 138	67	－6 092	－1 985
贷方	4 602	5 855	6 979	9 249	10 898	16 366	19 130	20 600
借方	3 910	4 352	4 121	9 434	12 036	16 299	25 222	22 585
2. 收益差额	229	1 055	840	248	－1 284	－1 036	－11 774	－12 437
贷方	1 894	3 017	3 719	5 595	4 390	5 738	5 191	7 318
借方	1 665	1 962	2 879	5 347	5 674	6 774	16 965	19 755
3. 经常转移差额	381	274	830	1 155	1 172	1 337	1 434	2 129
贷方	477	376	890	1 206	1 290	1 770	1 826	2 368
借方	96	102	60	51	118	433	392	239
资本和金融项目差额	6 428	－2 774	4 580	－251	23 474	32 644	38 675	39 967
贷方	21 185	20 377	20 323	30 223	50 828	61 793	67 712	70 977
借方	14 757	23 151	15 743	30 474	27 354	29 149	29 037	31 010
1. 资本项目差额	—	—	—	—	—	—	—	—
贷方	—	—	—	—	—	—	—	—
借方	—	—	—	—	—	—	—	—

续表

年　份	1989	1990	1991	1992	1993	1994	1995	1996
2. 金融项目差额	6 428	－2 774	4 580	－251	23 474	32 644	38 675	39 967
贷方	21 185	20 377	20 323	30 223	50 828	61 793	67 712	70977
借方	14 757	23 151	15 743	30 474	27 354	29 149	29 037	31 010
A. 直接投资差额	2 613	3 657	3 453	7 156	23 115	31 787	33 849	38 066
贷方	3 393	3 487	4 366	11 156	27 515	33 787	37 736	42 350
借方	780	830	913	4 000	4 400	2 000	3 887	4 284
B. 证券投资差额	－180	－241	235	－57	3 050	3 543	790	1 744
贷方	140	0	565	865	5 042	4 493	1 803	3 354
借方	320	241	330	922	1 992	950	1 013	1 610
C. 其他投资差额	3 995	－5 190	892	－7 350	－2 691	－2 686	4 036	157
贷方	17 652	16 890	15 392	18 202	18 271	23 513	28 173	25 273
借方	13 657	22 080	14 500	25 552	20 962	26 199	24 137	25 116
储备资产变动	－2 202	－6 089	－11 091	2 102	－1 767	－30 527	－22 463	－31 662
贷方	55	0	0	2 427	54	0	0	0
借方	2 257	6 089	11 091	325	1 821	30 527	22 463	31 662
其中：外汇储备变动	－2 178	－5 543	－10 619	2 269	－1 756	－30 421	－21 959	－31 450
净误差与遗漏	92	－3 134	－6 760	－8 252	－9 775	－9 775	－17 830	－15 547
年　份	1997	1998	1999	2000	2001	2002	2003	2004
经常项目差额	36 962	31 471	21 114	20 519	17 405	35 422	45 875	68 659
贷方	218 427	217 670	234 661	298 973	317 924	387 535	519 580	700 697
借方	181 464	186 199	213 547	278 454	300 519	352 113	473 706	632 038
1. 货物与服务差额	42 823	43 837	30 641	28 873	28 086	37 383	36 079	49 284
贷方	207 239	207 425	220 964	279 561	299 410	365 395	485 003	655 827
借方	164 416	163 589	190 323	250 688	271 324	328 013	448 924	606 543

续表

年　份	1997	1998	1999	2000	2001	2002	2003	2004
A. 货物差额	46 222	46 614	35 980	34 474	34 017	44 167	44 652	58 982
贷方	182 670	183 529	194 716	249 131	266 075	325 651	438 270	593 393
借方	136 448	136 916	158 735	214 657	232 058	281 484	393 618	534 410
B. 服务差额	– 3 399	– 2 777	– 5 339	– 5 600	– 5 931	– 6 784	– 8 573	– 9 699
贷方	24 569	23 896	26 248	30 430	33 335	39 745	46 734	62 434
借方	27 968	26 673	31 588	36 031	39 266	46 528	55 306	72 133
2. 收益差额	– 11 004	– 16 644	– 14 470	– 14 666	– 19 173	– 14 945	– 7 838	– 3 523
贷方	5 711	5 584	8 330	12 551	9 390	8 344	16 095	20 544
借方	16 715	22 228	22 800	27 216	28 563	23 289	23 933	24 067
3. 经常转移差额	5 143	4 278	4 943	6 311	8 492	12 984	17 634	22 898
贷方	5 477	4 661	5 367	6 861	9 125	13 795	18 482	24 326
借方	334	382	424	550	632	811	848	1 428
资本和金融项目差额	21 015	– 6 321	5 180	1 922	34 775	32 291	52 726	110 660
贷方	92 637	89 327	91 754	91 986	99 531	128 321	219 631	343 350
借方	71 622	95 648	86 574	90 064	64 756	96 030	166 905	232 690
1. 资本项目差额	– 21	– 47	– 26	– 35	– 54	– 50	– 48	– 69
贷方	0	0	0	0	0	0	0	0
借方	21	47	26	35	54	50	48	69
2. 金融项目差额	21 036	– 6 275	5 205	1 958	34 829	32 340	52 774	110 729
贷方	92 637	89 327	91 754	91 986	99 531	128 321	219 631	343 350
借方	71 601	95 601	86 549	90 029	64 702	95 981	166 857	232 621
A. 直接投资差额	41 674	41 118	36 978	37 483	37 356	46 790	47 229	53 131
贷方	45 439	45 645	41 015	42 096	47 052	53 074	55 507	60 906
借方	3 765	4 527	4 037	4 613	9 697	6 284	8 278	7 774

续表

年　份	1989	1990	1991	1992	1993	1994	1995	1996
B. 证券投资差额	6 942	－3 733	－11 234	－3 991	－19 406	－10 342	11 427	19 690
贷方	9 230	1 899	1 808	7 814	2 404	2 287	12 307	20 262
借方	2 288	5 632	13 042	11 805	21 810	12 629	880	572
C. 其他投资差额	－27 580	－43 660	－20 540	－31 535	16 879	－4 107	－5 881	37 908
贷方	37 968	41 783	48 931	42 076	50 075	72 961	151 817	262 182
借方	65 548	85 443	69 470	73 611	33 196	77 068	157 699	224 274
储备资产变动	－35 724	－6 426	－8 505	－10 548	－47 325	－75 507	－117 023	－206 364
贷方	12	0	1 252	407	0	0	0	478
借方	35 736	6 426	9 757	10 955	47 325	75 507	117 023	206 842
其中：外汇储备变动	34 862	－5 069	－9 716	－10 898	－46 591	－74 242	－116 844	－206 681
净误差与遗漏	－22 254	－18 724	－17 788	－11 893	－4 856	7 794	18 422	27 045

资料来源：根据《中国外汇管理2002年报》，国家外汇管理局网站中信息整理。

1. 1982—1983年国际收支顺差阶段。首先需要说明的是，我们以外汇储备的增加来判断国际收支的变动情况。这一时期经常项目出现较大数额的顺差，分别达到56.74亿美元和42.40亿美元。与此同时，1982年和1983年资本和金融项目净流出分别是17.36亿美元和13.72亿美元。但这一时期资本和金融项目的规模在整个国际收支中所占比重较小，1982年和1983年经常项目的顺差弥补了资本和金融项目的逆差，国家外汇储备在这两年分别增加42.78亿美元和19.15亿美元，因此1982年和1983年的整个国际收支为顺差。

2. 1984—1989年国际收支顺差与逆差互现阶段。1984年、1985年我国外汇储备减少，1987年、1988年、1989年外汇储备增加。之所以出现这种国际收支顺差和逆差互现情况，是由于这一时期，除1984年和1987年经常项目为顺差外，其余年份均为逆差。引起经常项目逆差的重要原因是货物贸易逆差。这里需要指出的是，1987年经常项目顺差得益于服务项目顺差和经常转移顺差；货物贸易仍为逆差。但从资本和金融项目来看，除1984年外，其他五年都为资本的净流入。1987年、1988年和1989年的资本和金融项目顺差弥补了这三年的经常项目逆差，因此这三年的外汇储备增加，国际收支顺差。其余年份为国际收支逆差。

3．1990—2004年国际收支顺差阶段。在这15年内，我们仍然以外汇储备的增减来判断国际收支的顺逆差。除了1992年外汇储备减少外①，其余年份外汇储备均为增加，且增加的绝对金额都高于1990年以前的年份。这充分反映了我国国际收支明显好转，国际经济地位显著提高。从这15年来看，除1993年经常项目为逆差外，其余年份均为顺差；同期资本和金融项目除1990年、1992年和1998年为净流出外，其他年份都为净流入。因此，在这一段时期里，我国国际收支基本形成了经常项目与资本和金融项目“双顺差”局面，国际收支顺差规模持续扩大。

从以上三个阶段可以看出，1982—2004年我国国际收支的发展经历了小额顺差—顺逆差互现—更大顺差这样一个从低到高的发展过程。在这一进程中，我国国际收支规模不断扩大，我国国际收支交易总规模年均增长31.6%，由540亿美元升至1.91万亿美元，占GDP的比重由19%升至115%，国际收支态势向良好方向发展。这表明我国经济对外开放度进一步扩大，与世界经济的融合更加紧密，对外经济运行对国内经济的影响增强。

第二节 经常项目

一、中国1982—2004年经常项目综述

经常项目涉及经济价值以及居民和非居民之间不包括金融账户在内的所有交易，还包括未得到任何回报而提供的或得到的经常性经济价值抵消账目。经常项目的收支包括四个方面：货物、服务、收入、经常转移。表1-2总结了我国1982年至2004年经常项目收支的总体情况。自1982年起，多数年份中国的经常项目均处于盈余状态。具体看，我们可以将经常项目按照其顺差和逆差的情况分为三个阶段：第一个阶段从1982至1983年，顺差减少阶段，经常项目顺差由1982年的56.74亿美元下降到20.30亿美元。第二阶段从1985年至1989年为总体逆差阶段，在这段时间里，我国经常项目持续逆差，仅1987年出现少许顺差后即转入逆差。第三个阶段为总体顺差阶段，当进入20世纪90

① 1992年我国对外汇储备统计口径进行了调整，中国银行的外汇结余不再作为储备资产。

年代以后，我国经常项目除1993年的一次逆差外，其他各年均处于顺差阶段，1997年经常项目顺差达到369.62亿美元的高点后连续四年顺差水平下降，2001年回落至174.05亿美元。进入2002年后，经常项目顺差进入了上升的渠道，经常项目顺差规模迅速扩大，到2004年年底已经达到686.59亿美元，相当于2001年的3倍多。

表1-2　经常项目差额及构成　单位：百万美元

年份＼项目	经常项目差额	货物差额	服务差额	收益差额	经常转移差额
1982	5 674	4 249	563	376	486
1983	4 240	1 990	581	1 158	511
1984	2 030	14	40	1 534	442
1985	-11 417	-13 123	622	841	243
1986	-7 035	-9 140	1 750	-23	378
1987	300	-1 661	1 952	-215	224
1988	-3 803	-5 315	1 254	-161	419
1989	-4 318	-5 620	692	229	381
1990	11 997	9 165	1 503	1 055	274
1991	13 271	8 743	2 858	840	830
1992	6 401	5 183	-185	248	1 155
1993	-11 904	-10 654	-1 138	-1 284	1 172
1994	7 658	7 290	67	-1 036	1 337
1995	1 618	18 050	-6 092	-11 774	1 434
1996	7 242	19 535	-1 985	-12 437	2 129
1997	36 962	46 222	-3 399	-11 004	5 143
1998	31 471	46 614	-2 777	-16 644	4 278
1999	21 114	35 980	-5 339	-14 470	4 943
2000	20 519	34 474	-5 600	-14 666	6 311
2001	17 405	34 017	-5 931	-19 173	8 492
2002	35 422	44 167	-6 784	-14 945	12 984
2003	45 875	44 652	-8 573	-7 838	17 634
2004	68 659	58 982	-9 699	-3 523	22 898

资料来源：根据《中国外汇管理2002年报》、国家外汇管理局网站信息整理。

1982年是我国改革开放的第四年，在我国对外经济关系中，货物贸易仍然是主要的组成部分。在这一年里，出口和进口都得到较为平稳的发展，按照国际收支统计口径，货物贸易实现顺差42.49亿美元，占经常项目收支顺差的74.9%。1983年，经常项目仍然为顺差，但是较1982年有较大幅度的下降，主要原因在于货物出口的减少和进口的增加。1984年，我国在进出口贸易大幅度增长的情况下，国际经济技术交流进一步扩大。因此货物进口增长的速度高于出口增长的速度，经常项目顺差继1983年缩小后进一步萎缩至20.30亿美元。1985年货物进口大大超过出口，逆差131.23亿美元，进口的高速增长是与我国经济增长速度相一致的。在上述这一时期中，我国社会总产值、工业总产值和国民收入，年均以10%左右的高速度增长，国民经济发展和人民生活改善，要求进口适应这一形势。现代化建设需要的生产资料、原材料以及与国计民生有关的重要物资进口，占中央外汇进口的92%以上，对促进我国工农业生产发展，加速老厂技术改造，推动产品升级换代，活跃国内市场，都发挥了一定作用。在国际市场需求不振、竞争日益激烈、贸易保护主义加剧、世界贸易停滞不前的不利条件下，我国货物出口却保持了较为稳定的增长。

1986年为扩大出口，增加外汇收入，国家及时制定一系列鼓励出口政策，加强进口管理，货物贸易逆差减少至91.40亿美元，比1985年减少30.4%，进口适当控制收效明显。1987年是外贸实行承包经营责任制的第一年，开展“双增双节”运动初见成效，充分利用经济调节杠杆，配合国家税务部门，积极制定落实出口退税政策。货物出口贸易大幅增长34.9%，进口得到控制，贸易逆差改善，比1986年减少81.8%，经常项目变逆差为顺差。

1988年我国开始全面推行外贸的承包经营责任制，在轻工、工艺、服装三个行业实行自负盈亏试点改革，增强进出口许可证管理。但是由于该年国际贸易保护主义有所加强，国际市场竞争激烈，我国进口的一些大宗商品价格较高，一些出口的大宗商品处于较低价格水平，国内出现经济过热和通货膨胀，给外贸工作带来不少困难，贸易逆差扩大，经常项目转为逆差，且主要由货物贸易收支引起。1989年外贸环境和外贸秩序初步整治，进一步调动了外贸企业和有关方面积极性，开始理顺了一些较混乱的经营渠道和横向关系，外部条件逐步改善。1989年保持了贸易额的稳定增长。

1990年是我国深入贯彻治理整顿、深化改革方针取得显著成效的一年。对外经贸面临严峻的国际环境，克服一些西方国家“经济制裁”造成的困难，货物出口贸易额又有大幅增长，贸易平衡状况明显改善，实现顺差91.65亿美元，经常项目顺差119.97亿美元。外贸管理工作取得明显进展，清理整顿各类外贸公司进入实质性阶段，进出口许可证管理更趋完善，出口商标管理进一步加强。

1991年是“八五”计划的第一年，也是外贸企业实行自负盈亏体制的第一年，取消外贸企业出口补贴，合理调整汇率，适当增加外汇留成比例，使外贸企业自主经营，自负盈亏。1992年进出口贸易额较1991年增长21.9%，占世界贸易额的比重从1.8%跃为2.0%，对外贸易迈上新台阶。

1993年我国对外贸易在波澜起伏中艰难地行进。世界经济增长放慢，增长率年均仅1.1%，世界市场扩展缓慢，贸易额增长幅度由4.5%下降到2.5%，严重影响我国出口增长。我国经济多年来一直保持高速增长势头，1993年增长率在13%以上，国内需求扩张带动进口扩张、部分出口转向国内、大规模引进外资、互相竞争等因素，1993年出口增长是近年增幅最低的一年，进口却是最高的一年。由于进口中80%都是生产资料，对于106.54亿美元的逆差，我们亦不必大惊失色。

1994年我国在财税、金融、投资、外汇等领域推出一系列重大改革措施，向建设有中国特色社会主义市场机制的改革目标迈出了决定性一步。在外汇、外贸领域，实现汇率并轨，实行银行结售汇制，建立银行间外汇市场，取消外汇收支指令性计划，停止发行外汇券。这一轮外贸体制改革的方向是：统一政策、平等竞争、自负盈亏、工贸结合、推行代理制、建立适应国际通行规则的外贸运行机制。出口增长迅猛，进口增长减缓，进出口平衡状况明显改善，实现顺差72.90亿美元，经常项目顺差76.58亿美元。

1995年国内实行适度从紧的宏观经济政策，国内市场需求有限，迫使企业到国际市场寻求出路，以深化国有企业改革为重点的各项配套改革调动了各方面积极性；出口退税政策调整，降低了出口退税率，促使企业争相及早出口。货物贸易顺差180.50亿美元，比上年增长147.6%，进出口总额占世界贸易总额的比重已达3.0%，出口保持强劲增长，达22.9%。1996年我国经常项目继续保持了较大幅度的顺差，达到72.42亿美元，出口、进口都有一定程度的增长。

1997年，在世界范围内大多数国家经济总量明显增长，但是金融风暴在东南亚爆发，然而我国对外贸易继续保持较为强劲的增长势头，全年贸易总额比1996年增长12.1%，贸易顺差成为经常项目顺差的基础。随着改革开放和对外经济交流的扩大，国际经济状况对中国国内经济的影响日趋显著，1998

年我国对外贸易依存度和对外资金依存度分别达到 33.3% 和 19.2%，中国的家电和服装等大宗出口商品面临着东南亚各国的激烈竞争，同时 1998 年东南亚金融危机开始蔓延，国际市场整体需求不足，我国政府还以高度负责的态度承诺人民币不贬值，这都对我国的贸易收支造成了消极的影响。1998 年出口仅仅增长了 0.5%，远远低于 1996 年、1997 年 17.9% 和 20.9% 的水平，而进口方面由于国内经济发展速度趋缓、经济景气回升缓慢以及遭受特大洪涝灾害等原因，买方市场的出现和有效需求不足使进口增幅仅达到 0.3%，为 1978 年以来的最低水平，但是我国仍获得了 466.14 亿美元的贸易顺差，为经常项目顺差、国际收支总体顺差和外汇储备持续增长奠定了基础。在服务贸易方面，我国延续了 1994 年以来的进大于出的情况，服务贸易总额仅相当于货物贸易的 16.55%，远低于世界平均水平。同时服务贸易结构落后，优势部门集中在如旅游、劳务输出等劳动密型服务行业，相反如金融、保险、航空、电讯、信息等资本密集型行业国际竞争力相对较弱，且短期内难以提高。

1999 年是我国涉外经济活动面临巨大挑战的一年。一是世界经济区域化趋势和贸易保护主义对我国外贸出口的压力加剧，欧元启动且贬值 11% 左右便利了欧元区内的贸易，同时使我国对其出口下降，另外美国方面对我国的贸易限制直接使我国大宗出口纺织品项下的输港服装下降 48%；二是国际经济发展趋缓，市场价格下降，明显影响了我国出口的扩大。因此，1999 年我国国际收支中经常项目顺差规模缩小，主要源于货物贸易顺差的缩小，同时服务贸易逆差进一步扩大。

2000 年经常项目顺差规模较上一年略有下降，其中主要原因仍然是货物贸易顺差的进一步减小、服务贸易的收入和支出平均增长，但是服务贸易项目依然为逆差。其中运输、旅游、咨询等项目发展平稳；通讯、计算机和信息服务、广告宣传和其他商业服务各项顺差规模明显扩大；但是建筑、金融、保险、专有权利使用和特许费以及电影音像项目继续保持逆差。另外收益项目的逆差开始引起有关当局的注意，自 1993 年以来，收益项目连续多年出现逆差，且规模不断扩大，到 2000 年已经达到 146.66 亿美元，比 1993 年的 12.84 亿美元增长了十几倍，外商在华直接投资存量增加是导致较大规模投资收益逆差的原因。2001 年我国主要的贸易伙伴美国、日本等国经济疲软，但是在国家有效的宏观政策推动下，出口同比增长 6.8%。进口方面由于我国经济保持较快增长、关税水平逐步降低，2001 年进口同比增长 8.1%，全年贸易顺差达到 340.17 亿美元。对服务贸易而言规模增长较快，但是仍然呈逆差局面，逆差达到 191.73 亿美元，与以前一样，服务贸易逆差的重要原因仍然在于我国服务业整体水平与世界发达国家之间存在较大的差距。另外，经常转移顺差的增加也是推动经常项目顺差增加的一个重要原因，这是过去我们考察经常项目时往往忽略的，因为过去经常转移不仅规模小，而且顺差也很小，但是自 1982 年起，经常转移项目随着我国参与世界经济的深入而逐渐增加，主要原因在于我国居民获得的侨汇收入增长较快。2001 年经常转移顺差达到 84.92 亿美元，同比增长 34.6%，成为另一推动经常项目盈余的重要原因。

2002 年是我国加入世界贸易组织的第一年，经常项目顺差较 2001 年扩大，增至 354.22 亿美元。从总体看，货物贸易增长加快，出口 3 256.51 亿美元，增长 22.4%，进口 2 814.84 亿美元，增长 21.%，顺差大幅度扩大至 441.67 亿美元，可见货物贸易的顺差是推动经常项目顺差增加的最主要原因。在全球经济缓慢回升、外部需求有所增加的情况下，我国国有企业出口逆转了 2001 年下降的趋势，外商投资企业出口继续保持较快增长，集体与其他类型的企业出口大幅度增加，同时，经济增长拉动进口需求，进口呈较快增长势头。与前几年不同的是，收益项目出现 149.45 亿美元的逆差，比 2001 年下降 22.0%，主要是因为外商投资企业外方的利润支付。由于我国居民个人来自境外的侨汇收入的增加，经常转移项目顺差达到 129.84 亿美元，比 2001 年增加 52.8%。

2003 年面对非典疫情、多种自然灾害和复杂多变的国际形势，我国经常项目顺差却大幅度增加，达到 458.75 亿美元，比 2002 年增长了 29.5%。根据国际收支统计口径，2003 年货物贸易顺差仍然是推动经常项目顺差增加的主要原因，货物贸易顺差达到 446.52 亿美元，但由于国内需求旺盛以及关税水平逐步降低等原因，进口增长速度高于出口增长速度，因此贸易顺差同比仅增长了 1.1%，同时收益项目逆差减少，经常转移顺差增加也是经常项目顺差增加的原因。其中，收益项目逆差 78.38 亿美元，比上年下降 47.5%，这主要是由于收益项下支出增长较小，同比增长仅 2.7%，这是因为外国来华直接投资以境外的资金汇入和设备为主，境内外资企业的利润再投资规模上升较缓；相反收益项下收入大增，同比增长 92.8%。经常转移顺差达到 176.34 亿美元，上升 35.8%，其主要原因与前几年一样，仍是我国居民个人来自境外的侨汇收入增加。服务贸易方面逆差虽然同比上升了 26.3%，但规模仅为 85.73 亿美元，比起货物贸易顺差 446.52 亿美元来说还小得多，不足以扭转国际收支顺差的总体形势。

2004 年，全球经济复苏的同时我国国民经济也快速发展，货物进出口贸易增长迅速，其中出口增长 35.3%，进口增长 35.7%，顺差为 589.82 亿美元，同比增长 32.1%。与 2003 年一样，收益项目逆差减小、经常转移项目顺差大幅度增加也是促使经常项目顺差增加的重要原因。仔细比较 2003 年与 2004 年的国际收支平衡表，在经常项目项下，服务贸易是唯一逆差有所增加的项目。从构成看，运输是服务项目逆差的主要因素。服务贸易项目逆差的扩大表明，随着我国对世界贸易组织各项承诺的落实，我国服务行业竞争力有待提高。图 1-1 更形象地描述了 1982—2004 年间我国国际收支经常项目及其各组成部分的收支情况。

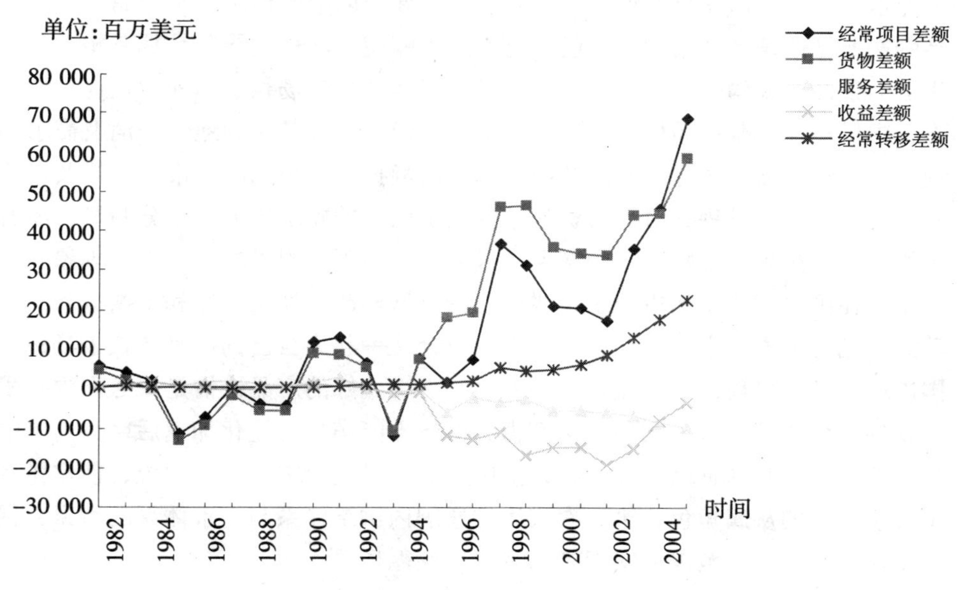

图 1-1 经常项目及其各组成部分收支

二、货物贸易[①]

（一）货物贸易发展

从图 1-1 中可以看到，货物贸易即商品进出口贸易是我国国际收支最重要的组成部分。1979 年改革开放以后，经历了“六五”、“七五”、“八五”、

① 本部分中，进出口数据均为海关统计口径，与国际收支平衡表中的国际收支统计口径的进出口值有所不同。

"九五"四个五年计划，货物进出口贸易发展迅速，如表 1－3 所示，进出口贸易总额从 1982 年的 416.1 亿美元发展到"十五"计划第四年 2004 年的 11 545.5 亿美元，成绩斐然。20 世纪 80 年代初期，面对潜力巨大的温饱型国内市场，在重工业加工生产能力较强和农业基础设施较为完善，而农业和消费品工业相对萎缩的条件下，中国开始了结构性转换，资源配置方向摆脱了旧的积累模式，向农业和消费品工业倾斜。同时，资源配置机制大胆地使用了市场手段，结构转换取得了出乎意料的实绩。农业丰收和居民收入提高，从供求两方面拉动着消费品工业的快速增长，后者又导致潜力巨大但长期缺乏市场的重工业走出谷底。以满足温饱型消费需求为主导、以中低档工业制成品为最终产品的产业良性循环开始轮动。巨大的生产潜能使中低档主导产品具有相对无限供给的条件，人均收入的快速提高使国内低档产品市场相对饱和。在这种情况下，中低档加工制成品虽仍存在巨大需求，但已丧失其主导地位，消费需求的偏好已经转向新的主导产品。持续几年的高额投资和快速的城市化，以及农业劳动力非农业化进程，对社会资本派生出了巨大的需求压力。十分明显，随着人均收入提高到一定阶段，中国经济供求体系出现了明显的"断裂"现象。一方面，在国内产业结构中处于长线地位的中低档产品加工产业和不断进入的劳动力特别是从农村中游离出的劳动力，组合在一起为自己的产品寻找市场，但国内市场已经出现饱和迹象。另一方面，需求偏好的产品恰恰是缺乏国内技术设备的新型产品和即使国内有生产力、但还不能满足工业化加速后巨大需求的基础产品。正是这种结构性偏差，把国际贸易推到至关重要的地位，使它抛弃了拾遗补缺的从属角色，第一次成为沟通国内供给体系与需求体系的桥梁，促使中国经济在更大范围内实现高水平的良性循环。

"六五"计划期间，我国对外贸易平均每年递增 12.4%，"七五"计划期间，对外贸易平均每年递增 10.6%，这个速度不仅高于同期我国工农业总值的平均增长速度，而且也高于同期世界贸易的年平均增长速度。至"七五"计划末的 1990 年，我国对外贸易占世界贸易的比重虽然只达到 1.8%，与 1978 年相比，所占比重仅提高了 1 个百分点，但却使我国在世界贸易中的位次向前移动了近 20 位，前进到第 15 位。"八五"计划期间是我国对外贸易高速发展的阶段。在此期间，我国对外贸易年增长率达到 19.5%，占世界贸易的比重提高了 1.2 个百分点，达到 2.9%。"九五"期间，我国遭受了亚洲金融危机的冲击，1998 年对外贸易额略有下降，1999 年对外贸易再度恢复活力，当年对外贸易实现增长 11.3%，而 2000 年更实现了 31.5%的增长，创造了改革开放以来对外贸易增长的最高水平，货物进出口总额达到 4 742.9 亿美元，其中出口达 2 492.0 亿美元，位居世界第七位，进口达到 2 250.9 亿美元，位居世界第八位。2001 年是我国进入“十五”计划阶段的第一年，这一年，受美国经济增长速度减缓和日本经济衰退影响，世界贸易的发展速度明显减缓。然而面对外部需求不足的不利环境，在国家有效宏观政策推动下，我国货物进出口贸易仍然在 2000 年基数较大的情况下保持了增长，并且我国还在年底加入了世界贸易组织。2002 年，由于全球经济缓慢回升，我国货物贸易规模增长较快，出口实现了 22.4%的较快速的增长，同时由于国内经济增长拉动了进口需求，进口也呈较快速度的增长，达到 21.2%。2003 年，贸易的总规模增长比较快，其中得益于宏观经济的快速发展、出口企业产品竞争力不断提高以及出口政策调整，出口实现增长 34.6%；另一方面，由于国内需求旺盛、关税水平逐步降低，使得进口得以快速增长，达到 39.8%的增长速度。2004 年延续了 2003 年的趋势，进出口贸易仍然保持较快速度的增长，其中出口增长 35.4%，进口增长 36.0%，在世界贸易中的位次达到第三位，仅次于德国和美国，我国对外贸易占世界贸易的比重也从 1982 年的 1.1%提高到 6.2%，可见在世界贸易中我国的地位和作用有了很大的提高，充分体现出改革开放后我国与世界各国经贸联系日益加强，对外交往日趋深化与发展。

表 1－3　　货物贸易发展

年　份	货物贸易总额（亿美元）	占世界贸易的比重	货物贸易增长速度（以美元计算）	GDP（亿人民币）	GDP 名义增长速度
1982	416.1	1.1%	—	5 294.7	—
1983	436.2	1.2%	4.83%	5 934.5	12.1%
1984	535.5	1.3%	22.76%	7 171.0	20.8%
1985	696.0	1.8%	29.97%	8 964.4	25.0%
1986	738.5	1.7%	6.11%	10 202.2	13.8%
1987	826.5	1.6%	11.92%	11 962.5	17.3%
1988	1 027.9	1.8%	24.37%	14 928.3	24.8%
1989	1 116.8	1.8%	8.65%	16 909.2	13.3%
1990	1 154.4	1.6%	3.37%	18 547.9	9.7%

续表

年 份	货物贸易总额（亿美元）	占世界贸易的比重	货物贸易增长速度（以美元计算）	GDP（亿人民币）	GDP名义增长速度
1991	1 357.0	1.9%	17.55%	21 617.8	16.6%
1992	1 655.3	2.2%	21.98%	26 638.1	23.2%
1993	1 957.0	2.6%	18.23%	34 634.4	30.0%
1994	2 366.2	2.7%	20.91%	46 759.4	35.0%
1995	2 808.6	2.7%	18.70%	58 478.1	25.1%
1996	2 898.8	2.7%	3.21%	67 884.6	16.1%
1997	3 251.6	2.9%	12.17%	74 462.6	9.7%
1998	3 239.5	2.9%	−0.37%	78 345.2	5.2%
1999	3 606.3	3.1%	11.32%	82 067.5	4.8%
2000	4 742.9	3.6%	31.52%	89 468.1	9.0%
2001	5 096.5	4.0%	7.46%	97 314.8	8.8%
2002	6 207.7	4.7%	21.80%	105 172.3	8.1%
2003	8 509.9	5.6%	37.09%	117 251.9	11.5%
2004	11 545.5	6.2%	35.67%	136 584.3	16.5%

资料来源：根据《中国对外经济统计年鉴 2004》、《中国统计年鉴 2005》整理。

从上面的分析中看到，特别是进入 2000 年以后，国内经济的发展与我国的货物贸易有着重要的联系。图 1－2 比较了中国 GDP 的增长以及进出口贸易的增长。显然进出口贸易与经济发展的关系已经从 20 世纪 80 年代到 90 年代初的基本同步，逐渐发展成进出口贸易拉动经济增长的格局①。

根据对贸易依存度各项指标的计算，如表 1－4 所示，外贸依存度从 14.6%提高到 69.9%，出口依存度从 7.8%上升至 36.0%，进口依存度从 6.8%上升到 34.0%，我国对外开放的步伐越来越大。图 1－3 更形象地描述了我国对外开放步伐的加快，它说明自改革开放以来，我国已经逐渐走上了外向型的经济发展道路。

① 我国是否是出口带动型的经济增长，将在本书第三章中进行更详细的说明。

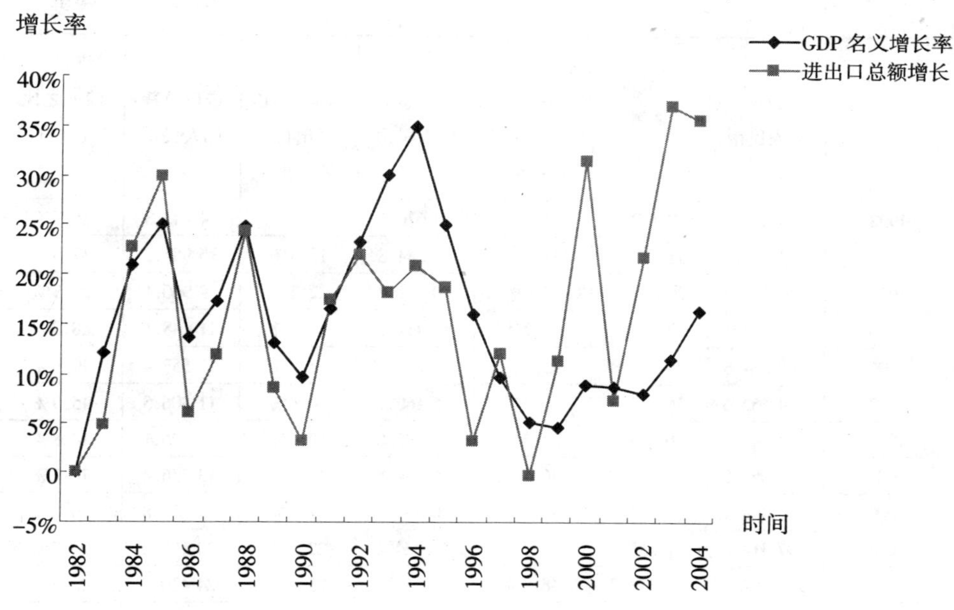

图 1－2 货物贸易与经济发展

表 1－4 中国对外开放度

年 份	GDP（亿人民币）	进出口总额（亿人民币）	进出口总额与 GDP 之比（外贸依存度）	出口总额（亿人民币）	出口与 GDP 之比（出口依存度）	进口总额（亿人民币）	进口与 GDP 之比（进口依存度）
1982	5 294.7	771.3	14.6%	413.8	7.8%	357.5	6.8%
1983	5 934.5	860.1	14.5%	439.3	7.4%	421.9	7.1%
1984	7 171.0	1 201.0	16.7%	580.5	8.1%	620.5	8.7%
1985	8 964.4	2 066.7	23.1%	808.9	9.0%	1 257.8	14.0%
1986	10 202.2	2 580.4	25.3%	1 082.1	10.6%	1 498.3	14.7%
1987	11 962.5	3 084.2	25.8%	1 470.0	12.3%	1 614.2	13.5%
1988	14 928.3	3 821.8	25.6%	1 766.7	11.8%	2 055.1	13.8%
1989	16 909.2	4 156.0	24.6%	1 956.1	11.6%	2 199.9	13.0%
1990	18 547.9	5 560.1	30.0%	2 985.8	16.1%	2 574.3	13.9%
1991	21 617.8	7 225.8	33.4%	3 827.1	17.7%	3 398.7	15.7%

续表

年 份	GDP（亿人民币）	进出口总额（亿人民币）	进出口总额与GDP之比（外贸依存度）	出口总额（亿人民币）	出口与GDP之比（出口依存度）	进口总额（亿人民币）	进口与GDP之比（进口依存度）
1992	26 638.1	9 119.6	34.2%	4 676.3	17.6%	4 443.3	16.7%
1993	34 634.4	11 271.0	32.5%	5 284.8	15.3%	5 986.2	17.3%
1994	46 759.4	20 381.9	43.6%	10 421.8	22.3%	9 960.1	21.3%
1995	58 478.1	23 499.9	40.2%	12 451.8	21.3%	11 048.1	18.9%
1996	67 884.6	24 133.8	35.6%	12 576.4	18.5%	11 557.4	17.0%
1997	74 462.6	26 967.2	36.2%	15 160.7	20.4%	11 806.5	15.9%
1998	78 345.2	26 849.7	34.3%	15 223.6	19.4%	11 626.1	14.8%
1999	82 067.5	29 896.2	36.4%	16 159.8	19.7%	13 736.4	16.7%
2000	89 468.1	39 273.2	43.9%	20 634.4	23.1%	18 638.8	20.8%
2001	97 314.8	42 183.6	43.3%	22 024.4	22.6%	20 159.2	20.7%
2002	105 172.3	51 378.2	48.9%	26 947.9	25.6%	24 430.3	23.2%
2003	117 251.9	70 483.5	60.1%	36 287.9	30.9%	34 195.6	29.2%
2004	136 584.3	95 539.1	69.9%	49 103.3	36.0%	46 435.8	34.0%

资料来源：根据《中国对外经济统计年鉴 2004》、《中国统计年鉴 2005》计算整理。

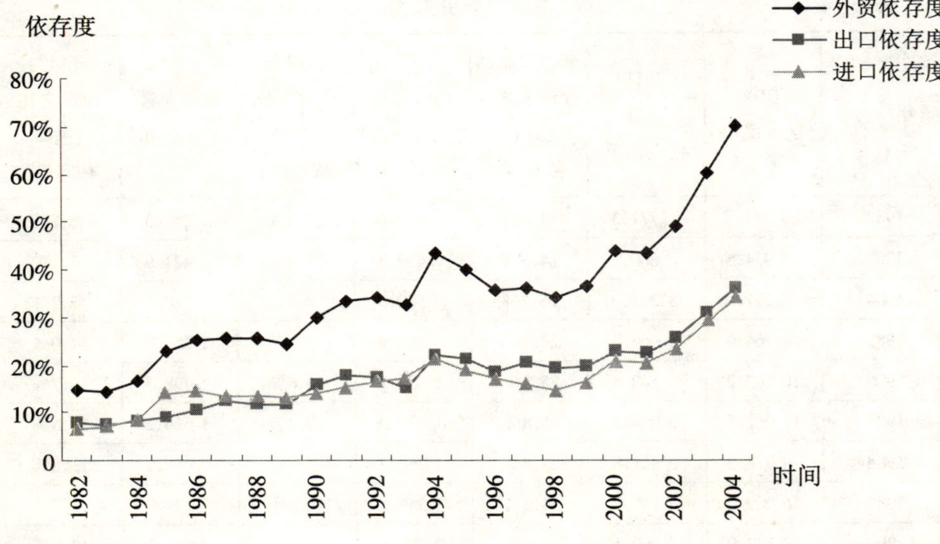

图 1-3　中国对外开放度

最后，我们再从货物贸易中出口和进口各自所占的比例来看，如图 1-4 所示，在 1982—1984 年间，我国货物贸易扭转了 1978 年改革开放以来贸易逆差的局面，连续两年为顺差，但是在进出口总额中的比重出口呈下降趋势而进口呈上升趋势。1985 年承续了上述趋势，进出口贸易再度出现逆差，此后直至 1989 年进口持续大于出口，但是两者占贸易总额的比例的差距出现先增长后逐渐缩小的趋势，说明我国将有可能开始出现贸易顺差。1990 年，出口开始超过进口，贸易出现顺差，但是顺差的规模在 1991 年、1992 年连续缩小，到 1993 年，贸易再度出现逆差。之后，我国长期持续处于贸易顺差的局面，但是出口与进口在贸易总额中的结构经历了两个时期：第一个时期是 1994 年至 1998 年差距扩大的时期；第二个时期是 1999 年之后两者差距缩小的时期，贸易也在不断趋于合理。需要指出的是，由于对外贸易的规模不断扩大，虽然出口与进口占贸易总额比例的差距在缩小，但是货物贸易项目的顺差却自 2001 年进入了上升的趋势。

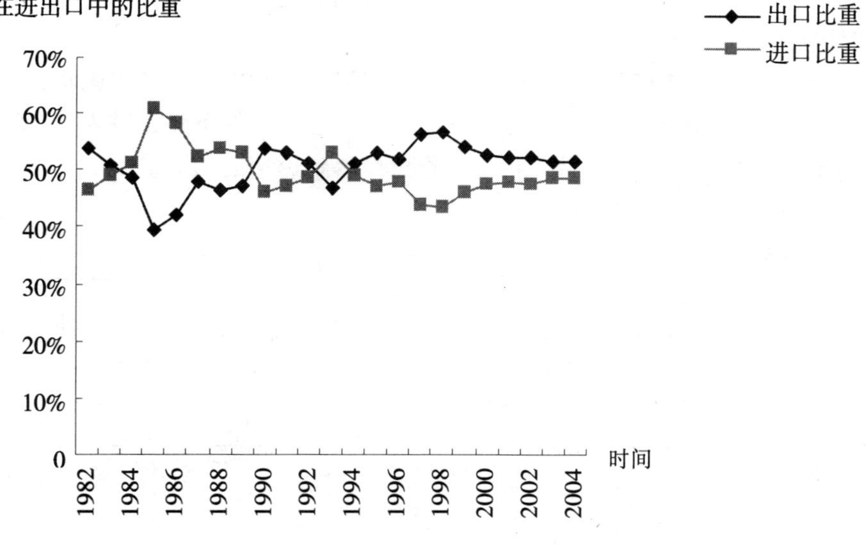

图 1-4 货物出口、进口占货物贸易总额中的比重比较

（二）货物出口

1. 出口规模。改革开放前 30 年，在高度集中的经济体制下，中国实行高积累、低消费、优先发展重工业、力求以高增长速度赶超发达国家的战略。在这种发展战略的指导下，对外贸易处于一种十分矛盾的地位。一方面，闭关自守的发展方式使外贸只能起调剂作用，外贸占 GDP 的份额不足 10%；另一方面，满足高速增长目标所需要的技术基础又必须依靠于外部，由于封闭体制排除外部直接投资的可能性，只能通过货物贸易交换获得先进的技术设备，为进口而出口，量入为出，以进口规模强制出口。出口的产品并不是国内市场的剩余，而是需求得不到满足、供给十分短缺的情况下的出口。

1979 年改革开放以后，对外贸易在中国经济增长中的地位发生了决定性变化。出口总额从 1982 年的 223.2 亿美元跃升为 2004 年的 5 933.2 亿美元，增长 26 倍多，年平均增长 16.1%，其中增长最快的包括 1987 年的 27.5%、1994 年的 31.9%、2000 年的 27.8%，以及 2003 年和 2004 年的 34.6%和 35.4%。出口额在世界出口额的比重也从 1.2%提高到 6.5%，提高了 4.3 个百分点，在世界出口中的名次也逐年上升，到 1997 年我国在世界出口中的名次上升到前 10 位，到 2004 年已经排到第三位。我国的出口依存度从 7.8%上升到 2004 年的 36%，略高于进口依存度的 34%，对国民经济增长起到了极大的推动作用，同时国内经济持续的高速增长也为出口增长提供了物质基础。图 1－5 更形象地描绘了我国 1982 年至 2004 年出口的发展情况，这 23 年间，中国货物出口总额总体上呈上升趋势，个别年份较前一年出口总额略有下降，进入 21 世纪后，特别是中国加入世贸组织后，我国货物出口得到迅速的增长。

表 1－5　　中国出口发展

年　份	出口总额（亿美元）	出口增长速度（以美元计）	出口占世界出口	位次
1982	223.2	—	1.2%	17
1983	222.3	－0.4%	1.2%	17
1984	261.4	17.6%	1.4%	18
1985	273.5	4.6%	1.4%	17
1986	309.4	13.1%	1.5%	16
1987	394.4	27.5%	1.6%	16
1988	475.5	20.5%	1.7%	16
1989	525.4	10.6%	1.7%	14
1990	620.9	18.2%	1.8%	15
1991	719.1	15.8%	2.0%	13

续表

年 份	出口总额（亿美元）	出口增长速度（以美元计）	出口占世界出口	位次
1992	849.4	18.1%	2.3%	11
1993	917.4	8.0%	2.5%	11
1994	1 210.1	31.9%	2.9%	11
1995	1 487.8	22.9%	3.0%	11
1996	1 510.5	1.5%	2.9%	11
1997	1 827.9	21.0%	3.3%	10
1998	1 837.1	0.5%	3.4%	9
1999	1 949.3	6.1%	3.6%	9
2000	2 492.0	27.8%	4.0%	7
2001	2 661.0	6.8%	4.3%	6
2002	3 256.0	22.4%	5.1%	5
2003	4 382.3	34.6%	5.9%	4
2004	5 933.2	35.40%	6.50%	3

资料来源：根据《中国对外经济统计年鉴 2004》、《中国统计年鉴 2005》计算整理。

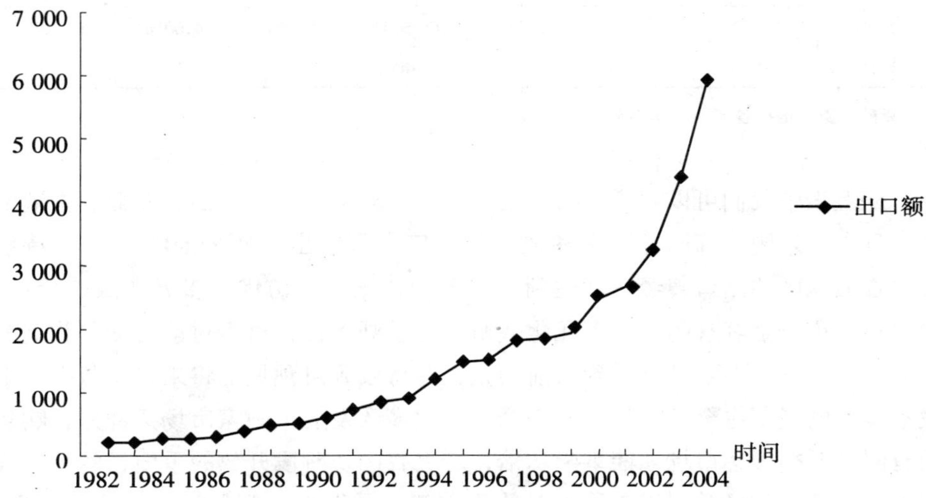

图 1－5 货物出口增长

2. 出口市场格局。改革开放以来，我国出口市场较以前有所扩展，但是市场分布仍然相对集中在亚洲、欧洲和北美洲，而对发达国家和地区的出口发展比较迅速，如日本、中国香港特别行政区、美国和欧盟国家。时至今日，美国、中国香港特别行政区、欧盟、日本、东盟、韩国、中国台湾是我国大陆市场最重要的出口市场，而且这种情况延续了很长的时间。表 1－6 是我国 1995 年至今的主要出口市场占出口总额份额的情况。

表 1－6 出口市场格局

年份	美国	欧盟	香港地区	日本	东盟	韩国	其他国家和地区
1995	16.60%	12.80%	24.20%	19.10%	6.10%	4.50%	16.70%
1996	17.70%	13.10%	21.80%	20.40%	6.40%	5.00%	15.60%
1997	17.90%	13.30%	24.00%	17.40%	6.60%	5.00%	16.10%
1998	20.70%	15.30%	21.10%	16.20%	5.90%	3.40%	17.40%
1999	21.50%	15.50%	18.90%	16.60%	6.20%	4.00%	17.30%
2000	20.90%	15.30%	17.90%	16.70%	7.00%	4.50%	17.70%
2001	20.40%	15.40%	17.50%	16.90%	6.90%	4.70%	18.20%
2002	21.50%	14.80%	18.00%	14.90%	7.20%	4.80%	18.80%
2003	21.10%	16.50%	17.40%	13.60%	7.10%	4.60%	19.70%
2004	21.10%	18.10%	17.00%	12.40%	7.20%	4.70%	19.20%

资料来源：根据各年《中国对外经济贸易年鉴》整理。

从上表中我们可以看到，我国出口市场相对集中，对美国、欧盟、香港地区、日本、东盟、韩国等国家和地区的出口占到总出口额的 80% 以上，特别是对香港地区的出口曾经一度达到相当高的比重，这仿佛与多元化战略相悖。出口目标市场是客观的，而多元化战略仅是主观设计，可否付诸行动并收到成效取决于市场的客观条件。到目前为止，并持续到可预见的将来，少数十几个发达国家的经贸占全球总量七成有余，绝大多数发展中国家市场条件差，购买力有限。开拓发达市场才能事半功倍，加之我国现阶段开放的重要目的是吸收国外先进技术和经验，以美国为首的西方市场是世界上容量最大、档次最高、竞争最激烈、发育最完善、自由度最高的市场，这充分解释了美国、欧盟出口市场份额在我国出口市场份额中的变化。相反，曾经一度是中国最主要出口国家和地区的日本和香港，出口份额却走出了一个下降的趋势。对于香港地区，由于我国深圳是第一个试行改革开放的经济特区，香港得天独厚的区位优势自然成为我国最大的目标出口地区，然而随着沿海城市和其他城市的开放，自然对香港出口的份额会有所下降。对于日本，由于20世纪90年代日本经济持续低迷、经济贸易增长水平低于中国，也低于美国和欧盟；日本市场规模不如美国、欧盟大，增长空间相对较小，这些都使得我国对日本的出口占总出口的份额下降。我国对东盟国家和韩国出口占我国总出口的份额变化不大，表明我国与这两个地区和国家间较为良好的贸易关系。从趋势上看，我国对这六个地区的出口占总出口的份额在逐年下降，2004年，这一份额已经下降到80.05%。相反，我国对其他国家的出口所占的份额却从1995年的16.7%上升到2004年的19.2%，说明我国出口市场正在向多元化发展。

3. 出口商品结构。出口商品结构是衡量一国外贸结构状况的重要依据，按照附加值的高低可将一国的出口商品划分为初级产品和工业制成品。进一步讲，按照SITC的分类标准又可以将初级产品继续分为食品及主要供食用的活动物，饮料及烟类，非食用原料，矿物燃料、润滑油及有关原料，动植物油脂及蜡等五类；工业制成品又可分为化学品及有关产品，轻纺产品、橡胶制品、矿冶产品及其制品，机械及运输设备，杂项制品和未分类的其他商品等五类。由于初级产品附加值低，在国际市场上的竞争力较弱，创汇能力弱，相反工业制成品附加值较高，具有较强的创汇能力，因此通常以工业制成品在出口总额中所占比重的高低来衡量一国出口商品结构的优劣。表1－7总结了1982—2004年中国出口商品的结构。

改革开放以后，尽管中国的产业结构已经具有新的贸易动因基础，但外贸体制改革的滞后仍然使强制出口得以延续。在结构变革加速的1985年，为进而出的强迫性贸易动因把初级产品的份额推到了顶点，其占出口的比重达到了50.6%。强制性出口面临的挑战是：不出口就无法维持国内产业结构的正常循环，而强制出口又受到国内物力和财力的制约。因为中国并不是初级产品资源（如石油）绝对富足的国家。初级产品出口既是在汇率高估而需要巨额财政补贴的背景下进行的，又是在国内对初级产品需求旺盛的条件下扩大的，这必然难以维系。1986年是出口结构变化的转折点，工业制成品的比重从49.4%上升到63.6%，达到有史以来的最高水平，相反初级产品的出口大幅度回落，只占到出口总额的37.4%。其中纺织服装取代石油成为我国第一大出口商品，标志着我国摆脱了以资源为主的出口结构，进入了一个以劳动密集型工业制成品为主导的时代。从此工业制成品在出口贸易中的比重持续上升，到2004年，其在出口总额中的比重已经达到93.2%，与初级产品所占比例之间的差距越来越大，如图1-6所示。

表1-7　出口商品结构　单位：亿美元

年份			1982	1983	1984	1985	1986	1987
出口总额		金额	223.21	222.26	261.39	273.50	309.42	394.37
		比例	100%	100%	100%	100%	100%	100%
初级产品	总额	金额	100.5	96.2	119.34	138.28	112.72	132.31
		比例	45.0%	43.3%	45.7%	50.6%	36.4%	33.5%
	1. 食品及主要供食物用的活动物	金额	29.08	28.53	32.32	38.03	44.48	47.81
		比例	13.0%	12.8%	12.4%	13.9%	14.4%	12.1%
	2. 饮料及烟类	金额	0.97	1.04	1.1	1.05	1.19	1.75
		比例	0.4%	0.5%	0.4%	0.4%	0.4%	0.4%
	3. 非食用原料	金额	16.53	18.92	24.21	26.53	29.08	36.5
		比例	7.4%	8.5%	9.3%	9.7%	9.4%	9.3%
	4. 矿物燃料、润滑油及有关原料	金额	53.14	46.66	60.27	71.32	36.83	45.44
		比例	23.8%	21.0%	23.1%	26.1%	11.9%	11.5%
	5. 动植物油脂及蜡	金额	0.78	1.05	1.44	1.35	1.14	0.81
		比例	0.3%	0.5%	0.6%	0.5%	0.4%	0.2%
工业制成品	总额	金额	122.71	126.06	142.05	135.22	196.7	262.06
		比例	55.0%	56.7%	54.3%	49.4%	63.6%	66.5%
	1. 化学品及有关产品	金额	11.96	12.51	13.64	13.58	17.33	22.35
		比例	5.4%	5.6%	5.2%	5.0%	5.6%	5.7%
	2. 轻纺产品、橡胶制品、矿冶产品及其制品	金额	43.02	43.65	50.54	44.93	58.86	85.7
		比例	19.3%	19.6%	19.3%	16.4%	19.0%	21.7%
	3. 机械及运输设备	金额	12.63	12.21	14.93	7.72	10.94	17.41
		比例	5.7%	5.5%	5.7%	2.8%	3.5%	4.4%
	4. 杂项制品	金额	37.05	38.04	46.97	34.86	49.48	62.73
		比例	16.6%	17.1%	18.0%	12.7%	16.0%	15.9%
	5. 未分类的其他商品	金额	18.05	19.65	15.97	34.13	60.09	73.87
		比例	8.1%	8.8%	6.1%	12.5%	19.4%	18.7%

续表

年份			1988	1989	1990	1991	1992	1993
出口总额		金额	475.16	525.38	620.91	718.43	849.40	917.44
		比例	100%	100%	100%	100%	100%	100%
初级产品	总额	金额	144.06	150.78	158.86	161.45	170.04	166.66
		比例	30.3%	28.7%	25.6%	22.5%	20.0%	18.2%
	1. 食品及主要供食物用的活动物	金额	58.9	61.45	66.09	72.26	83.09	83.99
		比例	12.4%	11.7%	10.6%	10.1%	9.8%	9.2%
	2. 饮料及烟类	金额	2.35	3.14	3.42	5.29	7.2	9.01
		比例	0.5%	0.6%	0.6%	0.7%	0.8%	1.0%
	3. 非食用原料	金额	42.57	42.12	35.37	34.86	31.43	30.52
		比例	9.0%	8.0%	5.7%	4.9%	3.7%	3.3%
	4. 矿物燃料、润滑油及有关原料	金额	39.5	43.21	52.37	47.54	46.93	41.09
		比例	8.3%	8.2%	8.4%	6.6%	5.5%	4.5%
	5. 动植物油脂及蜡	金额	0.74	0.86	1.61	1.5	1.39	2.05
		比例	0.2%	0.2%	0.3%	0.2%	0.2%	0.2%
工业制成品	总额	金额	331.1	374.6	462.1	557	679.4	750.8
		比例	69.7%	71.3%	74.4%	77.5%	80.0%	81.8%
	1. 化学品及有关产品	金额	28.97	32.01	37.3	38.18	43.48	46.23
		比例	6.1%	6.1%	6.0%	5.3%	5.1%	5.0%
	2. 轻纺产品、橡胶制品、矿冶产品及其制品	金额	104.89	108.97	125.76	144.56	161.35	163.92
		比例	22.1%	20.7%	20.3%	20.1%	19.0%	17.9%
	3. 机械及运输设备	金额	27.69	38.74	55.88	71.49	132.19	152.82
		比例	5.8%	7.4%	9.0%	10.0%	15.6%	16.7%
	4. 杂项制品	金额	82.68	107.55	126.86	166.2	342.34	387.81
		比例	17.4%	20.5%	20.4%	23.1%	40.3%	42.3%
	5. 未分类的其他商品	金额	86.87	87.33	116.25	136.55	0	0
		比例	18.3%	16.6%	18.7%	19.0%	0.00	0.00

续表

年份			1994	1995	1996	1997	1998	1999
出口总额		金额	1 210.06	1 487.80	1 510.48	1 827.92	1 837.09	1 949.31
		比例	100%	100%	100%	100%	100%	100%
初级产品	总额	金额	197.08	214.85	219.25	239.53	204.89	199.41
		比例	16.3%	14.4%	14.5%	13.1%	11.2%	10.2%
	1. 食品及主要供食物用的活动物	金额	100.15	99.54	102.31	110.75	105.13	104.58
		比例	8.3%	6.7%	6.8%	6.1%	5.7%	5.4%
	2. 饮料及烟类	金额	10.02	13.7	13.42	10.49	9.75	7.71
		比例	0.8%	0.9%	0.9%	0.6%	0.5%	0.4%
	3. 非食用原料	金额	41.27	43.75	40.45	41.95	35.19	39.21
		比例	3.4%	2.9%	2.7%	2.3%	1.9%	2.0%
	4. 矿物燃料、润滑油及有关原料	金额	40.69	53.32	59.31	69.87	51.75	46.59
		比例	3.4%	3.6%	3.9%	3.8%	2.8%	2.4%
	5. 动植物油脂及蜡	金额	4.95	4.54	3.76	6.47	3.07	1.32
		比例	0.4%	0.3%	0.2%	0.4%	0.2%	0.1%
工业制成品	总额	金额	1 013	1 273	1 291.2	1 588.4	1 632.2	1 749.9
		比例	83.7%	85.6%	85.5%	86.9%	88.8%	89.8%
	1. 化学品及有关产品	金额	62.36	90.94	88.7	102.27	103.21	103.73
		比例	5.2%	6.1%	5.9%	5.6%	5.6%	5.3%
	2. 轻纺产品、橡胶制品、矿冶产品及其制品	金额	232.18	322.4	284.98	344.32	324.77	332.62
		比例	19.2%	21.7%	18.9%	18.8%	17.7%	17.1%
	3. 机械及运输设备	金额	218.95	314.07	353.12	437.09	502.17	588.36
		比例	18.1%	21.1%	23.4%	23.9%	27.3%	30.2%
	4. 杂项制品	金额	499.37	545.48	564.24	704.67	702	725.1
		比例	41.3%	36.7%	37.4%	38.6%	38.2%	37.2%
	5. 未分类的其他商品	金额	0.12	0.06	0.12	0.04	0.05	0.09
		比例	0.01%	0.00	0.01%	0.00	0.00	0.00

续表

年份			2000	2001	2002	2003	2004
出口总额		金额	2 492.03	2 661.00	3 256.00	4 382.28	5 933.26
		比例	100%	100%	100%	100%	100%
初级产品	总额	金额	254.6	263.4	285.4	348.1	405.5
		比例	10.2%	9.9%	8.8%	7.9%	6.8%
	1. 食品及主要供食物用的活动物	金额	122.82	127.77	146.21	175.31	188.64
		比例	4.9%	4.8%	4.5%	4.0%	3.2%
	2. 饮料及烟类	金额	7.45	8.73	9.84	10.19	12.14
		比例	0.3%	0.3%	0.3%	0.2%	0.2%
	3. 非食用原料	金额	44.62	41.72	44.02	50.32	58.43
		比例	1.8%	1.6%	1.4%	1.1%	1.0%
	4. 矿物燃料、润滑油及有关原料	金额	78.55	84.05	84.35	111.14	144.8
		比例	3.2%	3.2%	2.6%	2.5%	2.4%
	5. 动植物油脂及蜡	金额	1.16	1.11	0.98	1.15	1.48
		比例	0.0%	0.0%	0.0%	0.0%	0.0%
工业制成品	总额	金额	2 237.4	2 397.6	2 970.6	4 034.2	5 527.7
		比例	89.8%	90.1%	91.2%	92.1%	93.2%
	1. 化学品及有关产品	金额	120.98	133.52	153.25	195.81	263.6
		比例	4.9%	5.0%	4.7%	4.5%	4.4%
	2. 轻纺产品、橡胶制品、矿冶产品及其制品	金额	425.46	438.13	529.55	690.18	1 006.46
		比例	17.1%	16.5%	16.3%	15.7%	17.0%
	3. 机械及运输设备	金额	826	949.01	1 269.76	1 877.73	2 682.6
		比例	33.1%	35.7%	39.0%	42.8%	45.2%
	4. 杂项制品	金额	862.78	871.1	1 011.53	1 260.88	1 563.98
		比例	34.6%	32.7%	31.1%	28.8%	26.4%
	5. 未分类的其他商品	金额	2.21	5.84	6.48	9.56	11.12
		比例	0.09%	0.22%	0.20%	0.22%	0.19%

注：1992 年、1993 年海关统计改用新商品目录，未分类的其他商品已包含在各大类中。
资料来源：根据各年《中国统计年鉴》整理。

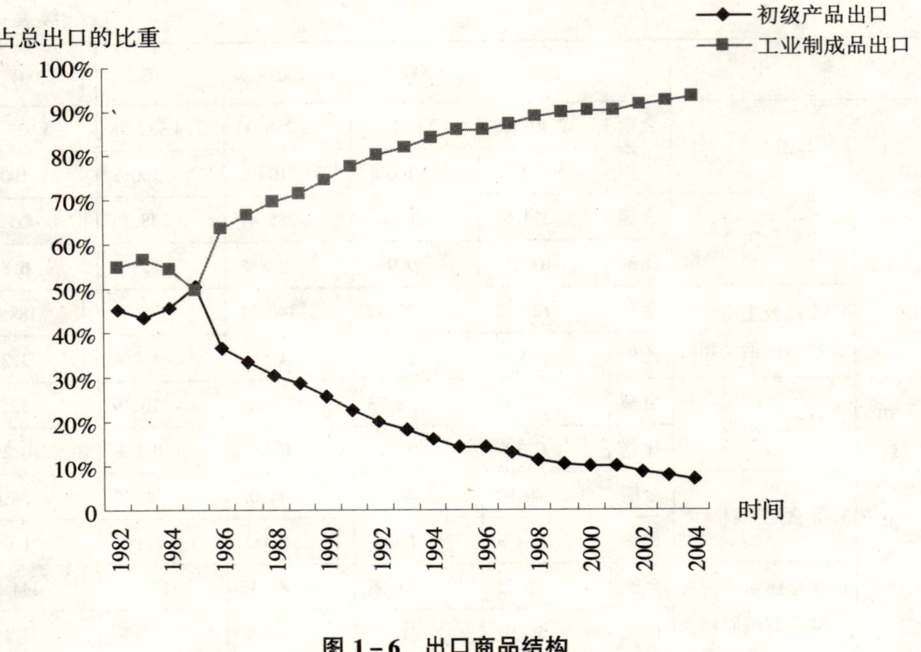

图 1-6 出口商品结构

从以上的图表中可以看到，自 1982 年以来，我国出口商品结构主要呈现出以下变化：

（1）出口商品结构不断改善，工业制成品比重显著提高。工业制成品在出口商品中所占的比重是衡量一个国家工业化发展程度和出口商品结构优化程度的重要指标。从表 1-7 可以看出近二十几年来中国出口商品结构持续改善，初级产品出口比重除 1984 年和 1985 年两年出现短暂回升之外其余年份均持续下降，相反工业制成品比重则持续上升。从 1993 年开始，工业制成品的出口比重已达到 80%以上，到 2001 年，工业制成品的出口比重达到了 90%以上，至此，中国出口商品结构的初步升级已经完全实现。到 2004 年，初级产品出口额为 405.5 亿美元，占当年商品出口总额的比重已下降到 6.8%，而工业制成品出口额达 5 527.7 亿美元，在商品出口总额中的比重上升到 93.2%，工业制成品已占据出口的绝对主导地位。

（2）在初级产品出口中，各组成部分在初级产品出口中所占的份额虽然局部有波动，但是相对较为稳定，如图 1-7 所示。食品及活动物的出口是初级产品中主要的构成部分，近几年来有所下降，主要源于口蹄疫、禽流感等动物传染性疾病对该类产品出口的冲击。矿物燃料等是初级产品出口中另一类主要的产品，但是比起 1982 年，它在初级产品出口中的份额从 52.9% 下降到 35.7%，并曾经一度下降到 20%（1994 年）。2002 年以来，由于国际能源市场价格的普遍上涨，而国内能源价格与国际价格形成“倒挂”，该类产品的出口份额有所增加。非食用原料是初级产品出口中占份额第三的产品，虽然在 20 世纪 90 年代，该类产品出口份额经历了一次较大幅度的增长后又逐渐萎缩，至 2004 年，其占初级产品的份额基本恢复到了与 1982 年持平的水平。最后，其他两类产品所占的出口份额在 90 年代出现了小幅度的增长后又迅速下降，总体上比较稳定。另外，从初级产品各类产品占总出口的份额来看，如图 1－8 所示，食物及主要供食用的活动物，矿物燃料、润滑油及有关原料，非食用原料等三类产品占总出口的份额都有较大幅度的下降，特别是矿物燃料等资源类出口下降速度比较快，并且在 1986 年出现了一次较大幅度的下降。相反，其他两类产品变化不大。这样的数据变化，说明出口结构改善中，初级产品改善部分的动因来自于食物及主要供食用的活动物，矿物燃料、润滑油及有关原料，非食用原料。

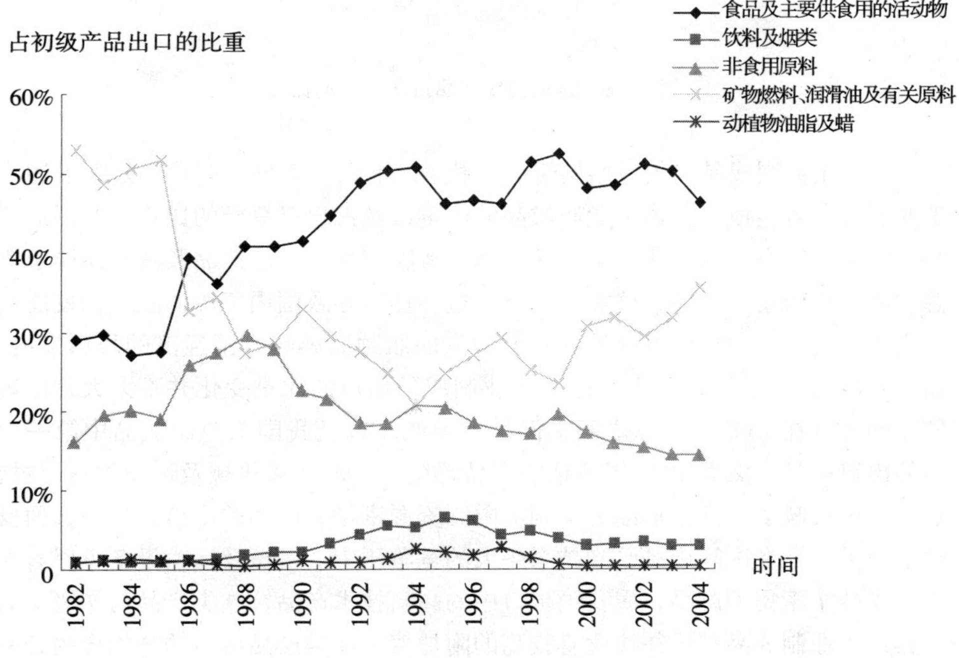

图 1－7　初级产品出口结构

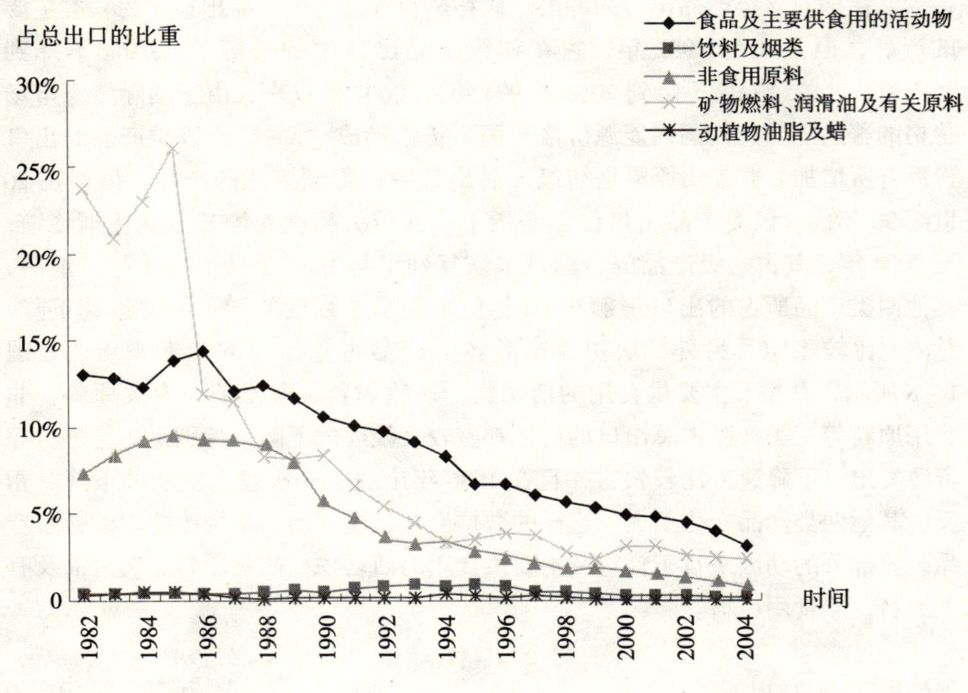

图 1－8　各类初级产品占总出口的比重

(3) 工业制成品的出口结构进一步优化。图 1－9 和图 1－10 分别描述了工业制成品各组成部分占工业制成品的比重以及占出口总额的比重，两图的趋势大致相同。在工业制成品中轻纺产品、橡胶制品、矿冶产品及其制品属于资源和原材料密集型产品，这类产品出口过多往往导致国内资源的匮乏，发展到一定程度会使国内经济发展受到资源约束的瓶颈而影响本国经济的长远发展。图 1－9 清楚地显示，该类产品占工业制成品出口的比重变化并不太大，波动的区间也就在 15%至 23%之间，但是该类产品曾是我国工业制成品中第一大类的出口商品，然而 1991 年被杂项产品超过，1996 年被机械及运输设备超过，这一方面反映了我国已逐渐意识到应限制资源密集型产品的出口，另一方面反映了该类产品在国际市场受到越来越大的竞争压力。机械及运输设备可以看作是资本技术密集型产品，属我国出口中的高新技术产品，这类产品与初级产品及其他工业制成品相比往往含有较高的附加值，此类产品出口的增加会提升一国在国际分工中的地位，为我国获取更多的贸易利益。图 1－9 和图 1－10 清楚地显示，我国机械及运输设备出口无论是占出口总额的比重还是占工业制成品的比重自1985年来都有很大的提高，其中占总出口的比重从1985年相对较低水平的2.8%一直提高到2004年的45.2%，在出口商品结构中显示出最快的增长速度，进一步反映了我国出口商品构成的优化。杂项产品属劳动密集型产品，我国在劳动力资源上有相当大的优势，劳动力成本较低，增加这类产品的出口不仅能发挥我国的比较优势，而且还是我国解决劳动力就业的一条有利的途径。该类产品出口占出口总额的比重从1982年16.6%增长至1993年42.3%的顶峰后，所占比重呈稳步下降趋势，但是它仍然是继机械与运输设备之后第二大出口商品类别。到2004年年末，在我国的出口商品结构中资本技术密集型的机械及运输设备和我国具有显著比较优势的劳动密集型的杂项产品和轻纺产品、橡胶产品、矿业产品及其制品已成为出口商品中最大的三类产品，它们共同占了出口商品的绝大部分，表明我国的出口商品结构已达到一个相对较优的状态。

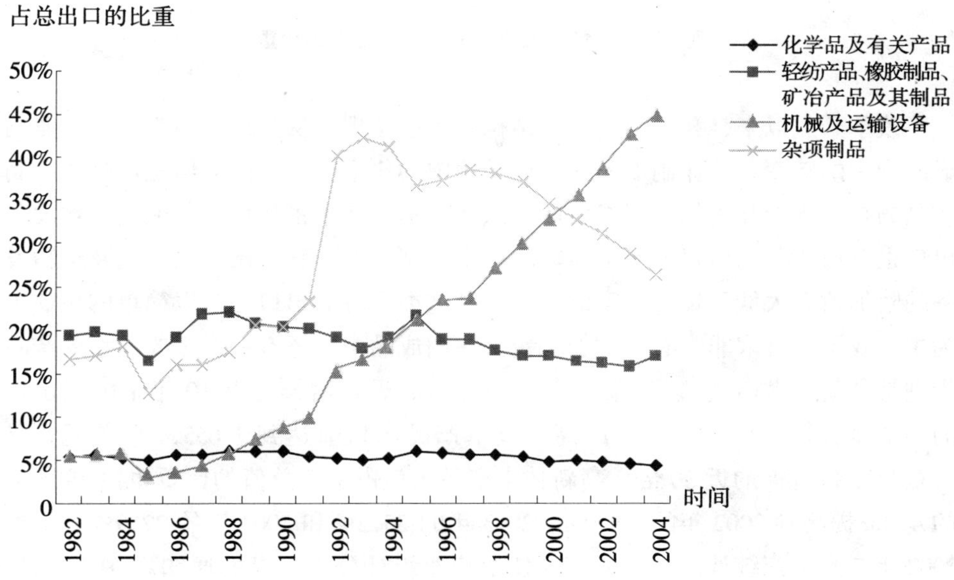

图1－9 工业制成品出口结构

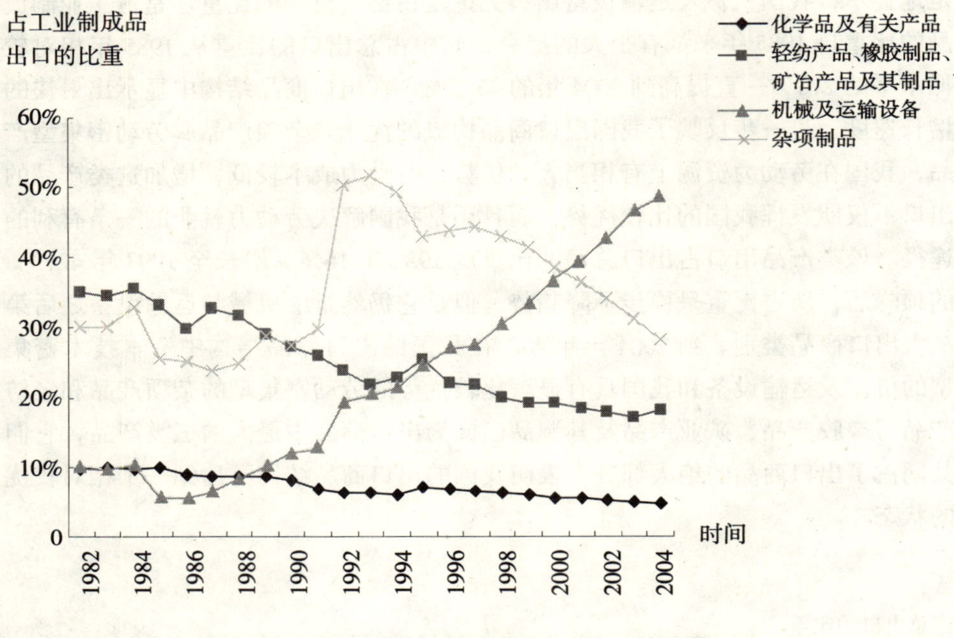

图 1-10　各类工业制成品占总出口的比重

改革开放以来，我国出口商品结构虽然已实现了从初级产品为主到工业制成品为主的转变，工业制成品在出口总额中的比重已经很高，但是从整体看制成品的技术含量和附加值仍然较低。虽然资本与技术密集型的机械及运输设备出口也已成为我国出口商品中最大的一个类别，然而我国出口的机械及运输设备的附加值大大低于发达国家的水平，且这类设备的出口往往以简单的粗加工为主，我国只赚取非常有限的加工费。在制成品中，还有一个需要注意的产品类别是高新技术产品①。高新技术产品出口的迅猛增长是近 10 年来中国出口的一个显著特征，2004 年中国高新技术产品出口值达到 1 655.4 亿美元，是 1995 年出口规模的近 30 倍，高新技术产品出口占出口总值的比重也由 1995 年的 4.2%提高到 2002 年的 20.8%、2003 年的 25.2%和 2004 年的 27.9%。根据 2002 年 7 月国家统计局印发的《高技术产业统计分类目录的通知》，中国高技术产业的统计范围包括航天航空器制造业、电子及通信设备制造业、电子计算

① 按照定义，高技术产品主要包括航空产品、计算机、药品、科学设备、电子仪器等研发高度集中的产品。

机及办公设备制造业、医药制造业和医疗设备及仪器仪表制造业等行业。在进出口贸易统计中，根据上述目录，进出口的高新技术产品包括计算机与通讯技术、生命科学技术、电子技术、计算机集成制造技术、航空航天技术、光电技术、生物技术、材料技术等产品。长期以来，我国的高技术产品贸易增长虽然比较快，但是一直处于逆差局面，如表 1－8 所示。

表 1－8　我国高技术产品进出口发展　单位：亿美元

年份	出口额	进口额	进出口总额	差额
1992	40.0	107.1	147.1	－67.2
1993	46.8	159.1	205.9	－112.3
1994	63.4	206.0	269.4	－142.5
1995	100.9	218.3	319.2	－117.4
1996	126.6	224.7	351.3	－98.1
1997	163.1	238.9	402.0	－75.8
1998	202.5	292.0	494.5	－89.5
1999	247.0	376.0	623.0	－128.9
2000	370.4	525.1	895.5	－154.6
2001	464.5	641.1	1 105.6	－176.6
2002	678.6	828.4	1 506.9	－149.8
2003	1 103.2	1 193.0	2 296.2	－89.8
2004	1 655.4	1 614.3	3 269.7	41.1

资料来源：根据中华人民共和国科学技术部网站中信息整理。

直至 2004 年，我国高技术产品首次扭转了以往贸易逆差的局面，实现贸易顺差 41.1 亿美元。其中占出口总额 82.4% 的计算机与通讯技术产品起到了主导作用，尤其是手机（包括手持无线电话机）、笔记本电脑和液晶显示器分别以 242 亿美元、200 亿美元和 111 亿美元的贸易顺差，高居我国高技术产品贸易顺差的前列。按照现在的发展速度，我国高技术产品的出口比重很快将位居世界前列。但是需要指出的是，我国高技术产品出口主要依靠外资企业及加工贸易，主要依靠吸纳 IT 产业转移，自主创新能力依然很弱。2004 年，在我国高技术产品出口的各类企业中，三资企业依然占据主导位置，在全部高技术产品出口中的比重达到 87.3%。其中，外商独资企业的出口占全部高技术产品的比重在 50%以上，合资企业所占比重在 20%左右。同时，加工贸易自 1995 年以来，在外贸出口总值中的比重一直保持在 50%左右。因此我国主要是利用外资、抓住信息产业的低利润的生产制造环节向我国转移而不断扩大高新技术产品出口的。我国出口企业还明显缺乏自主创新能力，缺少自有品牌。

（三）货物进口

1. 进口规模。随着中国对外开放度的不断提高，经济的快速发展促使进口需求急剧上升，中国已成为世界部分劳动密集型产品的重要进口国。20 世纪 90 年代以来，在世界纺织品和服装市场上，中国不仅是世界最大的纺织品和服装出口国，同时也是重要的进口大国。同时还要指出的是，中国在迈向现代化工业大国的进程中，对先进技术设备等资本、技术密集型产品的庞大进口需求和巨大市场容量，吸引了世界的注意力，同时中国国内经济发展对石油等能源的需求也是造成进口逐步增大的原因。表 1－9 总结了中国进口的发展情况。

表 1－9　　中国进口发展情况

年　份	进口总额（亿美元）	进口增长速度（以美元计）	进口占世界进口的比重	位次
1982	192.9		1.0%	22
1983	213.9	10.9%	1.1%	19
1984	274.1	28.1%	1.4%	17
1985	422.5	54.1%	2.1%	11
1986	429.1	1.6%	1.9%	11
1987	432.1	0.7%	1.7%	14
1988	552.7	27.9%	1.9%	14
1989	591.4	7.0%	1.8%	14
1990	533.5	－9.8%	1.5%	18
1991	637.9	19.6%	1.8%	15
1992	805.9	26.3%	2.1%	13
1993	1 039.6	29.0%	2.7%	11
1994	1 156.1	11.2%	2.6%	11
1995	1 320.8	14.2%	2.5%	12
1996	1 388.3	5.1%	2.5%	12
1997	1 423.7	2.5%	2.5%	12

续表

年 份	进口总额（亿美元）	进口增长速度（以美元计）	进口占世界进口的比重	位次
1998	1 402.4	-1.5%	2.5%	11
1999	1 657.0	18.2%	2.8%	11
2000	2 250.9	35.8%	3.4%	8
2001	2 435.5	8.2%	3.8%	6
2002	2 951.7	21.2%	4.4%	6
2003	4 127.6	39.8%	5.3%	3
2004	5 612.3	36.0%	5.9%	3

资料来源：根据《中国对外经济统计年鉴 2004》、《中国统计年鉴 2005》整理。

从上表可以看出，1982 年中国进口额仅为 192.9 亿美元，在世界进口总额中的比重仅为 1.0%，在世界进口国排名中居第 22 位。2004 年我国商品进口额增长到 5 612.3 亿美元，年平均增长速度 16.6%，在世界商品进口国中的排名上升到第三位。23 年来，商品的进口规模整体增大了 28.1 倍，在世界进口排名的位次提前了 19 位。从图 1－11 中我们可以更直观地看出中国进口的发展，在 23 年间仅国际局势动荡的 1990 年和受亚洲金融危机影响严重的 1998 年进口略比前一年有所下降外，进口整体呈上升趋势。同出口一样，进入 21 世纪，尤其是中国加入世贸组织后，进口的增长速度比以前又有了很大的提高。

2. 进口来源地格局研究。表 1－10 列示了 1995 年来我国进口来源地的变化。同出口市场格局基本一致，日本、欧盟、中国台湾、东盟、韩国、美国和中国香港等 7 个国家和地区是我国最主要的进口来源地，它们的市场份额加总达到我国进口总额的 70% 以上。但是从表中我们可以看到，我国进口来源地正在向多元化发展，除上述 7 个国家和地区外，我国大陆从其他国家和地区的进口自 1998 年以来呈逐年上升的趋势，到 2004 年，我国大陆从其他国家和地区的进口占我国总进口的比重已经达到 26.8%。

3. 进口商品结构。合理的进口结构将对经济起到直接和间接的促进作用，甚至超过出口对经济的贡献。以进口设备为例，进口先进的机器设备意味着将提高生产效率，如果其生产的产品又能满足国际市场的需要，那么这种机器设备的进口不仅能促进国内产业结构的优化升级，还能大大增强国内产品在国际市场上的竞争力，优化出口结构。表 1－11 是 1980 年至 2004 年我国进口商品结构的统计数据。从对数据的分析，我们可以总结出我国进口商品结构变化的一些特点：

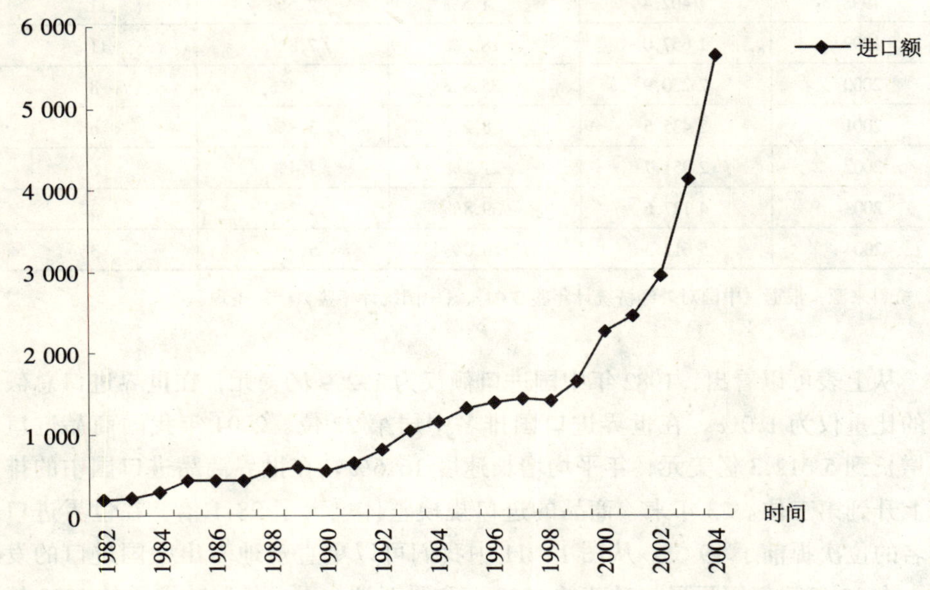

图 1-11 货物进口增长

表 1-10 中国进口来源地格局

年份 \ 国家(地区)	美国	欧盟	香港地区	日本	东盟	韩国	台湾地区	其他国家和地区
1995	12.20%	16.10%	6.50%	22.00%	7.10%	7.80%	11.20%	17.10%
1996	11.60%	14.30%	5.60%	20.00%	7.70%	9.00%	11.70%	19.00%
1997	11.40%	13.50%	4.90%	20.40%	8.70%	10.50%	11.55%	19.05%
1998	12.10%	14.80%	4.80%	20.10%	9.00%	10.70%	11.86%	16.64%
1999	11.80%	15.40%	4.20%	20.40%	9.00%	10.40%	11.80%	17.00%
2000	9.90%	13.70%	4.20%	18.40%	9.90%	10.30%	11.30%	22.30%
2001	10.80%	14.70%	3.90%	17.60%	9.50%	9.60%	11.20%	22.70%
2002	9.20%	14.70%	3.60%	18.10%	10.50%	9.70%	12.90%	22.80%
2003	8.20%	12.90%	2.70%	18.00%	11.50%	10.40%	12.00%	24.30%
2004	8.00%	12.50%	2.10%	16.80%	11.20%	11.10%	11.50%	26.80%

资料来源：根据各年《中国对外经济贸易年鉴》整理。

表 1－11　　进口商品结构　　单位：亿美元

年份			1982	1983	1984	1985	1986
进口总额		金额	192.85	213.90	274.10	422.52	429.04
		比例	100%	100%	100%	100%	100%
初级产品	总额	金额	76.34	58.08	52.08	52.89	56.49
		比例	39.6%	27.2%	19.0%	12.5%	13.2%
	1. 食品及主要供食物用的活动物	金额	42.01	31.22	23.31	15.53	16.25
		比例	21.8%	14.6%	8.5%	3.7%	3.8%
	2. 饮料及烟酒	金额	1.3	0.46	1.16	2.06	1.72
		比例	0.7%	0.2%	0.4%	0.5%	0.4%
	3. 非食用原料	金额	30.12	24.59	25.42	32.36	31.43
		比例	15.6%	11.5%	9.3%	7.7%	7.3%
	4. 矿物燃料、润滑油及有关原料	金额	1.83	1.11	1.39	1.72	5.04
		比例	0.9%	0.5%	0.5%	0.4%	1.2%
	5. 动植物油脂及蜡	金额	1.08	0.7	0.8	1.22	2.05
		比例	0.6%	0.3%	0.3%	0.3%	0.5%
工业制成品	总额	金额	116.51	155.82	222.02	369.63	372.55
		比例	60.4%	72.8%	81.0%	87.5%	86.8%
	1. 化学品及有关产品	金额	29.36	31.83	42.37	44.69	37.71
		比例	15.2%	14.9%	15.5%	10.6%	8.8%
	2. 轻纺产品、橡胶制品、矿冶产品及其制品	金额	39.06	62.89	73.18	118.98	111.92
		比例	20.3%	29.4%	26.7%	28.2%	26.1%
	3. 机械及运输设备	金额	32.04	39.88	72.45	162.39	167.81
		比例	16.6%	18.6%	26.4%	38.4%	39.1%
	4. 杂项制品	金额	4.86	7.82	11.82	19.02	18.77
		比例	2.5%	3.7%	4.3%	4.5%	4.4%
	5. 未分类的其他商品	金额	11.19	13.4	22.2	24.55	36.34
		比例	5.8%	6.3%	8.1%	5.8%	8.5%

续表

年份			1987	1988	1989	1990	1991	1992
进口总额		金额	432.16	552.75	591.40	533.45	637.91	805.85
		比例	100%	100%	100%	100%	100%	100%
初级产品	总额	金额	69.15	100.68	117.54	98.53	108.34	132.55
		比例	16.0%	18.2%	19.9%	18.5%	17.0%	16.4%
	1. 食品及主要供食物用的活动物	金额	24.43	34.76	41.92	33.35	27.99	31.46
		比例	5.7%	6.3%	7.1%	6.3%	4.4%	3.9%
	2. 饮料及烟酒	金额	2.63	3.46	2.02	1.57	2	2.39
		比例	0.6%	0.6%	0.3%	0.3%	0.3%	0.3%
	3. 非食用原料	金额	33.21	50.9	48.35	41.07	50.03	57.75
		比例	7.7%	9.2%	8.2%	7.7%	7.8%	7.2%
	4. 矿物燃料、润滑油及有关原料	金额	5.39	7.87	16.5	12.72	21.13	35.7
		比例	1.2%	1.4%	2.8%	2.4%	3.3%	4.4%
	5. 动植物油脂及蜡	金额	3.49	3.69	8.75	9.82	7.19	5.25
		比例	0.8%	0.7%	1.5%	1.8%	1.1%	0.7%
工业制成品	总额	金额	363.01	452.07	473.86	434.92	529.57	673.3
		比例	84.0%	81.8%	80.1%	81.5%	83.0%	83.6%
	1. 化学品及有关产品	金融	50.08	91.39	75.56	66.48	92.77	111.57
		比例	11.6%	16.5%	12.8%	12.5%	14.5%	13.8%
	2. 轻纺产品、橡胶制品、矿冶产品及其制品	金额	97.3	104.1	123.35	89.06	104.93	192.73
		比例	22.5%	18.8%	20.9%	16.7%	16.4%	23.9%
	3. 机械及运输设备	金额	146.07	166.97	182.07	168.45	196.01	313.12
		比例	33.8%	30.2%	30.8%	31.6%	30.7%	38.9%
	4. 杂项制品	金额	18.78	19.82	20.73	21.03	24.39	55.88
		比例	4.3%	3.6%	3.5%	3.9%	3.8%	6.9%
	5. 未分类的其他商品	金额	50.78	69.79	72.15	89.9	111.47	0
		比例	11.8%	12.6%	12.2%	16.9%	17.5%	0.0%

续表

年份			1993	1994	1995	1996	1997	1998
进口总额		金额	1 039.59	1 156.14	1 320.84	1 388.33	1 423.70	1 402.37
		比例	100%	100%	100%	100%	100%	100%
初级产品	总额	金额	142.1	164.86	244.17	254.41	286.2	229.49
		比例	13.7%	14.3%	18.5%	18.3%	20.1%	16.4%
	1. 食品及主要供食物用的活动物	金额	22.06	31.37	61.32	56.72	43.04	37.88
		比例	2.1%	2.7%	4.6%	4.1%	3.0%	2.7%
	2. 饮料及烟酒	金额	2.45	0.68	3.94	4.97	3.2	1.79
		比例	0.2%	0.1%	0.3%	0.4%	0.2%	0.1%
	3. 非食用原料	金额	54.38	74.37	101.59	106.98	120.06	107.15
		比例	5.2%	6.4%	7.7%	7.7%	8.4%	7.6%
	4. 矿物燃料、润滑油及有关原料	金额	58.19	40.35	51.27	68.77	103.06	67.76
		比例	5.6%	3.5%	3.9%	5.0%	7.2%	4.8%
	5. 动植物油脂及蜡	金额	5.02	18.09	26.05	16.97	16.84	14.91
		比例	0.5%	1.6%	2.0%	1.2%	1.2%	1.1%
工业制成品	总额	金额	897.49	991.28	1 076.67	1 133.92	1 137.5	1 172.88
		比例	86.3%	85.7%	81.5%	81.7%	79.9%	83.6%
	1. 化学品及有关产品	金额	97.04	121.3	172.99	181.06	192.97	201.58
		比例	9.3%	10.5%	13.1%	13.0%	13.6%	14.4%
	2. 轻纺产品、橡胶制品、矿冶产品及其制品	金额	285.27	280.84	287.72	313.91	322.2	310.75
		比例	27.4%	24.3%	21.8%	22.6%	22.6%	22.2%
	3. 机械及运输设备	金额	450.23	514.67	526.42	547.63	527.74	568.45
		比例	43.3%	44.5%	39.9%	39.4%	37.1%	40.5%
	4. 杂项制品	金额	64.95	67.68	82.61	84.86	85.5	84.56
		比例	6.2%	5.9	6.3%	6.1%	6.0%	6.0%
	5. 未分类的其他商品	金额	0	6.79	6.93	6.46	9.09	7.54
		比例	0.00%	0.59%	0.52%	0.47%	0.64%	0.54%

续表

年份			1999	2000	2001	2002	2003	2004
进口总额		金额	1 656.99	2 250.94	2 435.50	2 951.70	4 127.60	5 612.29
		比例	100%	100%	100%	100%	100%	100%
初级产品	总额	金额	268.46	467.4	457.4	492.7	727.6	1 172.7
		比例	16.2%	20.8%	18.8%	16.7%	17.6%	20.9%
	1. 食品及主要供食物用的活动物	金额	36.19	47.58	49.76	52.38	59.6	91.54
		比例	2.2%	2.1%	2.0%	1.8%	1.4%	1.6%
	2. 饮料及烟酒	金额	2.08	3.64	4.12	3.87	4.9	5.48
		比例	0.1%	0.2%	0.2%	0.1%	0.1%	0.1%
	3. 非食用原料	金额	127.4	200.03	221.27	227.36	341.24	553.58
		比例	7.7%	8.9%	9.1%	7.7%	8.3%	9.9%
	4. 矿物燃料、润滑油及有关原料	金额	89.12	206.37	174.66	192.85	291.89	479.93
		比例	5.4%	9.2%	7.2%	6.5%	7.1%	8.6%
	5. 动植物油脂及蜡	金额	13.67	9.77	7.63	16.25	30	42.14
		比例	0.8%	0.4%	0.3%	0.6%	0.7%	0.8%
工业制成品	总额	金额	1 388.53	1 783.5	1 978.1	2 459	3 400	4 439.6
		比例	83.8%	79.2%	81.2%	83.3%	82.4%	79.1%
	1. 化学品及有关产品	金额	240.3	302.13	321.04	390.36	489.75	654.73
		比例	14.5%	13.4%	13.2%	13.2%	11.9%	11.7%
	2. 轻纺产品、橡胶制品、矿冶产品及其制品	金额	343.17	418.07	419.38	484.89	639.02	739.86
		比例	20.7%	18.6%	17.2%	16.4%	15.5%	13.2%
	3. 机械及运输设备	金额	694.53	919.31	1 070.15	1 370.1	1 928.26	2 528.3
		比例	41.9%	40.8%	43.9%	46.4%	46.7%	45.0%
	4. 杂项制品	金额	97.01	127.51	150.76	198.01	330.11	501.43
		比例	5.9%	5.7%	6.2%	6.7%	8.0%	8.9%
	5. 未分类的其他商品	金额	13.52	16.53	16.76	15.64	12.82	15.29
		比例	0.82%	0.73%	0.69%	0.53%	0.31%	0.27%

注：1992 年、1993 年海关统计改用新商品目录，未分类的其他商品已包含在各大类中。

资料来源：根据各年《中国统计年鉴》整理。

（1）在中国进口商品结构中工业制成品进口一直远远高于初级产品而占据进口商品的主导地位。图 1－12 更清楚地显示了这种进口格局。1982 年是我们研究的时间区域中初级产品进口占总进口额最多的年份，在这一年内，初级产品进口额为 76.34 亿美元，占总进口的比重达到 39.6%；而同期，工业制成品的进口达到 116.51 亿美元，远高于初级产品的进口。1985 年，工业制成品进口占进口总额的比重达到一个顶峰 81.0%后，自 1986 年开始，进口商品结构的变化进入一个相对稳定的时期，工业制成品进口占总进口的比重远高于初级产品，各年均在 79%以上。

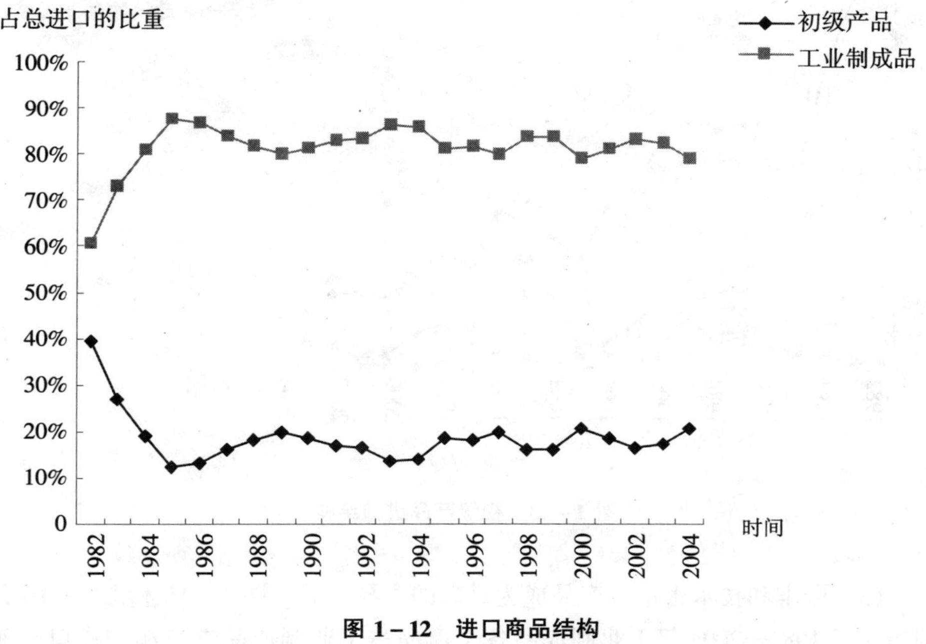

图 1－12 进口商品结构

（2）初级产品进口中原料成为最主要的进口商品。图 1－13 和图 1－14 分别描述了 1982—2004 年初级产品的各类产品占初级产品进口额和占进口总额的比重。从图中可以看到，20 世纪 80 年代初，食品及主要供食用的活动物是我国初级产品进口中最主要的产品。但是到 1992 年，该类产品占进口总额的比重下降到 3.9%，进口份额被非食用原料类产品超过。到 1996 年，矿物燃料等原料的进口超过食品类产品的进口。随着我国经济的发展，国内对能源的需求迅速增长，而相对于其他国家，我国并不是能源十分富足的国家。从此，在初级产品进口中，增长比较明显的就是非食用原料和矿物燃料等原料的进口，而且两者的进口总额占总进口和初级产品进口的份额，到2004年分别达到18.5%和88.1%。

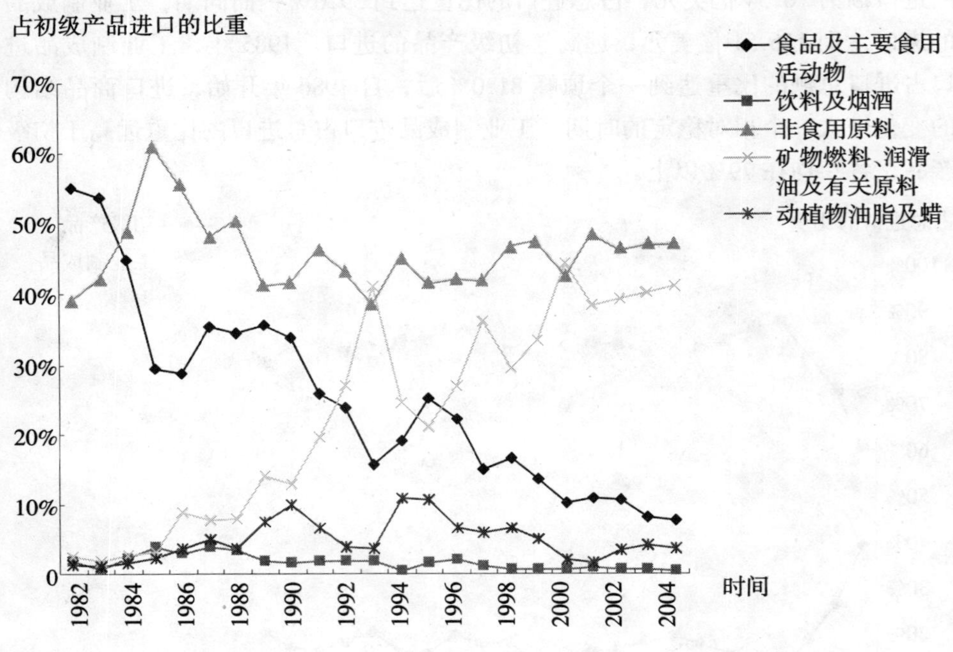

图1-13 初级产品进口结构

(3) 资本和技术密集型产品成为进口的主导产品。图1-15和图1-16分别描述了1982—2004年工业制成品各类产品占工业制成品进口额和进口总额的比重。从这两个图中我们可以清楚地看到，机械及运输设备类的技术密集型产品的进口比重呈上升趋势，成为进口的主导产品。我国进口的机械及运输设备占进口总额的比重从1982年的16.6%激增到2004年的45.0%，增长了20多个百分点，成为进口商品中增长最快的产品，也是所占比重最大的一类产品。这种变动趋势表明中国一般加工业的国产化能力正在逐步提高，从而对国外附加值较低的产品的依赖程度逐渐减弱，同时也显示，随着国内产业结构的不断升级，对国外先进技术和成套设备的需求日益增加。另外，从图中我们还可以看出，工业制成品中越是技术含量低的产品的进口比重越小，如在工业制

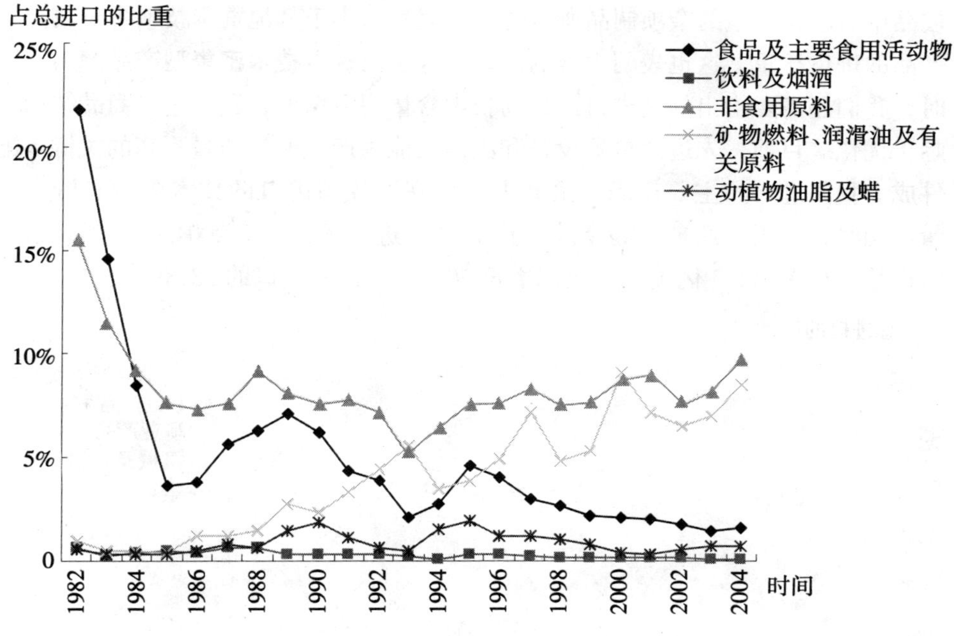

图 1-14 各类初级产品进口占总进口的比重

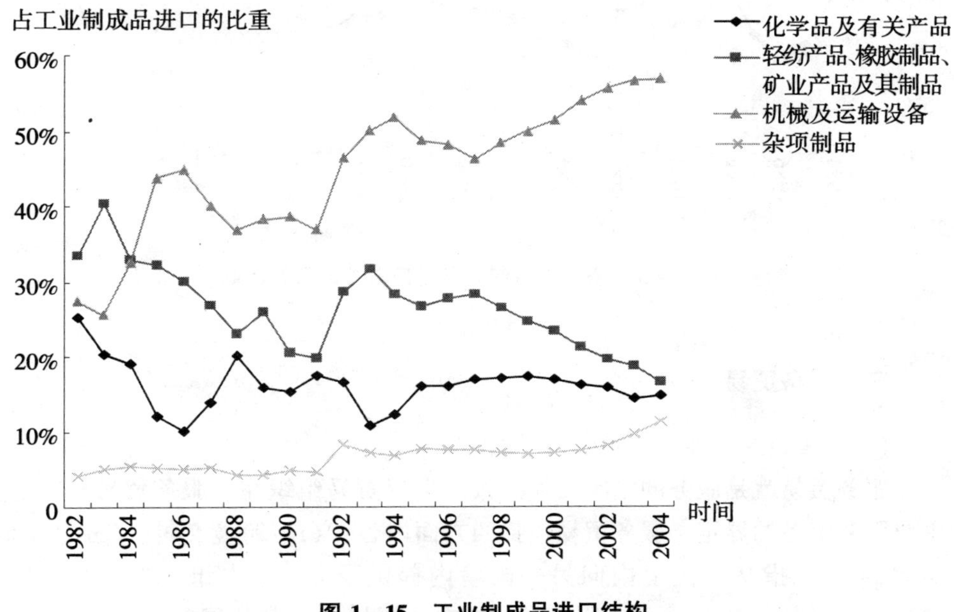

图 1-15 工业制成品进口结构

成品中劳动密集型的杂项制品所占的比重就远远小于其他资本技术含量较高的产品的进口比重，这也表明中国的进口正逐步向资本技术密集型产品倾斜。同时，我们还需要指出的是进口产品的技术含量明显增加，我国进口商品结构正趋于优化。目前，先进的机器设备和国内不能生产或产品质量不高的关键零配件成为我国进口的主要产品，由此大大提高了我国进口的技术含量和资本含量。同时，我国也迎来了高新技术产品领先进口的年代，2004 年我国高新技术产品进口 1 614.3 亿美元，同比增长 50.1%，占总进口的 28.8%。

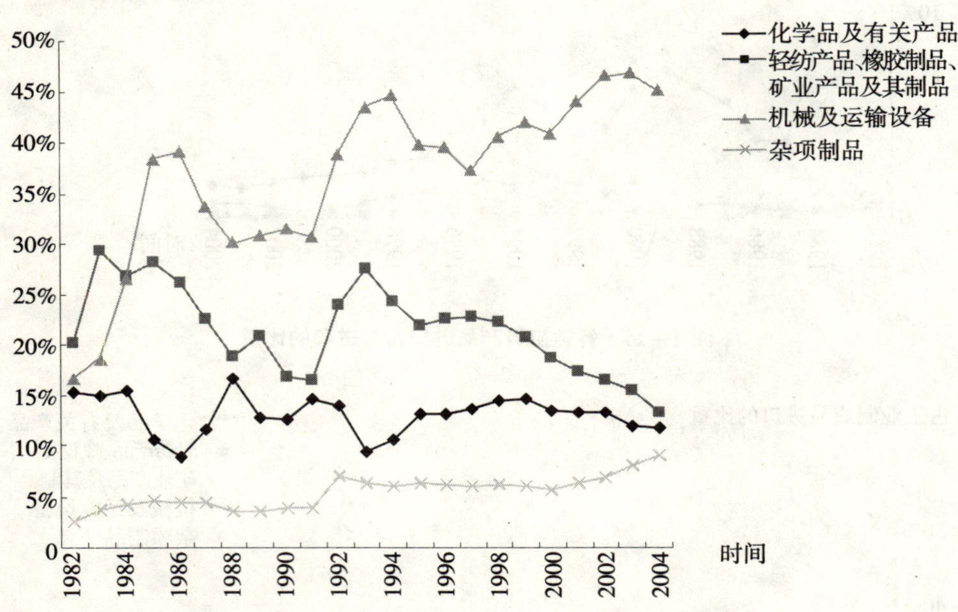

图 1－16 各类工业制成品进口占总进口的比重

三、服务贸易

（一）国内服务业的发展

服务贸易就是服务的国际交换。按照世界贸易组织在《服务贸易总协定》中对服务贸易的界定，服务贸易包括四方面内容：（1）跨境交付（Cross－border Supply）：指从一国境内向另一国境内提供服务，如电讯、邮政和金融。（2）境外消费（Consumption Abroad）：指在一国境内向其他国家的消费者提供服务，如旅游、留学。（3）商业存在（Commercial Presence）：指一个国家通过在另一个国家境内建立某种形式的商业机构提供服务，如外资服务业企业。（4）自然人流动（Movement of Personnel）：指一个国家的个人在另一国家境内以自然人存在的形式提供服务，如外籍教师、律师等以自然人的身份在我国境内提供服务。一国服务业的发展是服务贸易发展的前提，因此有必要首先了解一下国内服务市场的发展情况。

我国服务业的发展在改革开放之后才有了长足的进步。改革开放前，服务业是被当作纯消费行业对待的，第三产业这一概念被当作资产阶级概念加以批判。因此1952年至1977年期间，第三产业的发展十分缓慢。表1－12是我国1982年至2004年以来三次产业占GDP比重的变化情况。从表中可以看到，在改革开放初期，第二产业和第一产业是我国产业结构中最大的两个部分，两个产业占GDP的份额在1982年达到78.3%。

表1－12　　三个产业增加值占GDP的比重　　单位：%

年　份	GDP	第一产业	第二产业	第三产业
1982	100.0	33.3	45.0	21.7
1983	100.0	33.0	44.6	22.4
1984	100.0	32.0	43.3	24.7
1985	100.0	28.4	43.1	28.5
1986	100.0	27.1	44.0	28.9
1987	100.0	26.8	43.9	29.3
1988	100.0	25.7	44.1	30.2
1989	100.0	25.0	43.0	32.0
1990	100.0	27.1	41.6	31.3
1991	100.0	24.5	42.1	33.4
1992	100.0	21.8	43.9	34.3
1993	100.0	19.9	47.4	32.7
1994	100.0	20.2	47.9	31.9
1995	100.0	20.5	48.8	30.7
1996	100.0	20.4	49.5	30.1
1997	100.0	19.1	50.0	30.9
1998	100.0	18.6	49.3	32.1

续表

年　份	GDP	第一产业	第二产业	第三产业
1999	100.0	17.6	49.4	33.0
2000	100.0	16.4	50.2	33.4
2001	100.0	15.8	50.1	34.1
2002	100.0	15.3	50.4	34.3
2003	100.0	14.6	52.2	33.2
2004	100.0	15.2	52.9	31.9

资料来源：《中国统计年鉴 2005》。

随着中国的改革开放，服务业在我国也得到迅速发展。在 1978 年到 2004 年之间，我国服务业平均每年发展速度达到 10.8%，超过国民经济 9.4%的增长速度，这一时期在世界各国中是增长得最快的。1978 年，我国的服务业就业人数为 4 890 万人，到 2004 年已经达到 2.3 亿人，26 年中净增 1.8 亿人，平均每年增加 657 万人就业。而同期制造业增加的就业人数是 1 亿人，平均每年增加 384 万人。[①] 第三产业占 GDP 的份额在 1985 年超过第一产业，到 2004 年年底达到 31.9%，成为我国第二大产业。近几年来，由于改革的深入和高科技产品、现代工业的迅猛发展，我国服务业的内部结构也开始发生变化。旅游、咨询、信息、广告、房地产以及增值电信服务业、金融服务业的收入都迅速增加。到 2004 年，服务业增加值达到 43 570.4 亿元人民币，占国内生产总值的比重达 31.4%。目前，一批新的服务投资热点必将激发交通运输、电信、零售、物流等多种大型综合性服务行业的进一步发展。从我国产业结构的组成看，第一产业比重降低，二、三产业蓬勃发展，产业结构日趋合理，服务业快速发展，我国服务贸易也随之迅速发展起来。

但是需要指出的是，近年来，由于服务贸易在世界贸易总额中的比重不断增大，总量已经与商品贸易相当，农业、工业和服务业所占各国 GDP 的比重也发生了明显有利于服务业的变化。据世界银行的统计材料，全世界农业和制造业占国内生产总值的比重分别下降到 5%和 20%左右，而服务业却上升到 60%左右，发达国家服务业占国内生产总值的比重已升到 70%左右，服务业

① 北京大学中国经济研究中心，《城市化、服务业的发展与中国经济》政策性研究简报，2005 年第 71 期。

就业人数占总就业人数的比重大多在70%以上。从服务业占国内生产总值的比重和就业可以看到，服务业对于各国经济增长的重要性大大提高。这样看来，我国服务业在国民经济中比重仍然偏低，不仅远远落后于经济发达国家，而且还低于世界平均水平。由于现代服务业的重要特征是知识和技术的密集性，我国服务业的滞后也就从一个侧面反映了我国总体技术水平和知识存量的欠缺和不足。2001年我国正式加入了世界贸易组织，之后将有步骤地开放金融、保险、电信、外贸、商业、旅游领域以及会计师和律师事务所等。从长远看，这将有利于提高我国服务业的整体水平。随着服务贸易的发展，服务业在国民经济中的重要性将越来越大。

（二）服务贸易的发展

改革开放后的二十多年，我国服务贸易有了很大的发展。首先，服务贸易体系基本形成，从服务贸易的出口上看，已形成了以国际旅游业、国际金融业与保险业、对外工程承包和劳务合作、国际运输业为主的行业；从服务贸易的进口看，已形成了以金融业、零售商业、旅游业、民用航空运输业、房地产业、租赁业等为主的服务行业。其次，服务贸易市场的开放程度不断提高，过去禁止外商进入的领域现在逐步开放，已形成了全方位、多层次的服务贸易开放格局。

表1－13概括了1982—2004年我国国际收支服务贸易的综合情况。需要说明的是：服务贸易统计是按照世界贸易组织对国际服务贸易的界定来进行的，服务贸易统计应由国际收支服务贸易统计（Balance of Payments，BOP）和外国附属机构服务贸易统计（Foreign Affiliates Trade，FAT）两部分组成。BOP统计主要是反映跨境的服务贸易情况。FAT统计反映的是非跨境服务交易的情况。FAT统计又分为内向FAT统计和外向FAT统计两部分。外国在东道国投资的机构与东道国居民之间的服务交易为内向FAT。东道国在境外投资机构与境外居民之间的服务交易为外向FAT。而我国目前只开展了国家级的BOP统计。国家统计局和国家外汇管理局每年在编制国际收支平衡表的基础上，计算并公布全国BOP口径的国际服务贸易统计数据。在国际收支平衡表经常项目下的服务分账户，记录了一国居民同非居民之间的服务交易（收支）状况。其中服务账户的收入反映我国国际服务贸易的出口，支出反映我国国际服务贸易的进口。

从贸易额上看，我国服务贸易有了长足的进步，服务贸易额从1982年的46.11亿美元增长到2004年的1 345.67亿美元，年平均增长速度达到16.6%，与货物贸易年平均增长率16.7%基本持平。其中服务贸易出口的年平均增长速度达到15.6%，进口年平均速度达到17.6%，出口的增长速度略低于进口增长速度。而同一时期，货物出口的年平均速度为16.3%，进口的年平均速度为17.0%，这说明整个经济的发展使我国服务贸易和货物贸易得到了迅速的发展。但是从规模上来看，服务贸易的规模仍然比较小。图1-17描述了服务贸易与货物贸易规模比较的情况。从图中可以清楚地看到，服务贸易的规模相对于货物贸易来说还很小。1982—2004年间，即使是服务贸易发展最快的时期，即1988—1995年期间，服务贸易的规模都仍然达不到货物贸易规模的20%，1995年这一比例达到了18.6%，为各年最高水平，但是随后这一比例呈下降趋势。产生这种现象的主要原因，就在于服务贸易整体规模还远远小于货物贸易。

表1-13　　服务贸易发展　　单位：亿美元

年份	出口	进口	总额	差额
1982	25.87	20.24	46.11	5.63
1983	25.75	19.94	45.69	5.81
1984	28.97	28.57	57.54	0.4
1985	31.45	25.23	56.68	6.22
1986	40.26	22.76	63.02	17.5
1987	44.37	24.85	69.22	19.52
1988	48.58	36.04	84.62	12.54
1989	46.02	39.1	85.12	6.92
1990	58.55	43.52	102.07	15.03
1991	69.79	41.21	111	28.58
1992	92.49	94.34	186.83	-1.85
1993	108.98	120.36	229.34	-11.38
1994	163.66	162.99	326.65	0.67
1995	191.3	252.22	443.52	-60.92
1996	206	225.85	431.85	-19.85
1997	245.69	279.68	525.37	-33.99
1998	238.96	266.73	505.69	-27.77
1999	262.48	315.88	578.36	-53.4

续表

年份	出口	进口	总额	差额
2000	304.3	360.31	664.61	－56.01
2001	333.35	392.66	726.01	－59.31
2002	397.45	465.28	862.73	－67.83
2003	467.33	553.06	1 020.39	－85.73
2004	624.34	721.33	1 345.67	－96.99

资料来源：根据《中国外汇管理年报 2002》、国家外汇管理局网站中信息整理。

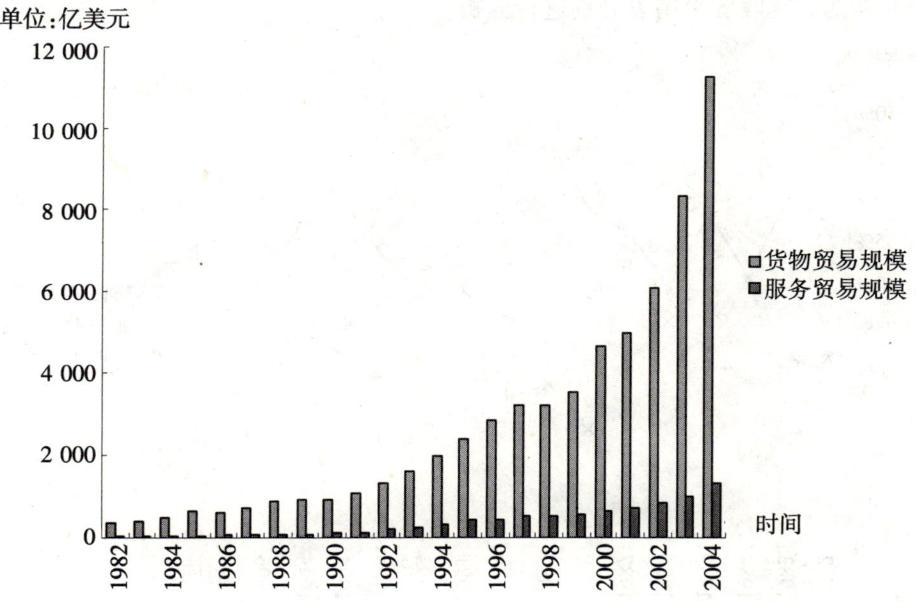

注：为了体现可比性原则，图中数据均为国际收支统计口径。

图 1－17 服务贸易与货物贸易规模的比较

（三）服务贸易的结构

根据表 1－13，可以将我国服务贸易分为两个阶段，第一个阶段为顺差阶段，1982—1994 年期间，除了 1992 年和 1993 年外，其他各年服务贸易都为顺差。第二个阶段为逆差阶段，从 1995 年开始，我国自此结束了服务贸易项目长期顺差的局面，1995 年逆差达到比较高的水平，即 60.92 亿美元，之后虽然逆差范围有所减小，但是自1998年以来，逆差规模持续扩大，到2001年年底，服务项目逆差已经达到59.31亿美元，逼近1995年的水平。到2002年，即我国加入世贸组织的第一年，也是我国服务业开始更大规模对外开放的时期，服务项目的逆差迅速扩大，达到67.83亿美元。之后的2003年和2004年，服务项目的逆差继续扩大，2004年年底，服务项目的逆差已经达到96.99亿美元，与货物贸易589.82亿美元顺差形成了巨大的反差。要分析其中的原因，我们有必要对服务项目的构成进行一些探讨。如我们在第一节中提到的，中国国际收支平衡表的编制在1982年至1996年间，1997年至今，分别是按照国际货币基金组织《国际收支手册》的第四版和第五版编制的。因此，我们将用两个时期的国际收支平衡表分别进行分析。

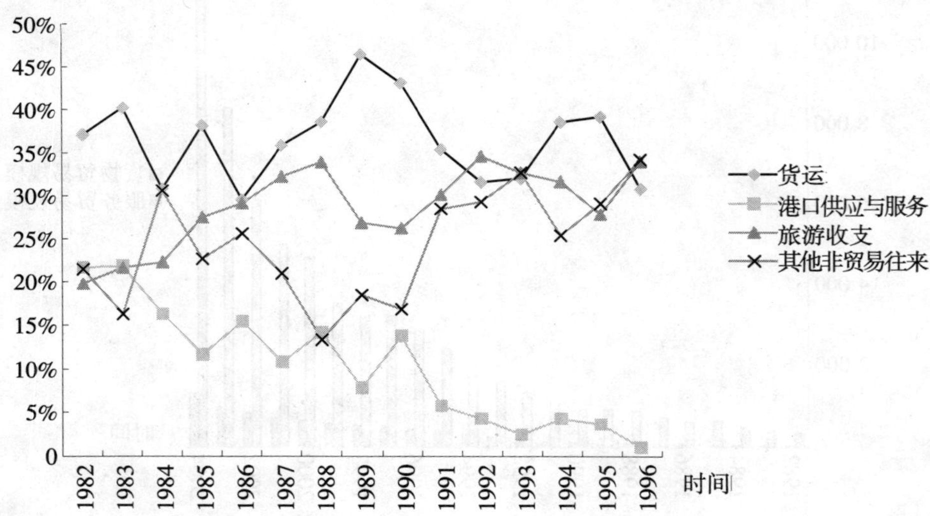

图1-18 1982—1996年服务贸易结构

在第四版的编制中，服务和非金融资产的投资都一并放入“非贸易往来”项目。就服务来看，包括货运、港口供应与服务、旅游收支、其他服务（其他服务包括邮电收支、政府交往收支、劳务承包收支、其他收支等四个项目）。首先，我们简单分析一下服务贸易的基本构成。图1-18描述了1982—1996年间上述四个项目在服务贸易中各自所占百分比的变化情况。从图中不难看出，货运项目长期以来都是服务贸易中规模最大的项目，但是 1992 年以来，它与旅游、其他非贸易往来在服务贸易中的位次出现交替现象，到 1996 年底，其规模已经小于旅游收支和其他非贸易往来。其中其他非贸易往来的发展更体现出近年来由于国际新兴服务行业对我国服务行业整体的冲击。

表 1 - 14 是 1982—1996 年中国国际收支服务项目具体的构成情况，利用该表我们可以对国际收支服务项目的顺差或逆差进行一些说明。

表 1 - 14　　1982—1996 年服务项目结构　　单位：百万美元

项目＼年份	1982	1983	1984	1985	1986	1987	1988	1989	1990	1991	1992	1993	1994	1995	1996
服务项目差额	563	581	40	622	1 750	1 952	1 254	692	1 503	2 858	- 185	- 1 138	67	- 6 092	- 1 985
1. 货运差额	263	140	10	- 425	2	- 172	52	- 1 175	- 69	- 887	- 2 370	- 3 652	- 5 041	- 8 670	- 7 361
贷方	987	989	892	867	934	1 156	1 653	1 394	2 163	1 520	1 780	1 843	3 765	4 330	2 956
借方	724	849	882	1 292	932	1 328	1 601	2 569	2 232	2 407	4 150	5 495	8 806	13 000	10 317
其中：运费差额	150	47	- 93	- 553	- 145	- 282	- 79	- 1 321	- 202	- 1 014	- 2 582	- 3 743	- 4 861	- 6 249	- 7 251
贷方	785	786	668	671	705	904	1 308	1 061	1 937	1 179	1 294	1 391	2 065	2 478	2 833
借方	635	739	761	1 224	850	1 186	1 387	2 382	2 139	2 193	3 876	5 134	6 926	8 727	10 084
保险差额	113	93	103	128	147	110	131	145	133	128	212	90	- 180	- 2 421	- 110
贷方	202	203	224	196	705	252	345	332	227	342	486	452	1 700	1 852	123
借方	89	110	121	68	850	142	214	187	94	214	274	362	1 880	4 273	233
2. 港口供应与服务差额	- 224	- 233	- 184	60	- 364	- 166	- 585	- 70	- 817	23	- 81	- 100	65	75	8
贷方	388	381	376	360	306	289	304	300	289	338	368	245	760	874	236
借方	612	614	560	300	670	455	889	370	1 106	315	449	345	695	799	228
3. 旅游收支差额	777	888	981	936	1 223	1 458	1 614	1 431	1 748	2 329	1 435	1 886	4 287	5 042	5 726
贷方	843	941	1 131	1 250	1 531	1 845	2 247	1 860	2 218	2 840	3 947	4 683	7 323	8 730	10 200
借方	66	53	150	314	308	387	633	429	470	511	2 512	2 797	3 036	3 688	4 474
其中：国际客运差额	140	174	209	272	304	152	196	153	480	494	417	294	254	—	—
贷方	140	174	209	272	304	152	169	153	480	494	417	294	254	—	—
借方															
4. 其他非贸易往来差额	- 253	- 214	- 767	51	889	832	173	507	641	1 392	831	729	756	- 2 539	- 358

续表

项目＼年份	1982	1983	1984	1985	1986	1987	1988	1989	1990	1991	1992	1993	1994	1995	1996
贷方	369	264	498	668	1 255	1 147	654	1 049	1 184	2 280	3 154	4 127	4 518	5 196	7 208
借方	622	478	1 265	617	366	315	481	524	543	888	2 323	3 398	3 762	7 735	7 566
邮电收支差额	21	13	25	5	1	－2	13	102	146	206	277	386	560	539	181
贷方	27	22	32	12	15	12	24	118	159	221	349	471	706	756	315
借方	6	9	7	7	14	14	11	16	13	15	92	85	146	217	134
政府交往收支差额	－123	－141	－195	－133	－36	54	－140	－186	－132	－69	－86	－273	－252	112	－182
贷方	36	13	28	130	215	204	137	151	107	115	141	200	266	700	34
借方	159	154	223	263	251	150	277	337	239	184	227	473	518	588	216
劳务承包收支差额	75	96	86	91	199	51	35	53	52	74	40	25	19	－40	－420
贷方	75	96	86	91	199	51	35	53	52	74	60	47	117	763	437
借方										20	22	98	803	857	
其他收支差额	－226	－182	－683	88	725	729	265	538	575	1 181	600	591	429	－3 150	63
贷方	231	133	352	425	826	880	458	727	866	1 870	2 604	3 409	3 429	2 977	6 422
借方	457	315	1 035	347	101	151	193	189	291	689	2 004	2 818	3 000	6 127	6 359

资料来源：《中国外汇管理年报 2002》。

从上表中不难看出，旅游收支是服务项目中唯一一个各年均为顺差的项目，当服务项目为顺差时，旅游项目的顺差是支柱项目，而当服务项目为逆差时，旅游项目的顺差是阻止逆差扩大的重要原因。1992 年和 1993 年是服务项目总体顺差阶段中出现的两次逆差，分析其原因，在于货运项目逆差的扩大，这两年，货运项目的逆差分别为 23.70 亿美元和 36.52 亿美元，主要在于旅游项目顺差规模的缩小。需要指出的是，货运的逆差从中起了决定性的作用，对比 1992 年与 1993 年，货运逆差激增 1 亿多美元，这是导致 1993 年服务项目逆差比 1992 年高出近 1 亿美元的直接原因。1994 年，在服务贸易规模扩大的条件下，旅游项目顺差的增长率达到 127.31%，同期货运逆差虽然也创记录地达到了 50.41 亿美元，但增长率仅为 38.03%，远小于旅游顺差的增长速度，最后也就形成了 1994 年服务项目的小额顺差 0.67 亿美元。1995 年后，服务项目收支情况出现逆转，我国服务项目从总体顺差阶段走向总体逆差阶段。从表 1－14中可以看到，该年逆差的主要来源，仍然是货运项目，但是“其他非贸易往来”项目也出现了巨额的逆差。其中，没有进一步分类的“其他收支”是该项目出现逆差的直接原因。

自1997年，中国国际收支平衡表根据国际货币基金组织《国际收支手册》的第五版要求，扩大了服务交易的组成部分。这些主要的交易包括运输、旅游、通讯服务、建筑服务、保险服务、金融服务、计算机和信息服务、专有权

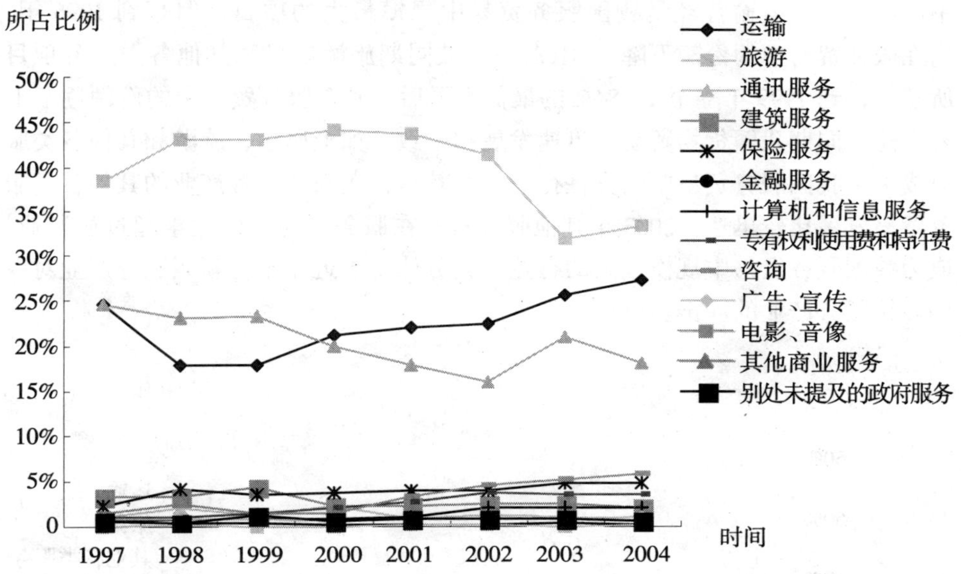

图1-19 1997—2004年服务贸易结构

利使用费和特许费、咨询、广告宣传、电影音像、其他商业服务及别处未提及的政府服务等13个项目。图1-19描述了1997年以来我国服务贸易各组成部分在服务贸易中所占比例的变化情况。从图中我们可以清楚地看到，旅游项目已经成为我国服务贸易中最大的组成部分，虽然2002年来，其占服务贸易总量中的份额有所下降，但是其在服务贸易中的份额仍然在30%以上。其次，运输项目在2000年以后，超过其他商业服务项目，成为服务贸易中第二大构成部分，这是与我国高速发展的货物贸易相一致的。需要说明的是，由于1997年扩大了服务交易的项目，或者说对服务交易项目进行了进一步的细分，我们可以看到如通讯、建筑、保险等新兴服务行业，也取得了较大的发展。尤其是保险、计算机和信息服务、专有权利使用费和特许费、咨询服务增长较为明显。但是它们个体在服务项目中的份额却仍然很低。如果我们粗略地将除运

输、旅游项目外的那些新兴的服务项目加总在一起，即类似于1996年之前的分类构成，同时，我们根据《国际收支手册》第五版对运输项目的说明，将1996年之前港口供应与服务一项并入货运项目，就能够得到服务项目的运输、旅游以及其他各类服务等三个项目。图1-19是根据上述方法所绘制的1982—2004年运输、旅游以及其他各类服务在服务贸易中构成的变化情况图。从图中可以看到，运输曾经是我国服务贸易中规模最大的项目，但是到1996年，它在服务贸易中的份额下降到31.81%，被同期旅游项目和其他各类服务项目所超过，到1999年降至17.84%的最低水平后，其在服务贸易中的份额逐渐上升，这与同期我国货物贸易的迅速发展相一致。如上所示，旅游和其他各类服务成为了我国服务贸易中的支柱行业，尤其是代表新兴服务产业的其他各类服务贸易发展比较迅速。2003年其他服务贸易在服务贸易中的比重超过旅游业，成为我国服务贸易中规模最大的行业，充分体现了近年来，新兴服务产业对我国传统服务产业的冲击。

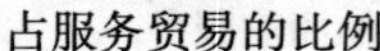

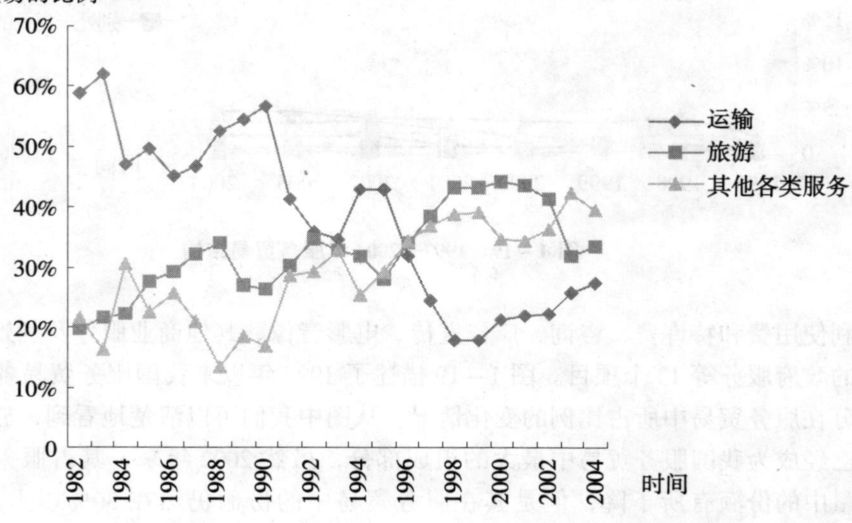

图1-20 1982—2004年服务贸易结构

表1-15是1997—2004年我国国际收支服务项目的具体构成情况。从表中我们可以清楚地看到，承继了1995年、1996年连续两年的服务贸易逆差，1997年服务贸易逆差达到了33.99亿美元。之后几年服务贸易逆差除1998年

有所下降外，其他各年服务贸易的逆差都呈扩大趋势。从逆差的构成来看，运输项目是服务项目逆差的主要来源，除此之外，保险、专有权利使用费和特许费、咨询等三个项目也是服务项目逆差的重要来源。同时，缓和我国服务项目逆差的力量仍然主要来源于旅游项目，其次，其他商业服务项目的顺差也对我国服务项目逆差起到了很大的缓冲作用。我国服务贸易逆差的根源，在于国内服务业发展水平的相对落后。目前，我国正处于消费结构转型期，对服务业中的消费性服务的需求快速上升，同时，第一产业、第二产业的结构升级对服务业中生产性服务的需求也增长较为迅速。在改革开放全面进行的条件下，国内服务业的发展满足不了需求，必然会引起国际收支服务贸易项目的逆差。这充分表明我国当前服务业国际竞争力还很弱。但是全面地看，扩大服务贸易的进口，对实现我国服务贸易可持续发展有着重要的意义：一方面，引进国外的服务，可以满足我国国内经济发展对服务的需求，促进国内经济发展；另一方面，随之而来的服务业的先进技术和管理经验能促使我国服务业的产业升级，实现从引进来到走出去的突破；同时，服务贸易的逆差还有助于缓和我国巨额货物贸易顺差所带来的与欧美等主要贸易伙伴的贸易摩擦。

表 1-15　　1997—2004 年服务项目结构　　单位：百万美元

年　　份	1997	1998	1999	2000	2001	2002	2003	2004
服务差额	-3 399	-2 777	-5 339	-5 600	-5 931	-6 784	-8 573	-9 699
贷方	24 569	23 896	26 248	30 430	33 335	39 745	46 734	62 434
借方	27 968	26 673	31 588	36 031	39 266	46 528	55 306	72 133
运输差额	-6 999	-4 462	-5 478	-6 725	-6 689	-7 892	-10 326	-12 476
贷方	2 955	2 301	2 420	3 671	4 635	5 720	7 906	12 067
借方	9 944	6 763	7 897	10 396	11 324	13 612	18 233	24 544
旅游差额	3 944	3 396	3 234	3 117	3 383	4 987	2 219	6 590
贷方	12 074	12 602	14 098	16 231	17 792	20 385	17 406	25 739
借方	8 130	9 205	10 864	13 114	13 909	15 398	15 187	19 149
通讯服务差额	-18	611	396	1 103	-55	80	211	-32
贷方	272	819	590	1 345	271	550	638	440
借方	299	207	193	242	326	470	427	472
建筑服务差额	619	-526	555	-392	-17	283	106	129
贷方	590	594	985	602	830	1 246	1 290	1 467
借方	1 209	1 120	1 540	994	847	964	1 183	1 339

续表

年份	1997	1998	1999	2000	2001	2002	2003	2004
保险服务差额	-871	-1 374	-1 717	-2 364	-2 484	-3 037	-4 251	-5 743
贷方	174	384	204	108	227	209	313	381
借方	1 046	1 758	1 921	2 471	2 711	3 246	4 564	6 124
金融服务差额	-298	-136	-56	-20	22	-39	-81	-44
贷方	28	27	111	78	99	51	152	94
借方	325	163	167	97	77	90	233	138
计算机和信息服务差额	-148	-199	42	91	117	-495	66	384
贷方	84	134	265	356	461	638	1 102	1 637
借方	231	333	224	265	345	1 133	1 036	1 253
专有权利使用费和特许费差额	-489	-357	-717	-1 201	-1 828	-2 981	-3 441	-4 260
贷方	55	63	75	80	110	133	107	236
借方	543	420	792	1 281	1 938	3 114	3 548	4 497
咨询差额	-122	-240	-244	-284	-613	-1 346	-1 565	-1 582
贷方	346	518	280	356	889	1 285	1 885	3 153
借方	468	758	524	640	1 502	2 631	3 450	4 734
广告、宣传差额	-3	-54	2	21	19	-22	28	150
贷方	238	211	221	223	277	373	486	849
借方	241	265	219	202	258	394	458	698
电影、音像差额	-34	-24	-27	-26	-22	-66	-36	-135
贷方	10	15	7	11	28	30	33	41
借方	44	39	34	37	50	96	70	176
其他商业服务差额	2 426	776	320	967	1 538	3 829	8 592	7 473
贷方	7 678	6 212	6 909	7 084	7 282	8 761	15 056	15 951
借方	5 253	5 435	6 590	6 117	5 743	4 932	6 464	8 478
别处未提及的政府服务差额	-178	189	-538	112	198	-85	-95	-152
贷方	65	17	83	285	433	363	359	378
借方	243	205	622	173	235	448	454	531

资料来源：根据国家外汇管理局网站中信息整理。

四、收益项目

收益项目是《国际收支手册》第五版在原第四版“投资收支”和“其他货物、劳务和收入”的基础上建立起的新的项目。该项目包括了职工报酬（即劳动者报酬）和投资收益两部分。贷方表示我国获得的收益，借方表示我国对外支付的收益。职工报酬指我国个人在国外工作（一年以下）而得到并汇回的收入以及我国支付在华工作的外籍员工（一年以下）的工资福利。投资收益包括直接投资项下的利润、利息收支和再投资收益、证券投资收益（股息、利息等）和其他投资收益（利息）。因此按照《国际收支手册》两个版本的定义，1997年以后的国际收支平衡表收益项目项下的“投资收益”与1997年以前国际收支平衡表中的“投资收支”应该为相同的概念。同样，1997年之前国际收支平衡表中的“银行收支”按照《国际收支手册》第五版的定义应该划归新版国际收支平衡表“服务”项下的“金融服务”项目中，而1997年之后国际收支平衡表收益项目项下的“职工报酬”在《国际收支手册》第四版中被划入“其他货物、劳务和收入”的大类中。然而，国家外汇管理局在中国外汇管理年报（1999）中所披露国际收支概览，仍然笼统地将1997年以前的“投资收支”等同于现在的“收益”项目。表1－16是国家外汇管理局公布的1982—2004年收益项目的概况。

表1－16　　收益项目概览　　单位：百万美元

年份	收益差额	贷方	借方
1982	376	1 017	641
1983	1 158	1 453	295
1984	1 534	1 922	388
1985	841	1 387	546
1986	－23	901	924
1987	－215	976	1 191
1988	－161	1 469	1 630
1989	229	1 894	1 665
1990	1 055	3 017	1 962
1991	840	3 719	2 879

续表

年份	收益差额	贷方	借方
1992	248	5 595	5 347
1993	－1 284	4 390	5 674
1994	－1 036	5 738	6 774
1995	－11 774	5 191	16 965
1996	－12 437	7 318	19 755
1997	－11 004	5 711	16 715
1998	－16 644	5 584	22 228
1999	－14 470	8 330	22 800
2000	－14 666	12 551	27 216
2001	－19 173	9 390	28 563
2002	－14 945	8 344	23 289
2003	－7 838	16 095	23 933
2004	－3 523	20 544	24 067

资料来源：《中国外汇管理年报 2002》，国家外汇管理局网站。

由于上述原因，1997 年前的国际收支平衡表的“投资收支”项目中，并没有包含“职工报酬”的统计，不是一个完整的“收益项目”，同时其投资收支的范围与 1997 年以后也有所不同。因此我们对收益项目的研究从 1997 年开始。表 1－17 是 1997—2004 年国际收支收益项目的具体情况。首先我们可以看到，1993—2004 年，我国国际收支收益项目各年均为逆差。2001 年，逆差达到 191.73 亿美元，为各年的最高水平。收益项目常年来的逆差是 20 世纪 90 年代以来外商直接投资存量的不断增加所带来的，2001 年之前外商投资利润分配呈上升趋势，是我国收益项目逆差的重要原因。需要指出的是，外商除把少数利润汇回外，大部分利润还是用于在华再投资，使我国历年来的利润再投资维持了较大规模。同时，外债的利息支付也是该项目逆差的一个重要原因。2001 年后，收益项目的逆差有了显著的改善，到 2004 年年底，收益项目逆差降低到 35.23 亿美元，还不到 2001 年的 1/5。相对于 2001 年，2002 年收益项目逆差得到改善，同比下降了 22.1%。虽然该项目改善的部分原因来源该项目整体规模的下降，但是最主要的原因在于投资收益项目。由于该年外商投资企业外方的利润支出较上一年有大规模的下降，我国投资收益项目的支出为

223.39亿美元，比上一年下降了53.72亿美元。同时职工报酬项目，我国的收入达到6.74亿美元，较2001年增长126.9%，也是当年推动收益项目改善的重要原因。2003年，我国收益项目收入大增，同比增长92.8%，而支出项目的增长仅为2.7%，收益项目逆差得到更大的改善。2004年收益项目仍然延续了2003年的情况，收入的增加高于支出项目的增加，逆差得到改善。需要指出的是，自2002年以来收益项目逆差的改善，虽然部分原因来自于职工报酬项目逆差规模的缩小以及2003年之后的顺差，但是最主要的原因来自于投资收益项目收入的迅速增加和支出的缓慢增加。

表1-17　　1997—2004年收益项目　　单位：百万美元

年份	1997	1998	1999	2000	2001	2002	2003	2004
收益差额	-11 004	-16 644	-14 470	-14 666	-19 173	-14 945	-7 838	-3 523
贷方	5 711	5 884	8 330	12 551	9 390	8 344	16 095	20 544
借方	16 715	22 228	22 800	27 216	28 563	23 289	23 933	24 067
职工报酬差额	166	-107	-377	-477	-554	-276	162	632
贷方	166	97	146	202	297	674	1 283	2 014
借方	0	204	523	679	852	950	1 120	1 382
投资收益差额	-11 170	-16 536	-14 093	-14 188	-18 619	-14 669	-8 001	-4 155
贷方	5 544	5 488	8 184	12 349	9 092	7 671	14 812	18 530
借方	16 715	22 024	22 278	26 537	27 711	22 339	22 813	22 685

资料来源：根据国家外汇管理局网站中信息整理。

五、经常转移项目

按照《国际收支手册》第五版的定义，经常转移是指在无同等回报的情况下，与其他国家或地区之间发生的提供或接受经济价值的经常转移。经常转移是包括所有非资本转移的转移项目，如侨汇、工人汇款、无偿捐赠、赔偿等项目。我国国际收支平衡表1997年开始出现经常转移项目，该项目同收益项目一样，也是在原有项目的基础上产生的。1997年以前的国际收支平衡表里并没有区分经常转移和资本转移，而是统一将转移即“在无同等回报的情况下，一经济体的居民实体向一非居民实体提供了实际资源或金融产品”，划入了“无偿转移”项目。与收益项目一样，国家外汇管理局在2002年中国外汇管理年报中所披露的中国国际收支概览中，仍然笼统地将过去的“无偿转移”等同于现在的“经常转移”，这是不科学的。然而，我们这里仍然按照国家外汇管理局的方法，将1982年至1996年的“无偿转移”等同于“经常转移”，以期望从中获得一些规律性的结论。表1－18是我国经常转移项目的概况。从表中我们可以清楚地看到，我国一直是一个经常转移的净接受国，并且这一净接受的额度还呈逐渐扩大的趋势，到2004年，该项目的顺差已经达到228.98亿美元。由于经常转移直接影响可支配收入的水平，并且影响货物和服务的消费。也就是说，经常转移减少了捐赠者的收入和消费，而扩大了受援者的收入和消费，因此我国经常转移项目长期的顺差对提高国内部分居民收入和刺激消费增长起到了一定的作用。

表1－18　　经常转移项目概览　　单位：百万美元

年份	经常转移差额	贷方	借方
1982	486	672	186
1983	511	620	109
1984	442	596	154
1985	243	438	195
1986	378	516	138
1987	224	389	165
1988	419	568	149
1989	381	477	96
1990	274	376	102
1991	830	890	60
1992	1 155	1 206	51
1993	1 172	1 290	118
1994	1 337	1 770	433
1995	1 434	1 826	392
1996	2 129	2 368	239
1997	5 143	5 477	334
1998	4 278	4 661	382
1999	4 943	5 367	424
2000	6 311	6 861	550

续表

年份	经常转移差额	贷方	借方
2001	8 492	9 125	632
2002	12 984	13 795	811
2003	17 634	18 482	848
2004	22 898	24 326	1 428

资料来源：根据《中国外汇管理年报 2002》、国家外汇管理局网站中信息整理。

表 1－19 是我国 1997—2004 年以来经常转移项目的具体情况。在按照《国际收支手册》第五版编写的国际收支平衡表中，将经常转移项目分为两类，一类是各级政府，它是指国外的捐赠者或受援者为国际组织和政府部门；另一类是其他部门，它是指国外的捐赠者或受援者为国际组织和政府部门以外的其他部门或个人。从表中可以看到，在我国经常转移项目中，其他部门经常转移的规模远比各级政府经常转移的规模大。从 2001 年起（除 2003 年外[①]），我国官方的经常转移余额出现在借方，说明我国从一个净的接受援助的国家，成为一个净的援助他国的国家，我国官方对外的捐赠多于国外官方对我国的资助，这至少部分说明了我国开始以强国大国的形象出现在国际事务中，在各种国际事务中发挥越来越大的作用。

表 1－19　　1997—2004 年经常转移项目　　单位：百万美元

年份	1997	1998	1999	2000	2001	2002	2003	2004
经常转移差额	5 143	4 278	4 943	6 311	8 492	12 984	17 634	22 898
贷方	5 477	4 661	5 367	6 861	9 125	13 795	18 482	24 326
借方	334	382	424	550	632	811	848	1 428
各级政府差额	483	91	108	54	－67	－74	8	－89
贷方	483	183	201	147	138	86	114	98
借方	0	92	93	94	205	160	106	187
其他部门差额	4 660	4 188	4 836	6 258	8 559	13 058	17 626	22 987
贷方	4 994	4 478	5 167	6 713	8 987	13 709	18 369	24 229
借方	334	290	331	456	428	651	743	1 242

资料来源：根据国家外汇管理局网站中信息整理。

① 2003 年中国爆发了“非典”疫情，国际卫生组织等国际组织对我国进行了切实有效的援助。

1997年，给经常转移项目带来顺差局面的因素来源于其他部门。与1997年的国际收支平衡表不同，我们无法得知其他部门项目的具体构成，但是根据中国外汇管理局各年对国际收支平衡表的说明，我国居民个人在境外的侨汇收入是主要的顺差来源。侨汇收入的增加反映了我国对外承包工程、劳务输出的规模越来越大，同时对外设计咨询等新兴服务业发展也较快，如表1－20所示。对外经济合作规模的不断扩大，使得我国居民在国外的劳务收入不断上升，从而成为形成经常转移项目顺差的主导力量。

表1－20　对外经济合作

年份	合同数（份）				合同金额（亿美元）				完成营业额（亿美元）			
	合计	对外承包工程	劳务合作	对外设计咨询	合计	对外承包工程	劳务合作	对外设计咨询	合计	对外承包工程	劳务合作	对外设计咨询
1983	460	280	180	—	9.24	7.99	1.25	—	4.52	1.89	1.37	—
1984	740	344	396	—	17.37	15.38	1.99	—	6.23	4.94	1.29	—
1985	923	465	458	—	12.65	11.16	1.49	—	8.35	6.63	1.72	—
1986	944	486	458	—	13.59	11.89	1.7	—	9.73	8.19	1.54	—
1987	1 449	616	833	—	18.89	16.48	2.41	—	12.6	11.14	1.46	—
1988	2 126	642	1 484	—	21.72	18.13	3.59	—	14.3	12.53	1.77	—
1989	3 100	776	2 324	—	22.12	17.81	4.31	—	16.86	14.84	2.02	—
1990	5 175	920	4 255	—	26.04	21.25	4.78	—	18.67	16.44	2.23	—
1991	8 438	1 171	7 267	—	36.09	25.24	10.85	—	23.63	19.70	3.93	—
1992	9 405	1 164	8 241	—	65.85	52.51	13.35	—	30.49	24.03	6.46	—
1993	11 605	1 393	10 212	—	68.00	51.89	16.11	—	45.38	36.68	8.70	—
1994	17 491	1 702	15 789	—	79.88	60.28	19.60	—	59.78	48.83	10.95	—
1995	19 321	1 558	17 397	366	96.72	74.84	20.07	1.81	65.88	51.08	13.47	1.33
1996	24 891	1 634	22 723	534	102.73	77.28	22.80	2.65	76.96	58.21	17.12	1.64
1997	28 442	2 085	25 743	614	113.56	85.16	25.50	2.90	83.83	60.36	21.65	1.82
1998	25 955	2 322	2 3191	442	117.73	92.43	23.90	1.40	101.34	77.69	22.76	0.89
1999	21 126	2 527	18 173	426	130.02	101.99	26.32	1.71	112.35	85.22	26.23	0.90
2000	23 565	2 597	20 474	494	149.43	117.19	29.91	2.33	113.25	83.79	28.13	1.34
2001	39 400	5 836	33 358	206	164.55	130.39	33.28	0.88	121.39	88.99	31.77	0.63

续表

年份	合同数（份）				合同金额（亿美元）				完成营业额（亿美元）			
	合计	对外承包工程	劳务合作	对外设计咨询	合计	对外承包工程	劳务合作	对外设计咨询	合计	对外承包工程	劳务合作	对外设计咨询
2002	34 461	4 036	30 163	262	178.91	150.55	27.52	0.85	143.52	111.94	30.71	0.87
2003	42 059	3 708	38 043	308	209.30	176.67	30.87	1.76	172.34	138.37	33.09	0.88
2004	60 312	6 694	53 271	347	276.98	238.44	35.03	3.51	213.69	174.68	37.53	1.47

资料来源：根据《中国对外经济统计年鉴 2004》、《中国统计年鉴 2005》整理。

第二章　中国国际收支概论（下）

第一节　资本和金融项目

一、中国1982—2004年资本和金融项目综述

资本和金融项目是《国际收支手册》第五版中新设立的项目，该项目与原来《国际收支手册》第四版中资本项目的主要区别在于：新项目中将过去没有与经常转移区分的资本转移，单列在了新的资本和金融项目中。因此，第五版中资本和金融项目项下的金融项目与第四版中的资本项目基本一致。我国按照《国际收支手册》第五版中的分类，将金融项目中的投资分为直接投资、证券投资、其他投资[①]。表2－1是我国1982—2004年资本和金融项目的基本情况。从表中很清楚地可以看到，金融项目是我国资本和金融项目最主要的构成部分，而资本项目相对来说规模要小得多。资本转移包括两个部分：一个部分是实物转移，只要涉及固定资产所有权变更、债权人放弃债务而未得到回报等两个方面的实物转移均视为资本转移；另一个方面是现金的转移，只要交易一方或双方同固定资产的收买或放弃（比如：投资赠款）联系在一起或以其为存在的条件，则都应当被计入资本项目。与经常转移不同，我国是净的做出资本转移的国家。

与经常项目相比，资本和金融项目的规模要小得多，而且这一规模的差距有逐渐增加的趋势。到2004年年底，经常项目的规模超过万亿美元，比资本和金融项目的规模高出7 566.95亿美元，如表2－2所示。但是从增长速度来看，1982—2004年间，经常项目收支平均年增长速度达到16.6%，而资本和金融项目的年平均增长速度达到20.9%，资本和金融项目规模的平均增长速度

---

① 《国际收支手册》第五版中，将储备资产放入了金融项目中，因此金融账户下按功能分类的投资类型一共有四类，包括：直接投资、证券投资、其他投资、储备资产。但我国仍然将储备资产作为与经常项目、资本和金融项目并列的项目。

高于经常项目。

表 2－1　　　　　　　　**资本和金融项目概览**　　　　　　　单位：百万美元

年份	资本和金融项目差额①	1. 资本项目差额	2. 金融项目差额
1982	－1 736	—	－1 736
1983	－1 372	—	－1 372
1984	－3 752	—	－3 752
1985	8 485	—	8 454
1986	6 540	—	6 540
1987	2 731	—	2 731
1988	5 269	—	5 269
1989	6 428	—	6 428
1990	－2 774	—	－2 774
1991	4 580	—	4 580
1992	－251	—	－251
1993	23 474	—	23 474
1994	32 644	—	32 644
1995	38 675	—	38 675
1996	39 967	—	39 967
1997	21 015	－21	21 036
1998	－6 321	－47	－6 275
1999	5 180	－26	5 205
2000	1 922	－35	1 958
2001	34 775	－54	34 829
2002	32 291	－50	32 340
2003	52 726	－48	52 774
2004	110 660	－69	110 729

资料来源：根据《中国外汇管理年报 2002》、国家外汇管理局网站中信息整理。

① 该表中 1982—1996 年的资本和金融项目已经按照《国际收支手册》第五版进行了调整，因此与原国际收支平衡表中的数据相差较大。

表 2-2　　经常项目与资本和金融项目比较　　单位：百万美元

年份	经常项目规模	资本和金融项目规模	规模差距	经常项目差额	资本和金融项目差额
1982	45 128	8 848	36 280	5 674	-1 736
1983	46 470	7 454	39 016	4 240	-1 372
1984	56 610	12 776	43 834	2 030	-3 752
1985	71 573	33 863	37 710	-11 417	8 485
1986	69 433	36 126	33 307	-7 035	6 540
1987	80 772	35 601	45 171	300	2 731
1988	99 701	35 255	64 446	-3 803	5 269
1989	104 704	35 942	68 762	-4 318	6 428
1990	109 537	43 528	66 009	11 997	-2 774
1991	127 743	36 066	91 677	13 271	4 580
1992	164 835	60 697	104 138	6 401	-251
1993	196 378	78 182	118 196	-11 904	23 474
1994	245 212	90 942	154 270	7 658	32 644
1995	306 896	96 749	210 147	1 618	38 675
1996	355 484	101 987	253 497	7 242	39 967
1997	399 891	164 259	235 632	36 962	21 015
1998	403 869	184 975	218 894	31 471	-6 321
1999	448 208	178 328	269 880	21 114	5 180
2000	577 427	182 050	395 377	20 519	1 922
2001	618 443	164 287	454 156	17 405	34 775
2002	739 648	224 351	515 297	35 422	32 291
2003	993 286	386 536	606 750	45 875	52 726
2004	1 332 735	576 040	756 695	68 659	110 660

资料来源：根据《中国外汇管理年报 2002》，国家外汇管理局网站中信息整理。

从收支的顺差和逆差来看，我国的资本和金融项目从整体看处于一个不太平稳的状况，如图 2-1 所示。大体上，我们可以将我国的资本和金融项目分为以下四个阶段：第一阶段，1982—1984 年逆差阶段。由于我国刚刚改革开放，投资环境正逐步改善，利用外资处于起步阶段，因此这一短时间内虽然外国对我国的直接投资在增长，然而仍然无法弥补我国其他投资项目相对较大的资本流出。第二阶段，1985—1992年，我国大体上处于资本和金融项目顺差阶段，资本净流入我国。1985年开始，我国连续下调汇率，伴随着我国投资环境的不断改善，使得我国出现持久的资本流入。尤其是外商在华投资的稳步增加以及证券投资、其他投资由逆差变为顺差，都促使了这段时期资本和金融项目顺差的稳定发展。需要指出的是，1985年、1986年、1987年、1988年国际收支经常项目出现逆差，然而稳定增长的资本流入弥补了这一逆差，平衡了国际收支差额，资本和金融项目已经成为国际收支平衡的重要手段。第三阶段，1993—2002年，资本和金融项目顺差经历了一个高速扩张的发展路径（除1998年以外）。在这一段时间里，资本和金融项目与经常项目在国际收支平衡中占有同等重要的地位。1993年经常项目出现一次逆差，1998年资本和金融项目出现一次，然而前者由于同年资本和金融项目的盈余，后者由于同年经常项目的盈余，整个国际收支仍然为顺差，而其他各年，中国国际收支均出现“双赤字”的局面。第四阶段，资本和金融项目的顺差规模大幅度超过经常项目，资本和金融项目成为国际收支顺差的重要来源。

从资本和金融项目收支的构成来看，直到1997年，证券投资项目和其他投资项目收支的顺差和逆差才开始对资本和金融项目产生比较大的作用。1997年，资本和金融项目顺差为210.15亿美元，较上一年下降47.4%，证券投资项下顺差的减少和其他投资项下由顺差转为逆差，是资本和金融项目顺差大幅下降的根本原因。1998年，由于遭受东南亚金融危机的冲击，直接投资流入略有下降，但是证券投资项下由顺差转为逆差，其他投资项下的逆差增幅达58.3%，资本和金融项目由顺差变为逆差。1999年资本和金融项目实现顺差51.80亿美元，其他投资项下逆差的大幅下降促成了这一顺差的形成。2000年，资本和金融项目顺差规模较上一年有较大幅度的下降，其原因在于其他投资项目逆差的大幅度增加。2001年，我国资本和金融项目实现顺差347.75亿美元，远远高于2000年的19.22亿美元，我国外国来华直接投资的迅速上升、金融机构自身资产运作结构变化以及我国境外企业资金调回，是当年资本和金融项目呈现大量顺差的原因。2002年，资本和金融项目顺差略有减少，其原因在于证券投资的逆差以及其他投资项目由顺差转为逆差。2003年资本和金融项目顺差又再次超过经常项目，达到527.26亿美元。2004年这一顺差规模继续扩大，达到1 106.6亿美元，高于经常项目顺差420.01亿美元。稳定的外商来华直接投资流入、证券投资项下逆差转为顺差，其他投资项下逆差转为顺差，是资本和金融项目顺差规模迅速扩大的原因所在。图2-1更直观地描述了上述资本和金融项目结构变化的情况。

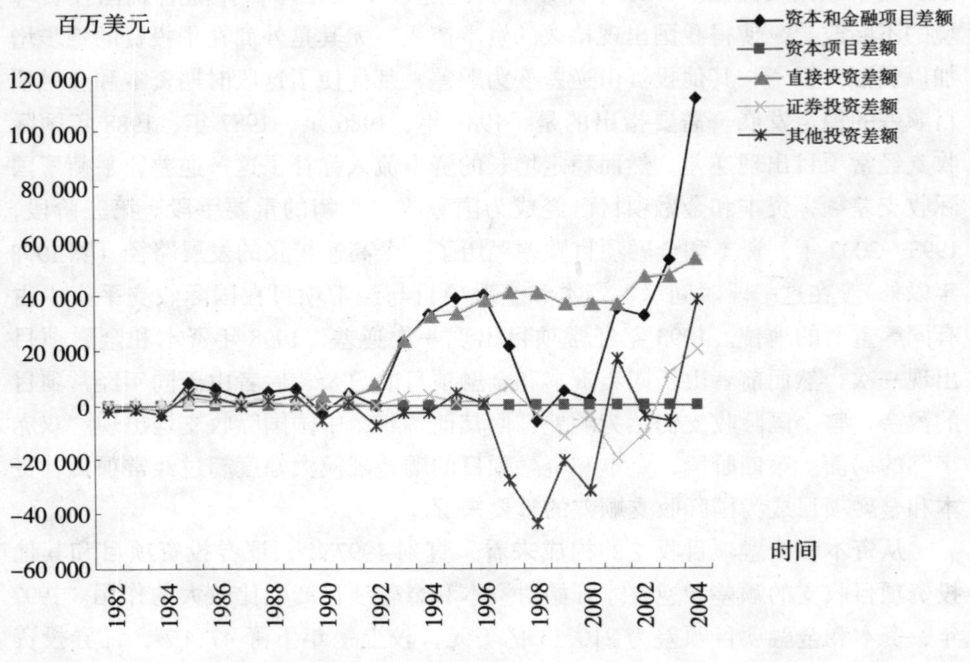

图 2-1 资本和金融项目及其组成部分收支情况

二、金融项目

(一) 金融项目综述

如上所述，金融项目是我国国际收支资本和金融项目中最主要的组成部分，表 2-3 列举了 1982—2004 年我国国际收支金融项目的收支情况①。首先从规模上看，其他投资是金融项目中规模最大的项目，其次是直接投资，最后是证券投资，如图 2-2 所示。其他投资的规模占金融投资项目总规模的比率，除 1996 年略低于 50%以外，各年均在 50%以上，最高达到近 94%，而这一比率近年来呈上升趋势。直接投资在 1996 年达到最高峰后，逐渐回落，2001 年其比率再一次达到较高水平后逐渐下降，到 2004 年年底仅仅占金融项目总规模的 11.9%。证券投资占金融项目总规模的比重除个别年份外，其他各年均

① 1996 年及其以前各年经过调整，与原国际收支平衡表“资本项目”的数据相差较大。

低于10%，是金融项目中交易量最小的项目，这是与我国对该项目的严格控制，以及谨慎地逐渐开放的政策密不可分的。

表 2-3 金融项目概况 单位：百万美元

年份	金融项目差额	A. 直接投资差额	贷方	借方	B. 证券投资差额	贷方	借方	C. 其他投资差额	贷方	借方
1982	-1 736	386	430	44	21	41	20	-2 143	3 085	5 228
1983	-1 372	823	916	93	-621	153	774	-1 574	1 972	3 546
1984	-3 752	1 285	1 419	134	-1 638	942	2 580	-3 399	2 151	5 550
1985	8 454	1 327	1 956	629	3 027	3 049	22	4 131	16 169	12 038
1986	6 540	1 794	2 244	450	1 568	1 608	40	3 178	17 481	14 303
1987	2 731	1 669	2 314	645	1 051	1 191	140	11	15 661	15 650
1988	5 269	2 344	3 194	850	876	1 216	340	2 049	15 852	13 803
1989	6 428	2 613	3 393	780	-180	140	320	3 995	17 652	13 657
1990	-2 774	3 657	3 487	830	-241	0	241	-5 190	16 890	22 080
1991	4 580	3 453	4 366	913	235	565	330	892	15 392	14 500
1992	-251	7 156	11 156	4 000	-57	865	922	-7 350	18 202	25 552
1993	23 474	23 115	27 515	4 400	3 050	5 042	1 992	-2 691	18 271	20 962
1994	32 644	31 787	33 787	2 000	3 543	4 493	950	-2 686	23 513	26 199
1995	38 675	33 849	37 736	3 887	790	1 803	1 013	4 036	28 173	24 137
1996	39 967	38 066	42 350	4 284	1 744	3 354	1 610	157	25 273	25 116
1997	21 036	41 674	45 439	3 765	6 942	9 230	2 288	-27 580	37 968	65 548
1998	-6 275	41 118	45 645	4 527	-3 733	1 899	5 632	-43 660	41 783	85 443
1999	5 205	36 978	41 015	4 037	-11 234	1 808	13 042	-20 540	48 931	69 470
2000	1 958	37 483	42 096	4 613	-3 991	7 814	11 805	-31 535	42 076	73 611
2001	34 829	37 356	47 052	9 697	-19 406	2 404	21 810	16 879	50 075	33 196
2002	32 340	46 790	53 074	6 284	-10 342	2 287	12 629	-4 107	72 961	77 068
2003	52 774	47 229	55 507	8 278	11 427	12 307	880	-5 881	151 817	157 699
2004	110 729	53 131	60 906	7 774	19 690	20 262	572	37 908	262 182	224 274

资料来源：根据《中国外汇管理年报2002》、国家外汇管理局网站中信息整理。

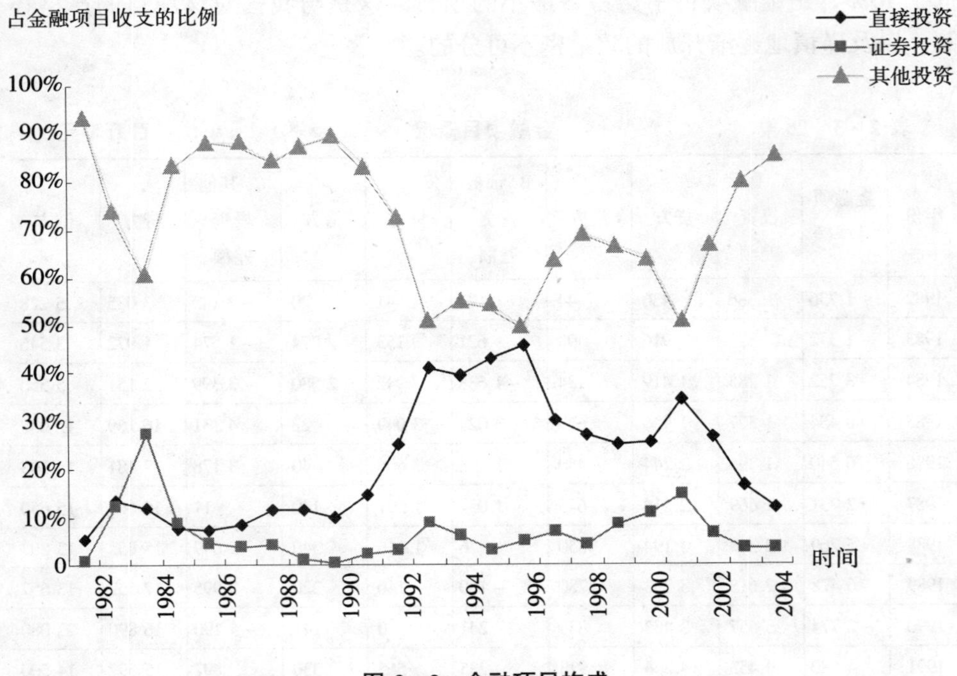

图 2－2　金融项目构成

由于金融项目是资本和金融项目最主要的组成部分，因此金融项目的顺差和逆差决定了资本和金融项目收支的顺差和逆差。因此，分析金融项目各组成部分的顺差和逆差情况，也就等于清楚地了解了资本和金融项目形成顺差或逆差的原因。图 2－3 描述了金融项目各组成部分收支的情况。从图中可以清楚地看到，首先直接投资在我国长期处于顺差，且顺差规模的总体趋势是扩大的，20 世纪 90 年代直接投资的顺差经历了最快的增长速度。证券投资顺差和逆差呈现出交替出现的态势，1982—2004 年间，顺差出现 13 次，逆差出现 10 次，由于证券投资项目的整体规模较小，证券投资项目的顺差和逆差对于整个金融项目只起到一定的作用。其他投资项目是金融项目中交易规模最大的项目，特别在 1990 年以前，其他投资项目的逆差或顺差是金融项目逆差或顺差的决定性因素。但是 1990 年以后，由于直接投资的迅速发展，使得即使是在其他投资处于逆差的时期（1998 年除外），金融项目仍然是顺差，直接投资项目成为决定金融项目顺差或逆差的决定性因素。需要指出的是，2004 年，金融项目的收支出现了较大的变化，直接投资、证券投资、其他投资项目均为顺差，资本净流入达到了 1 107.29 亿美元。

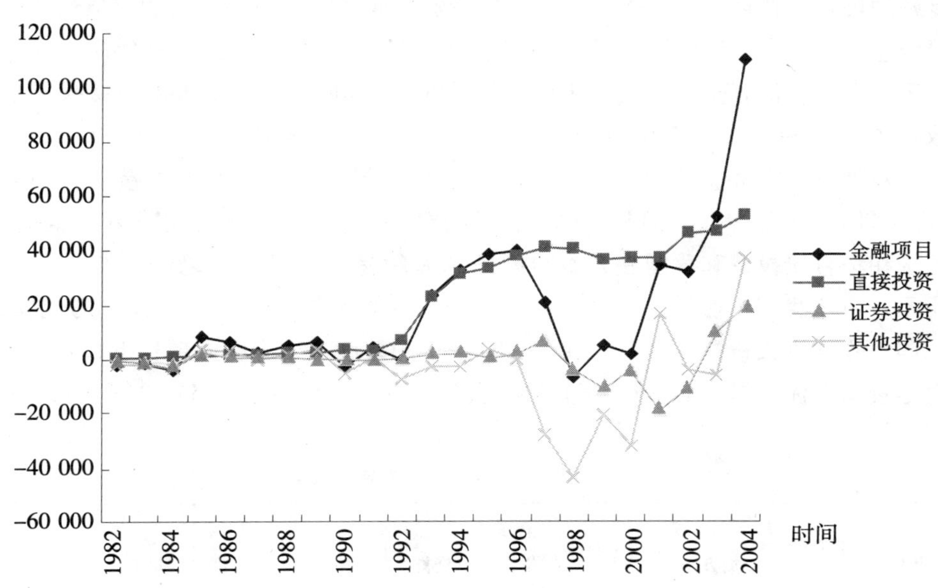

图 2－3 金融项目及其各组成部分收支情况

（二）直接投资

直接投资活动是指以投资者寻求在本国以外运行企业、获取有效发言权为目的的投资。国际收支平衡表中的直接投资主要包括两个方面的内容：外商来华直接投资和我国对外直接投资。外国在华直接投资的贷方表示外国投资者在我国设立外商企业的投资，包括股本金、收益再投资和其他资本；借方表示外商企业的撤资和清算资金汇出我国。而我国在外直接投资的贷方则表示我国企业撤资和清算以及母子公司自己往来的外部资金流入；借方表示我国对外直接投资汇出的资本金、母子公司资金往来的国内资金流出。表 2－4 是 1982—2004 年我国直接投资项目的基本情况。

1982—2004 年，我国吸收外国直接投资的规模增长 126 倍，从 1982 年的 4.3 亿美元增加到 2004 年的 606.30 亿美元，平均每年增长 24.7%。近四分之一个世纪以来，我国一直坚持不懈地对外开放，多方面地优惠外商直接投资，不断改善外商直接投资环境，使我国吸收外商直接投资规模高速增长。美国

"9·11"事件后，美国吸收外商直接投资的规模下降近2 000亿美元。2002年、2003年，我国吸收外商直接投资规模跃居世界第一①。我国经济的高速增长和良好的市场经营环境，使外商来华直接投资企业获得了丰厚的利润，虽然外商投资企业从1995年以后出现了一些撤资和清算的情况，但是这10年中，平均来看，撤资和清算额不足其当年投资额的6%。同时，我国对外的直接投资也取得了长足的进步。截至2004年，中国累计对外直接投资总额449亿美元，扣除对外直接投资企业对境内投资主体的反向投资，累计对外直接投资净额（即存量）448亿美元。但是整体看，我国对外直接投资的规模还很小，同时，外国在华直接投资和我国在外直接投资的差距呈逐年扩大的趋势，如图2-4所示。由于我国企业对外直接投资的规模远远小于外商在华直接投资的规模，在国际收支直接投资项目下，我国一直处于顺差状态，即在此项目下，我国一直是资本净流入国，到2004年直接投资项下的顺差已经达到531.31亿美元。

表2-4　　1982—2004年中国国际收支直接投资项目　　单位：百万美元

年份	直接投资差额	贷方	借方	A. 外国在华直接投资	贷方	借方	B. 我国在外直接投资	贷方	借方
1982	386	430	44	430	430	0	-44	0	44
1983	543	636	93	636	636	0	-93	0	93
1984	1 124	1 258	134	1 258	1 258	0	-134	0	134
1985	1 030	1 659	629	1 659	1 659	0	-629	0	629
1986	1 425	1 875	450	1 875	1 875	0	-450	0	450
1987	1 669	2 314	645	2 314	2 314	0	-645	0	645
1988	2 344	3 194	850	3 194	3 194	0	-850	0	850
1989	2 613	3 393	780	3 393	3 393	0	-780	0	780
1990	2 657	3 487	830	3 487	3 487	0	-830	0	830
1991	3 453	4 366	913	4 366	4 366	0	-913	0	913
1992	7 156	11 156	4 000	11 156	11 156	0	-4 000	0	4 000
1993	23 115	27 515	4 400	27 515	27 515	0	-4 400	0	4 400

① 2004年，美国恢复了其在吸收外商直接投资世界第一的位置。

续表

年份	直接投资差额	贷方	借方	A. 外国在华直接投资	贷方	借方	B. 我国在外直接投资	贷方	借方
1994	31 787	33 789	2 000	33 787	33 787	0	－2 000	0	2 000
1995	33 849	37 736	3 887	35 849	37 736	1 887	－2 000	0	2 000
1996	38 066	42 350	4 284	40 180	42 350	2 170	－2 114	0	2 114
1997	41 674	45 439	3 765	44 236	45 278	1 042	－2 562	161	2 724
1998	41 118	45 645	4 527	43 752	45 463	1 711	－2 634	182	2 816
1999	36 978	41 015	4 037	38 752	40 412	1 660	－1 774	603	2 377
2000	37 483	42 096	4 613	38 399	40 772	2 373	－916	1 324	2 239
2001	37 356	47 052	9 697	44 241	46 846	2 605	－6 885	206	7 092
2002	46 790	53 074	6 284	49 308	52 743	3 435	－2 518	331	2 849
2003	47 229	55 507	8 278	47 077	53 505	6 428	152	2 002	1 850
2004	53 131	60 906	7 774	54 936	60 630	5 694	－1 805	276	2 081

资料来源：根据《中国外汇管理年报 2002》，国家外汇管理局网站中信息整理。

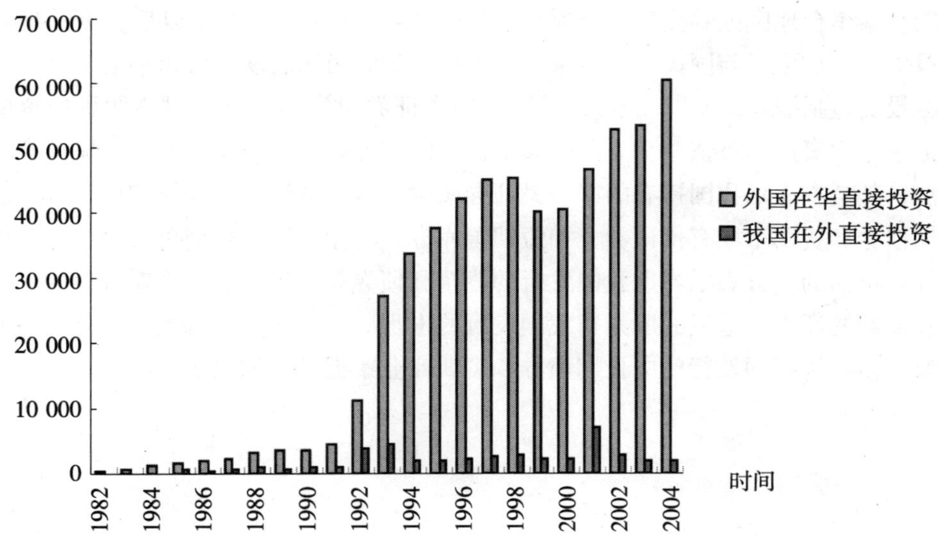

图 2－4　外国在华直接投资与我国在外直接投资规模比较

从世界的角度看，仅有2001年、2002年，由于对香港中银的注资，使得我国在外直接投资与外商在华直接投资的比例达到19%，刚刚超过世界所有发展中国家对外投资和吸收外资平均比例历史最高水平16%。这说明与庞大的吸收外资规模相比，我国的对外直接投资已经严重滞后，这种长期以来“引进来”与“走出去”发展极不均衡的局面若不尽快扭转，必将引发一系列深层次的经济矛盾，从而影响我国经济持续、快速、健康发展。由于在本书的第四章和第五章中，还要分别对外国在华直接投资和中国对外直接投资进行更详细的分析，这里不再做进一步的阐述。

（三）证券投资

在1997年以前，证券投资仅仅包括超过一年的债券、公司债券的中长期债券，以及不包括在直接投资和储备类中的公司普通股，因此，从规模上看，该项目占金融项目的比例并不高，所以其顺差与否也对金融项目的顺差与否的影响不大。需要指出的是，1997年以后，证券投资项目进行了重大的修改，除了上述股票和中长期债券以外，还包括了货币市场工具和金融衍生工具，如期权等，因此两个时期的证券投资项目部分不可比。同时，证券投资项目的分类方法也较原来有了重要的改变。1997年以前，证券投资项目仅仅包含了债券和公司股票，因此，记录中仅仅分为外国和港澳台在华证券投资和中国在外国和港澳台地区证券投资两个项目，如表2-5所示。1997年以后，新的证券投资分类加强了与国民账户体系的一致性，同时力图反映金融市场的发展。证券投资包括股本证券[①] 和债务证券[②] 两类证券投资形式，而对这两种投资的记录分为资产和负债两个方面。其中资产的借方表示我国持有的非居民证券增加；其贷方表示我国持有的非居民证券减少。这里的证券指股票和中长期及短期债券和货币市场有价证券，如短期国库券、商业票据、短期可转让大额存单等。负债的贷方表示当期我国发行的股票和债券等，借方表示当期股票的赎回和债券的还本。这里的股票指我国发行的B股、H股等境内外上市的外资股股票，债券指我国发行的中长期债券和短期商业票据等，如表2-6所示。

---

① 包括以股票为主要形式的证券。

② 包括中长期债券和一年期（含一年）以下的短期债券和货币市场有价证券，如短期国库券、商业票据、短期可转让大额存单等。

表 2－5　　1982—1996 年中国国际收支证券投资项目　　单位：百万美元

年份	证券投资差额	贷方	借方	外国和港澳台地区在华证券投资差额	贷方	借方	中国在外国和港澳台地区证券投资差额	贷方	借方
1982	21	41	20	41	41	0	－20	0	20
1983	－621	153	774	20	20	0	－641	133	774
1984	－1 638	942	2 580	83	83	0	－1 721	859	2 580
1985	3 027	3 049	22	764	764	0	2 263	2 285	22
1986	1 568	1 608	40	1 608	1 608	0	－40	0	40
1987	1 051	1 191	140	1 191	1 191	0	－140	0	140
1988	876	1 216	340	1 216	1 216	0	－340	0	340
1989	－180	140	320	140	140	0	－320	0	320
1990	－241	0	241	0	0	0	－241	0	241
1991	235	565	330	565	565	0	－330	0	330
1992	－57	865	922	393	865	472	－450	0	450
1993	3 050	5 042	1 992	3 647	5 042	1 395	－597	0	597
1994	3 543	4 493	950	3 923	4 493	570	－380	0	380
1995	790	1 803	1 013	711	1 724	1 013	79	79	0
1996	1 744	3 354	1 610	2 372	3 354	982	－628	0	628

资料来源：根据《中国外汇管理年报 2002》整理。

表 2－6　　1997—2004 年中国国际收支证券投资项目　　单位：百万美元

年份	1997	1998	1999	2000	2001	2002	2003	2004
证券投资差额	6 942	－3 733	－11 234	－3 991	－19 406	－10 342	11 427	19 690
贷方	9 230	1 899	1 808	7 814	2 404	2 287	12 307	20 262
借方	2 288	5 632	13 042	11 805	21 810	12 629	880	572
1. 资产差额	－899	－3 830	－10 535	－11 307	－20 654	－12 095	2 983	6 486
贷方	37	35	129	55	69	15	3 000	6 567
借方	936	3 865	10 664	11 362	20 723	12 109	17	81
(1) 股本证券差额	0	0	0	0	32	0	0	0

续表

年份	1997	1998	1999	2000	2001	2002	2003	2004
贷方	0	0	0	0	32	0	0	0
借方	0	0	0	0	0	0	0	0
(2) 债务证券差额	-899	-3 830	-10 535	-11 307	-20 686	-12 095	2 983	6 486
贷方	37	35	129	55	38	15	3 000	6 567
借方	936	3 865	10 664	11 362	20 723	12 109	17	81
A.(中)长期债券差额	-899	-3 830	-10 535	-11 307	-5 588	-3 273	2 983	6 486
贷方	37	35	129	55	38	15	3 000	6 567
借方	936	3 865	10 664	11 368	5 626	3 288	17	81
B. 货币市场工具差额	0	0	0	0	-15 098	-8 821	0	0
贷方	0	0	0	0	0	0	0	0
借方	0	0	0	0	15 098	8 821	0	0
2. 负债差额	7 842	97	-699	7 317	1 248	1 752	8 444	13 203
贷方	9 194	1 864	1 679	7 760	2 335	2 272	9 307	13 695
借方	1 352	1 767	2 378	443	1 086	520	863	492
(1) 股本证券差额	5 657	765	612	6 912	849	2 249	7 729	10 923
贷方	5 657	765	612	6 912	849	2 249	7 729	10 923
借方	0	0	0	0	0	0	0	0
(2) 债务证券差额	2 185	-668	-1 311	405	399	-497	715	2 280
贷方	3 537	1 099	1 067	848	1 486	23	1 578	2 772
借方	1 352	1 767	2 378	443	1 086	520	863	491
A.(中)长期债券差额	2 115	-605	-1 254	405	399	-505	717	2 283
贷方	3 457	1 089	1 067	848	1 486	0.48	1 531	2 764
借方	1 342	1 693	2 321	443	1 086	506	814	481
B. 货币市场工具差额	70	-63	-57	0	0	8	-2	-3
贷方	80	10	0	0	0	22	47	8
借方	10	73	57	0	0	14	49	11

资料来源：根据国家外汇管理局网站中信息整理。

从资产性证券投资和负债性投资活动的规模来看，我国这两种证券投资的规模变化比较大，如图 2-5 所示。首先就资产性投资而言，由于我国外汇储备的增加，我国对外证券投资的规模在逐渐增大，尤其是对美国中长期国债的购买量逐渐放大，但是在 2003 年、2004 年，由于美元大幅度贬值，我国除了购买极少量的中长期债券外，主要是卖出美国国债，资产性证券投资规模整体下降。其次，就负债型投资规模而言，主要的项目仍然是“中长期债券”，其贷方表示我国当年所举中长期外债规模，1997—2004 年各年平均举中长期外债规模略高于 15 亿美元，相反归还外债的金额平均接近 11 亿美元。2001 年、2002 年后，负债性投资的规模较以往有显著下降，主要源于美元利率的迅速下降，2003 年、2004 年虽然负债性投资规模较 2002 年有所上升，但是我国外债管理口径的变化（在华外资银行对外借款也视为我国外债）对其变化起了重要的作用。

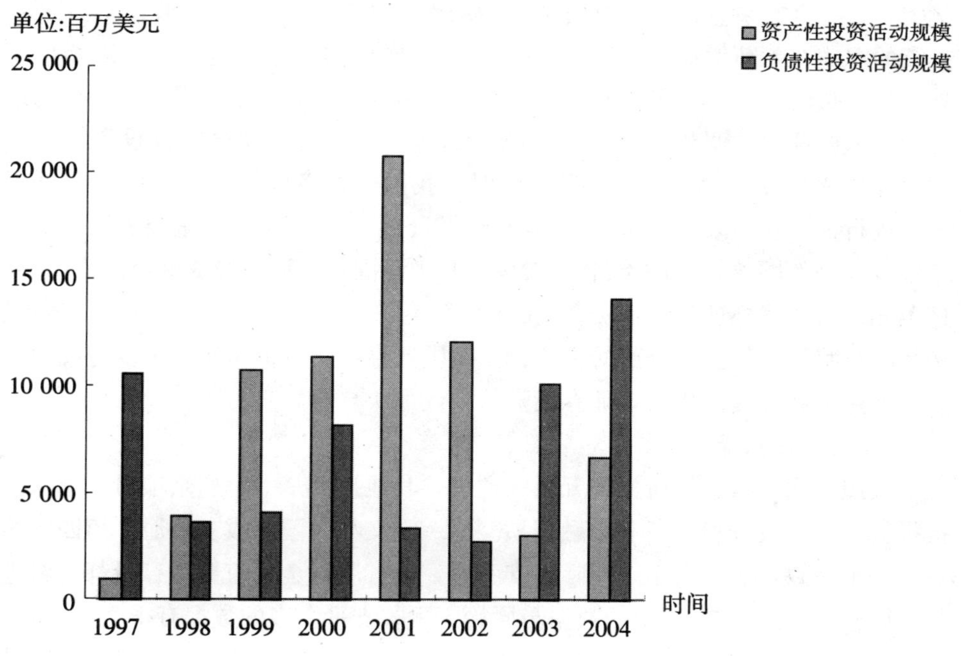

图 2-5 证券投资资产性投资和负债性投资规模比较

从表 2-6 中可以看到，多数年份中我国国际收支的证券投资处于逆差，特别是从 1998 年开始，连续五年证券投资项目均为逆差。1998 年，我国对外证券投资的增长较快，净投资额从 1995 年的 0.8 亿美元增加至 38.30 亿美元，1999 年我国金融机构对境外证券投资规模增长迅速，伴随着我国外债中对外发行的长短期债券还本的增加，以及新发行股本证券和债务证券的下降，证券投资项下的逆差大幅增加，达到 112.34 亿美元。2000 年，我国企业在国际资本市场融资增加，对外发行债券和股票规模继续扩大，同时当年偿还本金规模下降，证券投资项下的逆差回落。2001 年，由于美国连续降低基准利率，造成国际金融市场利率逐步下滑，我国金融机构境外资产从原来大量的长短期存放和拆放形式，逐步转向购买收益更加稳定的境外证券，造成该年我国对境外证券投资大幅增加，进而在 2000 年逆差仅为 39.91 亿美元的基础上，2001 年的逆差达到了 194.06 亿美元。2002 年证券投资逆差为 103.42 亿美元，比上一年下降 47%，这是我国金融机构不断增持境外证券所致。2003 年，证券投资项下的逆差转为顺差，达到 114.27 亿美元，2004 年顺差继续扩大达到 196.90 亿美元。综合起来看，之所以出现这种局面，在于 2003 年以前我国对外证券投资的规模在不断增加，而到了 2003 年，金融机构改变了近年来不断增持境外证券的做法，纷纷将资金调回国内，满足国内日增的贷款需求。金融机构这种减持境外证券，调整境内外资产匹配的行为，改变了我国证券投资项下自 1998 年以来持续较大逆差的状况。同时，我国企业境外筹资和我国吸引外资来华进行证券投资步伐加快，也是证券投资项下呈现顺差的重要原因。2004 年证券投资的顺差较 2003 年增长 72%，其中我国对外证券投资资金回流 64.86 亿美元，吸收境外证券投资资金 132.03 亿美元。与 2003 年一样，境内金融机构是减持我国境外证券资产的主体，而我国证券投资负债净流入主要与我国企业境外筹资和外资来华进行证券投资的步伐加快有关。

（四）其他投资

按照《国际收支手册》第五版的定义，其他投资是一个剩余项目，指除直接投资和证券投资外的所有金融交易。这一定义与《国际收支手册》第四版的定义基本一致。然而由于《国际收支手册》第五版对金融流量和存量都重新进行了调整，因此表 2－3 中的数据与原始国际收支平衡表的数据有很大的差别。按照《国际收支手册》第五版的方法，也是从资产和负债两方面记录这些金融交易。这些金融交易被划分为以下四种形式：贸易信贷、贷款、货币和存款及其他资产（负债）。同时，贸易信贷、贷款和其他资产又被进一步划分长期交易和短期交易。表 2－7 是 1997—2004 年我国国际收支平衡表其他投资项目的具体情况。在表 2－7 中，首先资产的借方表示资产的增加，贷方表示资产的减少。具体讲：

1. 贸易信贷：借方表示我国出口商对国外进口商提供的延期收款额，以及我国进口商支付的预付货款，贷方表示我国出口延期收款的收回。

2. 贷款：借方表示我国金融机构以贷款和拆放等形式的对外资产的增加，贷方表示减少。

3. 货币和存款：包括我国金融机构存放境外资金和库存外汇现金的变化，借方表示增加，贷方表示减少。

4. 其他资产：包括除贸易信贷、贷款、货币和存款以外的其他资产，如租赁本金的收回等。

与资产记录相反，负债的贷方表示负债的增加，借方表示负债的减少。具体讲：

1. 贸易信贷：贷方表示我国进口商接受国外出口商提供的延期付款贸易信贷，以及我国出口商预收的汇款，借方表示归还延期付款。

2. 贷款：主要指我国机构借入的各类贷款，如外国政府贷款、国际组织贷款、国外银行贷款和买方信贷，贷方表示新增额，借方表示还本金额。

3. 货币和存款：包括海外私人存款、银行短期资金及向国外出口商和私人借款等短期资金，贷方表示新增额，借方表示偿还额或流出额。

4. 其他负债：主要指其他类型的外债。

表 2-7　　1997—2004 年其他投资项目　　单位：百万美元

年份	1997	1998	1999	2000	2001	2002	2003	2004
其他投资差额	**-27 580**	**-43 660**	**-20 540**	**-31 535**	**16 879**	**-4 107**	**-5 882**	**37 908**
贷方	37 968	41 783	48 931	42 076	50 074	72 961	151 817	262 182
借方	65 548	85 443	69 470	73 611	33 196	77 068	157 699	224 274
1. 资产差额	**-39 608**	**-35 041**	**-24 395**	**-43 863**	**20 813**	**-3 077**	**17 922**	**1 980**
贷方	587	7 631	14 257	4 644	33 667	13 774	51 986	51 236
借方	40 195	42 672	38 652	48 507	12 854	16 850	69 907	49 256
(1) 贸易信贷差额	-15 018	-22 092	-22 898	-12 960	702	1 098	-1 465	-15 897
贷方	0	0	0	0	702	1 098	0	0
借方	15 018	22 092	22 898	12 960	0	0	1 465	15 897
A. 长期差额	0	0	0	0	0	0	0	-1 336
贷方	0	0	0	0	0	0	0	0
借方	0	0	0	0	0	0	0	1 336

续表

年份	1997	1998	1999	2000	2001	2002	2003	2004
B. 短期差额	－15 018	－22 092	－22 898	12 960	702	1 098	－1 465	－14 561
贷方	0	0	0	0	702	1 098	0	0
借方	15 018	22 092	22 898	12 960	0	0	1 465	14 561
(2) 贷款差额	－2 155	－1 411	－3 436	－18 430	15 314	－5 391	13 927	－9 658
贷方	74	252	492	91	15 736	347	21 701	102
借方	2 229	1 664	3 928	18 521	423	5 738	7 773	9 760
A. 长期差额	0	－192	108	0	－177	－29	－693	－1 057
贷方	0	0	108	0	0	0	0	0
借方	0	192	0	0	177	29	693	1 057
B. 短期差额	2 155	－1 219	－3 544	－18 490	15 491	－5 362	14 620	－8 601
贷方	74	252	384	91	15 736	347	21 701	102
借方	2 229	1 472	3 928	18 521	246	5 708	7 080	8 703
(3) 货币和存款差额	－15 051	638	11 271	－6 049	－3 214	－2 486	－6 552	20 207
贷方	62	1 626	13 373	1 428	301	1 359	663	21 241
借方	15 113	987	2 102	7 477	3 515	3 845	7 215	1 035
(4) 其他资产差额	－7 384	－12 176	－9 331	－6 425	8 011	3 703	－23 832	7 328
贷方	451	5 752	392	3 124	16 927	10 970	29 622	29 893
借方	7 835	17 928	9 723	9 549	8 917	7 267	53 454	22 565
A. 长期差额	0	－12 859	－5 413	－7 261	－5 387	0	－45 000	0
贷方	0	0	0	0	0	0	0	0
借方	0	12 859	5 413	7 261	5 387	0	45 000	0
B. 短期差额	－7 384	－7 107	－3 918	836	13 398	3 703	21 168	7 328
贷方	451	5 752	392	3 124	16 927	10 970	29 622	29 893
借方	7 835	12 859	4 310	2 288	3 529	7 267	8 454	22 565
2. 负债差额	**12 028**	**－8 619**	**3 856**	**12 329**	**－3 934**	**－1 030**	**12 040**	**35 928**
贷方	37 381	34 152	34 674	37 433	16 408	59 188	99 831	210 946
借方	25 353	42 771	30 819	25 104	20 341	60 218	87 791	175 018
(1) 贸易信贷差额	0	0	13 267	18 232	－2 442	2 849	4 720	18 595
贷方	0	0	13 267	18 232	0	2 849	4 720	18 595

续表

年份	1997	1998	1999	2000	2001	2002	2003	2004
借方	0	0	0	0	2 442	0	0	0
A. 长期差额	0	0	0	0	0	0	0	2 862
贷方	0	0	0	0	0	0	0	2 862
借方	0	0	0	0	0	0	0	0
B. 短期差额	0	0	13 267	18 232	－2 442	2 849	4 720	15 733
贷方	0	0	13 267	18 232	0	2 849	4 720	15 733
借方	0	0	0	0	2 442	0	0	0
（2）贷款差额	3 411	－3 267	－547	－2 391	－1 490	－4 140	6 614	13 753
贷方	23 269	25 450	15 022	12 200	10 305	52 077	78 874	174 533
借方	19 858	28 718	15 569	14 592	11 795	56 217	72 260	160 780
A. 长期差额	3 210	－13 875	155	－1 856	－1 198	－4 531	－5 356	4 815
贷方	10 678	14 842	12 519	8 742	7 127	18 370	17 499	18 591
借方	7 468	28 718	12 364	10 599	8 326	22 901	22 855	13 776
B. 短期差额	201	－951	－702	－535	－292	391	11 970	8 938
贷方	12 590	10 608	2 503	3 458	3 177	33 707	61 375	155 942
借方	12 390	11 559	3 206	3 993	3 469	33 316	49 405	147 004
（3）货币和存款差额	－2 039	－5 288	－3 932	－53	492	287	742	1 561
贷方	0	176	15	9	567	4 103	8 795	14 539
借方	2 039	5 463	3 947	62	75	3 816	8 053	12 978
（4）其他负债差额	10 656	－64	－4 932	－3 459	－494	－26	－37	2 019
贷方	14 113	8 525	6 370	6 991	5 536	159	7 442	3 280
借方	3 456	8 590	11 302	10 450	6 030	185	7 479	1 260
A. 长期差额	3 070	2 585	－1 028	476	－1 106	7	－1 016	32
贷方	5 658	6 769	4 065	5 410	3 798	77	3 930	153
借方	2 587	4 184	5 093	4 934	4 903	70	4 946	121
B. 短期差额	7 586	－2 650	－3 903	－3 934	612	－34	979	1 987
贷方	8 455	1 756	2 305	1 581	1 738	82	3 511	3 126
借方	869	4 406	6 209	5 516	1 126	116	2 533	1 140

资料来源：根据国家外汇管理局网站中信息整理。

从1997年至今，其他投资互动规模占我国对外资本和金融项目规模一半以上，但是其基本处于逆差状态，同时其他投资活动中，负债性投资的规模一般要高于资产性投资规模（除2001年外），如图2－6所示。

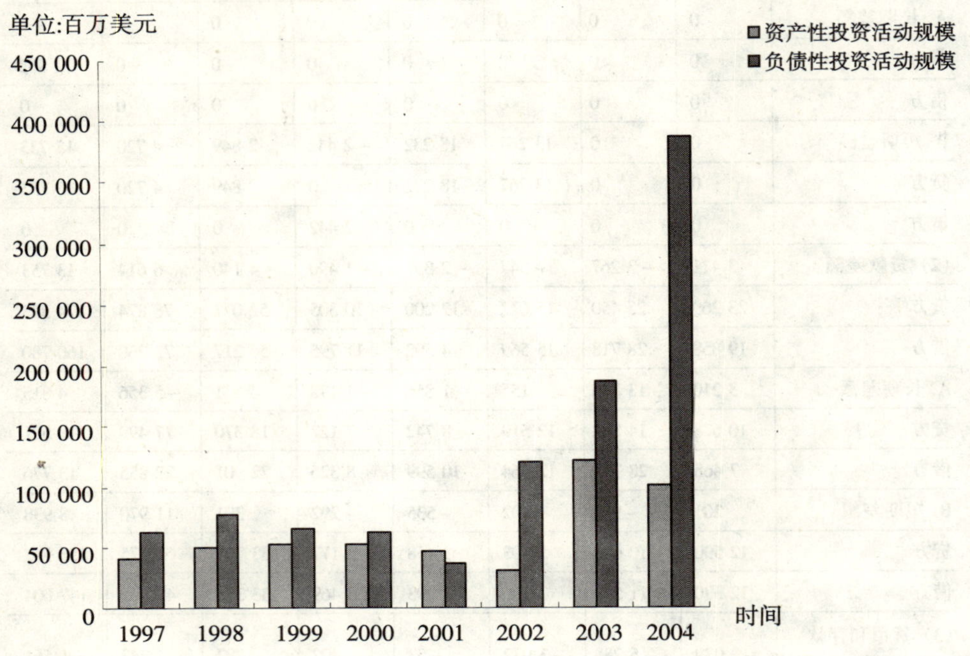

图2－6 其他投资资产性投资和负债性投资规模比较

1997—1998年间，其他投资项目逆差经历了从顺差到逆差的转变，同时逆差规模迅速扩大，到1998年年底其他投资项下逆差达到436.6亿美元的高峰。1999年，由于贸易信贷巨额逆差规模得到控制，由1998年的220.92亿美元下降到96.31亿美元，下降56.4%，同时国家加大了对走私和逃汇骗汇打击的力度，使货物与资金的非正常流出入大量减少，使该项目的逆差下降到了205.39亿美元。2000年，由于贷款、货币和存款项下的逆差大幅度增加，其他投资项下的逆差再度上升到315.35亿美元。2001年，受国内外外币利差缩小的影响，金融机构调整境外运用结构，拆放和存放境外同业的金融资产由2000年的大量流出转为2001年的流入，此外我国企业境外融资回流境内，也是2001年其他投资项目顺差的一个重要原因。2002年，其他投资由2001年的顺差转为41.07亿美元的逆差，其原因主要有三个：一是金融机构拆放境外同业和存放境外同业的金融资产有所增加；二是企业境外融资回流境内减少；三是外债还本金额高于新借金额。2003年，其他投资逆差规模有所上升，达到58.82亿美元，这一逆差的增长主要是因为2003年末450亿美元国际储备注资进入了其他投资借方。2004年，其他投资项下为顺差，且顺差规模较大，达到379.08亿美元，一方面由于境内机构境外资产总体呈现回流，资产项下净流入为19.80亿美元；另一方面，由于我国外债增长较快，负债项下净流入达到359.28亿美元。

第二节　储备资产项目

储备资产是国际收支统计数据重要的组成部分，也是分析一经济体对外头寸不可缺少的要素。储备资产包括货币当局随时可利用并控制的外部资产。货币当局利用这部分资产要达到的目的包括：为国际收支提供直接融资，通过干预外汇市场影响汇率间接地调整收支失衡和/或达到其他目的。在《国际收支手册》第五版中，储备资产包括了货币黄金、特别提款权、在基金组织的储备头寸、外汇资产（包括货币、存款和有价证券）和其他债权。这一分类与《国际收支手册》第四版的分类基本一致。在国际收支平衡表中，“储备资产”记录的是储备资产变化的情况，这一项目反映了我国在货币黄金储备、外汇储备、在国际货币基金组织的储备头寸、特别提款权、使用基金信贷等方面在本年末与上年末余额之间的差额。

按照《国际收支手册》第五版的建议，储备资产项目应该是金融项目项下的按用途分类的一类资产，但是我国认为从一个经济体国际交易的角度看，储备资产能够发挥明显且重要的作用，因此仍然延续了《国际收支手册》第四版的方法，将储备资产单列为与经常项目、资产和金融项目并列的一类项目。

一、中国国际收支储备资产的结构

我国的国际储备主要包括四个部分：特别提款权、在基金组织的储备头寸、外汇、黄金。表2－8是我国1982年以来国际储备主要项目的构成情况。首先我们将对黄金储备进行一些说明。虽然我国国际储备中储备了一部分的黄金，然而自1978年国际货币基金组织通过法律程序宣布黄金非货币化之后，黄金不再是主要的国际货币，我国的黄金也不再作为货币黄金（Monetary Gold）

来储备，因此黄金虽然是我国的国际储备中的一类资产，但是在我国它并不是作为货币黄金来储备的，并不是国际收支平衡表中所反映的“货币黄金”。综上所述，我国国际收支平衡表中所反映的储备资产近年来仅有：特别提款权、在基金组织的储备头寸、外汇储备。

表 2-8　　国际储备概况　　单位：百万美元

年份	特别提款权	在基金组织的储备头寸	外汇储备①	黄金储备（以美元计）	黄金储备（以百万盎司计）
1982	213.871	0.000	6 986	491.000	12.700
1983	335.045	175.605	8 901	464.000	12.700
1984	405.621	255.413	8 220	435.000	12.700
1985	482.778	332.371	2 644	486.000	12.700
1986	568.845	370.150	2 072	541.000	12.700
1987	639.645	429.301	2 923	629.000	12.700
1988	586.120	407.222	3 372	594.000	12.700
1989	540.185	397.678	5 550	587.000	12.700
1990	561.666	430.497	11 093	623.000	12.700
1991	577.450	432.848	21 712	634.000	12.700
1992	419.485	757.873	19 443	610.000	12.700
1993	483.534	704.316	211 99	612.440	12.700
1994	538.872	755.193	51 620	645.570	12.700
1995	582.081	1 215.630	73 579	659.570	12.700
1996	614.223	1 396.210	105 029	636.630	12.700
1997	602.484	2 269.980	139 890	600.940	12.700
1998	675.994	3 552.920	144 959	623.830	12.700
1999	740.579	2 312.290	154 675	607.950	12.700
2000	798.310	1 905.280	165 574	577.780	12.700
2001	850.582	2 589.550	212 165	3 093.000	16.100
2002	998.150	3 722.670	286 407	4 074.000	19.290
2003	1 101.590	3 798.070	403 251	4 074.000	19.290
2004	1 247.080	3 320.460	609 932	4 074.000	19.290

注：① 1991 年及其以前 IMF 的数据与中国的统计有较大的出入，因为我国在之前的统计中外汇储备包括了官方的外汇储备和中国银行的外汇结余。这里我们使用的是中国的数据。

资料来源：IMF International Financial Statistics Database，国家外汇管理局网站。

特别提款权和在国际货币基金组织的储备头寸分别是国际货币基金组织按成员国缴纳的份额按比例分配的和我国按基金组织的要求缴纳的份额确定的，对它们的使用也有一定的规定，因此，对这两项储备的管理不需要多加讨论。需要说明的是自 1991 年以来，中国就再也没有动用过这两项储备资产。

从表 2－8 中可以很清楚地看到，我国储备资产中，外汇储备是规模最大且增长速度最快的项目。但这里，我们首先要对 1992 年一次外汇储备的减少加以说明。我国从 1977 年对外公布对国家外汇储备开始，直至 1992 年 8 月，我国的外汇储备都是由两部分构成的：一部分是官方（中央银行）持有的外汇储备，一部分是中国银行的外汇结余。很显然，这从理论上是说不通的，在实践上也是与国际惯例相悖的。从理论上说，外汇储备应该是各国政府能够无条件获得和使用的货币；而商业银行的外汇余额是银行的外汇营运的结存，从性质上说，这部分余额是商业银行的对外资产。因此，国际上的通行做法是：在计算一国的外汇储备时，各国一般都不包括商业银行外汇买卖相抵后的余额。我国从 1992 年 8 月起改变了原来的做法，这是一个进步。应该说，1992 年以后我国的外汇储备才是官方真正持有的、可以自由动用的货币资产。

二、中国外汇储备

（一）中国外汇储备的形成机制

改革开放以来，中国外汇管理体制的变革可主要划分为两个阶段：1979—1993 年外汇留成制度阶段以及 1994 年以来的银行结售汇阶段。在不同的外汇管理体制下，外汇收支的管理方式和外汇储备资产的形成具有不同的特点。新中国成立以来，我国的外汇管理实行统收统支制度。在这段时间内，中国实行统收统支的外汇管理制度。企事业单位和社会团体收入的外汇，必须按照官方汇率缴售给国家；支出的外汇，则需要经有关部门批准后按照官方汇率向国家购买，外汇也就全部集中在国家手中。1979—1993 年期间，中国外汇管理体制的改革与外贸管理体制改革和国家利用外资政策完善同步推进，逐步摒弃了高度集中、统收统支的外汇管理体制，实行外汇留成与上缴制度。企业仍然以外汇额度的方式留成，留成额度比率提高到 20%～40%。为了满足创汇企业和用汇企业调剂外汇余缺的需要，我国还在外汇留成制度的基础上培育和发展外汇调剂市场，形成了官方汇率与市场汇率并存的双重汇率制度，允许有留成外汇的企业通过中国银行按照外汇调剂价格将多余外汇卖给需要的企业。1986 年，我国开始允许外资企业之间调剂外汇。在这一时期里，我国在外汇分配领域引入市场机制，逐步建立健全了计划管理与市场调节相结合的外汇管理模式，使外汇管理由高度集中的计划控制逐渐转变为更多地依靠间接的市场调控手段。这种特殊的留成制度以及中国银行垄断外汇经营的局面使我国外汇储备包括国家外汇结存和中国银行营运外汇结存两部分。

1994年以来中国对外汇管理体制进行了重大改革，开始实行银行结售汇制度，取消了外汇上缴和留成，取消用汇额度的制定性计划和审批，对境内中资机构实行了外汇指定银行强制性结售汇制度，实现了经常项目下人民币有条件可兑换，即企业的各类外汇收入全部售给外汇指定银行[①]，而其用汇则凭规定的有效凭证（如报关单、正本提单等）到外汇指定银行办理兑付。这一改革后，对外经济交往中的经常项目外汇收支和转移基本纳入了银行结售汇体系，资本项目外汇收支和转移中，经许可或审批的部分也进入结售汇体系。这两部分的净差额除去外汇指定银行使用自有资金经营外汇所得的外汇结余，或者说外汇周转头寸，全部进入国家的外汇储备。1996年下半年将外商投资企业外汇买卖纳入银行结售汇体系。1994年，除了开始实行结售汇制度外，我国还成功实现了汇率并轨，建立以市场供求为基础的、单一的、有管理的浮动汇率，并于同年建立统一的、规范的银行间外汇交易市场——中国外汇交易中心。1994年4月，中国外汇交易中心正式运营，该市场的建立及运作主要为银行结售汇制度服务，使各个外汇指定银行可以在该市场上相互买卖外汇头寸，取代了过去的外汇调剂市场。而中国人民银行则可以通过与外汇指定银行的外汇买卖，维持汇率的稳定。这个市场成为中国外汇市场的一级市场，而银行与客户的结售汇则是二级市场。在建立这一银行间外汇交易市场的同时，人民银行根据外汇指定银行的资产和外汇结存量，对外汇指定银行的周转头寸实行了限额管理。即在外汇指定银行结汇大于售汇的情况下，超过外汇指定银行外汇头寸限额的外汇必须通过中国外汇交易中心这个银行间市场卖给人民银行。如果全国所有外汇银行总的卖出大于买入，中国人民银行必须买入外汇，因此人民银行对该市场的净买入部分就形成了国家的外汇储备。

（二）中国外汇储备的增长

图2－7直观地描述出我国1982—2004年外汇储备存量的变化情况。1982年，我国外汇储备达到69.86亿美元，1983年由于实行外汇留成制度和贸易外

① 1997年起，国家逐步允许中资企业开立外汇账户，保留一部分外汇收入，但是门槛较高，对企业年进出口额、注册资本要求较高，并且可保留现汇的最高限额为年进出口额的15%。

汇内部结算价（即汇率双轨制），刺激了外汇储备增加较快，达到 89.01 亿美元。1984 年后，我国国内经济出现过热、高通货膨胀，进口猛增，出口增长放慢，经常项目出现较大逆差，外汇储备在 1986 年减少到 20.72 亿美元。1988 年，我国国内经济再次过热，国内进口需求增加，经常项目出现逆差，但是由于资本流入有所增加弥补了经常项目的逆差，因此 1988 年和 1989 年外汇储备规模仍然在较低的水平上维持。1989 年和 1990 年，为了促进经济回升，人民币汇率两次下调，有力地推动了出口，同时资本流入继续平稳增长。到 1991 年外汇储备激增两番，从 1990 年的 55.50 亿美元增加到 217.12 亿美元。经过 20 世纪 80 年代和 90 年代初的起伏，1994 年以后随着外汇体制改革的大幅度推进，我国储备规模开始出现大幅度的增长。

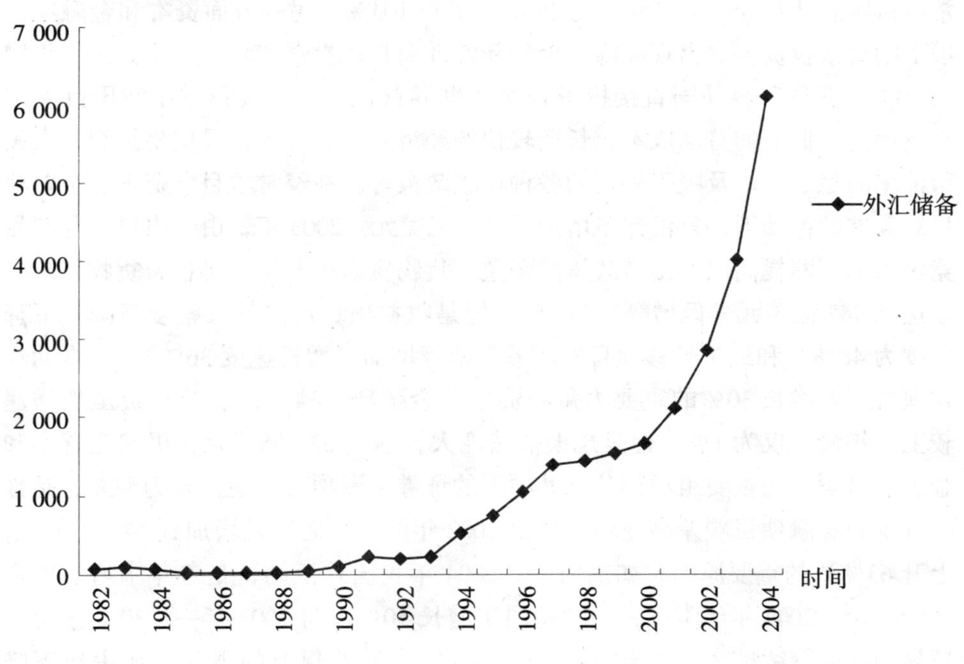

图 2-7 外汇储备增长

1994 年以来，我国外汇、外贸体制出台了一系列重大改革措施，初步确定了市场对外汇资源配置的基础性作用，提高了资源配置的效率，调动了企业出口创汇的积极性，改善了外商投资环境，促使我国外贸大量盈余，外资大量进入，国际收支保持了大量盈余，经常项目与资本和金融项目连年双顺差（除1998年外①），如表2－9所示。在国内外汇市场上，外汇长期供大于求，人民币汇率面临较大的升值压力。为了保护国内企业的对外竞争力，给我国对外经济和金融交往创造良好的外部环境，中国人民银行积极入市干预，收购市场买超外汇，维持了人民币汇率的基本稳定，外汇储备由此逐步升高。到2004年年底，我国外汇储备达到6 099.32亿美元，较1982年年底累计增长6 029.43亿美元，其中2004年新增储备2 066.81亿美元，增加额创历史最高。同时储备规模保持了1997年以来世界第二位的位置，仅次于日本。需要指出的是，2001年后，我国外汇储备增长的速度明显较过去有了较大规模的提高。就2002年来说，双顺差的扩大仍然是外汇储备迅速增加的原因。经常项目下货物贸易顺差大幅度增加，比上年增长30%，推动了经常项目顺差的扩大，经常项目顺差达到354亿美元，比2001年增长104%；另一方面资本和金融项目项下的直接投资再次出现高峰，全年新增外商直接投资828亿美元，比上年增长20%，我国吸收外国直接投资首次居世界首位。这主要得益于我国巨大的市场潜力、低廉的劳动成本、长期较快的经济发展、加入世界贸易组织、人民币汇率的稳定，以及吸引外资的各种优惠政策等。在经常项目、资本和金融项目双顺差的推动下，外汇储备增加了742亿美元。2003年，由于出口企业产品竞争力的不断提高以及出口政策的调整，货物贸易增长十分迅速，货物贸易顺差达到447亿美元，但增幅仅为1%。但是收益项目逆差的大幅度下降（下降速度为48%）和经常转移项目的顺差大幅度增加（增长速度36%），是推动经常项目顺差增长30%的重要力量。资本和金融项目项下的直接投资虽然增速较上一年慢，仅为1%，但是规模依然庞大，达到535亿美元，仍然是资本和金融项目顺差的重要组成部分；其项下的证券投资项目由逆差转为顺差，是推动资本和金融项目顺差高速增长（由2002年的323亿美元增加到527亿美元，上升63%）的重要原因。如前所示，2004年我国外汇储备是各年中增长额最大的年份。2004年经常项目的顺差同比增长50%，与2003年一样得益于货物贸易顺差的继续扩大（增长32%）、收益项目逆差规模的下降（比去年下降43.16亿美元）和经常转移项目顺差的增长（增长30%）。直接投资和证券投资顺差的增加仍然是资本和金融项目顺差继续扩大的重要力量。除此以外，由于2003年市场预期人民币升值，企业和个人纷纷减持外币资产，过去滞留在

① 1998年资本和金融项目的逆差主要来源于我国对外直接投资和对外证券投资的增长。

境外的资金大量回流。企业把一部分人民币负债转换为外汇负债，一举改变过去外债净减少的局面，其他投资项下的负债净流入达到 359.28 亿美元，使得其他投资由逆差转为顺差，达到 379.08 亿美元，也成为资本和金融项目顺差扩大的重要力量。

在正常情况下，无论是发达国家还是发展中国家，其外汇储备都主要得自经常项目顺差。以世界外汇储备最多的国家日本为例，其外汇储备的增长和贸易差额的关系清楚地显示，自 1994 年以来，其外汇储备主要是由经常项目顺差积累起来[①]，如表 2－10 所示，而我国的香港特别行政区和台湾省的外汇储备也是由经常项目顺差积累起来的。观察中国的现实，可以看出，1993 年以前，中国储备资产基本处于长期徘徊之中，1993 年以后则开始快速增长，而对这一增长做出最大贡献的，主要是资本和金融项目的长期巨额盈余，如表 2－9所示。

表 2－9　　**国际收支双顺差**　　单位：百万美元

年　　份	经常项目顺差	资本和金融项目顺差
1994	7 658	32 644
1995	1 618	38 675
1996	7 242	39 967
1997	36 962	21 015
1999	21 114	5 180
2000	20 519	1 922
2001	17 405	34 775
2002	35 422	32 291
2003	45 875	52 726
2004	68 659	110 660

资料来源：根据国家外汇管理局网站信息整理。

① 2003 年和 2004 年，日本的资本和金融项目出现顺差，也构成了其外汇储备的来源。日本资本和金融项目出现顺差，是与国际上东亚国家的储蓄流向发达国家的趋势相一致的。

表 2-10　　日本外汇储备增量与国际收支　　单位：百万美元

年　份	新增外汇储备	经常项目差额	资本和金融项目差额
1994	26 426	130 255	-86 959.95
1995	57 297	111 044	-66 208.44
1996	34 892	65 792.2	-31 304.37
1997	531	96 813.9	-124 558.3
1998	-4 651	118 749	-129 270.2
1999	74 493	114 604	-55 312.8
2000	69 504	119 660	-87 571.31
2001	40 515	87 797.7	-51 029.06
2002	63 731	112 447	-66 701.85
2003	201 332	136 215	67 926.29
2004	171 474	172 059	17 699.84
合计	735 544	1 265 436.8	-613 290.15

资料来源：根据 IMF International Financial Statistics Database 中的信息整理。

众所周知，引进外资的经济意义绝不是要吸引外国的“钱”，更不是要用这些借来的钱去形成外汇储备，而是要通过吸引国外的钱来引进国外的产品、设备、原料和技术等经济资源。换言之，引进外资的本质，是要使用国外的实物经济资源来促进国内的经济建设。这种经济活动表现在国际收支账上，就是在资本项目有净流入的同时，贸易项下应有价值大致相同的净进口。然而我国的外商投资企业多以加工贸易的形式在中国投资，加工贸易赚取的就是来料与成品之间的差价，形成贸易顺差这是必然的。这种贸易方式仅仅是利用我国相对廉价的人力成本，来进行简单的生产，最后产品销往国外。这样看来，我国运用外资来进行的这种加工贸易，所使用的经济资源除了一些关键的部件来自于国外，其他的资源都来自于国内，在该项目上引进外资，对于我国来说仅仅只是一种筹资手段，而从外国的跨国公司来看，中国只是其工业化生产中最低级的阶段，最终是为欧美等国家提供各种廉价优质的商品。外资在这里起的作用，只是“推动”一下国内资源，使之进入生产过程中。显然，这种外资本币化，已经违背了引进外资的本来意义了。近年来，在我国利用外资规模逐年扩大、外汇储备水平屡创新高的同时，国家银行的非盈利性资产的增加已经成为我国银行业一个重要现象。而这几年，正是我国基础货币发行呈几何级数增长、投资规模呈跳跃性膨胀，且国民经济以高速增长的时期。外资大量引入与国内银行大量的存款被闲置不用这两种现象并存，加之在紧缩国内金融机构创造货币供应能力的同时，却敞开利用外汇买卖创造货币供给渠道，值得引起关注。事实上，自从汇率并轨以来，中国的货币政策在相当大程度上受控于国际收支状况。目前中央银行基础货币的投放渠道中，外汇占款发行变成极其重要的渠道。在目前的人民币汇率形成机制下，净出口和外资净流入最终会体现为外汇市场上的外汇供给，而中央银行是必须出面释放人民币以收购这些外汇的。概括起来，就是目前外汇市场的供给无条件，需求有条件，中央银行是最终的市场出清者。在"双顺差"的情况下，将导致中央银行基础货币投放①的迅猛增长。事实上，自 1998 年以来，外汇储备的年增量已经和基础货币非常接近。因此，在既定的汇率安排和结售汇制度安排下，"双顺差"极大地推动了我国基础货币投放。贸易顺差和外资流入猛增对其他政府职能部门也许是好消息，但对中央银行而言，则意味着中央银行在明知已有通货膨胀危险的情况下，仍必须毫无选择地以外汇占款的方式大量释放基础货币，中央银行目前可用于冲销的操作工具却非常匮乏。此外，由于基础货币将集中投放在外资、外贸行业，这也使得涉外经济部门相对于其他国内产业获得了优先的金融支持，产业结构的扭曲将难以避免。

经过近二十多年的改革开放，中国的经济实力已经大大增强，资金绝对短缺的局面已经大大缓解，中国的储蓄率高居世界榜首。从理论上说，运用国内资金替代外资来"推动"国内经济资源，应该是完全可能的。简单地套用一般发展中大国的模式，不加分析地一味强调引进外资，外资再利用加工贸易赢得经常项目项下的顺差，并在此基础上形成的外汇储备，显然是应该引起警惕的。

第三节 净误差与遗漏项目

一、净误差和遗漏项目的客观存在

国际收支平衡表是反映一个经济体在一定时期所有对外经济交往的统计记录。它采取复式记账法，即每一项交易都应在相应的借贷方项目中计入相等的

① 我国中央银行基础货币的投放一般有三个渠道，包括：广义的中央银行贷款、财政透支与借款、外汇占款。20 世纪 90 年代以后，外汇占款在基础货币中的地位明显提高。

金额，所以理论上借贷双方的最后余额应当相等。但在实际情况下，统计的误差难以避免，各个项目的借贷余额并不是总能相等，这一差额就在储备资产变动项目和净误差与遗漏项目中反映出来。储备资产变动项目是有实际数额存在的项目，而净误差与遗漏项目是用以保证国际收支平衡表中所有借贷方入账金额总和为零的平衡项目，它反映的是在借贷方记录中出现的统计上的不一致。在金额上它等于储备及相关项目与经常项目、资本项目余额之间的差额。因此，在国际收支平衡表中，设置净误差与遗漏项目，就是为了轧平国际收支平衡表，而不是真正统计而来的。表 2－11 列示了 1982 年以来我国国际收支中净误差与遗漏项目的情况。对于我国来说，净误差与遗漏项目的出现是有客观原因的：

1. 统计口径不一致。对国际收支各个项目的记录，绝对不可能逐笔入账。就经常项目而言，不可能每笔交易同时计入商品流动与货币流动，而只能根据每年由海关公布的贸易进出口金额和由银行统计的国内外贸易收付款金额分别计入相应项目之中。这样同一笔交易实物与货币流动就交由不同的部门机构进行记录，从而导致统计口径不一致。

2. 统计水分大，极不精确。对国内与国外居民之间所有交易都逐笔记录是不可能的，许多公布的统计数据是对不同来源的资料进行抽样估计的基础上得到的，不可避免会出现误差与遗漏。另外，统计的发展与通讯及信息收集、反馈系统的发展密不可分。较之西方发达国家高速的通讯网络、发达的信息交流系统，我国大部分统计数据仍然依靠人工收集的现状明显使我们在技术上落后一大截。

3. 不便或无法对外公开的项目。由于地下经济的存在，越来越多的经济活动官方无法进行统计。另一方面，也存在一些不便对外公开的项目，只有计入净误差与遗漏项目，也就相应扩大了其金额。

表 2－11　　国际收支各大项目及其关系　　单位：百万美元

年份	经常项目差额 (1)	资本和金融项目差额 (2)	储备资产变动 (3)	净误差与遗漏 (4)＝(1)＋(2)＋(3)
1982	5 674	－1 736	－4 217	279
1983	4 240	－1 372	－2 695	－173
1984	2 030	－3 752	531	1 191

续表

年份	经常项目差额 (1)	资本和金融项目差额 (2)	储备资产变动 (3)	净误差与遗漏 (4) = (1) + (2) + (3)
1985	- 11 417	8 485	5 422	- 2 490
1986	- 7 035	6 540	1 727	- 1 232
1987	300	2 731	- 1 660	- 1 371
1988	- 3 803	5 269	- 455	- 1 011
1989	- 4 318	6 428	- 2 202	92
1990	11 997	- 2 774	- 6 089	- 3 134
1991	13 271	4 580	- 11 091	- 6 760
1992	6 401	- 251	2 102	- 8 252
1993	- 11 904	23 474	- 1 767	- 9 775
1994	7 658	32 644	- 30 527	- 9 775
1995	1 618	38 675	- 22 463	- 17 830
1996	7 242	39 967	- 31 662	- 15 547
1997	36 962	21 015	- 35 724	- 22 254
1998	31 471	- 6 321	- 6 426	- 18 724
1999	21 114	5 180	- 8 505	- 17 788
2000	20 519	1 922	- 10 548	- 11 893
2001	17 405	34 775	- 47 325	- 4 856
2002	35 422	32 291	- 75 507	7 794
2003	45 875	52 726	- 117 023	18 422
2004	68 659	110 660	- 206 364	27 045
合计	299 381	411 156	- 612 468	- 98 042

资料来源：根据《中国外汇管理年报 2002》、国家外汇管理局网站中的信息整理。

正因为许多国家的国际收支都存在上述原因，特别是发展中国家，国际社会常常关注净误差与遗漏项目，因为该项目从一定程度上反映了一个国家国际收支统计质量的高低，直接影响一国国际收支平衡表的可信度。在我国，净误差与遗漏项目更是不能忽略的。如表 2 - 11 所示，1982—2004 年间，我国经常项目收支盈余与资本和金融项目收支盈余累计共达到 7 105.37 亿美元，外汇储备增加值达到 6 124.68 亿美元，也就是说有 13.8%金额被净误差与遗漏借方余额所抵消。尤其是 1985—2001 年间净误差与遗漏项目连续出现的 17 年间

(仅 1989 年例外)，被净误差与遗漏项目借方余额抵消的金额占经常项目、资本和金融项目收支盈余总额的 42.4%。

根据国际货币基金组织的惯例，通常以净误差与遗漏项目数额的绝对值与国际收支口径的货物贸易进出口总额之比作为衡量的标准，如果这个比例低于 5%，则是可以接受的。图 2－8 描述了 1982 年以来我国净误差与遗漏项目与货物贸易进出口总额之比。可以看到，1982—1990 年这段时间，净误差与遗漏项目与货物贸易进出口总额之比虽然经历了一个起伏的阶段，但总体并没有超过 5%；然而 1991—1999 年这段时间，净误差与遗漏项目与货物贸易进出口总额之比仅 1994 年略低于 5% 以外，其他各年均高于 5%，1995 年还达到了 7.5%的高点；2000 年以来，这一比例明显下降，充分说明我国进入 2000 年以后国际收支平衡表可信度的提高。然而，当这一比例在 2001 年达到 0.97%的低点后，又逐渐上升，那么是否能够推断出净误差与遗漏项目不仅仅反映了国际收支统计质量呢?

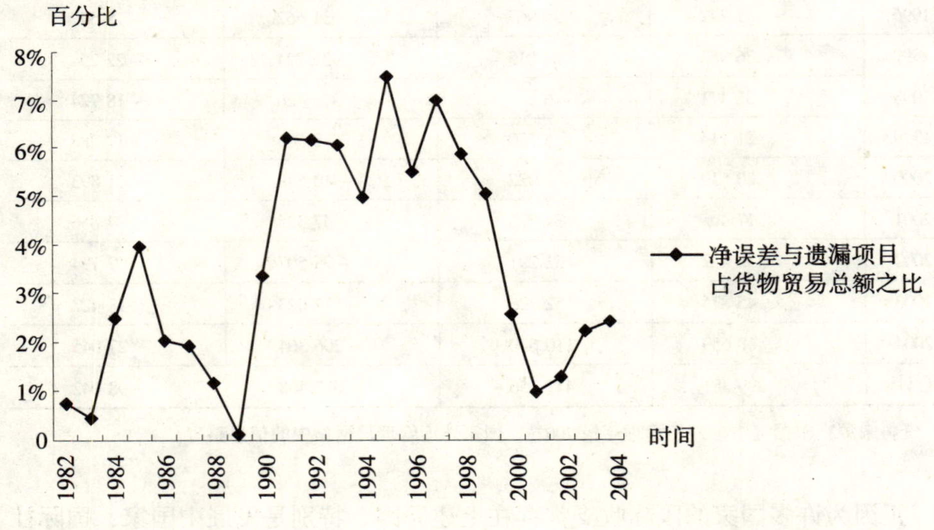

图 2－8 中国国际收支统计质量

二、对中国净误差与遗漏项目的分析

从表 2－11 中不难看出，我国的净误差与遗漏项目在 20 世纪 80 年代，除

1982 年和 1989 年外，该项目多数出现在借方；而 90 年代以来，净误差与遗漏项目全部出现在借方，而且数额呈现出明显的增长趋势；1999—2001 年之间，虽然净误差和遗漏项目仍然出现在借方，但是数额呈下降趋势，到 2002 年该项目 10 年来首次出现在贷方，且数额逐年增加，到 2004 年，净误差与遗漏项目出现在贷方的数额达到了 270.45 亿美元。

（一）我国净误差与遗漏项目长期处于借方的原因分析

我们知道，经常项目、资本和金融项目的贷方余额表示收支顺差，而储备项目的贷方余额则代表储备资产的减少。而储备资产的增减直接表现为中国人民银行（以往也包括中国银行）的国外资产，这些“净误差与遗漏”既然没有计入储备项目增减，那么只能与经常项目、资本和金融项目的平衡有关。经常项目包括货物项目、服务项目、收益项目和经常转移项目，就贸易项目是建立在海关统计基础上的，一般认为海关统计还是比较可靠的。而其他三个项目收支的实现均要通过政府部门或银行，也比较清楚。因此，虽然不能排除通过各种变相方式从经常项目来进行的资本流入和流出，但就所能统计的范围来看，经常项目出现遗漏的可能性大体可以排除。所以，净误差和遗漏应该是反映未被记录的资本流入和流出。当净误差和遗漏项目余额出现在借方，即表 2－11 中净误差与遗漏项下数值为负，则表示资本的流出；相反，如果余额出现在贷方，则表示资本的流入。虽然从统计上讲，净误差和遗漏项目以统计误差为主，则该项目的差额应该随机地有时出现在借方，有时出现在贷方。然而，我国自 20 世纪 90 年代以来净误差与遗漏项目差额长期处于借方且存在数值不断增大的情况，使越来越多的经济学家认为是汇率变动、贸易流向、资本流动以及违法经济走私等实质因素引起的资本外逃。虽然从理论上很难证明上述的论断，但是我们至少可以说 90 年代以来，我国国际收支净误差和遗漏项目长期处于借方，且借方余额不断增加，从一定程度上反映了规模余额越来越大的资本外逃。除非法直接汇出或将外汇非法带出国外、伪造贸易单据和进出口发票、以出售特权（如许可证和配额）或重大商业信息收受国外贿赂和回扣并在国外开立私人账户等非法途径外，中国资本流出或外逃的途径大体有以下类别：

1.贸易渠道：（1）低估出口发票或高估进口发票；（2）提前结汇或推迟收汇；（3）在公司内或关联企业间实行转移定价；（4）在境外设立投资公司或注册贸易公司；（5）借“改革”之名，行“外逃”之实。有相当多的证据表明，不少中国企业把资金通过与其外国开办的关联公司或有关系的企业转移出境外。在美国和日本的许多中国企业，其盈利主要就是靠国内企业的钱赚钱或直接赚国内母公司的钱。这种公司以进出口公司和有外贸经营权的企业居多。此外，随着我国对外开放的逐步深化，越来越多的跨国公司和跨国金融机构进入了我国市场，他们利用内部转移价格，故意错填发票金额等方法实现资本利润外逃。加之跨国公司资本流动不仅受人民币汇率波动影响，更经常地受美元等世界货币汇率变动影响，金额变动之大，亦扩大其收支差额。

2. 融资渠道：第一种情况不需要通过金融机构，其方式包括：(1) 延期收款或延期付款；(2) 平行贷款；(3) 模拟货币贷款；(4) 货币调换。第二种情况是需要通过银行等金融机构来进行的，其方式主要包括：(1) 改变信贷或借款条件；(2) 改变在国外发行证券的认购或包销条件；(3) 借“套期保值”之名，行“杠杆投机”之实。

3. 走私。大量走私品的进口，海关方面并没有商品进口的记录，但走私进口货款的汇出却记录在资本项目下的贷方，从而只有用错误与遗漏的借方来抵冲。

外逃的原因主要有以下几个方面：(1) 对金融部门的压制和内外资的不同待遇。国内投资者为谋求较高利益的国外资产，绕开信贷规模控制或享受“外资”身份所带来的优惠政策或特权，自然会通过各种方式将资本转移出境。(2) 人民币汇率定值过高和缺乏可以规避汇率风险的外汇市场。1994 年汇率并轨以前，人民币汇率始终存在高估，出于保值动机，将人民币为面值的国内资产换成为以美元为面值的国外资产，另一重要原因是美元等外汇可以兑换成本币，而相反方向兑换即便在人民币实现经常项目可兑换之后仍受到限制。对于国内企业和金融机构，汇率并轨后汇率波动造成汇率风险，却没有一个可以自由出入的即期和远期外汇市场，于是不少机构将在国外收入的外汇留在境内。(3) 国内风险因素和来自国外的外部刺激。国内没有保障私人财产的专门法律和相应的制度安排，经济体制处于剧烈的转型时期，可能引发政治经济的不稳定。从国外来看，很多发达国家不仅金融服务水平高，而且为了鼓励发展中国家资本流入还有不少刺激措施。(4) 财政赤字和国内通胀压力。1994 年国内利率明显高于国外可比利率，国内外货币仍大幅增长，说明国内居民仍对通胀和人民币国内价值有较大的担心。(5) 国有资产向国外和个人的转移。相当部分的国有外贸企业，其亏损或资不抵债可能就是由于转移资产和个人便于从中获利为目的做“长期亏本”生意的结果。同时，由于转轨时期贪污、受贿、侵吞国有资产的非法所得的客观存在，也是促使资本外逃的一个重要原因。

（二）对净误差与遗漏项目借贷方向发生变化的分析

2002年我国国际收支净误差和遗漏项目差额出现在贷方，为77.9亿美元。而这一贷方的差额还在不断扩大，到2004年已经达到270.45亿美元。虽然这几年净误差与遗漏项目的金额与国际收支口径的货物贸易进出口总额的比例都处于合理的范围内，但是这种差额从借方转向贷方、且金额不断扩大的趋势是值得注意的。一般人们认为该情况的出现，是俗称为国际“热钱”的投机性短期资本的流入造成的。

而短期资本的流入是由于以下几个原因。首先，2002年以来我国本外币的正向实际利差不断扩大：一方面美元的实际利率已经降到第二次世界大战后的最低位，而人民币的利率相对比较稳定，国内一年期人民币和美元的正向利差达到1.17个百分点。其次，伴随着中国快速的经济增长，我国国际收支也常年出现“双顺差”局面，国际储备增长迅速，多数经济学家和投资者都认为人民币被低估了；同时由于“双顺差”引致的中国与美日等国之间的贸易摩擦，美日等国频频对中国施加压力要求人民币升值，增加了人民币升值的预期。因此从国际短期投资者看来，持有人民币资产不仅可以带来利率上的更高收益，还可以享有汇率上的丰厚预期收益，这就成为国际投机性资本进入中国的动力。虽然在国际贸易和投资日趋自由化的经济大环境下，一定数量的投机性短期资本的流动是客观存在的，但是2002年年初开始，我国所面临的这种投机性短期资本的数量明显超过正常范围。据《2002年中国外汇管理工作“白皮书”》披露：2002年银行结售汇的顺差大幅度增加，贸易项下的结售汇达到进出口顺差的2倍，非贸易项下的结售汇为2001年的3.7倍，其中个人结汇高达76.2亿美元。由于银行结售汇是外汇市场供求关系的最直接的反映，也是各类资本流入的必经环节，因此，大量无真实贸易背景的结汇行为，在很大程度上与投机性短期资本的流入有直接的关系。

但是需要指出的是，净误差与遗漏项目的差额由借方转变到贷方并不能说我国不存在资本外逃了。多年来由于我国净误差与遗漏项目的“借方偏好”，许多专家对我国资本外逃进行了研究。虽然由于在定义口径、测算方法、数据来源上的不同，研究的结论因此也不太一致，但研究的结构均表明我国1990

年以来资本外逃现象严重。按直接法[①] 计算，2000 年我国的资本外逃达到 183 亿美元，1991—2000 年间，资本外逃累计达到 1 760 亿美元；按间接法[②] 计算，2000 年我国的资本外逃达到 471 亿美元，1991—2002 年，资本外逃累计达到 3 530 亿美元。因此，2002 年开始，我国国际收支净误差与遗漏项目的金额出现在贷方，并不意味着我国已经不存在资本外逃，而最多只能说外逃的程度得到一定的缓解，或者说投机性短期资本的流入大于资本外逃的流出，从而掩盖了资本外逃的现象。[③]

① 直接法是国外早期用于测算资本外逃规模的方法，就是把在官方国际收支统计中未能记录的资本流出视为资本外逃。在我国，国际收支统计中未能记录的资本外流主要反映在国际收支平衡表中隐藏在“净误差与遗漏”和“贸易信贷”项目下的资本外逃，以及未在国际收支平衡表上记录的进出口高低报（即价格转移）形式的资本外逃。

② 间接法又称余额法，由世界银行首创。这种方法是用一国正常的资金来源扣除合法的、正常的资金运用，剩余部分即视为资本外逃。由于此法比较直观，为世界各国学者所普遍使用。

③ 本书的第六章将更详细地介绍资本外逃的测定方法。

第三章 经常项目与中国宏观经济

本章首先对产业结构的调整和出口对中国经济增长的贡献进行实证检验，以说明二者中哪一个对中国经济增长的贡献最大（第一、二节）；然后讨论中国的经济增长战略应该是出口带动还是内需带动（第三节）；最后研究一种新的经常项目的分析方法——跨时分析法（第四节）。

第一节 中国产业结构调整对经济增长贡献的实证分析

在这一节里，我们主要研究的问题是20世纪80年代以来，中国产业结构的转变，即第一产业向第二、三产业的劳动力与资本的转移对经济增长的贡献。要测度经济结构变化对经济增长的贡献，就必须在经济学原理的指导下，建立测度经济增长的模型。

一、关于经济增长的新古典观点和结构主义观点

第二次世界大战以后，许多新古典理论模型被用于研究工业化国家的经济增长。随后，经济学家又运用这些模型来研究发展中国家的经济增长。而自从代表新古典经济学派的阿布拉莫维茨（1956）、索洛（1957）和丹尼森（1962）在对经济增长所做的开创性研究工作以来，经济学家对经济增长的度量分析已经取得了重大进展。其研究的思路是：以资本和劳动的增长为一方，全要素生产率为另一方，估计其对经济增长的相对贡献。近年来，经济学家开始运用非均衡方法（结构主义方法）来研究准工业化国家和发展中国家的经济增长，他们建立了一些计量经济模型，解释在非均衡条件下不同国家增长的差异。这一分析方法的一个突出特点是，它要说明资源从低生产率部门使用向较高生产率部门使用转移的重要性。如，通过出口扩张实现的资源从非贸易品生产部门向贸易品生产部门的转移，或由农业部门向工业部门的转移。一些经济学家认为，发展中国家的资源转移较之发达国家而言是更重要的增长因素。

新古典观点和结构主义观点最重要的区别体现在它们的全部假设条件上，

而不是体现在任何其他方面。表 3－1 总结了决定以上两种观点基本区别的一些假设。新古典理论假设，无论从生产者还是从消费者的观点来看，资源都存在着长期的有效配置（帕累托最优）。在任何既定时点上，部门间资本和劳动的转移不可能增加总产出，资源的重新配置仅仅发生在经济扩张时期。新古典理论假设增长可以长期维持，这就将增长的原因限定在供给要素上。相反，结构主义观点没有假设社会存在充分的最优资源配置，也就是说，在不同产业部门使用不同比例的劳动和资本，可能会使收益出现系统性的差别。结构主义观点强调国民经济中部门之间的区别，这种区别可能阻碍新古典理论所描述的对资源配置的均衡调整。非均衡现象常常表现在不同部门中劳动和资本收益的差别上，而不是表现在反映市场均衡完全失效的短缺或过剩上。对于转型时期的中国经济来讲，往往是处在一个非均衡状态，用结构主义的方法来对中国经济进行分析会更为合适。

表 3－1　有关增长问题的两种不同观点

新古典观点	结构主义观点
假设	
① 所有部门的要素收益率都等于要素的边际生产率 ② 不存在规模经济 ③ 有完全的预见性，所有市场持续均衡	① 内部需求随收入而变动 ② 外部市场受约束，调整滞后 ③ 生产结构转变导致要素市场非均衡
经验含义	
① 需求和贸易的替代弹性较高 ② 部门的需求有限	① 价格弹性低，调整滞后 ② 要素市场呈分割状态，采用新技术迟缓
增长因素	
① 资本积累 ② 劳动的质和量提高 ③ 中间投入增加 ④ 部门全要素生产率增长	新古典因素再加上： ① 资源再配置，即资源流向生产率较高的部门 ② 规模经济及边干边学 ③ 内外部瓶颈减少

资料来源：钱纳里等：《工业化和经济增长的比较研究》，中文版，上海，上海三联书店、上海人民出版社，1995。

二、非均衡模型

Feder（1982）构造了一个非均衡分析框架，这一框架既便于对经济增长的原因做经验的检验，又能提出对估计参数的可能解释。在建造这一框架的过程中，我们考虑到中国和其他发展中国家一样，受到可获得数据的限制，故只有从总量水平的角度来说明各个变量。另外，值得注意的是，这一框架应该使评价资源重新配置对增长的影响成为可能，从而使非均衡学说（即结构学说）得到验证。

假定经济社会是由分别具有产出 Y_1 和 Y_2 的两个部门组成的。每个部门的产出都由依赖于部门投入的生产函数来决定：

$$Y_i = F^i(K_i, L_i) \tag{3.1}$$

式中，$i=1$ 或 2；K_i，L_i 分别表示第 i 部门的资本投入和劳动投入。因此，产出随时间的变化为：

$$\mathrm{V}Y_i = F_K^i \mathrm{V}K_i + F_L^i \mathrm{V}L_i = F_K^i I_i + F_L^i \mathrm{V}L_i \tag{3.2}$$

式中，F_L^i 和 F_K^i 分别表示劳动和资本投入的边际要素生产率；I_i 表示部门投资。在假定经济不一定处在理想资源配置的均衡状态下，Feder 认为部门之间资本和劳动投入的边际生产率之间存在如下比例关系：

$$\frac{F_K^2}{F_K^1} = 1 + \delta \tag{3.3}$$

$$\frac{F_L^2}{F_L^1} = 1 + \mu \tag{3.4}$$

式中 δ 和 μ 可以是任何符号。根据结构主义的观点，部门之间资本和劳动之间的边际生产率不相等。第二、三产业部门的边际生产率要高于第一产业，出口部门的边际生产率要高于非出口部门，因此 δ 和 μ 都不等于零；而新古典主义的均衡观点则认为部门之间的边际生产率相等，因此 δ 和 μ 都等于零。

令 Y_1 和 Y_2 之和 Y 表示国内生产总值。则式（3.2）暗含着：

$$\mathrm{V}Y = \sum_{i=1}^{2} \mathrm{V}Y_i = \sum_{i=1}^{2} F_K^i I_i + \sum_{i=1}^{2} F_L^i \mathrm{V}L_i \tag{3.5}$$

将式（3.3）和式（3.4）代入式（3.5），得到：

$$\begin{aligned}\mathrm{V}Y &= F_K^1 I_1 + (1+\delta) F_K^1 I_2 + F_L^1 \mathrm{V}L_1 + (1+\mu) F_L^1 \mathrm{V}L_2 \\ &= F_K^1 (I_1 + I_2) + F_L^1 (\mathrm{V}L_1 + \mathrm{V}L_2) + \delta F_K^1 I_2 + \mu F_L^1 \mathrm{V}L_2 \end{aligned} \tag{3.6}$$

式中，如果 $I=I_1+I_2$ 和 $\nabla L=\nabla L_1+\nabla L_2$，式（3.6）可以改写成：

$$\nabla Y = F_K^1 I + F_L^1 \nabla L + \frac{\delta}{1+\delta}F_K^2 I_2 + \frac{\mu}{1+\mu}F_L^2 \nabla L_2$$

$$= F_K^1 I + F_L^1 \nabla L + \frac{\delta}{1+\delta}(F_K^2 I_2 + F_L^2 \nabla L_2) + (\frac{\mu}{1+\mu} - \frac{\delta}{1+\delta})F_L^2 \nabla L_2 \quad (3.7)$$

Bruno（1968）假定在给定部门的边际劳动生产率与国民经济中每个劳动者的平均产出之间存在如下线性关系：

$$F_L^i = \beta_i \cdot \frac{Y}{L} \quad (3.8)$$

如果再用 Y 去除式（3.7），并且使用式（3.2）与式（3.8）的结果（G_z 代表变量 Z 的增长率），那么得到如下结果：

$$G_Y = F_K^1 \frac{1}{Y} + \beta_1 G_L + \frac{\delta}{1+\delta}(G_{Y2} \cdot \frac{Y_2}{Y})$$

$$+ (\frac{\mu}{1+\mu} - \frac{\delta}{1+\delta}) \cdot \beta_2 \cdot (G_{L2} \cdot \frac{L_2}{L}) \quad (3.9)$$

当 $\mu=\delta=0$，即各部门的边际要素生产率相等时，式（3.9）就从结构方程变成新古典增长方程。但是，式（3.9）在更一般的意义上评价了资源从低生产率部门向高生产率部门的转移对增长的贡献。

三、产业结构变化对经济增长的贡献

二元经济增长模型把经济社会分解成两个相关联的部门：传统部门与现代部门。通常的观点是现代部门具有更高的劳动生产率。因此，将劳动力从传统部门转移到现代部门，就会促进经济增长。

许多二元经济模型假设，传统部门在拥有劳动而没有资本的条件下进行生产，所以就不讨论边际资本生产率之间的差别问题。但事实上，全部经济部门都使用资本，并且各部门之间可能存在持续的边际资本生产率的差别。

在这里，我们定义传统部门为第一产业，现代部门为第二、三产业。从式（3.9）可以得到的估计方程是：

$$G_Y = \alpha_0 + \alpha_1 \frac{I}{Y} + \alpha_2 G_L + \alpha_3 (G_M \frac{M}{Y}) + \alpha_4 \left(G_{LM} \frac{L_M}{L}\right) \quad (3.10)$$

式中，Y 表示国内生产总值；I 表示固定资产形成；G_Y 表示国内生产总值增长率；L 表示劳动力；G_L 表示劳动力的增长率；M 表示第二、三产业的国内生产值；G_M 表示第二、三产业国内生产值的增长率；L_M 表示第二、三产

业劳动力；G_{LM}表示第二、三产业劳动力的增长率；参数 α_i 代表的对象与式（3.9）相同。

如果把式（3.10）等式右边最后两项去掉，那么式（3.10）就变成新古典模型了。

在多部门的研究中，通常的做法是国内生产总值的增长与解释变量都用长期平均数来表示。这样就消除了非系统变化的影响，而且还减少了投资与生产之间的时滞。表 3-2 中计算用的全部数据都摘自历年的《中国统计年鉴》，并经过加工整理而成。样本区间是 1981—2004 年的年度资料。

表 3-2 模型计算所需数据

年份	G_Y	$\frac{I}{Y}$	G_L	$G_M \frac{M}{Y}$	$G_{LM}\frac{L_M}{L}$	$G_X \frac{X}{Y}$	G_X
1981	1.052	0.258	1.032	0.713	0.336	0.076	1.000
1982	1.091	0.282	1.036	0.720	0.330	0.086	1.104
1983	1.109	0.288	1.025	0.750	0.349	0.077	1.039
1984	1.152	0.296	1.038	0.791	0.408	0.104	1.288
1985	1.135	0.295	1.035	0.848	0.406	0.115	1.275
1986	1.088	0.304	1.028	0.809	0.417	0.133	1.256
1987	1.116	0.313	1.029	0.834	0.422	0.156	1.266
1988	1.113	0.310	1.029	0.847	0.425	0.120	1.012
1989	1.041	0.257	1.018	0.784	0.400	0.109	0.939
1990	1.038	0.255	1.170	0.750	0.466	0.238	1.480
1991	1.092	0.275	1.011	0.843	0.412	0.219	1.240
1992	1.142	0.312	1.010	0.918	0.432	0.202	1.149
1993	1.135	0.375	1.010	0.930	0.463	0.147	0.985
1994	1.126	0.360	1.010	0.917	0.484	0.344	1.589
1995	1.105	0.347	1.009	0.889	0.504	0.209	1.020
1996	1.096	0.344	1.013	0.880	0.519	0.165	0.933
1997	1.088	0.338	1.013	0.890	0.513	0.225	1.173
1998	1.078	0.353	1.012	0.885	0.509	0.183	1.012
1999	1.071	0.359	1.011	0.890	0.501	0.194	1.077
2000	1.080	0.365	1.010	0.911	0.506	0.265	1.272

续表

年份	G_Y	$\frac{I}{Y}$	G_L	$G_M \frac{M}{Y}$	$G_{LM} \frac{L_M}{L}$	$G_X \frac{X}{Y}$	G_X
2001	1.075	0.378	1.013	0.912	0.507	0.213	1.060
2002	1.083	0.399	1.010	0.926	0.505	0.276	1.234
2003	1.095	0.437	1.009	0.948	0.523	0.355	1.330
2004	1.095	0.456	1.010	0.933	0.560	0.400	1.302

注：X 表示出口额，G_X 表示出口的增长率。第二、三产业国内生产值的增长率为两个产业增长率的加权平均数。

资料来源：历年《中国统计年鉴》。

在表 3-3 中，我们给出了对一般新古典公式和非均衡式（3.10）的回归结果，并做出比较。

表 3-3　　　　中国 1981—2004 年的回归结果

新古典模型与传统部门/现代部门非均衡模型

变量	新古典模型	非均衡模型
I/Y	-0.0037 (0.1285)	0.0778 (0.1976)
G_L	-0.3130 (0.2136)	0.1690 (0.2272)
$G_M \frac{M}{Y}$		0.5552 (0.1816)
$G_{LM} \frac{L_M}{L}$		-0.5870 (0.1898)
常数项	1.4176 (0.2423)	0.6885 (0.2969)
判定系数 R^2	0.1152	0.4492
回归标准误差	0.0293	0.0243
DW	1.0469	1.0459

从表 3-3 的结果中可以看到：

1. 用非均衡公式去解释平均增长率，要比用简单的新古典模型好得多。判定系数 R^2 为 0.4492。这同解释现代部门与传统部门的边际要素生产率之间差别悬殊的现象是一致的。

2. 与投资变量相关联的系数 I/Y，在简单的新古典公式中，被解释为全部经济部门的边际资本生产率的平均数，而在非均衡公式中，这个系数被解释为两个经济部门中生产力较低部门的边际资本生产率，它的系数 0.0778 远小于现代部门的系数 0.5552。这说明在经济改革开放的 20 世纪 80 年代到 2004 年，中国资本从第一产业向第二、三产业的转移过程中（即二、三产业投资与总投资的比率增大），第二、三产业的边际生产率远高于第一产业的边际资本生产率。

第二节　中国出口对经济增长贡献的实证分析

一、贸易和经济增长的理论

贸易和经济增长之间的关系是现代国际经济学和发展经济学研究的重要课题。对于贸易和增长的理论研究的起源可以追溯到亚当·斯密和李嘉图的绝对优势和比较优势理论。

亚当·斯密认为，两国间的贸易基于绝对优势。如果一国相对另一国在某种商品的生产上有较高效率或有绝对优势，但在另一种商品生产上效率较低或绝对劣势时，那么两国就可以通过专门生产自己有绝对优势的商品，并且用其中一部分交换其绝对劣势的商品。这样，资源可以被最有效地配置和使用，而且两种商品的产出会有很大的增长。

李嘉图的比较优势理论则认为，即使一国在两种商品的生产上较之另一国均处于劣势（即无绝对优势），仍有可能进行互利贸易。因为一个国家可以专门生产和出口它的绝对劣势相对小一些的商品（这是其有比较优势的商品），同时进口其绝对劣势相对大的商品（这是其有比较劣势的商品），那么两国都会从这种贸易中获利，两国的产出也会增加。

李嘉图的比较优势理论认为，一种商品在两个国家的相对价格体现了比较优势的存在，这是两国互利贸易的基础，但他并没有深入地分析产生这一不同相对价格和比较优势的原因。赫克歇尔—俄林理论（H-O 理论）解释了产生这一不同相对价格和比较优势的原因。这一理论实际上是比较优势理论的扩展。赫克歇尔—俄林理论认为，不同国家对各种生产要素的不同供给是导致各国相对要素价格不同的原因。这一理论更进一步地认为，一国应当出口该国相对充足和便宜的要素密集型的商品，进口该国相对稀缺和昂贵的要素密集型产品。简言之，劳动力相对充足的国家应当出口劳动密集型的商品，进口资本密集型的商品。

随后，新贸易理论放松了赫克歇尔—俄林理论赖以存在的和不符合现实的一些假设。新贸易理论主要建立在规模经济、不完全竞争的市场结构之上。这一理论认为，自由贸易优于有政府干预的贸易，因为它能够使市场结构更有效率。以上的分析理论统称为有关贸易和经济增长的新古典综合理论。

最近的内生经济增长理论更进一步阐述了国际贸易与长期经济增长和发展之间的关系。特别是，这一理论提出降低贸易壁垒能够加速长期经济增长和发展。其主要理由是：(1) 在更加开放经济条件下，发展中国家能更快吸收发达国家的先进技术；(2) 从研究和发展的流动中获得更大利益；(3) 促进更大的规模生产经济；(4) 减少扭曲和在各部门更有效地使用国内资源；等等。

值得一提的是，统称为凯恩斯传统的结构主义和后凯恩斯主义通过出口导向型增长、进口替代型战略以及国际收支约束来分析贸易与经济增长的关系。以 Harrod、Domar 和 Kaldor 为首的后凯恩斯主义经济学家强调投资和对外乘数作为长期经济决定的重要性。而结构主义经济学家基于经济增长的需求拉动的特征，强调经常项目的赤字和资本项目的金融功能的重要性。在这一章的实证分析中，我们更偏重于凯恩斯传统的观点。

二、出口与经济增长的关系——非均衡方法

对于出口与经济增长之间的关系，20 世纪 80 年代以来越来越受到发展经济学家的重视。1973 年，Michalopoulos 和 Jay 两位经济学家在运用新古典的生产函数时，首先把出口作为一个额外的独立变量，对 20 世纪 60 年代 39 个发展中国家的经济增长进行估计。他们发现，国民生产总值的增长与出口的增长率高度相关。这一结论是否适合于中国1980 —2004年间的情况，需要建立一个非均衡模型来予以验证。

在分析出口与经济增长的关系时，一国经济可视为是由两个不同的部门组成的：一个是为国内市场生产的部门，另一个是为国外市场生产的部门。这时，需要对式 (3.9) 的模型作两个修正。第一个修正与缺少出口部门的劳动增长的信息有关，第二个修正与对外经济效果的说明相联系。在传统部门与现代部门之间非均衡的情况下，人们认为在现代部门中可能存在巨大的外部经济效果。如果存在外部经济效果，这些效果可能来自出口部门有效的国际竞争管理、引进先进技术、训练熟练工人等。

为了建立模型，我们把出口部门的产量作为一个因素引入式 (3.1) 来表

示外部经济效果的影响。所以，式（3.2）可改写成：

$$Y_1 = F_K^1 \nabla K_1 + F_L^1 \nabla L_1 + F_X^1 \nabla Y_2 \quad (3.11)$$

$$Y_2 = F_k^2 \nabla K_2 + F_L^2 \nabla L_2 \quad (3.12)$$

式中，Y_1 表示非出口部门；Y_2 表示出口部门；F_X^1 是出口部门对于非出口部门产出的边际效应（即 $\partial Y_1/\partial Y_2$）。

将式（3.11）和式（3.12）与式（3.3）、式（3.4）和式（3.9）合并，并且假设 $\delta = \mu$，就产生了一个对式（3.9）略加修正的形式：

$$G_Y = F_K^1 \frac{I}{Y} + \beta_1 G_L + \left(\frac{\delta}{1+\delta} + F_X^1\right)\left(G_{Y2} \cdot \frac{Y_2}{Y}\right) \quad (3.13)$$

式（3.13）中的 Y_2 等于表 3－2 中的 X，计算所需数据见表 3－2。表 3－4 给出了按新古典模型与出口/非出口非均衡模型计算的中国出口部门对经济增长的贡献。$G_{Y2} \cdot \frac{Y_2}{Y}$的系数（－0.1035）并不显著不等于零。这一结果表明，在出口部门与非出口部门之间，不存在明显的部门间外部经济效果。在1981—2004 年间，出口部门对中国经济增长的边际贡献并不显著高于非出口部门。

表 3－4　中国 1981—2004 年的回归结果

新古典模型与出口/非出口非均衡模型

变量	新古典模型	非均衡模型
I/Y	0.1342 (0.1451)	0.2844 (0.2485)
G_L	－0.0827 (0.2392)	0.0028 (0.2674)
$G_{Y2} \cdot \frac{Y_2}{Y}$		－0.1035 (0.1384)
常数项	1.1337 (0.2685)	1.0164 (0.3134)
判定系数 R^2	0.0668	0.09220
回归标准误差		0.0347
DW	0.9786	1.0376

三、出口与经济增长的关系——斯伯尔曼秩相关分析

为了印证上述检验的正确性，我们这里再运用非参数方法进行检验。米卡里（1977）首先使用另一种方法来分析出口与经济增长的关系，以此来说明出口部门是否有部门外部经济效果。他估计了41个国家1950—1973年间出口与国民生产总值的比率（X/Y）变化和国民生产总值（Y）自身变化率之间的关系，其所应用的方法是斯伯尔曼秩相关分析法。

表3－5给出我们运用斯伯尔曼秩相关分析法分析我国1981—2004年出口贸易与增长的关系。根据表3－5的资料，分析步骤如下：

1. 计算系数 ρ

$$\rho = 1 - \frac{6\sum d^2}{N^3 - N} = 1 - \frac{6 \times 2\,582}{(24)^3 - 24} = -0.1226$$

2. 计算学生 $\bar{t}$

$$\bar{t} = \rho\sqrt{\frac{N-2}{1-\rho^2}} = -0.1226\sqrt{\frac{24-2}{1-(-0.1226)^2}} = -0.5794$$

3. 查学生 t 分布表

自由度：$N-2=24-2=22$

单尾检验：95%的置信度

在22个自由度、95%的置信度和单尾检测下，查 t 分布表，得到 $t=1.7171$。

所以，$-0.5794<1.7171$。

从 $\bar{t}$ 与 t 的比较得知，计算值（-0.5794）小于临界值（1.7171），说明在总体上，$\frac{X}{Y}$ 和 Y 的增长率之间不存在相关关系。这一结果与表3－4中非均衡模型得到的结果一样，即在1981—2004年间，出口部门对中国经济增长的边际贡献，并不显著地高于非出口部门。

表3－5　用斯伯尔曼秩相关关系分析贸易与增长的关系

年份	$\frac{X}{Y}$	Y 的增长率	$\frac{X}{Y}$ 的等级	Y 的增长率的等级	等级之差（d）	d^2
1981	0.0756	1.052	2	3	－1	1
1982	0.0782	1.093	3	13	－10	100
1983	0.0739	1.112	1	17	－16	256

续表

年份	$\frac{X}{Y}$	Y的增长率	$\frac{X}{Y}$的等级	Y的增长率的等级	等级之差（d）	d^2
1984	0.0810	1.153	4	24	－20	400
1985	0.0902	1.132	5	22	－17	289
1986	0.1061	1.085	6	8	－2	4
1987	0.1229	1.115	9	19	－10	100
1988	0.1183	1.113	8	18	－10	100
1989	0.1157	1.042	7	1.5	5.5	30.25
1990	0.1610	1.042	11	1.5	9.5	90.25
1991	0.1770	1.091	14	12	2	4
1992	0.1755	1.141	12	23	－11	121
1993	0.1496	1.131	10	21	－11	121
1994	0.2162	1.126	21	20	1	1
1995	0.2048	1.090	19	11	8	64
1996	0.1767	1.098	13	14	－1	1
1997	0.1920	1.086	17	9	8	64
1998	0.1804	1.078	16	6	10	100
1999	0.1802	1.072	15	4.5	10.5	110.25
2000	0.2080	1.084	20	7	13	169
2001	0.2009	1.072	18	4.5	13.5	182.25
2002	0.2239	1.089	22	10	12	144
2003	0.2672	1.102	23	16	7	49
2004	0.3071	1.099	24	15	9	81
总计						2 582

四、结论

从以上对中国经济增长与产业结构和出口贸易的关系来看，可以得出以下三个结论：

1. 在1981—2004年间，产业结构的变化对经济增长的影响极大。资本从第一产业向第二、三产业的转移过程中（即第二、三产业投资比率与总投资的比率增大），第二、三产业的边际资本生产率远高于第一产业的边际资本生产率。而产业结构之间的边际劳动生产率没有多大差别。

2. 在出口部门与非出口部门之间，不存在明显的外部经济效果。出口部门对中国经济增长的边际贡献并不高于非出口部门。

3. 引起中国经济高速增长的最重要原因，是由于资源从传统部门向现代部门转移的过程所致。

第三节　经济增长战略：出口带动还是内需带动

一、出口带动型增长战略

出口带动型增长战略指的是鼓励和支持出口商品的生产以带动经济增长。古典经济学家认为，贸易是增长的发动机，因为它既能使资源配置在国内更有效率，又能在国家和地区间传递经济增长。出口，尤其是出口政策，被认为是关键的增长动力。出口是出口企业和经济体其他部门引进新技术的有效方法，也是学习和技术进步的一个渠道。此外，出口增长刺激需求、鼓励储蓄和资本积累，并通过增加经济的潜在供给来提升进口能力，从而成为经济增长过程中的主角。古典学派相信发展能通过贸易传递。早期的经济学家用比较优势的传统理论证明了出口贸易的积极作用。向国外开放市场能使一国更有效率地生产和配置资源，因为它能专注于生产在要素禀赋上具有比较优势的产品。因此，世界贸易市场使参与国的生产者和消费者都能从更低的价格、更高质量的产品、更多种类的商品和更高的增长率中受益。出口带动型增长模式起初似乎被东亚“奇迹”国家的成功所肯定，这些国家的经济在20世纪70年代到90年代中期曾经出现异常高速的增长，人们普遍认为这是出口带动的增长。但亚洲金融危机爆发后，越来越多的人质疑出口带动型增长模式对许多发展中国家是否可行。

近几十年来，出口对经济的促进作用还得到了其他一些肯定，比如：(1) 参与贸易，尤其是对外生产和销售，使一国接触到最新最先进的生产和营销技术，这就是一个“边做边学”的过程，把动态的创新和技术扩散带入经济体中。它也促使一国达到更高产量和规模经济，从而增加收益。(2) 许多发展经济学家用Chenery (1969)、Bacha (1990) 或 Taylor (1993) 的“双缺口或三缺口”模型证明了需要通过出口赚取外汇。根据这些模型，投资—储蓄缺口和外汇缺口是很多发展中国家经济增长与发展的主要障碍。由于国家需要外汇来满足发展的需求（资本品、工业原材料、原油和食物），而与借用外债相比，出口收益是为这些需求融资更有效的方式，因为外债对不利的外生冲击和货币风险更敏感，可能出现债务违约。(3) 一个相近的理论（见 McCombie&Thirlwall, 1994）认为，由大的进口弹性引致的大量支付赤字余额可能阻碍了许多发展中国家的发展。因此，适度的贸易赤字或贸易盈余是更合适的。这就是说，出口增长应与进口增长同步或超过进口增长。(4) Felipe (2003) 同样认为，出口带动型战略可以实现没有太多通胀压力或工资—价格交替涨跌危险的总需求扩张，总需求增长是相对强劲的。部分原因是大量出口收益带来货币真实升值，同时维持了通胀水平并使真实工资增加。

近年来，很多经济学家探讨了东亚危机发生的不同原因，认为东亚国家采用的出口带动型的最优增长战略，最后却以失败告终甚至使发展中国家的前景变得灰暗。这些经济学家批评了出口带动型增长而转向提倡国内需求带动型。例如，Palley (2002) 称，东亚国家强调出口带动型增长存在一系列负作用：第一，它阻碍了国内市场发展。第二，它使发展中国家处于"与最落后者竞赛"的境地。第三，使发展中国家的工人同发达国家的工人产生利益冲突。第四，通过创造超额投资繁荣，出口带动型增长与金融不稳定联系了起来。第五，由于注重全球商品市场，它夸大了发展中国家贸易条件的长期性破坏。第六，也是最重要的一点，它加大了发展中国家对发达世界的依赖程度，因此使发展中国家对发达国家市场的疲软变得敏感（比如1996—1997年半导体世界市场的疲软正好就在亚洲危机之前）。偏重出口的经济体依赖于国外（主要是西方）需求，就出现了欧洲、日本和美国的衰退传递到了发展中国家的问题。

总的来说，Palley (2002) 认为，东亚国家实行了几十年的出口带动型经济增长不再是最优模式。Blecker (2002—2003) 也认为，采取依赖于出口制造品的高增长率的发展战略是危机的根本原因，因为这样的战略产生了过多的产能、加剧了竞争并使增长回落。同样，Kaplinsky (2000) 和 Ertuk (2001/02) 也指出了偏重出口的制造业中过剩产能导致"贫困化增长"的可能性。在20世纪90年代，太多发展中国家进入了更高端产品市场，由此创造出过多产能并促使价格下跌。Blecker (2002—2003) 认为，依赖出口增长会吃"合成谬论"的苦头。因为如果太多国家在世界需求条件一定的情况下同时依赖于出口带动增长政策刺激经济，发展中国家的出口市场会受限于发达国家的产能。发达国家需求停滞会转变为发展中国家的超额投资和产能过剩。东亚和东南亚陷入金融危机时，它们都首选出口带动型战略来恢复经济增长。但这个战略的问题就是"合成谬论"提出的问题。出口带动型增长通过等级替代过程起作用，即更成熟的经济体随着工资增长而被欠发达的新进入者代替。但是需要指出的是，中国出现了完全不同的问题，它拥有大量劳动力，可以长期保持低工资。Blecker把自己的观点总结为："发展中国家目前强调出口带动增长并不是一个可行的、能使所有国家在现有结构条件和宏观经济政策下同时增长的基础"

(Blecker 2003)。Palley (2002) 进一步论述了发展中国家追随了几十年的出口带动型经济增长模式是强调贸易自由化的"华盛顿共识"的一部分。Palley 提出了基于国内需求带动增长的新发展模式来解决这个问题。

二、国内需求和出口带动型战略的定义

对于出口带动型和内需带动型的定义的理论基础，来源于 GDP 的支出法的核算公式：

$$GDP = Y = C_P + C_g + I + X - M \tag{3.14}$$

式中，GDP 为国民总收入 Y；C_P 和 C_g 分别表示私人消费和政府购买；I 表示国内总投资或者说是国内资本形成总额（GDCF）；X 和 M 分别表示出口和进口。因此，Felipe 和 Lim（2005）认为出口导向型的经济增长战略包含两层意思：高的出口增长，会带来高的 GDP 和收入的增长；净出口的增长，要求出口增长高于进口增长。

相反，我们可以定义严格意义上的内需带动型的经济增长，即国内需求的增长伴随着 GDP 和收入的增长。

要清楚地解释这两个经济增长战略的不同的可能结果就是将式（3.14）等号右边的前三项作为 GDP 构成中国内需求部分，而将（$X-M$）即进出口作为 GDP 构成中的另一个部分。这样以下四种情况就可能产生：

1. 国内需求增加，而净出口恶化。如果 GDP 是正的，那么，经济增长必然是国内需求所带动的，这一情况就是严格意义上内需带动型增长。

2. 国内需求和净出口都在增长，这样经济增长归功于上述两者。那么两者谁贡献大，就是一个简单的实证问题。如果国内需求使增长快一点，那么我们就说经济增长是非严格意义上的内需带动型；相反，如果净出口使增长快一点，我们就称之为非严格意义上的出口带动型。

3. 国内需求恶化，净出口增加。如果经济增长是正的（这是通常发生的情况，因为国内需求是一个比净出口大得多的 GDP 的构成部分），那么此时一定是出口带动型。而如果经济增长是负的，我们说衰退是由国内需求下降或者不足导致的。

4. 国内需求和净出口同时下降，显然，这里发生了经济衰退，而衰退是由国内需求和净出口不足共同引起的。

需要指出的是，虽然我们将 GDP 分成国内需求和净出口两个部分，但是国内需求所占的比例通常远比净出口要大得多（通常高于 90%）。这是因为净

出口跟踪的是出口和进口之间的差，因此即使是在出口增长为两位数的国家，净出口所占 GDP 的份额也不会很高。

三、需求增长的核算分析

这一部分我们将给出 Felipe 和 Lim（2005）运用表 3－6 中的核算方法对中国国内需求与净出口分别对中国经济增长的影响做出分析。

表 3－6　　需求增长的核算分析

需求方的真实产出见国民收入与产出账户式：

$$GDP = Y = C_P + C_g + I + X - M$$

其中，GDP 为国民总收入；Y、C_p 和 C_g 分别表示私人消费和政府购买；I 表示国内总投资或者说是国内资本形成总额；X 和 M 分别表示出口和进口。

以增长率来计算，上式可变换为：

$$\hat{GDP} = (C_P/GDP) \times \hat{C}_P + (C_g/GDP) \times \hat{C}_g + (I/GDP) \times \hat{I} + (X/GDP) \times \hat{X} - (M/GDP) \times \hat{M} \quad (3.15)$$

其中符号ˆ表示变量的增长率。

式（3.15）说明了 GDP 的增长率是各要素（私人消费、政府购买、国内总投资和出口）占 GDP 的比例分别与其增长率乘积之和，再减去进口占 GDP 的比例与进口增长率的乘积。

变量 X 的年均增长率可以用下式表示：

$$\hat{x} = \{[(x_{1983} - x_{1973})/x_{1973}] \times 100\}/10 \quad (3.16)$$

对于一个连续增长的正数 X，以上方法会产生一个比用每年实际的增长率平均后更高的年均增长率。

该方法使用了 GDP 估计值，而没有考虑增加值法的 GDP 估值与支出法的 GDP 估值间的统计误差。也就是，式（3.15）中分母上的 GDP 由式（3.14）得来，没有包含统计误差，这就使支出项加总起来为 100%，而式（3.15）中各项加总完全与 GDP 增长率一致。

在以下 4 个表中，表 3－7 是 GDP 核算支出法中各个组成部分在给定价格水平下占 GDP 的比例的数据；表 3－8 给出的是 GDP 和其组成部分在 1973—1983 年，1983—1993 年和 1993—2003 年这三个时间段中的以固定价格水平为基础的平均增长率；表 3－9 提供了 GDP 各组成部分的增长率乘以它们各自权数的数据，从而给出了从增长率角度的 GDP 各组成部分的贡献率；表 3－10 从百分比角度，总结了每一个组成部分对 GDP 增长的贡献。Felipe 和 Lim（2005）所使用的资料均来源于联合国统计局（UN Statistic Division，Key Indicators，ADB2004）。

表 3－7　支出法中各个组成部分占实际 GDP 的份额

（以 1990 年价格水平为标准）

年份	国内需求（1）＝（2）＋（3）＋（4）	私人消费（2）	政府消费（3）	国内总资本形成（4）	净出口（5）＝（6）－（7）	商品和服务出口（6）	商品和服务进口（7）
1973	99.1	55.7	9.4	34.1	0.9	5.0	4.1
1983	100.2	54.3	12.1	33.7	－0.2	13.2	13.4
1993	100.8	49.1	13.1	38.6	－0.8	18.6	19.3
2003	94.2	39.6	12.0	42.6	5.8	24.4	18.6

表 3－8　支出法下各组成部分在固定价格水平上（1990）的平均增长率

年份	GDP 的支出	私人消费	政府消费	国内总资本形成	商品和服务出口	商品和服务进口
1973—1983	9.0	8.6	14.7	8.8	40.6	52.3
1983—1993	16.1	13.6	18.0	19.8	26.7	27.7
1993—2003	14.2	9.5	12.2	16.7	21.8	13.3

表 3－9　加权的支出法下各组成部分在固定价格水平上（1990）的平均增长率

年份	GDP 的支出（1）＝（2）＋（6）＝（3）＋（4）＋（7）－（8）	国内需求（2）＝（3）＋（4）＋（5）	私人消费（3）	政府消费（4）	国内总资本形成（5）	净出口（6）＝（7）－（8）	商品和服务出口（7）	商品和服务进口（8）
1973—1983	9.0	9.2	4.8	1.4	3.0	－0.1	2.0	2.1
1983—1993	16.1	16.2	7.4	2.2	6.7	－0.2	3.5	3.7
1993—2003	14.2	12.7	4.7	1.6	6.4	1.5	4.0	2.6

表 3－10　　对 GDP 增长的贡献率

年份	GDP 的支出 (1)=(2)+(6)=(3)+(4)+(7)－(8)	国内需求 (2)=(3)+(4)+(5)	私人消费 (3)	政府消费 (4)	国内总资本形成(5)	净出口 (6)=(7)－(8)	商品和服务出口(7)	商品和服务进口(8)
1973—1983	100.0	101.4	52.9	15.3	33.3	－1.4	22.3	23.6
1983—1993	100.0	101.1	45.9	13.6	41.6	－1.1	21.9	23.1
1993—2003	100.0	89.6	32.9	11.3	45.4	10.4	28.6	18.1

根据 Felipe 和 Lim 的分析，从上面 4 个表中可以看到，中国经济在前两个时间段（1973—1983 年，1983—1993 年）中，国内需求增长非常迅速，尤其是私人消费对 GDP 增长的贡献分别占到 52.9% 和 45.9%。而同一时期，中国净出口为负（需要指出的是从 1990 年开始中国净出口已经为正，在 20 世纪 90 年代仅有 1993 年的净出口为负）。而最后一个时期，中国经济不仅继续保持了强劲的内需增长，同时净出口也从贸易赤字变为贸易盈余。国内需求对 GDP 增长的贡献在 90% 左右，而净出口的贡献占到 10%。同时还需要指出的是，在三个时期，固定资产投资的增加都高于私人消费的增长（表 3－8），资本形成份额增长 40% 以上，而私人消费份额持续大幅度下降（表 3－9）。必须强调的是，最后一个时期，净出口占 GDP 的份额大大增加，反映了中国在世界经济增长中从受益者到贡献者的转型。

四、私人部门、政府部门和国外部门的分解分析

私人部门（居民和企业）的情况用指标 I_P/S_P，其中 I_P 是私人总投资，S_P 是私人储蓄率，它是私人部门对产出 GDP 的比率。如果该指标大于 GDP，私人投资大于私人储蓄，在这种情况下，私人部门在总需求中处于扩张态势。政府部门的财政状况用 G/t 来反映，其中 G 代表政府支出（包括政府消费和投资），t 表示税收对 GDP 的乘数。如果 G/t 大于 GDP，政府的支出大于收入，则总需求中政府是扩张态势。国外部门用指标 X/m，其中 X 表示出口的商品和服务，m 是进口对 GDP 的比率。如果 X/m 大于 GDP，则国外部门呈扩张态势。图 3－1 是对中国 1983—2003 年数据的分析。

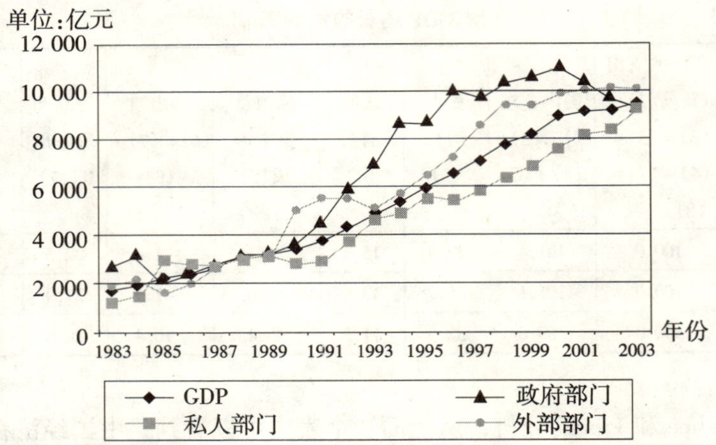

注：单位10亿元人民币，以2000年价格水平为标准。

图3-1 中国私人部门、政府部门和外部部门与实际GDP（1983—2003年）

从图3-1中可以看到，从中国向市场经济转型和参与到世界贸易活动中给中国带来了一个几乎没有间断的经济增长（从1970年后期到现在）。私人部门高达35%的储蓄率使中国的私人部门的投资并没有呈现出扩张的态势，但保障了中国持续、高额的资本形成总值的增长，固定资产的投资成为了最重要的经济增长来源。自1990年起，中国政府部门的财政状况开始出现扩张，与此同时国外部门也开始呈现扩张态势并持续到现在。因此，中国经济的扩张在最近一段时间（1993—2003年）都来自于政府部门和国外部门的扩张。最近以来，中国政府开始逐渐减少其政府的财政支出以避免经济过热，出口也就成为了近几年来中国经济发展的领头羊。

五、结论

上述增长核算分析的主要结论可简单归纳为：成功而持续的经济增长要求内需和净出口的双增长。像中国这样的国家便是在内需（尤其是国内资本形成总额）和出口都增加的基础上成功实现经济增长的。显然，发展中国家应有足够的投资水平来实现经济增长和发展，也要有适当的消费增长来改善人们的福利。这些都可以在出口增长的同时实现。实际上，就技术深化和“边做边学”来讲，两个部门的增长是相互补充、相互促进的。过度强调其中一个部门的增长而牺牲另一个部门会使增长战略不平衡、不稳定、问题丛生。过分强调出口带动型增长战略可能会导致经济危机。

六、中国的储蓄问题

在上面的论述中，我们分析了内需和净出口对中国经济增长的影响。国内投资主要的资金来源是国内的储蓄。在此，就有必要谈谈中国的储蓄问题。根据2005年9月国际货币基金组织出版的《世界经济展望》报道，当今中国的储蓄率（即储蓄与GDP的比率）已高达50%。

传统的宏观经济理论认为，在较封闭的经济条件下，一国的储蓄与一国的投资具有高度的相关性。也就是一国的储蓄越多，投资的资金越多，经济增长就会越快。但当一个国家经济越加开放时，这种一国的储蓄与投资的相关性也就逐渐地减弱。在第四章里，我们将会进一步验证中国的储蓄与投资的这种关系。在全球经济一体化的进程中，一国剩余的资金会在全球范围内而并不局限于本国内寻求最佳获利机会。最新的内部收益率方法认为发达国家的真实投资收益高于许多新兴市场经济国家，并且具有较小的投资风险，所以资本从发展中国家流向发达国家，亚洲一些国家近年来出现的储蓄率高而投资率下降就是一个明显的例证。同时，这些流入美国的资本也支撑着美国的经济。

美国大量的赤字和外债问题已经成为一个世界性的问题。如果将来某个时期美国经济严重衰退，就不仅美国经济会受到大的冲击，那些拥有大批美国国债的国家也会受到直接冲击，进而影响到整个世界经济。正是在这样的情况下，美国的大量赤字和外债成为了一个世界性的问题。持有大量美国外债的国家，其中也包括中国，也不可能轻易地大量抛售美元资产，因为这样可能引发世界性的动荡。因此，拥有美国大量债权的国家陷入了一个两难的境地。

最新的研究报告表明，亚洲的一些国家遭受了1997年和1998年的金融危机，而中国却能够避免这样的危机，其中一个重要的原因就是这些国家和中国的增长模式有所不同。这些亚洲国家危机前的经济高速增长主要是单一依靠出口的高速增长，而中国经济的高速增长取决于国内需求和出口两个方面的高速增长。而且值得注意的是，国内需求包括了消费、投资和政府支出这三个组成部分。而中国国内需求增长主要依赖于投资和政府支出的高速增长，而居民消费的增长则相对稳定。投资高速增长不可能永远持续下去，政府支出的高速增长意味着政府债务的增长。为此，中国要维持较长时期的经济增长，就必须促进国内居民的消费增长。

最后，要进一步说明的是，储蓄分为公共储蓄和私人储蓄，而私人储蓄又分为家庭储蓄和公司储蓄。当今世界，在不同国家和地区，其储蓄结构有着明显的差异。如前面所述，虽然发达国家的储蓄率在下降，但公司储蓄在总的储蓄中的比例在增加，从而部分地弥补了家庭储蓄的减少。而对中国来讲，近几年来，在总的储蓄中，家庭储蓄保持较高的水平和相对稳定，而公司储蓄和政府储蓄增长较快。居民和家庭储蓄的增长反映了人们对未来收入和支出预期的不稳定，也反映了中国人口的年龄结构变化会对储蓄产生大的影响。公司储蓄的较快增长一方面反映了中国金融市场，尤其是债券市场和股票市场的欠发达，同时也反映了一些中小企业难以通过银行和金融市场获得融资，只有通过自己的留存收益来对投资进行融资的情况。从公司储蓄这一块来讲，发展债券市场不失为一个好的选择。但20世纪90年代我国公司债券市场昙花一现的教训值得我们注意。此外，还可以通过促使公司支付股东股利和支付工作人员养老金，以及各种必要的保险，承担它们应负的社会责任，如造成的污染等。这样一方面可以减缓公司的过度投资，另一方面可以减少居民的预防性储蓄，增加居民消费。由于中国经济的高速增长，政府税收的较快增长，导致政府储蓄的显著增加。

第四节　经常项目的跨时分析法

前面我们对我国的经常项目（主要是对外贸易）问题作了全面分析。本节将着重介绍一种新的经常项目分析方法——跨时分析法。由于这种方法对我们来说还是全新的，故本节暂不联系中国实际加以运用。

一、概述

自从20世纪80年代以来，经济学家们致力于研究和发展一种新的国际收支理论——经常项目的跨时分析法（the Intertemporal Approach to the Current Account）或经常项目的动态学说。目前，这一分析法已日趋成熟，在发达国家以及发展中国家得到广泛的应用，并逐渐取代其他的国际收支学说。跨时分析法强调如生产率、贸易条件、政府开支和税收等实质因素，通过对消费、生产和投资的跨时代替，从而影响到经常项目。

跨时分析法的出现主要归于世界资本市场上发生的事件，尤其是在1973—1974年和1979—1980年间的两次世界石油价格猛涨而引起的世界各国经常项目出现严重的不平衡，发达国家和发展中国家之间国际收支调整的裂痕的扩大，无论是古典货币模型还是凯恩斯模型都未能对这一问题的解释提供可靠的指导，这促使经济学家去研究在外在振动的情况下最优动态的跨时问题。与此相似，经过石油危机后，国际银行业对发展中国家债务偿还能力提出了质疑。为此，国际银行业要求经济学家为它们评估发展中国家的债务水平，从而促进了对跨时最优经常项目赤字问题的研究。

经常项目的跨时分析法，有时称为消费平稳学说（Consumption - Smoothing Approach），认为在高度国际资本流动条件下和在一国产量、投资和政府开支面临振动时，一国的经常项目应该作为平稳该国消费的缓冲器。

跨时分析法建立在一个小的开放经济社会里，存在着高度资本流动和永久消费理论这两个假定之上。根据这一学说，只要人们预期未来时期一国现金流动（定义为国内总产值减去投资和政府开支）会上升，一国当前的经常项目就会出现赤字。如果预期未来时期现金流动会下降，当前的经常项目就会出现盈余。原因是在永久收入理论假设下，假定由于预期政府未来开支增加而引起国家未来现金流动下降，该国会出现当前的经常项目盈余（储备增加）以保持未来平稳消费。

当经济社会面临某种特定振动时，经常项目跨时分析法还对判断未来资本流动（包含官方储备变化）提供了基准。根据这一学说，在一国现金流动面临振动时，最优的资本流动能保持该国消费平稳。一旦获得了这一基准，我们就可以把它与经常项目实际资料相比较。例如，实际与基准出现偏差时，比如实际流动比基准流动显得更为波动时，说明社会存在一些投机因素在驱使资本流动。

跨时模型的一个基本假定是经济社会存在高度资本流动。如果一个经济社会不存在这种流动，这一社会就不能从事跨时替代，也就没有跨时分析法。由于发达国家资本市场比发展中国家的资本市场更为完善和开放，经济学家最初主要对发达国家进行跨时分析，并取得了一定的成效。随着20世纪90年代发展中国家资本市场的不断完善和开放，经济学家开始把注意力转向发展中国家。

二、模型①

1. 一个时期的经常项目识别式为：

---

① 经常项目的跨时分析法的模型的全部推导见附录。为了便于阅读，我们把这里简要介绍的方程式的编号与附录的编号一致。附录资料参考 Obstfeld and Rogoff (1996)。

$$CA_t = B_{t+1} - B_t = Y_t + rB_t - C_t - G_t - I_t \quad (3.17)$$

式中，CA_t 是 t 时期经常项目余额；B_{t+1}是 t 时期末的外国净资产价值；B_t 是 t 时期初的外国净资产价值；rB_t 是前一时期外国净资产所赚得的利息收入；Y_t 是 t 时期的社会的产量；C_t 是 t 时期的个人消费；G_t 是 t 时期的政府开支；I_t 是 t 时期的投资；r 是世界利率水平（这里假定 r 不变）。

2. 经常项目动态模型。现在我们要区别产量、政府开支、投资和利率资本化价值的当期值与未来值，推导、分析和测试经常项目的特征：

$$CA_t = B_{t+1} - B_t = (Y_t - \tilde{Y}_t) - (I_t - \tilde{I}_t) - (G_t - \tilde{G}_t) \quad (3.18)$$

式中，$\tilde{Y}_t$、$\tilde{I}_t$ 和 $\tilde{G}_t$ 分别表示产量、投资和政府开支的永久性水平。

式（3.18）表明，当前产量高于它的永久性水平，由于消费是平稳的，会产生较高的经常项目盈余。但当当期产量暂时高于它的长期贴现平均值时，个人不是提高他的消费水平，而是积累他的外国资产的利息收益，以作为平稳未来消费的一种方式。

同理，人们在面临异常高的投资需求时，他们通常会举借外债来维持他们的消费；一个国家则可以通过借外国储蓄来避免国内消费的暂时下降。

最后，非正常高的政府开支与异常低的产量一样有相同的影响。

3. 经常项目的随机模型。前面所考察的是在完全预期条件下的经常项目模型，现在我们要进一步考察消费与投资决策的不稳定性。因为人们并不能完全预见影响他们工资收入和投资的随机经济事件。一旦获得新的信息，人们就会修正他们先前的计划。

如果假定未来的产量、投资和政府开支水平都为随机变量，则个人仅能选择偶然的未来消费计划，而不是确定的未来消费水平。因此，未来消费是随机变量。

三、计量经济模型的建立

用条件预期值去置换式（3.18）中的 $\tilde{Y}_t$、$\tilde{I}_t$ 和 $\tilde{G}_t$，得到：

$$\begin{aligned} CA_t &= B_{t+1} - B_t \\ &= (Y_t - E_t\tilde{Y}_t) - (I_t - E_t\tilde{I}_t) - (G_t - E_t\tilde{G}_t) \end{aligned} \quad (3.19)$$

这里对任何一个变量 X 都有：

$$E_t\tilde{X}_t = \frac{r}{1+r}\sum_{s=t}^{\infty}\left(\frac{1}{1+r}\right)^{s-t}E_tX_s$$

经济学家运用计量经济方法来测试像式（3.19）那样的随机经常项目模

型。这里我们运用 Campbell（1987）首次在研究储蓄行为时使用的方法。

先定义净产量 Z 等于产量减去投资和政府开支为：

$$Z = Y - G - I$$

这时式（3.19）可简化为 $CA_t = Z_t - E\overline{Z_t}$。用 Campbell 的方法重新安排式（3.19），得到：

$$CA_t = -\sum_{s=t+1}^{\infty}\left(\frac{1}{1+r}\right)^{s-t}E_t\Delta Z_s \tag{3.20}$$

这里 $\Delta Z_s = Z_s - Z_{s-1}$。式（3.20）表示，当未来净产量的贴现值为正时，当今经常项目为赤字；反之，当未来净产量的贴现值为负时，当今经常项目为盈余。简言之，经常项目赤字是未来净产量增加的指示器。

我们如何来测试式（3.20）呢？方法是找到一个计量模型，它可以估计式（3.20）右边的等式，然后将这一预计与实际资料相比较。

为了实现这一目标，我们需要找到式（3.20）中预期值的代理。通常当今和滞后的净产量变化对于预期未来产量变化是有用的，但消费者渴望拥有更多的信息。一种获得额外信息的方法是，消费者的预期除了基于当今和滞后的净产量外，还包括当今和滞后的经常项目。在式（3.20）零假设条件下，经常项目自身也包含消费者所有关于未来净产量变化的信息。

以上这些考察使我们相信，当 $s>t$ 时，消费者对 ΔZ_s 的预测是基于一阶向量自回归（VaR）模型：

$$\begin{pmatrix}\Delta Z_s\\ CA_s\end{pmatrix} = \begin{pmatrix}\Psi_{11} & \Psi_{12}\\ \Psi_{21} & \Psi_{22}\end{pmatrix}\begin{pmatrix}\Delta Z_{s-1}\\ CA_{s-1}\end{pmatrix} + \begin{pmatrix}\xi_{1s}\\ \xi_{2s}\end{pmatrix} \tag{3.21}$$

这里 ξ_1和 ξ_2是具有条件均值为零的误差项，ΔZ 和 CA 表达为来自无条件均值的推导。这样就能较容易地运用式（2.21）来预测未来产量变化。对于多个时期的预期，

$$E_r\begin{pmatrix}\Delta Z_s\\ CA_s\end{pmatrix} = \begin{pmatrix}\Psi_{11} & \Psi_{12}\\ \Psi_{21} & \Psi_{22}\end{pmatrix}^{s-t}\begin{pmatrix}\Delta Z_t\\ CA_t\end{pmatrix}$$

预乘 1×2 的向量 $[1\quad 0]$，得到 $E_t\Delta Z_s$：

$$E_t\Delta Z_s = [1\quad 0]\begin{pmatrix}\Psi_{11} & \Psi_{12}\\ \Psi_{21} & \Psi_{22}\end{pmatrix}^{s-t}\begin{pmatrix}\Delta Z_t\\ CA_t\end{pmatrix}$$

为了计算式（3.20）等式右边的数值，将上式代入式（3.20）。我们定义 Ψ 是矩阵（Ψ_{ij}），这一结果是我们对经常项目 $\hat{CA}$ 的模型的预测。设 I 是 2×2

的单位矩阵。得到：

$$\hat{CA} = -[1 \quad 0]\left(\frac{1}{1+r}\Psi\right)\left(I - \frac{1}{1+r}\Psi\right)^{-1}\begin{pmatrix}\Delta Z_t \\ CA_t\end{pmatrix}$$

$$= [\Phi_{\Delta Z} \quad \Phi_{CA}]\begin{pmatrix}\Delta Z_t \\ CA_t\end{pmatrix} \tag{3.22}$$

这就是我们用来与实际资料比较的经常项目的预计值。

这一比较是非常容易的事情。变量 CA_t 已经包括在基于 t 时期消费的消费者所拥有的信息之中。更进一步讲，经常项目式（3.20）中 CA_t 应等于式（3.22）中待估计的同样的变量。因此，如果这一模型和预测方程是有效的，$\hat{CA}_t$ 应等于 CA_t，达到 VaR 式（3.21）估计的样本误差。我们将测试［$\Phi_{\Delta Z}$ Φ_{CA}］。如果在式（3.22）中［$\Phi_{\Delta Z}$ Φ_{CA}］=［0 1］，那么实际值等于预测值，即 $\hat{CA}_t = CA_t$。

四、一些实证分析

M. Obstfeld 和 K. Rogoff（1996）测试了比利时、加拿大、丹麦、瑞典和英国等国的经常项目。测试的结果表明，除英国外，其他几个发达国家实际和预期的经常项目拟合得非常好。

A. R. Ghosh 和 J. D. Ostry（1995）测试了 45 个发展中国家的经常项目。其中 2/3 的发展中国家实际和预测的经常项目拟合得非常好。

J. D. Ostry（1997）测试亚洲五国，包括印度尼西亚、马来西亚、菲律宾、新加坡和泰国的经常项目，其中印度尼西亚、马来西亚和菲律宾三国的实际与预测的经常项目相吻合。对于跨时经常项目的最新实证分析可参阅 Gruber（2004）的文章。

经常项目的跨时分析法为判断实际经常项目运动提供了一个自然基准。事实上，对以上大多数发达国家和发展中国家，跨时分析法都能较好地模拟实际经常项目资料，本身就说明相对于生产率增长、投资加大和财政政策变动等外在振动，这些国家的经常项目能迅速地做出相适应的反应，以保持国民平稳消费。

跨时分析法还对最优（预计）与实际经常项目之间的偏差提供了解释。一种解释是，当实际运动水平和波动不同于在充分平稳消费假定下的预计运动时，存在两种可能性：一是存在资本流动的障碍（实际波动小于预计波动），另一个是投机因素加剧资本运动（实际波动大于预计波动）。另一种解释是，当最优与实际经常项目之间出现偏差时，由于消费或投资的缘故，存在着向外国超额借与贷的问题。但对具体的国家，经济学家们还需作进一步深入和细致的具体分析。

附录　经常项目的跨时分析法

对经常项目的跨时分析是以一个开放经济社会为基础的。下面我们将做比较仔细的说明。

1. 多个时期的小的开放经济。在这里，我们要从多个时期的角度考察小的开放经济。这一分析使得我们的模型能更好地配合实际宏观经济资料。

(1) 有限时期模型。作为最初的分析步骤，我们假定经济社会开始于 t 时期，结束于 $t+T$ 时期，这里的 T 是任意大于 0 的数字。我们能够视个人数量选择为经济社会总量的选择。

把可分性的时间效用函数运用到 T 时期可使问题简单化。这一代表性的个人效用最大化为：

$$U_t = u(c_t) + \beta u(c_{t+1}) + \beta^2 u(c_{t+2}) + \cdots + \beta^T u(c_{t+T}) = \sum_{s=t}^{t+T} \beta^{s-t} u(c_s) \tag{3.23}$$

式中，c_t 为 t 时期的私人消费；β 为贴现或时间偏好因子，也称固定偏好参数；u（.）为效用函数。

在个人预算约束中，假定世界利率 r 在整个时期为一个常数。这一假定使我们把注意力集中在生产率波动的作用上。另外，β 是一个固定偏好参数。在任何一个时期 s，产量是由生产函数 $Y=AF$（k）所决定的。经济社会开始于 t 时期，事先具有资本存量 K_t 和净外国资产 B_t，两者都是先前时期所积累的。A 为生产率参数。

为了推导 T 时期的预算约束，我们对一个时期的经常项目识别进行反复迭代。一个时期经常项目识别式为（假定利率不变）：

$$CA_t = B_{t+1} - B_t = Y_t + rB_t - C_t - G_t + I_t$$

式中，CA_t 是 t 时期经常项目余额；B_{t+1}是 t 时期末的外国净资产价值，B_t 是 t 时期初的外国净资产价值；rB_t 是前一时期外国净资产所赚得的利息收入；Y_t 是 t 时期的经济社会产量；C_t 是 t 时期的私人消费；G_t 是 t 时期的政府开支；I_t 是 t 时期的投资；r 是世界利率水平。对于任何一个时期，$I_t = K_{t+1} - K_t$。重新安排以上方程，得到：

$$(1+r)B_t = C_t + G_t + I_t - Y_t + K_{t+1} \tag{3.24}$$

向前推进一个时期，并在等式两边除以 $1+r$，得到：

$$B_{t+1} = \frac{C_{t+1} + G_{t+1} + I_{t+1} - Y_{t+1}}{1+r} + \frac{B_{t+2}}{1+r}$$

利用此式，我们可以从式（3.24）中消除 B_{t+1}：

$$(1+r)B_t = C_t + G_t + I_t - Y_t + \frac{C_{t+1} + G_{t+1} + I_{t+1} - Y_{t+1}}{1+r} + \frac{B_{t+2}}{1+r}$$

反复迭代这一过程，我们可以进一步消除 B_{t+2}，B_{t+3}，…，得到：

$$\sum_{s=t}^{t+T}\left(\frac{1}{1+r}\right)^{S-t}(C_s + I_s) + \left(\frac{1}{1+r}\right)^{T} B_{t+T+1} = (1+r)B_t + \sum_{S=t}^{t+T}\left(\frac{1}{1+r}\right)^{s-t}(Y_s - G_s) \tag{3.25}$$

为了获得在式（3.25）约束条件下的式（3.23）中的最大化效用 U_t，我们首先把经常项目识别式写成：

$$B_{s+1} - B_s = rB_s + A_sF(K_s) - C_s - (K_{s+1} - K_s) - G_s$$

用上式替换式（3.23）中的消费水平，U_t 表达为：

$$U_t = \sum_{s=t}^{t+T}\beta^{s-t}u[(1+r)B_s - B_{s+1} + A_sF(K_s) - (K_{s+1} - K_s) - G_s]$$

对此，我们必须找到相对于 B_{s+1} 和 K_{s+1} 的最大化的 U_t 的一阶条件。对于每一个 $s \geqslant t$ 的时期，下列两个条件必须持有：

$$u'(C_s) = (1+r)\beta u'(C_{s+1}) \tag{3.26}$$

$$A_{s+1}F'(K_{s+1}) = r \tag{3.27}$$

这里我们已经满足了这些条件：它们是消费欧拉方程和边际资本产品与世界利率的恒等。

像两个时期的案例一样，我们将设定终点条件：

$$B_{t+T+1} = 0 \tag{3.28}$$

以上条件对一个最大化个人效用总是成立的：债权者将不允许个人在去世时还欠有债务（即 $B_{t+T+1} < 0$）。另外，作为最优化也不允许个人去世时留下未使用完的资源（即 $B_{t+T+1} > 0$）。假定经济社会在 T 时期结束时，没有后代继承正的 B_{t+T+1} 的遗产。由于这一结果，经济社会唯一的最优消费路线是，

在 $B_{t+T+1}=0$ 的条件下，满足式（3.25）和式（3.26）。

$$\sum_{S=t}^{t+T}\left(\frac{1}{1+r}\right)(C_s+I_s)=(1+r)B_t+\sum_{S=t}^{t+T}\left(\frac{1}{1+r}\right)^{S-t}(Y_s+G_s) \quad (3.29)$$

这里，所有投资和产量水平都是在给定最初资本 K 条件下的式（3.27）所决定。

一个重要的例子是假定 $\beta=1/(1+r)$。在这种情况下，消费欧拉方程显示最优消费为一个常数。在满足式（3.29）的条件下，最大化不变消费为：

$$C_t=\left[\frac{1}{1-(1+r)^{-(T+1)}}\right]\left(\frac{r}{1+r}\right)\left[(1+r)B_t+\sum_{S=t}^{t+T}\left(\frac{1}{1+r}\right)^{s-t}(Y_s-G_s-I_s)\right] \quad (3.30)$$

例如，在式（3.30）中假定 $T\to\infty$，我们就获得更为简化的方程：

$$C_t=\frac{r}{1+r}\left[(1+r)B_t+\sum_{s=t}^{\infty}\left(\frac{1}{1+r}\right)^{s-t}(Y_s-G_s-I_s)\right] \quad (3.31)$$

在这样一个消费函数里，私人消费他的总折现净财富的年度价值。这一思想是与弗里德曼的永久收入假设相联系的。

（2）无限时期模型。要解答无限时期最优化问题并非易事。正如我们所看到的，首先要解有限时期的问题，然后再观察非常遥远时期会发生什么情况。

在解答无限时期问题时，我们面临要了解在没有终结期时的相关约束和偏好。在不存在终结时期时经济活动会面临什么新的情况？又例如，债务会不会在不需偿付条件下永远地持续下去呢？

无限时期下的效用函数为：

$$\begin{aligned}U_t&=\lim_{t\to\infty}[u(c_t)+\beta u(c_{t+1})+\beta^2u(c_{t+2})+\cdots+\beta^Tu(c_{t+T})]\\&=\sum_{S=t}^{\infty}\beta^{s-t}u(c_s)\end{aligned} \quad (3.32)$$

现在让我们假定最优化条件存在，并寻找式（3.32）中 U_t 的最大化的必要条件。像有限时期一样，我们使用经常项目识别去替代式（3.32）中的消费，获得了像先前取得的最大化结果，但 $T=\infty$：

$$U_t=\sum_{s=t}^{\infty}\beta^{s-t}u[(1+r)B_s-B_{s+1}+A_sF(K_s)-(K_{s+1}-K_s)-G_s]$$

相对 B_{s+1} 和 K_{s+1}，我们再次获得如式（3.26）和式（3.27）这样的最大化表达式。

如先前所做的，我们需要组合跨时预算约束和必要的一阶条件来决定每一个时期的最优化消费水平。但是预算约束采取什么形式呢？当经济仅持续到 T 时期，式（3.25）是动态预算约束的表达式，我们还知道式（3.28）中的 $B_{t+T+1}=0$ 总是成立的。对于 T 时期的情况，假定消费最大化受到式（3.29）的约束是可行的。

但是在无限时期，$\lim\limits_{t\to\infty}B_{t+T+1}=0$ 还成立吗？正确的回答是不成立。下面我们来看看究竟为什么不成立。

一种简单的解决这一问题的方式是，想象一个具有不变和外生产量 $\bar{Y}$ 和没有政府支出的经济社会，并且 $\beta=1/(1+r)$。按式（3.26），这时最优消费必然就是一个常数 $\bar{C}$。经常项目的识别意味着一个经济体的净外国资产为：

$$\begin{aligned}B_{t+T+1} &= (1+r)B_{t+T}+\bar{Y}-\bar{C}\\ &= (1+r)[(1+r)B_{t+T-1}+\bar{Y}-\bar{C}]+\bar{Y}-\bar{C}\\ &= \cdots\\ &= B_t+(rB_t+\bar{Y}-\bar{C})\left[\frac{(1+r)^{T+1}-1}{r}\right]\end{aligned} \tag{3.33}$$

上式最后一个方程意味着，除非 $\bar{C}=rB_t+\bar{Y}$，否则 $\lim\limits_{t\to\infty}B_{t+T+1}=+\infty$（当消费低于最初收入时），或者 $-\infty$（当消费高于最初收入时）。即使个人消费的确等于最初收入，在所有的时期，$B_{t+T+1}=B_t$，外国资产也不服从 $\lim\limits_{t\to\infty}B_{t+T+1}=0$，除非在偶然情况下最初外国净资产为零。因此，原来式（3.28）的条件在这里并不成立。正确的条件是：

$$\lim_{t\to\infty}\left(\frac{1}{1+r}\right)^{-T}B_{t+T+1}=0 \tag{3.34}$$

其约束条件为式（3.29）加上 $T\to\infty$，即：

$$\sum_{s=t}^{\infty}\left(\frac{1}{1+r}\right)^{s-t}(C_s+I_s)=(1+r)B_t+\sum_{S=t}^{\infty}\left(\frac{1}{1+r}\right)^{s-t}(Y_s-G_s) \tag{3.35}$$

为什么式（3.34）是我们寻求的条件呢？假定式（3.25）中，T 逐渐增大。如果 $\lim\limits_{t\to\infty}\left(\frac{1}{1+r}\right)^{-T}B_{t+T+1}<0$，意味着消费和投资的现值超过了产量的现值，这一项永远不会收敛到零。经济体继续借款来满足对外债的利息支付，而不是靠转移实质资源给债权人，以便减少 C 和 I，使之小于 $Y-G$。由于这一缘故，它的债务按利率增长，这就是为什么 $\lim\limits_{t\to\infty}\left(\frac{1}{1+r}\right)^{-T}B_{t+T+1}$ 严格为负数。但是外国债权人不允许这种现象出现，即他们不会向另一个经济体提供免费资源，而是宁可自己消费这些资源。

反之亦然。所以仅仅当 $\lim_{t\to\infty}\left(\frac{1}{1+r}\right)^{-T}B_{t+T+1}=0$ ，经济体正好消耗完它的资源。因此，对于目前的问题，条件式（3.34）、式（3.33）、式（3.26）和式（3.27）是最优化的必要和充分条件。

2. 经常项目模型。

（1）经常项目动态模型。在这里，我们要根据当前产量与未来产量、政府开支、投资和利率资本化价值之间的区别，推导、分析和测试经常项目的特征。

给定不变利率 r，变量 X 的永久水平为：

$$\sum_{s=t}^{\infty}\left(\frac{1}{1+r}\right)^{s-t}\tilde{X}_t = \sum_{s=t}^{\infty}\left(\frac{1}{1+r}\right)^{s-t}X_s$$

以致有：

$$\tilde{X}_t = \frac{r}{1+r}\sum_{s=t}^{\infty}\left(\frac{1}{1+r}\right)^{s-t}X_s \tag{3.36}$$

这里，$\tilde{X}_t$ 是变量 X 的永久水平。

假设最初 $\beta=1/(1+r)$，把消费函数式（3.31）代入到经常项目识别式式（3.17），并运用定义式（3.36），得到经常项目的基本方程：

$$CA_t = B_{t+1}-B_t = (Y_t-\tilde{Y}_t)-(I_t-\tilde{I}_t)-(G_t-\tilde{G}_t) \tag{3.37}$$

这一简单方程产生了大量的重要预测。当前产量高于它的永久性水平时，由于消费是平稳的，将会产生较高的经常项目盈余。当产量暂时高于它的长期贴现平均值时，个人不是提高他的消费水平，而是积累他的外国资产的利息收益，以作为平稳未来消费的一种方式。

与此类似，人们在面临异常高的投资需求时，他们通常会举外债来维持他们的消费。一个国家可以通过借外国储蓄来避免暂时的国内消费下降。

最后，异常高的政府开支有如像异常低的产量一样有同样的影响。高的经常项目赤字，通过把它的影响扩散到未来全部时期，来达到对任何一个特定时期影响最小化。

（2）随机经常项目模型。到目前为止，我们已经考察了完全预期的经济学，现在进一步考察消费与投资决策的不稳定性。人们并不能完全预见影响他们工资收入和投资的随机经济事件。今天的决策必然是基于对随后会发生什么的猜测；一旦人们获得新的信息，就会修正他们先前的计划。模拟这一过程应该产生对经济总量短期行为更为现实的预计。

① 在无限时期里小的经济体中的不确定性和消费。我们现在令未来的产

量、投资、政府开支水平都为随机变量。在这种情况下，个人仅能选择偶然的未来消费计划，而不是确定的未来消费水平。因此，未来消费是随机变量。我们假定，一个具有代表性的个人，在面临未来不确定性时，他一生效用的最大化预期值为：

$$U_t = E_t\left[\sum_{s=t}^{\infty}\beta^{s-t}u(c_s)\right]$$

算子 E_t［.］是数学条件预期——概率加权平均可能的未来结果。

在这一模型中，无风险债券是仅有的国家交易资产。为了简化起见，我们仍然假定世界利率 r 是一个常数，这样式（3.17）的经常项目识别在每一时期仍然成立。在随机情况下，通过对方程的迭代，可得到与式（3.35）一样的跨时预算约束。

$$\sum_{s=t}^{\infty}\left(\frac{1}{1+r}\right)^{s-t}(C_s + I_s) = (1+r)B_t + \sum_{s=t}^{\infty}\left(\frac{1}{1+r}\right)^{s-t}(Y_s - G_s)$$

在随机条件下，利用式（3.17）的经常项目识别去置换效用函数中的消费水平，得到无约束的最大化效用函数：

$$U_t = E_t\left\{\sum_{s=t}^{\infty}\beta^{s-t}u[(1+r)B_s - B_{s+1} + Y_S - G_s - I_s]\right\} \tag{3.38}$$

其一阶条件为：

$$E_t\{u'(C_s)\} = (1+r)\beta E_t\{u'(C_{s+1})\} \tag{3.39}$$

当 $s=t$ 时，有：

$$u'(t) = (1+r)\beta E_t\{u'(C_{t+1})\} \tag{3.40}$$

从上式可知，随机欧拉方程是式（3.26）的一般形式。

② 线性二次型“永久收入”模型。线性二次型效用函数为：

$$u(c) = c - \frac{a_0}{2}c^2 \qquad a_0 > 0 \tag{3.41}$$

有了二次型效用，我们能像完全预期一样，解出最优消费水平。此外，我们假定（$1+r$）$\beta=1$。

首先，我们注意到边际消费效用，u'（c）$=1-a_0C$，是 C 的线性函数。把边际效用函数代入欧拉方程（3.40），获得 Hall（1978）的著名结果：

$$E_tC_{t+1} = C_t \tag{3.42}$$

这就是消费遵循随机行走。

这样，我们就能够使用随机行走的欧拉方程，来推导作为当今和未来预期产量、政府开支和投资函数的消费水平的简化形式。概率为 1 的跨时预算约束成立，那么以预期形式的预算约束也成立：

$$E_t\{\sum_{s=t}^{\infty}(\frac{1}{1+r})^{s-t}(C_s+I_s)\} = E_t\{(1+r)B_t+\sum_{s=t}^{\infty}(\frac{1}{1+r})^{s-t}(Y_s-G_s)\}$$

在二次效用的条件下，欧拉方程（3.26）在 $s>t$ 的情况下，$E_tC_s=E_tC_{s-1}=\cdots=E_tC_{t+1}=C_t$。在预期预算约束中，用 C_t 代替 E_tC_s，重新排列上式，得到：

$$\sum_{s=t}^{\infty}(\frac{1}{1+r})^{s-t}C_t = E_t\{(1+r)B_t+\sum_{s=t}^{\infty}(\frac{1}{1+r})^{s-t}(Y_s-G_s-I_s)\}$$

从上式解出 C_t，可得到像永久收入消费函数（3.31）的预期方程：

$$C_t = \frac{r}{1+r}[(1+r)B_t+\sum_{s=t}^{\infty}(\frac{1}{1+r})^{s-t}E_t(Y_s-G_s-I_s)] \tag{3.43}$$

在二次型效用条件下，消费是按照必然等价原理（Certainty Equivalence Principle）所决定的。人们在不确定性下做出决策，就好像似乎确信未来随机变量等于它们的条件中值。作为决策的必然等价原理假定在大多数情况下是不合理的，但在这里是合理的。原因是式（3.41）的特殊二次型效用函数使得在 C 里的消费呈线性边际效用。

③产量振动、消费和经常项目。在一个线性二次型模型里，暂时不考虑政府开支和投资，假定产量跟随外生随机过程为：

$$Y_{t+1}-\bar{Y} = \rho(Y_t-\bar{Y})+\xi_{t+1} \tag{3.44}$$

这里，ξ_t 是序列不相关扰动，$E_t\xi_{t+1}=0$ 和 $0\leqslant\rho\leqslant1$。

由于对于所有 $s>t$，$E_t\xi_s=0$（通过迭代条件预期法则），先前产量的随机差分方程为：

$$E_t\{Y_s-\bar{Y}\} = \rho^{s-t}(Y_t-\bar{Y}) \tag{3.45}$$

当 $G=I=0$ 时，式（3.43）可写成：

$$C_t = rB_t+\bar{Y}+\frac{r}{1+r}\sum_{s=t}^{\infty}\left[\frac{r}{1+r}\right]^{s-t}E_t(Y_s-\bar{Y})$$

代入式（3.45）中的 E_t（$Y_s-\bar{Y}$），得到：

$$C_t = rB_t+\bar{Y}+\frac{r(Y_t-\bar{Y})}{1+r-\rho} \tag{3.46}$$

这一方程实际上是凯恩斯的消费函数。高的当今产量提高了当今的消费，但一个单位产量的增加使消费的增加小于一个单位。但特殊情况 $\rho=1$ 例外。在随机过程式（3.44）的条件下，产量可表示为：

$$Y_t = \bar{Y}+\sum_{s=-\infty}^{t}\rho^{t-s}\xi_s$$

当 $\rho<0$ 时，振动效应呈几何级数衰减。由于这一结果，当今产量未预期的漂移会产生永久产量较小的漂移，以致消费平稳使得消费振动小于产量的振动。

为了运用到经常项目，按照未预期产量振动，ξ_t 改写消费函数式（3.46）为：

$$C_t = rB_t + \bar{Y} + \frac{r\rho(Y_t - \bar{Y})}{1 + r + \rho} + \frac{Y}{1 + r - \rho}\xi_t$$

把上式代入到经常项目识别 $CA_t = rB_t + Y_t - C_t$，得到：

$$CA_t = \rho(\frac{1 - \rho}{1 + r - \rho})(Y_{t-1} - \bar{Y}) + (\frac{1 - \rho}{1 + r - \rho})\xi_t \tag{3.47}$$

从式（3.47）可知，未预期的正的产量振动（$\xi_t>0$）会引起未预期的经常项目盈余；当振动是暂时的（$\rho<1$），人们会通过资产积累来动态地平稳他们的预期消费；一个永久性的振动（$\rho=1$）不产生经常项目效应，原因是人们根据产量永久变动来调整他们的消费，消费将保持在预期的水平之上。

④ 投资。假定产量由生产函数 $Y_t = A_tF$（K_t）给定，这里生产率参数 A_t 现在是一个随机变量。由于投资 $I_s = K_{s+1} - K_s$，代表国内个人约束的预期最大化效用函数式（3.38）可以写成：

$$U_t = E_t\{\sum_{s=t}^{\infty}\beta^{s-t}u[(1 + r)B_s - B_{s+1} + A_sF(K_s) - (K_{s+1} - K_s) - G_s]\}$$

相对 K_{t+1}的一序条件仍然是欧拉方程（3.40），对 K_{t+1}求偏导，得到：

$$u'(C_t) = E_t\{[1 + A_{t+1}F'(K_{t+1})]\beta u'(C_{t+1})\}$$

为了解释这一条件，已知在时期 t 时，u'（C_t）是非随机变量，在上述等式两边分别除以 u'（C_t），得到：

$$1 = E_t\left\{[1 + A_{t+1}F'(K_{t+1})]\frac{\beta u'(C_{t+1})}{u'(C_t)}\right\}$$

$$= E_t\{1 + A_{t+1}F'(K_{t+1})\}E_t\left\{\frac{\beta u'(C_{t+1})}{u'(C_t)}\right\} + \text{Covt}\left\{A_{t+1}F'(K_{t+1}),\frac{\beta u'(C_{t+1})}{u'(C_t)}\right\}$$

这里，Covt {.,.} 表示条件协方差。运用式（3.40），我们可以简化上述方程为：

$$E_t\{1 + A_{t+1}F'(K_{t+1})\} = r - \text{Covt}\left\{A_{t+1}F'(K_{t+1}),\frac{u'(C_{t+1})}{u'(C_t)}\right\} \tag{3.48}$$

这里假设（$1+r$）$\beta-1$。

由于方程式右边存在协方差项，该方程不同于式（3.27）中的必然等价观点。我们先前假定所有国内资本由国内居民所持有，这时协方差很可能是负数。

设想支配生产率振动的随机过程是：

$$A_{t+1} - \bar{A} = \rho(A_t - \bar{A}) + \xi_{t+1} \tag{3.49}$$

这里，$0 \leqslant \rho \leqslant 1$ 和 ξ_{t+1}是序列不相关振动，并且 $E_t\xi_{t+1} = 0$。当 $\rho > 0$ 时，正的生产率振动不仅直接提高了预期的未来产量，而且它还导致投资增加（归于提高了国内资本的收益率），因而进一步提高了预期的未来产量。

在时期 t，假定式（3.43）成立的条件下，未预期的生产率增加（$\xi_t > 0$）会通过两个渠道影响到 t 时期的经常项目：第一，它增加了投资，由于国内居民向海外借债来融资额外增加的投资，使经常项目恶化。第二，生产率上升影响到储蓄上升，ρ 数值的大小影响到 t 时期储蓄的上升。作为一般合理性的解释，生产率振动越持久，$CA_t = S_t - I_t$ 就越低。

如果 $\rho = 1$，经常项目必然下降。为什么呢？因为资本存量需要花费一个时期才能调整到新的、较高水平上去，以致预期未来产量上升高于 t 时期的当今产量。与此同时，当今投资上升但预期投资并不发生变化。当投资上升时，储蓄则会下降。

另一方面，如果 ρ 远远小于 1，尽管考虑到未来资本会增加，但未来产量上升小于当今产量上升的幅度。

第四章 外资流入与中国宏观经济

国际资本流动通常有三种重要的形式，分别是外国直接投资（FDI）、证券投资（Portfolio Investment）和其他投资。在本章中，我们将着重介绍分析外国直接投资的相关理论，并分析外国在华的直接投资及其对中国宏观经济的影响。

第一节 外国直接投资概述

一、外国直接投资的概念界定

人们在统计外国直接投资时通常使用的概念是国际货币基金组织（IMF）和经济合作发展组织（OECD）所使用的定义。

根据IMF的定义，外国直接投资是指“一国居民为在另一国开设企业获得持久利益而进行的投资，投资者的目的是为了在该国外企业的管理中拥有重大影响力和有效的发言权。”①

根据OECD的定义，“外国直接投资是一个国家的居民（直接投资者）对投资者所在国之外的另一个国家的居民（直接投资企业）进行的以获得持久利益为目的的活动。持久利益的含义是直接投资者和企业之间存在一种长期的关系，直接投资者对企业的管理有重大程度的影响”。② 1996年OECD对这个定义做了进一步澄清，“OECD建议直接投资企业应被定义为股份有限（incorporated）企业或非股份有限（unincorporated）企业，其中外国投资者拥有股份有限企业10%或更多普通股，或投票权，或在非股份有限企业拥有与之等价的权力……至少拥有10%的所有权，在管理中拥有有效发言权，即直接投资者能够影响或参与企业的管理；该定义并不要求外国投资者拥有绝对的控

---

① 国际货币基金组织：《国际收支手册》（Balance of Payments Manual），中文5版，83页，北京，中国金融出版社，1995。

② 经济合作组织：《对外国直接投资的基准定义》，第3版（Benchmark Definition of Foreign Direct Investment，3rd edition）（中文版），8页，1996。

制权”。

可见，在IMF和OECD的定义中，十分强调外国直接投资所追求的“持久利益”。而美国商务部在1937年和1950年对流入和流出美国的直接投资进行统计时，是根据“控制权”来确定一个企业是否属于外资（国）企业，只有当外国企业对美国企业拥有控制权时才被定义为外国直接投资。IMF和OECD的定义比“控制权”的定义所涵盖的范围更广。在实际的统计中，它一般包括投资者及其附属公司进行的投资，投资收入的再投资等。

外国直接投资可以采取到国外直接建立企业或分支企业的形式，也可以采用购买国外企业一定比例以上股票或利润再投资的形式。在后一种情况下，到底拥有多大比例的股份才算是直接投资，而非证券投资呢？各国的规定颇不一致，但对这一最低限度的规定多在10%～25%范围内。

根据我国国家统计局的规定，外国直接投资指外国企业和经济组织或个人(包括华侨、港澳台胞以及我国在境外注册的企业）按我国有关政策、法规，用现汇、实物、技术等在我国境内开设外商独资企业，与我国境内的企业或经济组织共同举办中外合资经营企业、中外合作经营企业或合作开发资源的投资(包括外商投资收益的再投资)，以及政府有关部门批准的项目投资企业从境外借入的资金。如果一个企业全部资本中25%或以上来自外国（包括港澳台）投资者，该企业就被称为外国（商）投资企业。一般将外国（商）投资企业划分成中外合资经营企业、中外合作经营企业、外商独资企业和合作开发等四类，从1995年开始又增加一个种类：外商投资股份有限公司。在我国的统计中，由于考虑到政治原因，将来自港澳台地区的直接投资与来自其他国家的投资区别开来，分别称为外商投资企业和港澳台投资企业。在有些研究或政府报告中，有时也将它们统称为外商投资企业。在本书中，我们也将它们统称为外商投资企业或外资企业。

二、外国直接投资的决定因素

外国直接投资在理论上可以分为两种类型：即市场导向型的外国直接投资和出口导向型的外国直接投资。就市场导向型的外国直接投资而言，其最重要的决定因素是所在投资国的市场大小和增长潜力；出口导向型的外国直接投资所追寻的是成本竞争力。当然，还有其他一些因素对以上两种类型的外国直接投资都有一定影响。总体来说，在中国的外国直接投资既有市场导向的因素，又有出口导向的因素。这可以从以下几个方面来理解：

1. 中国经济的大市场及增长潜力。市场导向型的外国直接投资主要着眼于设立企业以便为当地市场提供商品和服务。这一类型的外国直接投资还可能开拓出新的市场。决定市场导向型的外国直接投资在一国发展的因素，除了传统意义上的绕过关税壁垒的原因外，所在投资国的市场规模、市场增长前景和经济发展程度都是比较重要的因素。一般来说，所在投资国的市场规模越大，经济增长越快，经济发展程度越高，就越能提供好的市场机遇，从而吸引更多的市场导向型的外国直接投资。即使对出口导向型的外国直接投资来说，市场大小也非常重要，因为强大的市场能提供更大的规模经济和溢出效应。

目前，中国人口已经超过 13 亿，具有巨大的消费潜力。海外投资者普遍认为中国的市场是世界上所剩无几的具有很大发展潜力的市场。在过去的二十多年中，中国经济的规模得到迅速扩张，人民的购买力普遍增强，初步建立起社会主义市场经济。尽管中国的人均国内生产总值还很低，但是，其经济的高速增长和购买力的不断提高，使得中国在许多领域都对市场导向型的外国直接投资具有吸引力，比如在基础化工、饮料、家用电器、汽车、电子、IT 技术和制药行业等。

中国的经济增长率自 1996 年以后虽然有所减缓（主要是对 20 世纪 90 年代初期经济增长的调整结果），但在最近几年，经济增长率仍然保持在 8%左右。从经济发展水平、技术进步的潜力和改革开放的效应来看，中国经济还将在一定时期内保持较高增长。这样，对于国内外的投资者而言，中国将为其提供一个不断扩展的大市场。

2. 国际贸易的开放性及出口激励。中国政府一直持鼓励出口的政策，也吸引了大量出口导向型的外国直接投资。在中国的外商投资企业的出口占总出口的比重呈逐年上升趋势。在改革开放的过程中，中国日益融入国际大市场。在全球市场的资源配置中，中国与其他国家相比，具有一些低成本要素（如劳动力等），因此吸引了许多出口导向型的外国直接投资来中国投资生产，转而将产品出口到其他国家和地区。

3. 低成本的劳动力生产要素。中国吸引外国直接投资的重要因素之一可归结为竞争性生产要素的比较优势——便宜的劳动力资源。中国拥有世界上最多的人口，劳动力资源极其丰富，工人的平均工资水平较低。同时，中国非常重视国民教育，比如普及九年制义务教育。因此，中国的劳动力素质相对其他发展中国家而言还比较高，国内也培养出大量的技术骨干力量。通常认为，决定外国直接投资（特别是出口导向型的外国直接投资）的劳动力成本应该是效率工资率，即根据生产率调整过的工资率而不是“绝对工资”。有实证分析表明，按照效率工资率的标准，中国仍然具有相对优势。

4. 各类基础设施不断改善。影响外国直接投资选择投资地的一个重要因素即是当地的基础设施状况。所投资地区的交通运输体系（高速公路、铁路、水运、空运等）的发达程度将决定外国直接投资的流入多少。另一个重要因素是通讯服务，提供给投资者的通讯服务水平越高，就能大大节约时间并降低信息采集和信息交流的成本，从而更好地支持商务活动的开展。二十多年以来，中国的基础设施状况得到了很好的改善，尤其是东部沿海省份。随着中国经济的进一步发展和西部大开发战略的实施，基础设施还有继续改善的巨大空间，在吸引外国直接投资方面能发挥应有的作用。

5. 管理构架和法律法规的发展。中国政府一直致力于建立一个更为透明的法律构架和商务环境。同外国直接投资相关的法律体系一直处于不断完善的过程中。中国已经修改了一系列的法律、规章和条例，比如《中外合资企业法》和《合同法》等。同时，中国还在放松对外国直接投资的地域和行业的限制。另外，中国从 20 世纪 90 年代中期开始进行的国有企业的重组和改革，也鼓励外资的参与，以便进一步提高国企的管理技能、内部效率和国际竞争力。在国有企业的重组、并购浪潮中，相信也能给外国直接投资带来新的契机。

6. 投资保障和激励机制。自 1979 年中国对外开放以来，就没有一例没收外国投资的事例。事实上，除特殊情况外，《中外合资企业法》明令禁止民族化。对与外国直接投资出现的争端大多以协商和调解的方式解决。1999 年颁布的《合同法》也起到了保护外国直接投资的作用，对中外双方在中国市场中如何具体履行合同条款有一定影响。在激励机制上，中国政府一直对外国直接投资提供优惠政策。从 1980 年到 1993 年，中国采用了一系列的税收优惠政策，包括所得税减免、对进口设备和建筑材料免征关税。尽管到 1994 年对国内企业和外国直接投资企业采用统一税机制，一个 5 年期的税收返还机制对外国直接投资仍然具有激励的作用。

三、外国直接投资的理论依据和动机

关于外国直接投资，早期的理论研究基本上是经验性、归纳性的，发展到后来，逐渐引入了动态的随机模型和复杂的统计方法等。迄今为止，主要有两个方面的文献：一个方面与跨国公司有关，因为跨国公司是大部分外国直接投资的载体。这方面的文献主要探讨跨国公司对外投资的动机，即跨国公司在直

接投资、出口、技术转让三者之间的权衡。另一方面则将外国直接投资作为资本在国家之间流动的一种形式，探讨它对东道国（Host Country）和母国（Home Country）的影响。由于本章将要讨论外国直接投资对中国经济的影响，因而下面主要回顾一下第二个方面的有关文献。

从广义的角度来看，外国直接投资可以被视为生产要素在国家之间的流动，因而可以用国际要素流动的框架来对它进行分析。但外资又与其他生产要素（如劳动、技术等）不同，它与生产要素在国内的流动也不同，因而又有一些模型是专门针对外资的。

在20世纪五六十年代发展经济学兴盛的时候，外国直接投资对东道国经济的影响就成为人们研究的重要对象。MacDougall（1960）研究了外国直接投资对东道国资源配置和收入分配的影响，他的模型已经成为许多研究直接投资的出发点。后来Chenery等人（Chenery和Bruno，1962；Chenery和Strout，1966）提出了双缺口模型，他们认为一国经济增长受到该国国内储蓄制约。如果国内储蓄不足以支撑经济增长所需要的投资，就存在储蓄缺口。另一个缺口来自于本国不能获得足够的经济增长所需的外国资源（如设备、技术等）。如果投资中需要一定的外国资源，那么就存在一个外汇缺口。外国投资（或援助）可以软化这两个约束，在解决外汇缺口约束方面尤为有效。

这一时期，经济学家还探讨了外国直接投资可能产生的负面影响。Brecher和Choudhri（1982）扩展了Bhagwati（1958）提出的贫困化增长的模型，将贫困化增长归因于外国直接投资。Brecher和Findlay（1983）扩展了Johnson（1967）的贫困化增长模型，提出了外国直接投资如何导致贫困化增长的渠道。①

进入20世纪90年代以来，随着外国直接投资的蓬勃兴起，对它的研究也越来越多。经济学家对外国直接投资影响经济增长的途径做了许多分析，得出了许多有益的见解，具体来讲，主要有如下几个方面：

第一，许多研究表明，外国直接投资是东道国获得先进技术的主要渠道，在这些国家的技术进步中发挥了重要作用（Borenszten等，1998）。Findlay认为外国企业具有先进的技术、管理经验和营销技巧，会对东道国产生一种传染效应（Contagion Effect），使东道国受益。

第二，外国直接投资对东道国的经济升级非常重要（Lioyd，1996）。跨国

① Cardoso等（1989）和Helleiner（1989）对20世纪90年代以前的文献进行了综述。

公司在世界范围内寻求资源配置，通常有很强的出口导向倾向，是开发东道国的出口产品能力的主要力量，对于东道国的产业升级、改善出口商品结构有很大贡献。

第三，跨国公司经常将其产品出售到东道国和母国之外的第三国市场，还从本国和外国市场上购买资本品和其他中间投入品，因此，外国直接投资通常与进出口贸易联系在一起，东道国可以从这种投资带动的出口增长中获益。Aitken 等（1994）发现，外国直接投资是国内企业与国际市场联系的重要途径，外资进入后，降低了国内企业进入国际市场的成本。

第四，跨国公司进入东道国后，使东道国公司面临竞争的压力，外国公司会促使当地的企业管理者和政府采用市场经济的规则（Chen 等，1995）。当地公司为了应对，会想办法提高绩效，增加研究和开发（R&D）支出。因此，外国直接投资提高了东道国资本的边际生产率，并促使经济增长（Wang 和 Blomstrom，1992）。另外，Lahiri 和 Ono（1998）还发现外国公司较高的效率可以降低产品的价格，增加消费者剩余。外国直接投资还直接创造就业，或者通过使用本地的中间投入品而间接地创造就业（林毅夫等，2000）。

然而，实证研究表明，外国直接投资对东道国经济增长的影响依赖于东道国的条件，如人力资本状况、国家的区位和基础设施等。如果不具备这些条件，外国直接投资可能只会提高投资的私人收益，而对东道国只有轻微的积极影响（Balasubramanyam 等，1996），甚至还会窒息东道国的经济增长。Borensztein 等（1998）发现外国直接投资对经济增长的贡献取决于它与东道国人力资本的交互作用。他们认为，为了保证外国直接投资比本地投资的生产力更高，需要一个最小人力资本存量。Ba1asubramanyam 等（1996，1999）还观察到外国直接投资可以使当地已有的人力资本更有效率，因此，有效地利用这种人力资本要求东道国有充足的市场潜力可以容纳外国企业生产的产品。Ba1asubramanyam 等（1997）还验证了 Bhagwati（1978）提出的一个假设：采取出口导向策略的国家不仅比采取进口替代策略的国家能吸引到更多的外资，还能更有效地利用外资来促进经济增长。Mello（1999）研究了 1970—1990 年间外国直接投资对 OECD 国家和非 OECD 国家的资本积累、产出和全要素生产率的影响。他的研究表明，尽管人们通常认为外国直接投资会提高东道国的技术水平，产生知识外溢，进而对东道国的长期经济增长产生有利的影响，但这取决于外国直接投资与国内投资的互补性或互替性。

另外，经济学家还发现，如果外国企业从事的是劳动密集型的出口加工项目，就不会产生足够的关联效应（Rueber 等，1973）。由于外国企业拥有先进的技术，还通常获得东道国政府税收和进出口方面的优惠待遇，它们会利用（或创造）专利、商标、在产品市场上的垄断力量，设置进入壁垒，从而窒息当地的企业家精神，挤出当地的投资（Papanek，1973）。

总之，理论和实证都表明，外国直接投资可能促进，也可能妨碍东道国的经济增长。一方面，这些作者承认外国直接投资在促进经济增长方面比本国投资更有效，但他们同时也认为，外国直接投资并不能自动实现技术外溢，需要通过适当的政策来“催化”。

对于外国直接投资对中国经济的影响，已有一些学者进行了实证研究。Wei（1993，1996）用中国城市的数据研究了开放政策对经济增长的影响。他发现 1980—1990 年间，出口与工业增长有很强的相关性。20 世纪 80 年代末，外国直接投资取代出口成为各城市经济增长的主要来源。外国直接投资的贡献主要是以技术和管理外溢表现出来的，而不是作为生产资源的资本注入。沿海城市的快速增长几乎全部来源于它们能吸引到更多的外国直接投资。在这篇文章中，由于不能得到资本存量的数据，Wei 没有将资本纳入模型，在之后的一篇文章中（Wei，1996），他将资本纳入模型进行了检验，得出了基本类似的结论。

Chen 等人（1995）研究了外国直接投资对中国经济发展的影响，他们用一个简单的回归模型验证了自 1978 年以来外资对中国经济的影响。他们的结论是外国直接投资促进了中国经济的发展，而且并没有“挤出”国内储蓄。

孙婉洁、臧旭恒（1995）估计了外资流入给中国带来的通货膨胀压力。外资流入后，一方面，中央银行的外汇储备增加，引起中央银行以本币占款形式投放的基础货币增加，导致国内货币供给总量增加，国内总需求膨胀，通货膨胀压力增大。此时，中央银行需要减少国内信贷，但这样一来中央银行调控经济的能力就受到限制。另一方面，对于进入东道国的外资，东道国还必须要有一定的配套资金。这也会加大需求拉动的通货膨胀的压力。他们的计算表明，每吸收 1 美元的外资，国内必须配套 18.1 元人民币，其中需要从国内银行贷款 8.5 元。

姚洋（1998）曾用第三次工业普查的资料研究了非国有经济成分对我国工业企业技术效率的影响。他发现三资企业的技术效率明显高于国有企业的技术效率，其他国家在中国的三资企业对中国同行业的其他企业有正的外部性，而港、澳、台的三资企业对内地同行业的其他企业却有负的外部性。

张帆和郑京平（1999）也运用第三次工业普查的资料考察了跨国公司对中国经济结构和效率的影响，他们重点研究了跨国公司对中国配置效率（或结构效率）的影响。

Dayal Gulati 和 Husain（2000）运用由 Mankiw – Romer – Weil 改进的索洛增长模型测试了在外国直接投资流入后，中国分地区的收入增长收敛于稳定状态。中国的经济增长同外国直接投资所传递的技术转移有关。其实证结果还表明：中国的沿海地区比内陆更加受益于外国直接投资。

Graham 和 Wada（2001）研究了外国直接投资对中国的全要素生产力（TFP）增长的影响。他们的结论是，外国直接投资大量流入的地区，其全要素生产力增长加速，中国的东西部之间存在着由于吸引外资不同而导致的全要素生产力增长不同。最近几年，研究中国的外国直接投资的文献日益增多。对此，可参阅 Prasad 和 Wei（2005）的有关综述。

第二节 在中国的外国直接投资

一、中国对外国直接投资政策的演变过程

我国自 1978 年实行改革开放政策以来，吸收利用外国直接投资大体经历了四个阶段。对于外国直接投资发展阶段的认识可以清晰地勾勒出我国改革开放的进程。本章后面的分析也将借助于对外国直接投资演变过程的阶段性划分来作为数据样本归类及分析比较的基础。

（一）第一阶段：从 1979 年到 1985 年，起步阶段

1979 年 7 月，五届人大二次会议通过并颁布了《中华人民共和国中外合资经营企业法》，并于 7 月 8 日起实施。这部法律允许外国投资者与国内企业组建合资企业，标志着我国对外开放的开始，也为外国直接投资奠定了一个基本的法律框架。在随后的几年里，又通过了一些相关的法律和法规（主要是税收和管理方面的）。

就在同一年，我国政府在深圳、珠海、汕头、厦门四个地区成立了经济特区，其目的主要是为了吸引外资，增加出口。在经济特区内实行特殊政策，给予外资企业在税收、信贷和原料供应方面的优惠待遇。具体来说，特区内的外商投资企业仅缴纳 15%的公司所得税（国内企业为 33%），在设立之初的两年内可暂不缴纳公司所得税，在设立两年后只按规定税率的一半缴纳。

虽然通过了《合资企业法》，建立了经济特区，但外资增长速度很慢，主要是由于法律框架还很不健全，基础设施也很不完善；另一方面，中国经历了数十年的闭关锁国，与世界其他国家，尤其是外资主要来源地的美国、西欧的经济往来很少，这些国家对中国不了解，对计划经济国家抱严重的怀疑态度。从1979—1982年间，只有922个外商投资项目，合同外资金额为60.1亿美元，实际投资额为11.7亿美元，平均每年只有几亿美元。

1984年，邓小平同志在视察了经济特区后，充分肯定了对外资开放所取得的成绩。同年4月，上海、天津、大连、青岛和广州等14个城市被确定为第一批开放城市，对外资开放。在对待外资方面，允许这些城市采取与经济特区相同的特殊政策。这些城市很快建立了各自的经济技术开发区，区内实行与经济特区同样的政策。

1985年，长江三角洲、珠江三角洲和闽南三角洲成为沿海经济开发区，中央政府允许这些地区的地方政府在外资和外贸方面有更大的管理权，实行与沿海开放城市相同的政策。

这一阶段累计吸收外资217.9亿美元，外国直接投资的数量也很有限，但中国政府毕竟迈出了可喜的一步。同时，也向世界表明中国对外开放的态度，为日后进一步吸引外资奠定了基础。

（二）第二阶段：从1986年到1991年，法律体系逐步完善阶段

在中国吸引外资的过程中，也出现了或多或少的问题，比如外资企业无法利用本地的资源和其他物资供应、地方官僚主义和乱收费现象等。在这种情况下，中国政府决定进一步改善投资环境，以吸引更多的、高质量的外国投资。1986年10月，国务院颁布了《关于鼓励外商投资的规定》，这些规定要求减少所有在中国的外资企业的公司所得税，给予更大的管理自主权；另外还对出口导向的外资企业和高技术的外资企业给予更为优惠的待遇。

同时，我国政府针对第一阶段出现的问题采取了一些措施，包括1986年4月颁布了《外商独资企业法》，取消对外资所有权的限制。1988年又颁布了《独资企业法》的实施细则。1988年4月，期待已久的《合作企业法》也出台了。事实上，在这之前，中国已有5 000余家合作企业。1990年春，中国政府又对1979年颁布的《合资企业法》进行修改，放松了对外资企业的限制，包括取消外国人不能担任企业经理的规定，不再规定合资企业的期限。这些法律都向外国人保证，除非发生特殊情况，否则中国政府不会国有化或没收外资企业，如果确有必要，也会给予外商适当的补偿。

1988年，中国政府开放辽东半岛、山东半岛，将海南从广东独立出来作为中国的第31个省和第5个特区，进而于1990年4月决定开发和开放上海浦东新区。同年9月，上海市政府颁布了鼓励开发浦东新区的地方性法规，为外资提供了更为广阔的投资空间，包括合资银行、合作银行、合营金融公司、房地产行业、商业零售和咨询业。

外资对这些政策做出了积极的回应，外国直接投资又开始增加。1987—1989年,尽管中国发生了严重的通货膨胀和宏观经济不稳定，但外资仍然继续增加。1986—1991年间，外国直接投资合同金额累计达到332亿美元，平均每年66亿美元，外商实际投资167亿美元，平均每年33亿美元。与第一阶段相比，这两个数字分别上升了142%和255.3%。

在这一阶段，中国对外国直接投资的法律环境基本上已经比较完善，尤其是中国政府和中国经济经受了考验，这就为1992年开始的外资高速增长时期的到来奠定了基础。

（三）第三阶段：从1992年至1997年，高速发展阶段

在1992年邓小平同志南巡讲话和党的十四大以后，中国政府进一步敞开开放的大门，继续采取吸引高质量外资的措施，向外资进一步开放了新的投资领域，包括商业零售、金融服务业、公路、铁路和通讯业，以及煤炭、石油和其他采矿业。

1994年7月1日，中国政府颁布了新的《公司法》。尽管该法的主要目的是为社会主义市场经济体制下的国有企业构建法律基础，但从长期来看，它为国内企业和外资企业提供了平等的竞争环境。1995年6月，国务院又发布了《指导外商投资方向暂行规定》和《外商投资产业指导目录》。1996年4月取消了对外资企业进口设备免征进口税的优惠待遇。同时中央政府下放了外商投资的审批权限，投资金额低于3 000万美元的项目由地方政府自行审批（在此之前，地方政府只能审批投资金额低于1 000万美元的项目）。

在这一阶段，外国投资者在中国的投资非常活跃，大型跨国公司的投资不断增加。据统计，被美国《财富》杂志列为全球最大的500家企业中，已有300多家来华投资，其中包括著名的美国通用汽车公司、埃克森石油公司、福特公司、日本松下电器公司、三菱重工、德国大众汽车公司、荷兰菲利浦公司等。

在这一时期，外国直接投资成为中国利用外资的主要形式。1993年，外国直接投资占全部利用外资的比重为69%，1994年为78.2%，1995年为78%，

1996年为76.1%，1997年由于受到东南亚金融危机等的影响，该比例有所下降，为70.3%。

（四）1998年以后，结构调整和稳步发展吸引外商投资阶段

1997年年底，中国政府召开了有关吸引外资问题的全国性会议，总结了中国近20年吸引外资的经验教训，同时提出了进一步改革开放和提高利用外资水平的一系列政策，主要包括：

1. 进一步鼓励外资在农业、高新技术、基础设施、环境保护和出口等行业的投资；

2. 扩大外商投资领域。进一步开放竞争性行业，扩大引进外资的产业规模，比如石油化工、建筑业等。在已开放的商业零售、金融保险、矿产、旅游、外贸、通讯等行业的试点基础上，认真分析发展过程中出现的问题，进一步解决好合资合作的问题；

3. 逐步实现对外商投资企业的国民待遇；

4. 鼓励外国投资者到中国的中西部投资。

二、外国直接投资在中国的发展状况

（一）外国直接投资在中国的规模

在中国的外国直接投资规模从改革开放以来发生了很大的变化。在改革开放初期，外国直接投资的流入显得十分缓慢，到1984年止，累计总额达到41亿美元。到了20世纪80年代中后期，伴随着中国吸引外商投资政策的不断完善，外资流入稳步增长，仅在1985—1988年三年间，就从19.56亿美元增加到31.94亿美元。就外国直接投资占利用外资的比重来看，从1984年到1991年保持在30%左右；1992年以后，这个比例迅速上升，达到70%左右，1994年、1995年、1996年、1998年和1999年接近80%；2001—2004年，这一比例又迅速上升，达到95%左右，见表4－1。

表4－1　在中国的外国直接投资（1979—2004年）

单位：亿美元，%

年　份	实际利用外资（亿美元）(a)	外国直接投资	
		数额（亿美元）(b)	比重（%）(d=b/a)
1979—1984	181.87	41.04	22.57

续表

年 份	实际利用外资（亿美元）(a)	外国直接投资	
		数额（亿美元）(b)	比重（%）(d = b/a)
1985	47.60	19.56	41.09
1986	72.58	18.74	25.82
1987	84.52	23.14	27.38
1988	102.26	31.94	31.23
1989	100.60	33.93	33.73
1990	102.89	34.87	33.89
1991	115.54	43.66	37.79
1992	192.02	110.07	57.32
1993	389.60	275.15	70.62
1994	432.13	337.67	78.14
1995	481.33	375.21	77.95
1996	548.05	417.26	76.14
1997	644.08	452.57	70.27
1998	585.57	454.63	77.64
1999	526.59	403.19	76.57
2000	593.56	407.15	68.59
2001	496.72	468.78	94.38
2002	550.11	527.43	95.88
2003	561.40	535.05	95.31
2004	640.72	606.30	94.63

资料来源：《中国统计年鉴 2005》。

（二）外商投资的来源地分布

流入中国的外国直接投资的飞速发展也伴随着投资来源地分布格局的变化。在开放初期，中国的外国直接投资主要来源于三个国家和地区：从 1979 年到 1991 年，香港地区占流入中国外国直接投资总额的 62%，日本占 14%，美国占 10%。但随着改革开放的不断深入，这种结构有所改变，越来越多的大型跨国公司来中国投资，外商投资的来源地也呈多样化的发展趋势，见表 4－2。

从 1992 年到 2000 年，东亚地区对中国的外国直接投资的比例最大，占到 80%左右，这种状况主要是由于香港地区就占了总额的 50%以上，台湾地区以 9%位居第二。中国的外国直接投资主要来源于港澳台地区，这与中国大陆与这些地区地理位置邻近、具有相同文化渊源有很大关系。事实上，由于香港地区在中国对外经济联系中的特殊作用，很难清晰地划分出外国直接投资来源地的分布格局。一方面，由于“Round Tripping”[①] 的原因，国内企业为了利用政府对外资的种种优惠政策，先在其他国家或地区，如香港注册一个公司，然后假借外资的名义回国投资。有估计表明这种投资占中国的外国直接投资 1/4（Harold and Lall，1993；Broadman and Sun，1996）。另一方面，正如香港地区在国际贸易中作为中国与世界的中介一样，世界上其他一些国家、地区流入中国的资本也可能是通过香港地区流入中国的。比如台湾的公司由于台湾当局不允许直接投资大陆，就在香港注册一个公司再同大陆进行商业投资活动；许多西方国家的公司也是通过香港的中介投资到中国大陆。所以，无法精确地统计出来自香港地区的外国直接投资中有多少是真正的香港本地投资，有多少是其他国家和地区的投资。

表 4-2　　外国直接投资的主要来源地　　单位：%

年份	港澳地区	台湾省	美国	日本	西欧	韩国	亚洲 5 国
1987	69.06	0.00	11.37	9.51	2.42	0.00	1.60
1988	65.67	0.00	7.40	16.14	5.80	0.00	1.22
1989	61.26	0.00	8.37	10.50	6.40	0.00	2.95
1990	54.86	6.37	13.08	14.43	4.33	0.00	1.75
1991	60.97	10.81	7.58	13.97	6.50	0.00	2.02
1992	65.49	9.57	4.72	6.80	1.14	2.79	1.73
1993	65.54	11.41	7.52	4.95	2.75	1.38	2.45
1994	60.21	10.04	7.38	6.18	4.84	2.15	5.54
1995	54.97	8.44	8.22	8.56	5.95	2.79	7.00
1996	51.42	8.34	8.25	8.85	7.86	3.60	7.63
1997	46.46	7.27	7.16	9.56	9.71	4.73	7.55
1998	41.64	6.41	8.57	7.48	9.31	3.97	9.23
1999	41.35	6.45	10.46	7.37	11.55	3.16	8.12

① 许多外资其实是国内资本，却选择在国外注册一个公司，将资金转移到国外再从国外转回，在一些文献中，这种直接投资被称为 round tripping fund。

续表

年份	港澳地区	台湾省	美国	日本	西欧	韩国	亚洲 5 国
2000	38.92	5.64	9.29	7.16	11.36	3.66	6.97
2001	36.35	6.36	9.46	9.28	9.31	4.59	6.34
2002	34.75	7.53	10.28	7.94	7.44	5.16	6.07
2003	33.86	6.31	7.85	9.45	7.39	8.39	5.33
2004	32.24	5.14	6.50	8.99	7.28	10.30	4.80

注：西欧包括以下 17 个国家：英国、法国、德国、意大利、西班牙、荷兰、比利时、瑞士、奥地利、葡萄牙、挪威、瑞典、芬兰、冰岛、丹麦、爱尔兰、希腊。亚洲 5 国包括：新加坡、泰国、马来西亚、印度尼西亚、菲律宾。

资料来源：根据历年《中国统计年鉴》及《中国对外经济贸易年鉴》的数据整理。

（三）外国直接投资的行业分布

过去 20 年间，外国直接投资在中国的行业分布发生了比较大的变化。改革开放初期，外国直接投资主要集中于同旅游相关的房地产和其他服务业上（包括旅馆、餐馆和出租车公司等），主要是由于这类投资具有获利快的特点。到了 1986 年，中国政府采取了相应的措施来改变外国直接投资的部门结构，鼓励投资于出口导向和高技术企业。1988—1991 年，外国直接投资逐渐向工业部门转移。1992 年以后，又掀起了一股外资房地产热，在 1993 年，房地产投资占到了整个外国直接投资的 33%。与此同时，投资于工业部门的外国直接投资也迅速增长，到 2000 年，工业领域的外资已占 71.2%。

为了理解的方便，将外国直接投资划分为三种类型：基础产业部门的投资、第二产业部门的投资、第三产业部门的投资。基础产业部门包括了农业和采掘业；第二产业部门包括制造业，电力、煤气及水的生产和供应业，建筑业；第三产业部门包括交通运输、仓储及邮电通讯业，批发和零售贸易餐饮业，房地产业，社会服务业、卫生和教育等行业。从 1984 年到 2004 年，基础产业部门的外国直接投资占总投资额的比例从 40.9%下降到 1.8%，而对第二产业部门的投资比例从 27.0%上升到 75.0%。从 1993 年以后，对第三产业部门的投资比例呈逐渐降低的趋势。总体来看，目前占主导地位的外国直接投资还是集中在第二产业部门，见表 4-3。

表 4-3 中国分产业部门的外国直接投资 单位：%

年份	1984	1988	1993	1997	1998	1999	2000	2001	2002	2003	2004
基础产业部门	40.9	12.3	3.1	3.5	2.6	3.1	3.1	3.6	1.9	1.9	1.8
第二产业部门	27.0	47.6	51.2	69.9	67.6	67.5	71.2	72.5	73.5	74.2	75.0
第三产业部门	32.1	40.1	47.3	26.6	29.8	29.4	25.7	23.9	24.6	23.9	23.2

注："科学研究、技术服务和地质勘查业"和"水利、环境和公共设施管理业"归入第三产业部门。

资料来源：根据历年《中国统计年鉴》及《中国商务年鉴》进行整理。

(四) 外商投资的地区分布

外国直接投资在中国的地区分布很不平衡：东部由于较好的地理、人文环境，以及改革开放以来政府一直给予较多的优惠政策，因此一直是外商投资的主要地区。而中西部地区得到的外国直接投资一直就比较少。在 1979 年至 1998 年期间，东部地区的外国直接投资占了全国总量的 87.7%，以省份来说，中西部地区仅占 12.3%，广东和福建两省分别占 27.5%和 10.2%。见图 4-1。

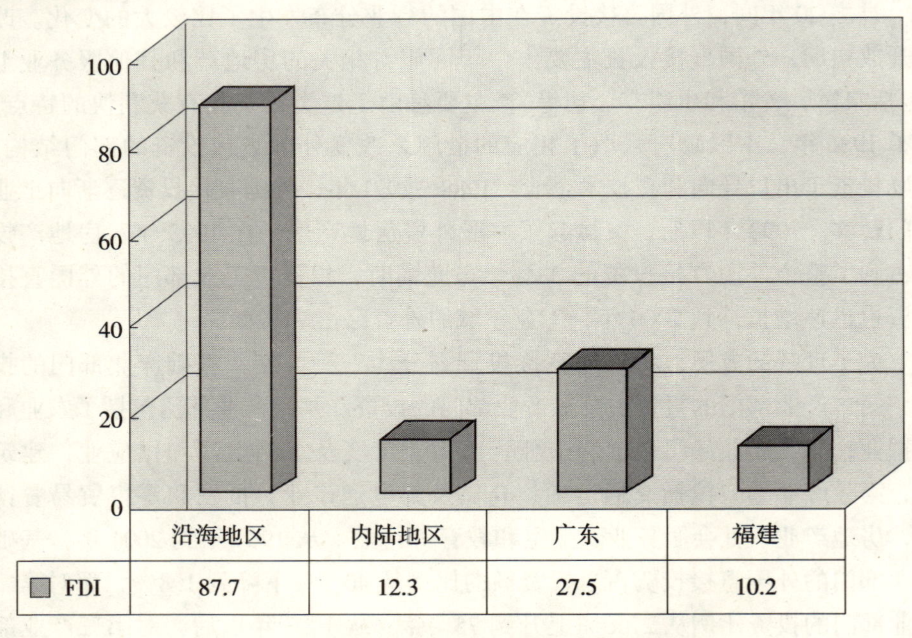

图 4-1 1979—1998 年外国直接投资的地区结构

这一不平衡分布的原因主要是：中国政府的外资政策和各地外资投资环境的差异。改革开放一开始实施，政府就选择沿海作为建立经济特区的试点，后来外资优惠政策又扩展到14个沿海开放城市，仍然集中在沿海省份。一直到了20世纪90年代初期，内陆的城市和其他一些地区才相继开放。就投资环境而言，东部地区地理位置优越，交通联络方便，拥有较完善的基础设施，更能吸引外资。

（五）外国直接投资的形式

在过去的几十年里，外资进入中国的方式发生了很大的变化。在20世纪80年代和90年代初，来华投资的绝大多数企业采取合资经营的形式，独资企业的比例非常小，1985年只有46家，占全部外资企业数量的1.5%。1990年达到1 860家，占全部外资企业数量的25.6%。90年代以后，这个比例逐渐上升，到1997年，外商独资企业的数量超过了合资经营企业的数量，成为当年新建外资企业的主要形式，见表4－4。

表4－4　中国外资企业的构成情况　单位：个

年份	总计	合资经营企业	合作经营企业	外商独资企业	外商投资股份制企业	合作开发
1985	3 073	1 412	1 611	46		4
1990	7 273	4 091	1 317	1 860		5
1991	12 978	8 395	1 778	2 795		10
1992	48 764	34 354	5 711	8 692		7
1993	83 437	54 003	10 445	18 975		14
1994	47 549	27 890	6 634	13 007		18
1995	37 011	20 455	4 787	11 761		8
1996	24 556	12 628	2 849	9 062		17
1997	21 001	9 001	2 373	9 602	6	19
1998	19 799	8 107	2 003	9 673	9	7
1999	16 915	7 050	1 656	8 201	3	5
2000	22 347	8 378	1 757	12 196	8	8
2001	26 140	8 894	1 589	15 643	11	3
2002	34 171	10 380	1 595	22 173	19	4
2003*	41 081	12 521	1 547	26 943	37	8
2004	43 664	11 570	1 343	30 708	43	0

注：*表示2003年还有25个企业没有列入上述分类中。

资料来源：历年《中国对外经济贸易年鉴》、《中国商务年鉴》及《中国统计年鉴》。

第三节 外国直接投资对中国宏观经济的影响

在前两节中，我们分析了中国吸引外国直接投资所具备的客观条件，并指出我国政府也人为地营造了许多优惠条件来吸引外国直接投资，外国直接投资的年规模突破了600亿美元。那么外国直接投资究竟对我国宏观经济有何积极的影响呢？在这一节里，我们将从外国直接投资对中国经济增长、技术进步、投资储蓄关系、国内消费、对外贸易、就业与工资等六个方面的影响进行分析。

一、外国直接投资对中国经济增长的贡献

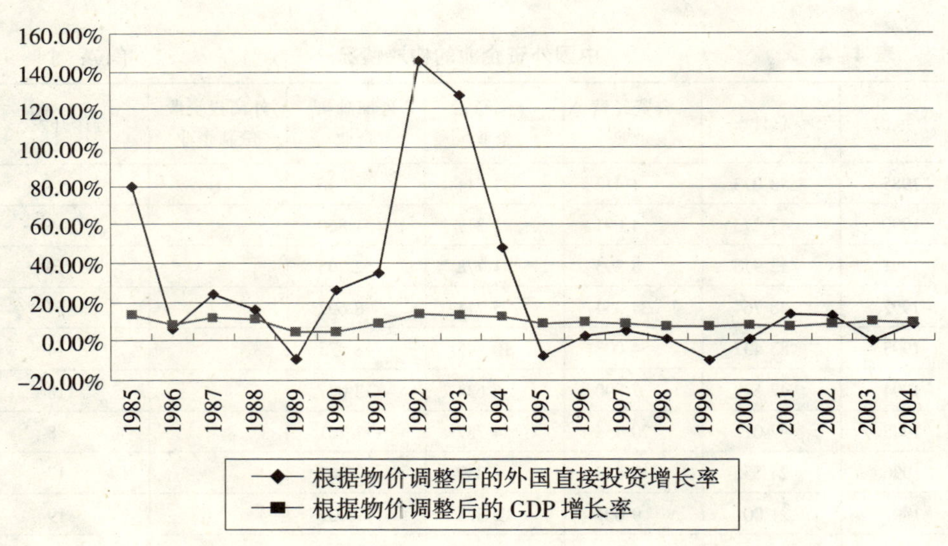

资料来源：根据《中国统计年鉴2005》数据计算整理，均采用人民币计价数据。

图4－2 中国的外国直接投资（FDI）与GDP增长率

在中国改革开放后经济快速增长的二十几年里，进入中国的外国直接投资也越来越多，经济增长与外资的流入有很高的相关性。从图4－2中我们可以看出，在大多数年份里，外资的变化方向与GDP的变化方向非常一致。1985年、1986年、1989年以及1995年以后，在这些外资增长速度趋缓的年份，经

济增长也放慢。同样，1987 年、1988 年、1990 年、1991 年、1992 年，外资增长加快，经济增长的速度也很快。

毋庸置疑，我国在过去 20 年中令人瞩目的经济增长，很大程度上归功于对外开放的政策，尤其是外国直接投资的进入。但是针对外国直接投资的表现以及外国直接投资对我国经济增长的贡献等问题，客观的、实证的学术评价还不多。本节将使用经验分析方法，力求对外国直接投资对经济增长的贡献做一个比较客观的评价。

（一）理论描述

经济增长一直是经济学研究的焦点之一，理论流派众多，有关经济增长的理论主要分为三类：早期的后凯恩斯增长理论，主要强调投资和储蓄对经济增长的促进作用（哈罗德—多马模型）；新古典增长理论，主要强调技术进步的作用（索洛模型）；内生增长理论，强调研发（R&D）、人力资本积累和外部性的作用（罗默—卢卡斯类型的模型）。

哈罗德—多马模型假定生产技术固定不变，而强调投资作为需求因素对经济增长的决定作用，正是人们的意愿储蓄与厂商的意愿投资的不一致，才导致经济在繁荣阶段的累积性扩张、在衰退阶段的累积性紧缩。

新古典增长理论认为：首先，外国直接投资作为资本形成的一种来源，可以直接影响经济增长。资本形成是指一个经济体资本存量的净增加，包括新建工厂、购置机器以及日益增加的基础设施等。作为私人投资的一部分，外国直接投资自身的增加会引起总投资的增加，而总投资的增加可以直接对经济增长产生贡献。其次，外国直接投资可以间接影响经济增长，它可以通过影响就业、出口、消费和储蓄等宏观变量来影响经济增长。

另外，外国直接投资不仅影响投资水平，而且影响投资质量。根据传统的垄断优势理论，跨国公司在同当地公司竞争的时候，面临着一些不利因素，比如地理以及文化方面的差异。为了克服这些缺点，跨国公司必须拥有某种所有权优势来同当地企业竞争。这些优势就被解释为更为有效的技术、广阔的市场渠道、管理技能以及资本实力。因此，外国直接投资的流入可以对东道国技术、设备以及基础设施的改善起到积极的促进作用。

内生增长理论认为：外国直接投资产生的许多外部性会使国内公司受益。它极有可能充当一种传播新思想、新技术以及最新工作经验的工具。在外资流入东道国这一过程中，国内公司可以通过各种渠道获益。例如，国外公司演示它们的新技术，为它们的当地供应商或者客户提供技术帮助、培训员工等，而这些工人很有可能在今后被国内公司聘用；国外公司带来的竞争压力可以使国内公司更加有效地运转，激励它们引进新技术；国外公司可以通过其良好的国际网络使国内企业融入到国际市场，比如转包合同就可以使国内公司借机进入国际市场，因此即使国内企业不是跨国系统中的一员，仍然可以利用进入国际市场的这种渠道。这些都被称为外国直接投资的外部性或者溢出效应，这也正是内生增长理论的核心内容。内生增长理论的出现，使外国直接投资的作用得到了全新的评价。

（二）模型方法

在研究投入要素与经济增长之间的关系时，目前比较常用的方法是新古典主义的增长模型——索洛—斯旺模型。本文拟采用新古典增长模型，把外国直接投资作为独立的投入要素引入到扩展的增长方程当中，然后通过估计来检验外国直接投资与经济增长的关系，测定出外国直接投资对中国经济增长的贡献。

新古典增长理论模型中的生产函数是一个产出量和资本、劳动力以及技术进步相关的函数形式，即：

$$Y = AF(K, L) \tag{4.1}$$

式中，Y 是总产出；K、L 分别是物质资本存量、劳动力投入量；A 为技术因子。为了本文研究的目的，将资本存量 K 分解为国内投资形成的资本存量 D 和外国投资形成的资本存量 F，这样可以得到如下方程：

$$Y = AF(D, F, L) \tag{4.2}$$

对上式两边取对数，可得用于估计的线性方程：

$$\ln Y = \alpha \ln D + \beta \ln F + \gamma \ln L + \varepsilon \tag{4.3}$$

式中，α、β、γ 分别代表国内投资、国外投资、劳动力的产出弹性。在样本区间内，可以选取适当的方法估计出式（4.3）右边的各个投入要素的产出弹性，然后计算出各投入要素在给定时期的平均增长率，再通过如下方法计算出各投入要素对经济增长的贡献率：

$$\text{要素对经济增长的贡献率} = \frac{\text{产出弹性} \times \text{要素的平均增长率}}{\text{GDP 的平均增长率}}$$

由于在这部分没有专门针对全要素生产力来测定技术进步对经济增长的贡献，所以就用 1 减去上述各要素对经济增长的贡献率，简单得出技术进步对经济增长的贡献率。

上述方程在研究经济增长与政策分析当中运用极为广泛。然而这种方法有其自身的局限性，尤其是它不能量化投入要素在质量方面的提升。在分析外国直接投资与经济增长关系时同样遇到这一问题，因此这一模型从本质上讲很难对外国直接投资对经济增长的贡献进行数量上的准确衡量，尤其是间接效应的衡量。因此，通过增长方程估计的外国直接投资对经济增长的贡献只能作为外国直接投资对经济真实贡献的一部分，或者仅为“资本部分”对经济增长的贡献。值得注意的是，有时外国直接投资的间接贡献甚至比直接贡献还要大，因为间接效应比直接效应拥有更大的潜在影响：外国直接投资可以通过影响宏观经济变量比如就业、出口、消费以及储蓄来影响东道国产业结构的升级。在此过程中，外国直接投资可以促进技术进步以及生产率的提高，它不仅仅刺激经济的增长，而且直接提高东道国的生活水平。因此，外国直接投资的真正贡献是动态的，有可能比增长方程的估计结果大得多。

尽管如此，该方法仍然可以提供一些有用的政策建议，增长方程仍是一种有意义的量化 FDI 对经济增长的方法。

（三）样本数据选取

由于中国比较系统的外国直接投资的年度统计数据是从 1984 年开始的（《中国统计年鉴 2005》和 IMF《国际金融统计》一致），所以本文选取了 1984—2004 年作为样本区间，在现有条件下最大化了样本数。由于所选数据是时间序列数据，而非横截面数据，所以要剔除价格因素的影响，消费者物价指数主要来自《中国统计年鉴 2005》，不足部分由《新中国五十年统计资料汇编》补齐，1978 年值 = 100。

总产出 Y 为可比价格计算的实际 GDP。对于资本存量，由于我国长期以来采用与西方国家不同的国民经济核算体系，因而很难找到西方经济意义上的资本存量（李京文，1992）。在实践中，一般采用全社会固定资产投资总额来代表资本存量。D 和 F 分别为可比价格计算的实际资本存量中的国内投资部分和外国投资部分。由于中国的外国投资主要是外国直接投资，所以 F 就取自历年外国直接投资（通过各年的平均汇价换算为人民币，并由物价指数转换为实际的可比价格），D 则用当年的全社会固定资产投资减去外国直接投资。劳动力 L 为我国三次产业年底的从业人数。原始数据来自《中国统计年鉴 2005》。详细数据请参见表 4－5。

表 4-5　　样本数据

年份	国内生产总值 Y（1978 年价格）（亿元）	固定资产存量国内投资部分 D（1978 年价格）（亿元）	固定资产存量外国直接投资部分 F（1978 年价格）（亿元）	劳动力 L（万人）
1984	5 980.4055	1 504.1719	24.4134	48 197
1985	6 839.8372	1 896.6273	43.8266	49 873
1986	7 309.1818	2 116.9226	46.4296	51 282
1987	7 985.4659	2 372.9304	57.4949	52 783
1988	8 417.8902	2 459.6109	66.7956	54 334
1989	8 053.5079	1 909.8719	60.8447	55 329
1990	8 566.6148	1 977.9342	77.0344	64 749
1991	9 657.1320	2 357.0735	103.8249	65 491
1992	11 185.9495	3 043.5965	254.8899	66 152
1993	12 680.4449	3 980.6580	580.4564	66 808
1994	13 796.3736	4 169.8462	858.6778	67 455
1995	14 735.3997	4 254.9298	789.5535	68 065
1996	15 796.2640	4 524.5660	807.2543	68 950
1997	16 854.0385	4 796.0571	849.1719	69 820
1998	17 876.0130	5 622.6170	858.8147	70 637
1999	18 992.2665	6 137.0463	772.0054	71 394
2000	20 623.6134	6 811.0266	776.9577	72 085
2001	22 277.5855	7 630.7779	888.2419	73 025
2002	24 272.9779	9 031.9195	1 007.5334	73 740
2003	26 768.8950	11 661.1737	1 009.8711	74 432
2004	30 036.3278	14 364.4957	1 101.2093	75 200

注：在价格调整中，1978—1984 年的价格指数采用的是中经网统计数据库的城市居民消费价格指数。

资料来源：《中国统计年鉴 2005》。

（四）经济计量分析

假定式（4.3）满足新古典增长模型，使用上述数据进行回归分析，采用 OLS 方法估计结果如下：

$$\ln Y = 0.549\ln D + 0.062\ln F + 0.414\ln L$$
$$(0.03)\qquad (0.01)\qquad (0.02)$$

样本区间：1984—2004 年，$R^2 = 0.99$

该结果说明将外国直接投资（模型中体现为 F）作为 GDP 的解释变量是合理的，各个参数的估计结果在统计上也比较显著。模型中，外国直接投资部分的资本存量的产出弹性为 0.06，表明外国直接投资每增长 1%，将拉动经济增长 0.06%。

首先，根据 D 和 F 的产出弹性，可以计算出各年份两种投入要素边际产出之比，即$\left[\frac{\partial Y}{\partial F}\right]\Big/\left[\frac{\partial Y}{\partial F}\right] = \left[\frac{\bar{\beta}}{\alpha}\right]\left[\frac{D}{F}\right]$，其中 $\bar{\alpha}$、$\bar{\beta}$ 分别为估计的 D 和 F 的产出弹性。结果如表 4－6。

表 4－6　资本存量中外国投资部分与国内投资部分的边际产出之比

年份	1984	1985	1986	1987	1988	1989	1990	1991	1992
比值	6.96	4.89	5.15	4.66	4.16	3.54	2.90	2.56	1.35
年份	1993	1994	1995	1996	1997	1998	1999	2000	2001
比值	0.77	0.55	0.61	0.63	0.64	0.74	0.90	0.99	0.97
年份	2002	2003	2004						平均
比值	1.01	1.30	1.47						2.23

从计算结果可以得到如下结论：1984—2004 年间，虽然外国直接投资的产出弹性大约为 0.06，远小于国内投资部分的产出弹性 0.549；但是外国直接投资的边际产出平均为国内投资的 2.23 倍。外国直接投资和国内投资边际产出的倍数随时间在呈下降趋势。从 1984 年的 6.96 倍下降到 2004 年的 1.47 倍。

（五）结论

从上述分析结果可以看出，资本形态的外国直接投资的表现要优于国内投资。从全国范围来看，1984—2000 年间，相同单位的资本投入，外资企业的边际产出平均为国内企业的 2.23 倍，外商投资的产出效率更高。

但是随着时间的推移，这一差距在逐渐缩小，到 2004 年，两者的边际产出相差约为 1.5 倍。原因之一是外国直接投资资本存量的快速增加使得边际产出递减；原因之二是国内企业比从前表现得更好，边际产出下降的速度在减缓。这在一定程度上体现了国内企业在市场中不断成长的历程，而这其中跟外商投资所带来的外部性也有着紧密的联系，比如外资企业进入我国市场带来的竞争效应、示范效应等。

回到理论上来，传统的新古典增长理论指出经济的长期增长（人均意义上的经济增长）只有靠技术进步来实现。资本形态的外国直接投资对产出增长的作用有限，并且只能在短期内起作用。在长期中，根据传统的资本边际产出递减的假设，引进外国直接投资的国家将会向该经济体的稳定状态收敛，就好像外国直接投资没有发生一样，也就是说对产出增长没有产生持久的影响。外国直接投资影响经济增长的唯一途径就是通过永久的技术变革。可以看到，表4-6的计算结果与传统的理论吻合得很好，进一步说明了技术导向在吸引外国直接投资过程中的重要性。

二、外国直接投资对中国技术进步的促进

前面已简单测定出技术进步对中国经济增长的贡献，而且从理论上探讨了外国直接投资可能对技术进步产生的促进作用。外国直接投资所带来的技术转移效应是无形的，本文在这一部分力求采用经验分析的方法来外在量化外国直接投资对中国技术进步的促进作用。

（一）理论描述

外国直接投资是东道国获得先进技术的主要渠道，在这些国家的技术进步中发挥了重要作用。在理论上，外国直接投资作为技术转移的媒介可以通过两种途径来实现：

第一，先进的外国技术具有更高的全要素生产率，它最初会被转移至东道国中带有外资成分的企业里。

第二，有外资成分企业的技术将扩散至同一行业中的其他企业中。

这些效应是发生在外国直接投资进入东道国并不断发展的过程中的。其中，第一个途径被称为直接技术转移效应，第二个被称为溢出效应。

直接技术转移效应是从较早的理论——国外投资者具有更先进的生产技术，并且该技术被转移至国外分支机构中得出的。在最近几年中，该效应已被纳入技术追赶或技术阶梯的许多模型中，它考虑了给定国家的技术差异。这些差异是过去研发或其他技术获得过程的结果，但是在早期的模型中并没有解释这些差异。

一种理论模型通过将外国直接投资与技术进步联系起来，以资本投入的新变量形式来内生化技术转移［Barro 和 Sala-i-Martin（1993，第六章）］。在该模型中，使用 Cobb-Douglas 生产函数来研究技术进步因素。

另一种模型通过资本投入来引入技术变迁，但是方式不同。该模型假设有固定数量的资本投入变量，但每一变量都具有质量延续性，并会随时间产生质量进步［见 Barro 和 Sala – i – Martin（1993，第七章）］。这样就产生了外国直接投资与增长之间的正相关关系，以及外国直接投资与人力资本之间正的相互作用。

在最近几年，技术溢出效应的概念已较流行。虽然 Findlay 在 1978 年就提出了该概念，并称之为蔓延，但却是 Blomstrom（1989）提出了较早的更具影响力的阐述。这一概念本身就具有吸引力，但它是以不同方式模型化的。Grossman 和 Helpman（1995，第二节）概述了这些模型。

因此，在企业之间存在某种要素非现实性质的转移（factor – disembodied kind of transfer），但转移的当前模式还未确定。Van 和 Wan（1999）引入了这样一种观念，即许多技术转移是通过新的国内企业的建立实现的，这些企业由以前在外企工作过的人员组成，他们从其工作经验中获得了生产技能和生产技术知识。这些新企业可能是外企的转包人或竞争者，甚至可能使用相似的技术生产其他产品。新的国内企业拥有比老的国内企业更为先进的技术。

（二）模型方法

在研究技术进步的时候，需要把技术因素外在量化。但是技术进步不是一个可以直接观测到的变量，而需要由其他变量来体现。仍然选用一般的产出模型为基础，如果将总产出用 Cobb – Douglas 生产函数表示为：

$$Y_t = A_t L_t^{\beta} K_t^{\alpha} \tag{4.4}$$

式中，A_t 即为技术因子；K 表示资本投入；L 表示劳动力的投入。下标 t 仅表示变量的值随时间的推移而变化。在新古典经济增长模型中，技术改变将决定全要素生产力（TFP）的变化，而技术进步是外生变量。一般假定 A_t 的变化符合下式：

$$A_t = A_0 e^{n} \tag{4.5}$$

式中，A_0 是 $t=0$ 时的技术因子。在原则上，技术因子的增长率 r 可以通过对式（4.4）两边取对数，用普通最小二乘法估计得到：

$$\ln Y_t = rt + \alpha \ln K_t + \beta \ln L_t + \xi_t \tag{4.6}$$

为了估计的需要，就需要引入一个新的独立变量 t（时间），并且假定 Y_t 的误差项独立且符合对数正态分布。即便如此，对 r 的估计也存在问题，因为可查的解释变量 K_t 和 L_t 在一段时期内也按自然指数的时间函数过程增长，所以可能和 A_t 有共线性。为了消除共线性，对方程（4.6）做一阶差分变化有：

$$\ln Y_t - \ln Y_{t-1} = \ln(\frac{Y_t}{Y_{t-1}}) = r + \alpha \ln(\frac{K_t}{K_{t-1}}) + \beta \ln(\frac{L_t}{L_{t-1}}) + \xi_t - \xi_{t-1} \quad (4.7)$$

在此基础上，加入一项 ρt 来表示序列趋势变化。注意到方程（4.7）已经做了一阶差分，时间趋势项 ρ 是二阶差分，可以用来描述技术增长率的加速度。估计出的 ρ 值可以表明技术进步在某一时期内的加速增长（当 ρ 为正时）或技术进步的减速增长（当 ρ 为负时）。完整的估计方程如下：

$$\ln(\frac{Y_t}{Y_{t-1}}) = r + \rho t + \alpha \ln(\frac{K_t}{K_{t-1}}) + \beta \mathrm{lm}(\frac{L_t}{L_{t-1}}) + \xi_t - \xi_{t-1} \quad (4.8)$$

运用上述模型估计得到的常数项 r 值，就是技术进步因子的平均增长率。不过本文的目的是要论证外国直接投资促进了中国的技术进步，这就需要回顾一下前文对中国吸引外国直接投资的发展阶段和过程所作的论述，其中 1992 年是流入中国外国直接投资的关键转折点。1992 年以前中国吸引外国直接投资较为缓慢，数量也较少；但是 1992 年以后外国直接投资流入中国的数量猛增。所以，如果分阶段估计出 1992 年前后的两个不同时期的 r 值，就能通过比较说明外国直接投资是否对技术进步有促进作用。

（三）数据说明

在这一部分，我们的主要目的是检验外国直接投资流入对技术进步的促进作用，增长方程中的资本存量就不能剔除外国直接投资的部分，也没有必要做出国内投资和外国投资的划分。有关资本存量最具代表意义的数据应该是国际货币基金组织《国际金融统计》（International Financial Statistics）中的固定资本形成总额（Fixed Capital Formation）。同时，总产出也来自《国际金融统计 2004》的数据。由于采用时间序列数据，所以要消除价格因素的影响，都分别计算以 1978 年值 = 100 的可比价格。劳动力的来源仍然取三次产业从业人员数，来源于《中国统计年鉴 2005》。由于 1978 年、1979 年、1980 年的数据不全，所以整理出 1981—2004 年的数据如表 4 - 7 所示。

表 4 - 7　　样本数据

年份	国内总产出 Y（1978 年价格）（亿元）	资本存量 K（1978 年价格）（亿元）	劳动力 L（万人）
1981	4 334.1	1 116.8680	43 725
1982	4 627.6	1 304.8786	45 295

③ 加入世界贸易组织后 2 年内，开放济南、福州、成都、重庆；

④ 加入世界贸易组织后 3 年内，开放昆明、北京、厦门；

⑤ 加入世界贸易组织后 4 年内，开放汕头、宁波、沈阳、西安；

⑥ 加入世界贸易组织后 5 年内，取消所有地域限制。

第三，放宽对异地业务的限制。允许在一个城市获准经营人民币业务的外资银行向其他开放人民币业务城市的客户提供服务。

第四，逐步取消人民币业务客户对象限制。

① 加入世界贸易组织后 2 年内，允许外资银行向中国企业办理人民币业务。

② 加入世界贸易组织后 5 年内，允许外资银行向所有中国客户提供服务。这意味着加入世界贸易组织后 5 年内外资银行将享受国民待遇。

③ 同城营业网点的审批问题。允许外资银行设立同城营业网点，审批条件与中资银行相同。

④ 坚持审慎原则发放营业许可。中国金融监管部门发放经营许可证坚持审慎原则，即在营业许可上没有经济需求测试或者说数量限制。加入世界贸易组织后 5 年内，取消所有现存的对外资银行所有权、经营和设立形式，包括对分支机构和许可证发放进行限制的非审慎性措施。

2. 关于开放汽车消费信贷服务。加入世界贸易组织时，即允许外资非银行金融机构进入我国汽车消费信贷市场开展业务，而且在市场准入和国民待遇方面没有限制。这意味着在我国加入世界贸易组织后，外资非银行金融机构在汽车消费信贷领域可以立即经营对居民的人民币业务。同时，外资银行在获准经营中国居民人民币业务后，也可开展汽车消费信贷业务。

3. 关于开放金融租赁业务。加入世界贸易组织时，经审批，即允许外资金融租赁公司按照与中资金融租赁公司相同的条件，提供金融租赁服务。

二、中国保险业对外开放情况以及加入世界贸易组织后的开放承诺

从 20 世纪 80 年代开始，外国保险公司获准在中国设立代表处。1980 年 10 月，美国国际集团率先在上海设立代表处。1992 年 9 月，美国友邦保险公司经中国人民银行批准在上海开设分公司，标志着中国保险业市场对外开放。1994 年日本的东京海上火险保险公司被批准在上海设立分公司。1995 年 11 月份，中国第一家中外合资的人寿保险公司——中宏人寿保险有限公司在上海成立。同年，中国又将保险开放的试点外围扩大到广州。截至 2002 年年底，外

资保险公司已经达到16家，中外合资保险公司有15家。

2001年11月22日，中国保监会正式公布中国保险业加入世界贸易组织对外开放的承诺。

根据世界贸易组织有关协议，我国正式加入世界贸易组织后，对外资保险公司开放的承诺包括以下方面：

1. 企业形式

(1) 加入世界贸易组织时，允许外国非寿险公司在华设立分公司或合资公司，合资公司中外资比例可以达到51%。加入世界贸易组织后2年内，允许外国非寿险公司设立独资子公司，即没有企业设立形式限制。

(2) 加入世界贸易组织时，允许外国寿险公司在华设立合资公司，外资比例不超过50%，外方可以自由选择合资伙伴。

(3) 允许所有保险公司按地域限制放开的时间表，设立国内分支机构。

2. 开放地域

(1) 加入世界贸易组织时，允许外国寿险公司和非寿险公司在上海、广州、大连、深圳、佛山提供服务。

(2) 加入世界贸易组织后2年内，允许外国寿险和非寿险公司在北京、成都、重庆、福州、苏州、厦门、宁波、沈阳、武汉和天津提供服务。

(3) 加入世界贸易组织后3年内，取消地域限制。

3. 业务范围

(1) 加入世界贸易组织时，允许外国非寿险公司向在华外商投资企业提供财产险以及与之相关的责任险和信用险服务；加入世界贸易组织后2年内，允许外国非寿险公司向外国和中国客户提供所有商业和个人非寿险服务。

(2) 加入世界贸易组织时，允许外国保险公司向外国公民和中国公民提供个人（非团体）寿险服务。加入世界贸易组织后3年内，允许外国保险公司向外国公民和中国公民提供健康险、团体险和养老金/年金险服务。

(3) 加入世界贸易组织后，中方向任何外国保险公司提供的任何新的授权，如果优于在服务贸易减让表中的条件（包括通过设立分公司、支公司以及任何其他法律形式而享受优惠条款的投资的扩大），将同样适用于所有其他外国保险公司。

三、中国证券业对外开放情况以及加入世界贸易组织后的开放承诺

从1991年下半年沪深B股市场成立以来，中国证券业经历了十几年的开

放历程。B股市场的建立是中国证券市场开放的第一步。1991年11月29日，上海真空电子器材股份有限公司成功发行B股，这是境外投资者直接投资中国证券市场股票的开始。

1998年5月，人民银行正式批准了5家在上海经营人民币业务的外资银行进入全国银行同业拆借市场。截至2002年年底，已有53家外资银行在银行间债券市场上从事债券交易。

此外，中国证券监管部门还允许外资企业在国内证券市场进行融资。早在行政审批实行期，就有个别外资企业在我国境内上市，如闽灿坤B于1993年6月30日在深圳B股市场上市，成为第一家上市的外资企业。2002年3月28日，证监会公布了《公开发行证券的公司信息披露编报规则》第17号通知，明确允许外资企业在我国境内直接上市融资。

1995年，日本五十铃和伊藤忠会社一次性购买了占总股本25%的北旅公司的非国有法人股，首开了外资并购我国上市公司的先河。2002年11月4日，证监会、财政部和国家经贸委联合发布《关于向外商转让上市公司国有股和法人股有关问题的通知》，允许外资受让上市公司非流通股股权并对外资受让上市公司非流通股股权进行了规范。2002年统计的结果显示，外资企业持股比例25%以上的A股公司有29家（不包括同时在境外上市的A股公司）。另外，具有外资法人股的B股上市公司有23家。

2001年12月11日中国正式加入世界贸易组织。在同一天，中国证监会公布了我国加入世界贸易组织后证券业开放的承诺，主要包括以下四个方面的内容：

1. 外国证券机构可以不通过中方中介，直接从事B股交易。

2. 外国证券机构驻华代表处，可以成为中国所有证券交易所的特别会员。

3. 允许设立中外合资的基金管理公司，从事国内证券投资基金管理业务，外资比例在加入世界贸易组织时不得超过33%，加入世界贸易组织后3年内不超过49%。

4. 加入世界贸易组织后3年内，允许设立中外合资证券公司，从事A股承销、B股和H股、政府和公司债券的承销和交易以及发起设立基金，外资比率不得超过1/3。

加入世界贸易组织后，中国政府履行了承诺。2002年6月3日，中国发布了《外资参股证券公司设立规则》、《外资参股基金管理公司设立规则》。这两项规则在2002年7月1日得以实施。湘财证券与法国里昂证券率先向证监会递交申请成立了华欧国际证券公司。2002年10月15日，证监会批准国泰君安证券股份有限公司和德国安联集团发起设立中外合资基金管理公司，即国安基金管理公司，成为我国加入世界贸易组织后的第一家获准组建的中外合资基金管理公司。

此外，借鉴中国台湾、印度等国家和地区证券市场开放的成功经验。2002年11月8日，证监会和人民银行联合发布了《合格境外机构投资者（QFII）境内证券投资管理暂行办法》，允许符合条件的境外机构投资者进入中国A股市场进行证券投资。截至2003年7月，已有野村证券、瑞银华宝等7家国际金融机构被允许投资中国A股市场和债券市场，流入资金量约为10亿美元。

有关我国金融业加入世界贸易组织后对外开放的具体承诺，详见本章附录。

第五节 国际热钱的流入

在东南亚金融危机之后，国内外学术界在总结这次危机时无不提到国际热钱，即国际投机资本的破坏性作用。在近年人民币升值的压力下，我国国内学术界又展开了国际热钱进入中国的讨论。然而我们认为在这场讨论中，还有一些基本的理论问题需要进一步的探讨，例如国际热钱的概念与特征、怎样分析国际热钱进入一国的渠道、如何防止国际热钱的破坏性作用等。本节试图在这些方面提出自己的看法。

一、国际热钱的概念与基本特征

国际热钱又称国际游资。前者是英语 hot money 的直译，后者是对国际热钱的特征的描述。对国际热钱的概念，国内外学术界似乎没有太大的分歧。然而，经我们仔细研究发现，人们对国际热钱下的定义仍然有区别。

《新帕尔格雷夫货币金融大词典》（2000，中文版）解释说："在固定汇率制度下，资金持有者或者出于对货币预期贬值（或升值）的投机心理，或者受国际利率差收益明显高于外汇风险的刺激，在国际间掀起大规模的短期资本流动，这类移动的短期资本通常被称为游资。"很显然，这里把国际热钱看成是固定汇率制度下的一种现象。这点在这一辞条下面的叙述中也可得到印证。

Jagdish Handa 在他的《货币经济学》（2000）一书中解释说："所谓热钱就是在国家之间流动的、对汇率的预期变化、利率的波动、或安全和可兑换性安排极为敏感的资金。”他又说：“不受约束的资本流动也带来风险，因为其中的大部分具有高度的流动性，且易受突然的逆转事件的影响——我们给这些资金中最具流动性的部分以一个名称：热钱。”这就从更大范围定义了热钱，而且强调了热钱的最重要的特征：高度流动性和高度敏感性。

The American Heritage 出版的《英语词典（第四版）》（2000）对热钱下的定义是：“热钱是其持有者迅速地从一种投资形式转换为另一种投资形式，以取得国际汇率变化的好处，或获得投资的短期高收益为目的的货币。”这一定义着重于热钱的运动也是一种投资。

在我国国内，一般把热钱理解为以短线投资获利为目的的投机资金。这一定义强调了热钱的投机性。

根据上面所说的各种定义，加上我们的分析，我们把国际热钱定义为：在国际金融市场上对各种经济金融信息极为敏感的、以高收益为目的、但同时承担高风险的、具有高度流动性的短期投资资金。这个定义表明国际热钱具有如下一些特征：

第一，高敏感性。我们把敏感性作为国际热钱的第一个特征，是因为我们认为，国际热钱只有对一国或世界经济金融现状和趋势、对各个金融市场汇差、利差和各种价格差、对有关国家经济政策等高度敏感，它们才能迅速地做出反应。

第二，高收益性与高风险性。追求高收益是国际热钱在全球金融市场运动的最终目的。然而高收益往往伴随着高风险，因而它们所取得的是高风险利润。它们可能在这个市场赚钱而在另一个市场亏损，或在这个时期赚钱而在下一个时期亏损。

第三，高流动性与短期性。在敏感性的基础上，它们会迅速进入有钱可赚的地方，而迅速逃离风险加大的地方。因而它们表现出极大的短期性，甚至超短期性，即在一天或一周之内迅速进入或迅速退出。

第四，投资的虚拟性与投机性。我们说国际热钱是一种投资资金主要是指它们投资于全球的有价证券市场和货币市场，以便从证券和货币的每分钟、每小时、每天的价格波动中取得利润，也就是以钱生钱，因而它们的投资既不创造就业，也不提供服务，而具有极大的虚拟性和投机性。对国际热钱的投机性，人们多看到它的破坏作用，而很少看到它对金融市场的润滑作用。如果金融市场没有风险爱好者，那么，风险厌恶者就不可能转移风险。

二、关于国际热钱进入中国的问题

2003年以来对国际热钱进入中国的讨论，主要集中在两个问题上：一是有多少热钱进入中国；二是国际热钱进入中国的渠道是什么。

究竟有多少国际热钱进入中国，可说是众说纷纭，官方的估计和学术界、实业界的计算大相径庭。后者根据2003年上半年增加的601亿美元外汇储备减去45亿美元的贸易顺差再减去303亿美元的直接投资，认为2003年上半年至少有250亿美元的国际热钱进入中国；有人认为是250亿～400亿美元；更有人认为大于500亿美元，因为我国的净误差与遗漏在增大。而官方一方面并不否认要赌人民币升值的国际热钱流入，但另一方面又认为这些估计过高。上述的这些说法均经不起推敲，一是因为这些计算不完全，例如考虑到各种原因贸易顺差应该是290亿美元；二是从总体上说，纯粹的投机资本并没有大量进入中国；三是贷方的净误差与遗漏并不等于热钱的流入。我们基本上同意官方的分析。我们认为，在热钱流入的数量问题上的分歧，来自于对热钱的计算没有一定的数学模型可供使用，因而只能靠较为主观的估计和分析。

对于国际热钱进入中国的渠道，人们列举了许多，包括经常项目中的贸易收支和居民个人的外汇收入、外国直接投资、股票、商品房、合格境外机构投资者等。总之，一切对外的经济交往似乎都成了热钱进入的渠道。当然，我们并不否认国际热钱是无孔不入的，但是，如果把这些对外交往的通道都看成是热钱进入的渠道却值得商榷。

现在根据我们为国际热钱下的定义和对国际热钱的特征的分析，谈谈我们的看法。第一，上面我们说过，敏感性是国际热钱在国际金融市场运动的前提，因此，面对人民币升值的压力，它们必定要赌一把，就像它们曾经赌泰铢要贬值一样。然而，它们所面对的形势是完全不一样的：泰国是开放了资本项目的，而中国并没有完全放开，因而国际热钱并不能随心所欲地自由进出中国。这样它们的敏感性就被低流动性极大地抵消。第二，国际热钱的高收益性来自于高流动性，即快速地进退。这就决定了它们必然大量进入金融市场，而不可能大量进入房地产市场和进行直接投资。这也是由它们投资的虚拟性和投机性所决定的。有人根据泰国的危机与房地产有关，从而也认定中国也面临着这个危险。我们认为，这种类比是不恰当的。在泰国，国际热钱不是直接进入房地产，而是进入泰国的商业银行，再由泰国自己的商业银行进入房地产。第三，虽然国际热钱可以借助QFII进入我国股票市场，然而我国对QFII的资金也有一定的限制，因此，即使有国际热钱通过这个渠道进来，其资金量也极为有限。至于居民正常的外汇收入虽然集中起来是一个不小的数字，但它们是分散的、用途是各异的，不可能迅速地形成一股强大的投机力量。

然而，我们要警惕的是通过地下渠道进入的居民非正常的外汇收入、非居民的人民币存款和他们对我国政府债券及货币市场工具的投资。既然热钱的活动主要是在金融市场进行的，因此，随着中国资本项目的逐渐开放，随着中国金融市场和国际金融市场的接轨，我们应该把防范国际热钱的重点放在金融市场上。这就是说，我们既要防止热钱从各个渠道进来，但也不能草木皆兵，处处设防，而要选定设防的重点。更重要的是，我们必须认识国际热钱的特点，摸清国际热钱的运动规律，有针对性地对付国际热钱的活动。

三、我们能停止热钱的赌博吗?

国外有一篇文章，题目是《我们能停止热钱的赌博》（We Can Stop the Hot Money Casino）。文章提出了停止这种纯粹的对货币市场的金融投机的措施，包括各国国内的金融转移税（National Financial Transfer Taxes）和国际的金融转移税（International Financial Transfer Taxes），即托宾税（The Tobin Tax）。

所谓国内的金融转移税就是要求外国投资者按他们带进的资本的一定比例在一定时期之内存放在进入国的中央银行。智利就是一个成功的例子。智利就曾要求外国投资者按带入资本的30%的比例存放一年。之所以做出这样的规定，是因为债券、股票和货币的投机者将货币带进或带出一个国家是以分、小时和天为单位的，因而一年的要求有效地制止了投机资本的流入。在东南亚金融危机期间，马来西亚也曾采用过智利的办法。然而我们认为，这种办法虽然有效，但不可能长久地实施下去。因为短期资本和长期资本本身就没有一个明确的界限，两者本来就是互相转化的。至于许多国家，包括美国在内的发达国家对买卖债券、股票征收国内金融转移税，那是另外一个问题，不属于限制国际热钱的范畴。

1978年，托宾建议在世界范围内统一地对所有的外汇交易征收0.1%～0.5%的税。这种交易税可以减少短期资本在短期内往返于不同市场之间的收益，而几乎不会影响长期投资的盈利率。文章认为，托宾税可以减少汇率的波动，可以减少金融市场对各国政府制定财政政策和货币政策的压力，可以增加巨大的收入。然而，文章也指出，一些反对者认为，托宾税的征收是不可行的，障碍是难于克服的。全球80%的交易是在7个发达国家进行的，而在这些国家的交易又只发生在极少数的银行和经纪公司之间。因此，要由所有国家达成一个共同的征税协议是困难的。托宾税也并不能使所有国家在不稳定所带来的风险与全球巨大收入的好处之间求得平衡。也有人评论说，如果可以证明短期资本的投机是破坏稳定的，那么，托宾税的征收就可能增强国际经济的微观经济效率；但如果投机是起稳定作用的，那么，这种税收的征收反而会降低系统的稳定性。而且，托宾税方案是与当前消除任何形式的国际金融交易壁垒的潮流背道而驰的。

那么，我们能制止国际热钱的赌博吗？我们对这个问题的回答是：既能，又不完全能。

按照哲学的原理，时间和空间是物质存在的形式；任何事物都是在一定的时间和空间之内运动的。24 小时运转的国际金融市场是国际热钱得以存在和发展的基础，为国际热钱的活动提供了时间和空间。我们必须看到：第一，全球金融市场是一个分割的市场，它们有传统的国际金融市场和新兴的国际金融市场之分，因而也就有受与不受所在国的法律法规的监管之分。监管的不统一为国际热钱的活动提供了缝隙。第二，全球国际金融市场是一个非均衡的市场。在金融市场上，各种金融工具的价格是随机游走的。这样就必然出现不同市场的价格差。这就使国际热钱可以利用不同市场的汇差、利差和价差快进快出，赚取投机利润。第三，全球国际金融市场也是一个动态的市场。价格是时间的函数。随着时间的变化，各个市场的汇差、利差、价差都在不断地发生变化。这样的国际金融市场使国际热钱可以打“时间差”这张牌，进行套汇套利活动，获取尽可能多的利润。很显然，在这种分割的、非均衡的、动态的全球金融市场上要对付国际热钱的大规模运动是不可能的，或不完全可能的。

我们说能，是基于下面的理由：首先，既然绝大部分的国际金融交易是在少数国家和少数金融机构之间进行的，那么，只要它们能联合起来，统一行动，甚至达成某种协议，就可以极大地削弱国际热钱的活动。这些国家和金融机构应该认识到，在当今经济金融全球化的大背景下，不仅发达国家的经济周期、金融动荡可以影响发展中国家，发展中国家的经济金融危机也会拖累发达国家。这已经为 20 世纪八九十年代的历史所证明。而且，20 世纪 90 年代的欧洲金融危机也证明，国际热钱不仅冲击发展中国家，也冲击发达国家。它们的冲击也不仅使这些国家的经济金融受到影响，国际大金融机构因此也受到重大损失。因此，在对付国际热钱方面，少数发达国家和大金融机构负有更大的责任。

其次，预期在国际热钱的活动中起着重要作用。因此，与国际热钱的斗争实际上是一场心理战。国际热钱之所以快速地进入一个国家，或快速地退出一个国家，就是因为它们或者是对这个国家的经济金融形势的趋势、或者是对金融工具价格的变化、或者是对一个国家的经济金融政策的改变有着不同的预期。在这些预期中，对汇率、汇率与利率关系的预期有着重要的意义。

第一，从汇率的角度来看，1967 年对英镑贬值的预期、1969 年对法国法郎贬值和联邦德国马克升值的预期和 1973 年对布雷顿森林体制崩溃的预期，都曾引起大规模的国际热钱的流动。1992 年国际热钱对英镑贬值的预期所发动的攻击，最终导致英国退出欧洲货币汇率机制。1997 年国际热钱对泰国货币必将贬值的预期所发动的攻击，导致一场波及全球的金融危机。所有这些都表明，国际热钱对汇率变化的预期在外汇市场起着极为重大的作用。

第二，从汇率与利率的关系来看，一方面，一国利率如果高于其他国家利率，那么必然引起外国资本的内流，从而在即期外汇市场上资本内流国的货币升值，这时其他国家如果不相应提高利率阻止本国的资本流出，必定是这些国家货币的贬值。1990 年之后德国提高利率导致了马克升值、英镑贬值。国际热钱正是在这种背景下做出了对英镑贬值的预期，从而发动了对英镑的攻击。另一方面，利率平价条件包含了预期的利率与即期汇率之差。对这个差额及其变化的预期必然引起对相关货币投机的冲击。这时不仅国际热钱会参与这个冲击，世界一些大的银行、公司，甚至私人都可能进入这个投机的行列。这样，哪怕这个差额发生极微小的变化也会引起相关货币供求和汇率的巨大变化。

事实上，在一个信息不完全的、动态的金融市场市场中，金融商品的价格是由投资者（包括投机者）的预期决定的。而他们又并非完全理性的。这样，由非理性的投资者（投机者）根据不完全的信息所做出的决策只能是不确定性条件下的决策。无论这些决策是对还是错，都将引起市场价格的更大的波动。从这个意义上说，我们是不能停止国际热钱的赌博的。然而，我们认为，只要各国的金融机构，尤其是世界上的主要金融机构，能够按照“巴塞尔新资本协议”的第三支柱的要求披露有关信息，使市场更加透明，那么，国际热钱的活动是能够得到一定程度的抑制的。这里我们不打算讨论对“巴塞尔新资本协议”（包括对第三支柱）的不同看法。但正如国际货币基金组织对“巴塞尔新资本协议”的意见和建议所说：通过较多的信息披露和进行市场约束，可能对市场产生重大影响，也可以使监管得到有效的补充。

最后，主要国家的货币政策的协调可以使国际热钱的活动的范围缩小，或使它们的破坏性减轻。从上面我们所提到的20世纪60年代至90年代国际热钱的活动可以看出，国际热钱的活动主要是在外汇市场或通过外汇市场进行的。因此，各国货币政策的协调应该主要是汇率政策的协调。在这里我们认为有两个问题需要解决：一是汇率本身是一柄双刃剑，于一个国家有利的汇率必定于其他国家不利。然而我们不能把汇率问题政治化，更不应该把汇率问题作为贸易保护主义的借口。如果一国货币的汇率于该国经济有利，且也于世界经济有利，那么，这个汇率水平应该是适当的。反之，如果把汇率作为以邻为壑的手段，这种汇率政策是应该改变的。二是既然现在形成了美元、欧元和日元三足鼎立之势，且外汇交易又主要在这些国家进行，那么美国、欧盟和日本应该负有更大的汇率政策协调的责任。作为政策协调的第一步，它们应该努力使这三种货币间的汇率稳定下来。现在的世界处于“一荣俱荣，一损俱损”的时代。损人利己的汇率政策只能为国际热钱的活动提供机会。

四、结论

1. 在全球金融市场分割、非均衡和动态的背景下，国际热钱必然会存在、会发展、会四处活动。

2. 要对付国际热钱的活动，必须首先了解它的特点，有针对性地减轻它的破坏作用，而不应该处处设防。

3. 在对付国际热钱的活动中，少数几个发达国家和大国际金融机构负有更大的责任。

附录1 银行服务及其他金融服务附表：服务贸易减让表

银行服务及其他金融服务附表：服务贸易减让表

服务提供方式：1）跨境交付 2）境外消费 3）商业存在 4）自然人流动

部门或分部门	市场准入限制	国民待遇限制	其他承诺
B. 银行及其他金融服务 （不包括保险和证券） 银行服务如下所列：	1）除以下内容外，不做承诺： ——提供和转让金融信息、金融数据处理以及与其他金融服务提供者有关的软件。 ——就（a）项至（k）项所列的所有活动进行的咨询、中介和其他附属服务，包括信用调	1）没有限制。	金融租赁：允许外资金融租赁公司与中国公司在相同的时

续表

部门或分部门	市场准入限制	国民待遇限制	其他承诺
a. 吸收公众存款和其他应偿付的公众资金； b. 所有类型的贷款，包括消费信贷、抵押信贷、商业交易的保理和融资； c. 金融租赁； d. 所有支付和汇划服务，包括信用卡、收费卡和借记卡，旅行支票和银行汇票（包括进出口结算）； e. 担保和承兑； f. 自营或代客外汇买卖。	查和分析、投资和有价证券的研究和咨询、为公司收购、重组和制定战略提供建议。 2）没有限制。 3）A. 地域限制： ——外汇业务：加入世界贸易组织时取消地域限制； ——人民币业务：按以下时间表逐步取消地域限制：加入世界贸易组织时，开放上海、深圳、天津和大连；加入世界贸易组织后1年内，开放广州、珠海、青岛、南京和武汉；加入世界贸易组织后2年内，开放济南、福州、成都和重庆，加入世界贸易组织后3年内，开放昆明、北京和厦门；加入世界贸易组织后4年内，开放汕头、宁波、沈阳和西安；加入世界贸易组织世界贸易组织后5年内，取消所有地域限制。 B. 客户： ——外汇业务：加入世界贸易组织时，允许外资金融机构在华提供外汇服务，没有服务对象限制。 ——人民币业务：中国加入世界贸易组织后2年内，允许外资金融机构向中国企业提供服务。 中国加入世界贸易组织后5年内，允许外资金融机构向所有中国客户提供服务。设在中国某一地区并拥有人民币业务营业许可的外资金融机构可以向其他已开放人民币业务地区的客户提供服务。 C. 营业许可：中国金融服务部门营业许可的发放条件完全是审慎性的（即在营业许可上没有经济需求测试或数量限制）。中国加入世界贸易组织后5年内，取消所有现存的对所有权、经营以及外资金融机构企业设立形式，包括对分支机构和许可发放的非审慎措施。 满足以下条件的外资金融机构可以在中国设立外资独资银行或者外资独资财务公司： ——提出申请前一年末总资产不少于100亿美元。 满足以下条件的外资金融机构可以在中国设立外国银行分行：	2）没有限制。 3）除人民币业务的地域限制和客户限制（已在市场准入栏列出）外，外资金融机构可以向外商投资企业、非中国自然人、中国自然人和中国企业提供服务，没有限制且不需要进行个案审批。 其他：没有限制。 4）除水平承诺中内容外，不做承诺。	间提供金融租赁服务。

续表

部门或分部门	市场准入限制	国民待遇限制	其他承诺
	——提出申请前一年年末总资产不少于200亿美元。 满足以下条件的外资金融机构可以在中国设立中外合资银行或者中外合资财务公司： ——提出申请前一年年末总资产不少于100亿美元。 外资金融机构经营人民币业务，需满足以下条件： ——在华开业3年以上，且在提出申请前连续两年盈利；除此之外没有其他限制条件。 4）除水平承诺中内容外，不做承诺。		
非银行金融机构从事汽车消费信贷	1）除以下内容外，不做承诺： ——提供和转让金融信息、金融数据处理以及与其他金融服务提供者有关的软件。 ——就（a）项至（k）项所列的所有活动进行的咨询、中介和其他附属服务，包括信用调查和分析、投资和有价证券的研究和咨询、为公司收购、重组和制定战略提供建议。 2）没有限制。 3）没有限制。 4）除水平承诺中内容外，不做承诺。	1）不做承诺。 2）没有限制。 3）没有限制。 4）除水平承诺中内容外，不做承诺。	
下列其他金融服务： k）提供和转让金融信息、金融数据处理以及与其他金融服务提供者有关的软件。 1）就（a）项至（k）项所列的所有活动进行的咨询、中介和其他附属服务，包括信用调查和分析、投资和有价证券的研究和咨询，为公司收购、重组和制定战略提供建议。	1）没有限制。 2）没有限制。 3）没有限制，中国金融服务部门营业许可的发放条件完全是审慎性的（即在营业许可上没有经济需求测试或数量限制）。 允许外国机构设立分公司。 4）除水平承诺中内容外，其余不做承诺。	1）没有限制。 2）没有限制。 3）没有限制。 4）除水平承诺中内容外，不做承诺。	

附录2 银行服务及其他金融服务附表：服务贸易承诺时间表

银行服务及其他金融服务附表：服务贸易承诺时间表

服务部门：银行服务及其他金融服务（不包括保险和证券）

<table>
<tr><th>执行单位</th><th>服务涵盖范畴</th><th>执行时间</th><th>承诺内容</th></tr>
<tr><td rowspan="6">中国人民银行</td><td rowspan="6">银行服务：
a）接受公众存款和其他应付基金承兑；
b）所有类型的贷款，包括消费信贷、抵押信贷、商业交易的保理和融资；
c）金融租赁；
d）所有支付和汇划服务，包括信用卡、收费卡和借记卡，旅行支票和银行汇票（包括进出口结算）；
e）担保和承兑；
f）为自有账户或客户提供的外汇交易。</td><td>加入世界贸易组织时</td><td>外汇业务：取消地域限制；允许外资金融机构在华提供外汇服务，没有服务对象限制。
人民币业务：开放上海、深圳、天津和大连。
营业许可：中国金融服务部门营业许可的发放条件完全是审慎性的（即对营业许可的发放没有经济需求测试或数量限制）。
外资金融机构在中国设立外资独资银行或者外资独资财务公司的资质条件；提出申请前一年年末总资产不少于100亿美元。
外资金融机构在中国设立外国银行分行的资质条件；提出申请前一年年末总资产不少于200亿美元；
外资金融机构在中国设立中外合资银行或者中外合资财务公司的资质条件；提出申请前一年年末总资产不少于100亿美元。
外资金融机构经营人民币业务的资质条件；在华开业3年以上，且在提出申请前连续两年盈利；除此之外没有其他限制条件。
金融租赁：允许外资金融租赁公司与中国公司在相同的时间提供金融租赁服务。</td></tr>
<tr><td>加入世界贸易组织后1年内</td><td>人民币业务：开放广州、珠海、青岛、南京和武汉。</td></tr>
<tr><td>加入世界贸易组织后2年内</td><td>人民币业务：开放济南、福州、成都和重庆；允许外资金融机构向中国企业提供服务。</td></tr>
<tr><td>加入世界贸易组织后3年内</td><td>人民币业务：开放昆明、北京和厦门。</td></tr>
<tr><td>加入世界贸易组织后4年内</td><td>人民币业务：开放汕头、宁波、沈阳和西安。</td></tr>
<tr><td>加入世界贸易组织后5年内</td><td>人民币业务：取消所有地域限制；允许外资金融机构向所有中国客户提供服务。设在中国某一地区并拥有人民币业务营业许可的外资金融机构可以向其他已开放人民币业务地区的客户提供服务。
营业许可：取消所有现存的对所有权、经营以及外资金融机构企业设立形式，包括对分支机构和许可发放的非审慎措施。</td></tr>
</table>

续表

执行单位	服务涵盖范畴	执行时间	承诺内容
中国人民银行	其他金融服务： k）其他金融服务提供者从事金融信息、金融数据处理及有关软件的提供和交换； 就（a）项至（k）项所列的所有活动进行的咨询、中介和其他附属服务，包括信用调查和分析，投资和有价证券的研究和咨询，为公司收购、重组和制定战略提供建议。	加入世界贸易组织时	对跨境交付方式不作限制。 中国金融服务部门营业许可的发放条件完全是审慎性的（即对营业许可的发放没有经济需求测试或数量限制）。允许外国机构设立分公司。
	非银行金融机构从事汽车消费信贷	加入世界贸易组织时	不允许跨境提供除上述其他金融服务以外的服务，除此之外没有限制。

附录3　保险及其相关服务附表：服务贸易减让表

保险及其相关服务附表：服务贸易减让表

服务提供方式：1）跨境交付　2）境外消费　3）商业存在　4）自然人流动

部门或分部门	商场准入限制	国民待遇限制	其他承诺
7. 金融服务 A. 所有保险及其相关服务 a. 寿险、健康险和养老金/年金险； b. 非寿险； c. 再保险； d. 保险附属服务。	1）除以下所列服务外，不做承诺。 a）再保险； b）国际海运、空运及运输保险； c）大型商业险经纪、国际海运、空运及运输保险经纪、再保险经纪。 2）保险经纪不做承诺，其他没有限制。 3）A. 企业形式 加入世界贸易组织时，允许外国非寿险公司在华设立分公司或合资公司，合资公司外资比例可以达到51%。中国加入世界贸易组织后2年内，允许外国非寿险公司设立独资子公司，即没有企业设立形式限制。 加入世界贸易组织时，允许外国寿险公司在华设立合资公司，外资比例可以达到50%，外方可以自由选择合资伙伴。	1）没有限制。 2）没有限制。 3）没有限制。除： ——外资保险公司不允许经营法定保险业务。 ——加入世界贸易组织时，必须就非寿险、个人事故和健康险的基本风险的所有业务向一家指定的中国再保险公司进行20%的分	

续表

部门或分部门	商场准入限制	国民待遇限制	其他承诺
	合营企业投资方可自由订立合作条款，只要它们在本减让表所作的承诺的范围内。 大型商业险经纪、再保险经纪、国际海运、空运及运输保险和再保险经纪，加入世界贸易组织时，合资公司外资比例不超过50%；中国加入世界贸易组织后3年内，外资比例可以达到51%；中国加入后5年内，允许设立外商独资子公司。 其他经纪服务，不做承诺。 允许保险公司随着地域限制的逐步取消设立国内分支机构。 B. 开放地域 加入世界贸易组织时，允许外国寿险公司、非寿险公司和保险经纪公司在上海、广州、大连、深圳和佛山提供服务。中国加入世界贸易组织后2年内，允许外国寿险、非寿险公司和保险经纪公司在以下城市提供服务：北京、成都、重庆、福州、苏州、厦门、宁波、沈阳、武汉和天津。 中国加入世界贸易组织后3年内，取消地域限制。 C. 业务范围 加入世界贸易组织时，允许外国非寿险公司从事没有地域限制的“统括保单”和大型商业风险保险。根据国民待遇，外国保险经纪商可在同等条件下与中国保险经纪商同时从事“统括保单”业务。 加入世界贸易组织时，允许外国非寿险公司提供境外企业的非寿险服务、在华外商投资企业的财产险、与之相关的责任险和信用险服务；中国加入世界贸易组织后2年内，允许外国非寿险公司向外国和中国客户提供全面的非寿险服务。 允许外国保险公司向外国公民和中国公民提供个人（非团体）寿险服务。中国加入世界贸易组织后3年内，允许外国保险公司向中国公民和外国公民提供健康险、团体险和养老金/年金险服务。 加入世界贸易组织时，允许外国保险公司以分公司、合资公司或独资子公司的形式提供寿险和非寿险的再保险业务，没有地域限制或发放的营业许可的数量限制。	保；加入世界贸易组织后1年，分保比例为15%；加入世界贸易组织后2年；分保比例为10%；加入世界贸易组织后3年，分保比例为5%；加入世界贸易组织后4年，取消强制分保。 4）除水平承诺中的内容外，不做承诺。	

续表

部门或分部门	商场准入限制	国民待遇限制	其他承诺
	D. 营业许可 加入世界贸易组织时，营业许可的发放不设经济需求测试或许可数量限制。设立外资保险机构有以下条件： ——投资者应为在世贸组织成员中有超过30年经营历史的外国保险公司； ——必须在中国设立代表处连续2年； ——在提出申请前一年的年末总资产超过50亿美元，但保险经纪公司除外。对保险经纪公司，年末总资产应超过5亿美元；加入世界贸易组织后1年内，总资产应超过4亿美元；加入世界贸易组织后2年内，总资产应超过3亿美元；加入世界贸易组织后4年内，总资产应超过2亿美元。 4）除水平承诺中的内容外，不做承诺。		

附录4　证券服务附表：服务贸易减让表

证券服务附表：服务贸易减让表

服务提供方式：1）跨境交付　2）境外消费　3）商业存在　4）自然人流动

部门或分部门	市场准入限制	国民待遇限制	其他承诺
证券服务	1）除以下内容外，不做承诺： 外国证券机构可以（不通过中方中介）直接从事B股交易。 2）没有限制。 3）a. 除了以下内容，其余不做承诺。 加入世界贸易组织时，外国证券机构驻华代表处可以成为所有中国证券交易所的特别会员。 加入世界贸易组织时，允许外国服务提供者设立合营公司，从事国内证券投资基金管理业务，外资比例可以达到33%；中国加入世界贸易组织后3年内，外资比例可以达到49%。 中国加入世界贸易组织后3年内，允许外国证券公司设立合营公司，外资比例不超过1/3。合营公司可以（不通过中方中介）从事以下业务：A股的承销、B股和H股、政府和公司债券的承销和交易，基金的发起。 b. 中国金融服务业营业许可的发放条件完全是审慎性的（即没有经济需求测试或数量限制）。 4）除水平承诺中的内容外，不做承诺。	1）没有限制。 2）没有限制。 3）没有限制。 4）除水平承诺中内容外，不做承诺。	

附录5 证券服务附表：服务贸易承诺时间表

证券服务附表：服务贸易承诺时间表

服务部门：证券服务

执行单位	执行时间	承诺内容
证监会 原外经贸部（现商务部）	加入世界贸易组织时	对跨境提供和境外消费的服务没有限制。 外国证券机构可以（不通过中方中介）直接从事B股交易。 外国证券机构驻华代表处可以成为所有中国证券交易所的特别会员。 允许外国服务提供者设立合营公司，从事国内证券投资基金管理业务，外资比例可以达到33%。 中国金融服务业营业许可的发放条件完全是审慎性的（即没有经济需求测试或数量限制）。
	加入世界贸易组织后3年内	从事国内证券投资基金管理业务的中外合营公司中，外资比例可以达到49%。 允许外国证券公司设立合营公司，外资比例不超过1/3。合营公司可以（不通过中方中介）从事以下业务：A股的承销，B股和H股、政府和公司债券的承销和交易，基金的发起。

第五章　中国对外投资

第一节　中国对外直接投资概况

2002年12月，对外经济贸易合作部（现商务部）和国家统计局共同制定了《中国对外直接投资统计制度》。这一制度参照了经济合作与发展组织（OECD）的《关于外国直接投资的基准定义》第3版，以及国际货币基金组织（IMF）的《国际收支手册》第5版，从而使我们能够更清楚地了解到我国对外直接投资的全貌。下面，我们主要根据商务部2005年发布的2004年年度中国对外直接投资公报（非金融部分），来考察截至2004年底我国对外直接投资的概况及其特征。在下一节里，将分析近年来我国对外直接投资的动向。

一、中国对外直接投资概况

截至2004年，中国累计对外直接投资总额449亿美元，扣除对外直接投资企业对境内投资主体的反向投资，累计对外直接投资净额（即存量）448亿美元。

从图5-1和图5-2中可知，与主要发达国家相比，中国的对外直接投资还处于相当低的水平；而与发展中国家相比，中国的对外直接投资处在一个较高的水平上。

据联合国贸发会议（UNCTAD）发布的2004年世界投资报告显示，2003年全球外国直接投资（流出）流量为6 122亿美元，存量为81 969亿美元。以此为基期进行测算，2004年中国对外直接投资分别相当于全球对外直接投资（流出）流量、存量的0.9%和0.55%。因此，相对于我国的产出、人口规模以及与外国对中国的直接投资规模来讲，总体上我国的对外直接投资还处于一个较低的水平之上。

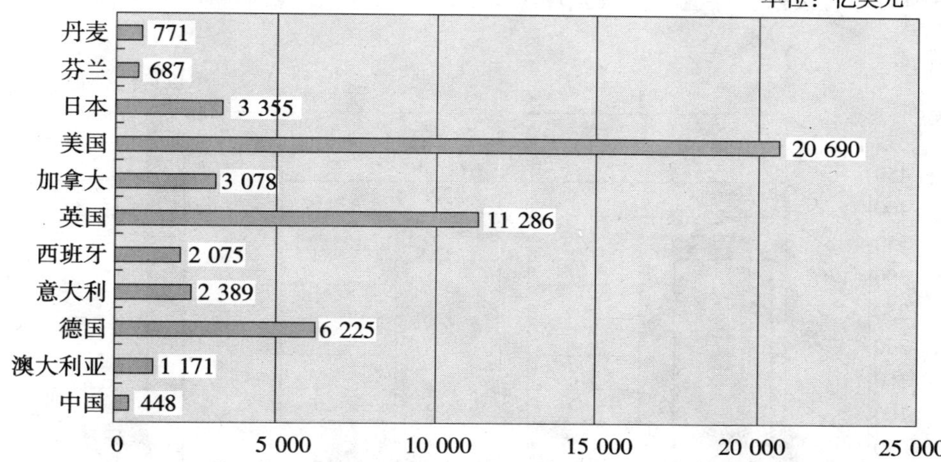

资料来源：2004 年中国对外直接投资数据来源于商务部统计数据，其他国家对外直接投资统计数据为 2003 年统计数据，来源于联合国贸发会议 2004 年世界投资报告。

图 5－1　中国与发达国家对外直接投资存量情况比较

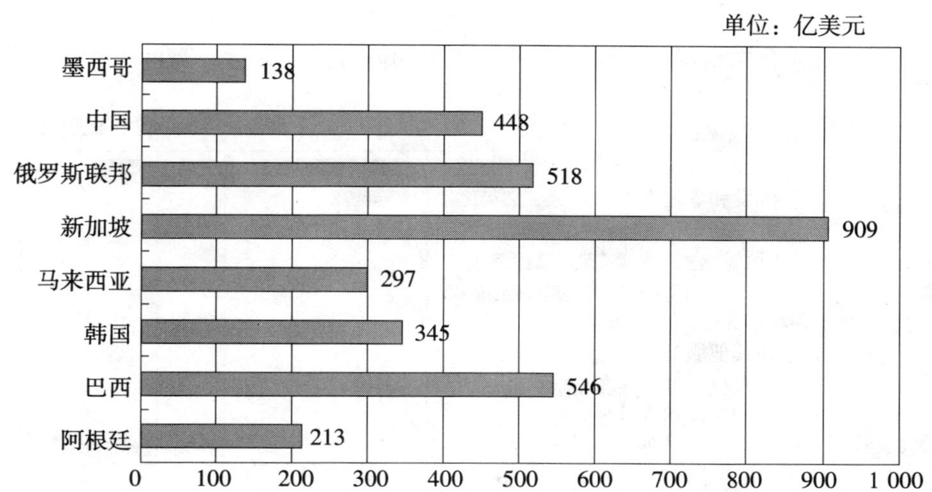

资料来源：2004 年中国对外直接投资数据来源于商务部统计数据，其他国家对外直接投资统计数据为 2003 年统计数据，来源于联合国贸发会议 2004 年世界投资报告。

图 5－2　中国与发展中国家对外直接投资存量比较

二、2004 年中国对外直接投资存量的特点

1. 存量规模不断放大，投资分布的国家（地区）更为广泛。截至 2004 年，

中国对外直接投资存量分布在全球 149 个国家和地区，较上年增加 10 个。

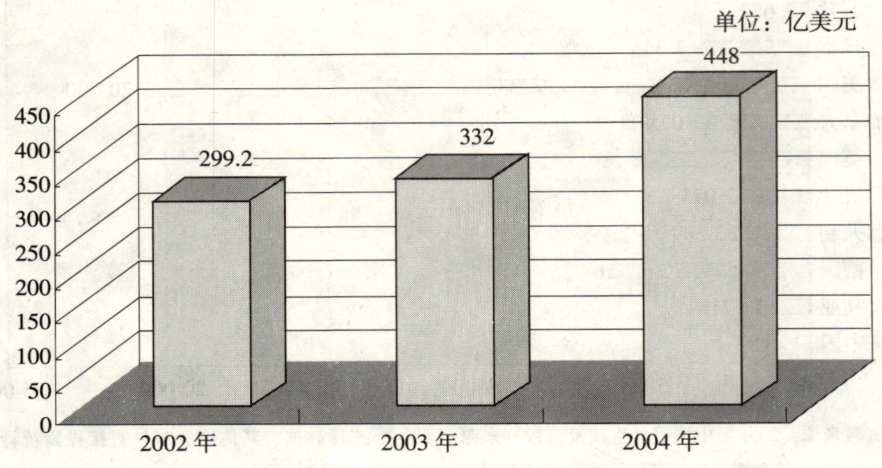

图 5-3 2002—2004 年中国对外直接投资存量情况

2. 从行业分布情况看，以投资控股为主的商务服务业占存量的 1/3 强。

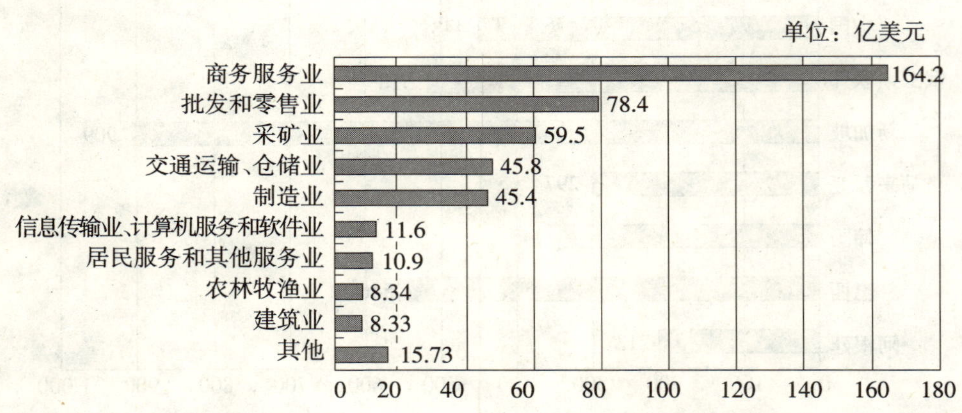

图 5-4 2004 年中国对外直接投资存量分行业情况

(1) 商务服务业（主要为投资控股）164.2 亿美元，占 36.7%。

(2) 批发和零售业 78.4 亿美元，占 17.5%，即进出口贸易类的投资。

(3) 采矿业 59.5 亿美元，占 13.3%，主要是石油和天然气开采业、黑色金属、有色金属矿采选业。

（4）交通运输、仓储业45.8亿美元，占10.2%，主要是水上运输业。

（5）制造业45.4亿美元，占10%，主要分布在通信设备、计算机及其他电子设备制造业、纺织业、交通运输设备制造业、医药制造业、黑色金属冶炼及压延加工业（如钢、铁）、有色金属冶炼及压延加工业（如铜、锌、铅、镍等）、电器机械及器材制造业等。

（6）信息传输业、计算机服务和软件业11.6亿美元，占2.6%，主要是电信和其他信息传输服务业的投资。

（7）居民服务和其他服务业10.9亿美元，占2.4%，主要为其他服务业的投资。

（8）农、林、牧、渔业8.34亿美元，占1.9%，主要是对农业的投资。

（9）建筑业8.33亿美元，占1.8%。

（10）其他行业15.73亿美元，占3.5%。

3. 我国在亚洲的直接投资存量占七成以上，香港地区是存量最集中的地区。

（1）亚洲地区存量334.2亿美元，占74.6%，主要分布在香港地区304亿美元，占68%，以后依次为澳门地区、韩国、新加坡、泰国、越南、日本、马来西亚、印度尼西亚。

（2）拉丁美洲存量82.7亿美元，占18.5%，主要分布在英属维尔京群岛、开曼群岛、秘鲁、墨西哥等。

（3）北美洲9.1亿美元，占2.4%，主要分布在美国、百慕大群岛、加拿大。

（4）欧洲地区7.5亿美元，占1.7%，主要分布在西班牙、俄罗斯、英国、德国。

（5）非洲地区9亿美元，占2%，主要分布在苏丹、赞比亚等。

（6）大洋洲5.4亿美元，占1.1%，主要分布在澳大利亚、新西兰。

4. 中央管理的企业占存量的83.7%，地方省市区的投资规模及所占比重均有所增加。从存量规模上看，截至2004年年底，地方省市区的投资存量为65亿美元，较上年增加28亿美元；广东省雄居榜首，以后依次为上海市、北京市、山东省、江苏省、浙江省、福建省、河北省、黑龙江省。从所占比重看，2004年地方省市区存量占14.5%，较上年提高3个百分点。

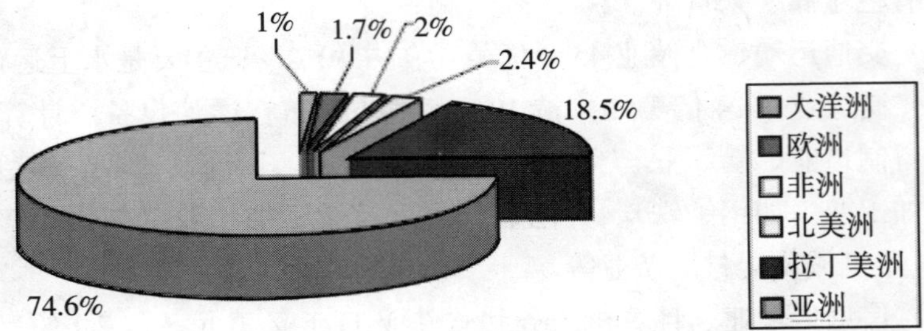

图 5－5　截至 2004 年对外直接投资额按地区分布情况

表 5－1　截至 2004 年中国累计对外直接投资净额前 20 位的国家（地区）

单位：亿美元

序　号	国家（地区）	累计净额
01	香港特别行政区	303.93
02	开曼群岛	66.60
03	英属维尔京群岛	10.89
04	美国	6.70
05	澳门特别行政区	6.25
06	韩国	5.62
07	澳大利亚	4.95
08	新加坡	2.41
09	百慕大群岛	1.85
10	泰国	1.82
11	苏丹	1.72
12	越南	1.60
13	赞比亚	1.48
14	日本	1.39
15	德国	1.29
16	西班牙	1.23
17	秘鲁	1.26
18	墨西哥	1.25

续表

序　　号	国家（地区）	累计净额
19	俄罗斯联邦	1.23
20	马来西亚	1.23

5. 按对外直接投资额排序前 30 位的中国跨国公司拥有投资存量的 80.4%，存量为 360.2 亿美元。

第二节　近年来我国对外直接投资的流量分析

根据商务部公布的 2004 年度中国对外直接投资统计公报和最新报道。2004 年度，中国对外直接投资总额为 55.3 亿美元，扣除对外直接投资企业对境内投资主体的反向投资，投资净额为 55 亿美元，较 2003 年增长 393%。而 2005 年 1 至 11 月份，我国非金融类直接投资为 56.5 亿美元，超过了 2004 年全年 55 亿美元的投资额。

从图 5－6 和图 5－7 可知，在 2004 年中，与发达国家相比，中国的对外直接投资仍然处于一个较低水平，但与发展中国家相比，已经处于一个领先的水平了。下面我们来分析 2004 年我国对外直接投资的一些主要特征。

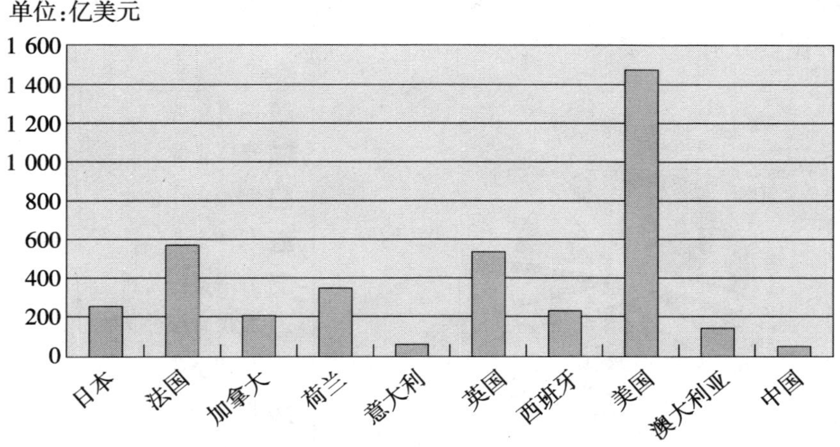

资料来源：2004 年中国对外直接投资数据来源于商务部统计数据，其他国家对外直接投资统计数据为 2003 年统计数据，来源于联合国贸发会议 2004 年世界投资报告。

图 5－6　中国与发达国家对外直接投资情况比较

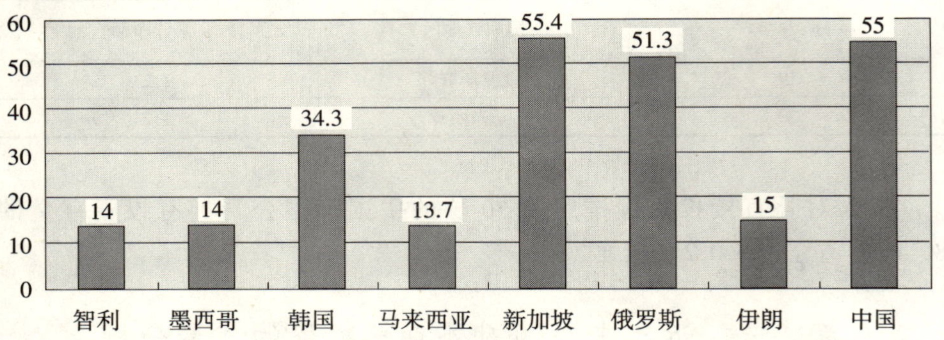

资料来源：2004年中国对外直接投资数据来源于商务部统计数据，其他国家对外直接投资统计数据为2003年统计数据，来源于联合国贸发会议2004年世界投资报告。

图 5-7　中国与发展中国家对外直接投资比较

一、中国对外直接投资的境内主体特点

1. 投资主体多元化，国有企业所占比重下降。2004年，国有企业占整个境内投资主体的比重由上年的43%降至35%，而有限责任公司及私营企业对外投资比重分别上升了8%和2%。

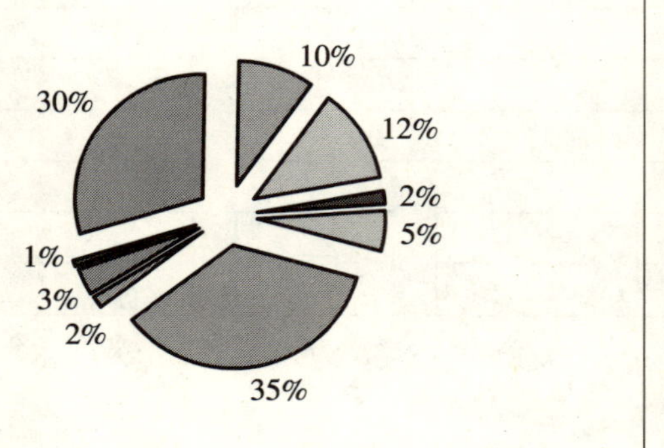

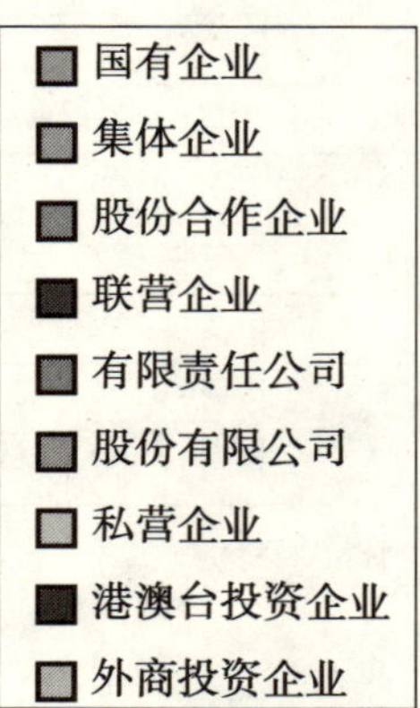

图 5-8　境内投资主体按企业登记注册类型分布情况

2. 中央管理的企业仅占投资主体的4.2%；31个省、自治区、直辖市，5个计划单列市，新疆生产建设兵团，占境内投资主体总数的95.8%。浙江省、广东省、山东省、福建省、江苏省、上海市的境内主体数量占整个境内投资总数的60%；浙江省的境内投资主体数量居首位，共682家，占境内主体总数的23%。70%的私营企业投资主体来自浙江、福建两省。

3. 从境内投资主体的行业分布看，制造业、批发零售业比例最大。

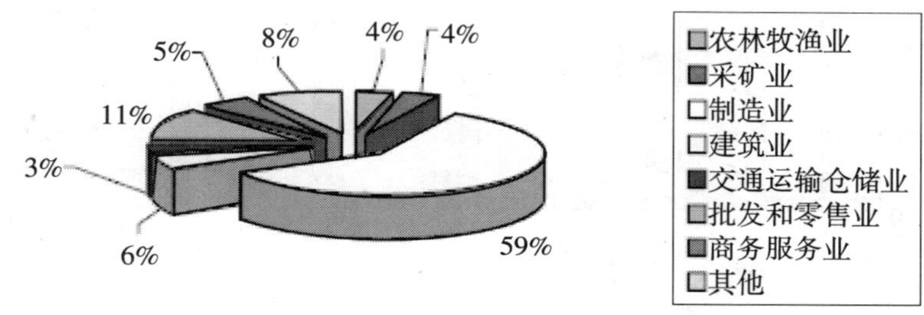

图 5-9 2004年境内投资主体分行业构成情况

二、中国对外直接投资企业的特点

根据5 163家中国对外直接投资企业的统计资料汇总显示：到2004年年底，中国累计对外直接投资净额448亿美元。其中，2004年对外直接投资净额55亿美元。

中国的对外直接投资企业（以下简称境外企业）共分布在全球149个国家和地区，占全球国家（地区）的71%。其中亚洲、欧洲地区投资覆盖率分别达到91%和80%。

1. 从境外企业的国别（地区）分布来看，香港地区、美国、俄罗斯、日本、德国、澳大利亚的聚集程度最高，集中了境外企业的43%；其中香港地区为17%。

2. 从境外企业的行业分布情况看，制造业、商务服务业、批发和零售业、建筑业占境外企业总数的75%。

3. 从境外企业的设立方式情况看，子公司及分支机构占境外企业数量的96.6%，联营公司仅占3.4%。

4. 地方省市区及新疆生产建设兵团拥有的境外企业数量占88%。

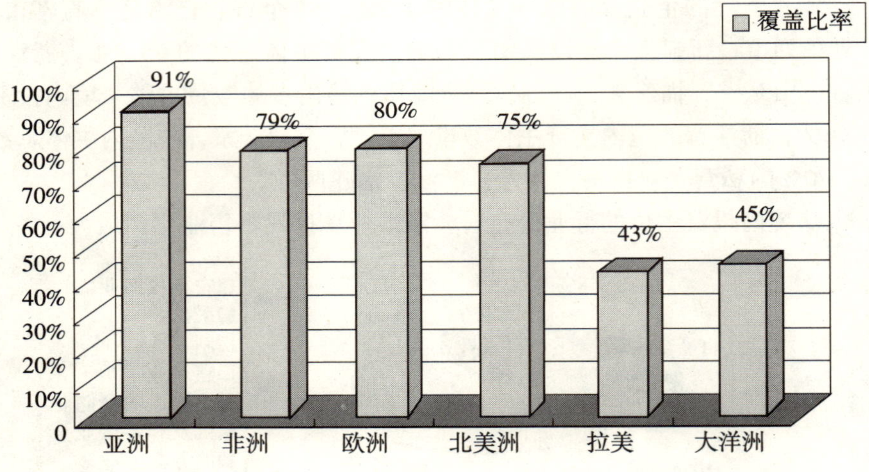

图 5－10　2004 年境外企业世界各地区覆盖比率

三、中国对外直接投资的特点

1. 投资规模快速增长。2004 年，为了推进对外投资便利化的进程，商务部根据《行政许可法》和《国务院关于投资体制改革的决定》，在 2003 年行政审批改革试点的基础上，下发了《关于境外投资开办企业核准事项的规定》，并与国务院港澳办联合下发了《关于内地企业赴香港、澳门投资开办企业核准事项的规定》。上述规定在全国范围内下放境外投资核准权限，简化手续，进一步体现了在市场化原则下国家投资体制改革的精神和政府职能转变的要求，对推动中国企业对外投资起到了积极的促进作用。与此同时，商务部联合外交部或单独制定发布了《对外投资国别产业导向目录（一）》、印发了《在拉美地区开展纺织加工贸易类投资国别导向目录》、《在亚洲地区开展纺织服装加工贸易类投资国别指导目录》，积极引导企业开展对外投资活动，为企业境外投资创造了良好的服务环境。2004 年对外直接投资流量 55 亿美元，同比增长 93%。

2. 当期利润再投资占投资流量的一半。从 2004 年对外直接投资额的构成情况看，其中股本投资 17 亿美元，占 31%；当期利润再投资 28.5 亿美元，占 52%；其他投资 9.5 亿美元，占 17%。

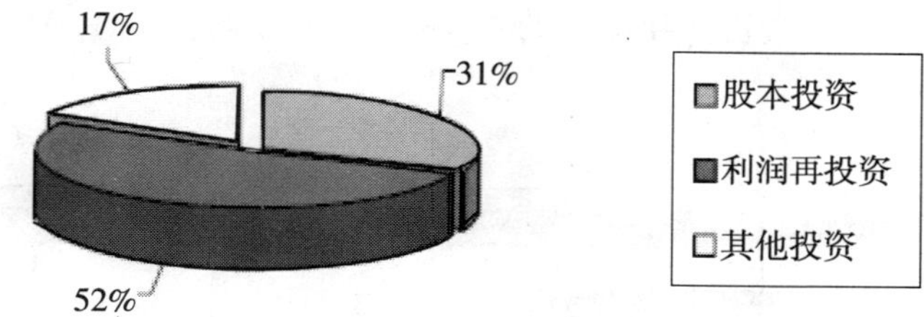

图 5-11 2004 年对外直接投资额构成情况

3. 投资行业分布广泛。

(1) 采矿业 18 亿美元，占 32.7%，主要是石油和天然气开采业的投资。

(2) 交通运输、仓储业 8.3 亿美元，占 15.1%。

(3) 批发和零售业 8 亿美元，占 14.5%。

(4) 制造业 7.6 亿美元，占 13.8%，主要是通信设备、计算机及其他电子设备制造业、纺织业、食品制造业、医药制造业等。

(5) 商务服务业 7.5 亿美元，占 13.6%。

(6) 农、林、牧、渔业 2.9 亿美元，占 5.3%，主要是农业方面的投资。

(7) 其他行业 2.7 亿美元，占 5%。

4. 对亚洲地区的投资占当年对外直接投资额的五成以上，香港仍是投资热点地区。

(1) 亚洲 30 亿美元，占当年对外直接投资净额的 54.6%。其中，香港特区 26.3 亿美元，以下依次为印度尼西亚、新加坡、韩国、蒙古、柬埔寨、澳门特区、泰国。

(2) 拉丁美洲 17.6 亿美元，占 32%。主要流向开曼群岛、英属维尔京群岛。

(3) 非洲 3.17 亿美元，占 5.8%。主要流向苏丹、尼日利亚、南非、马达加斯加、几内亚等国家。

(4) 欧洲 1.7 亿美元，占 3.1%。主要流向俄罗斯、英国、德国、法国。

(5) 北美洲 1.26 亿美元，占 2.3%。主要流向美国。

(6) 大洋洲 1.2 亿美元，占 2.2%。主要流向澳大利亚。

5. 地方省市区的投资流量与上年相比增长较快。2004 年，地方省市区对外投资额为 9.73 亿美元，较上年增长 28.5%。其中，上海、北京、广东三省市投资最为活跃，当年对外直接投资额均在 1 亿美元以上。以下依次为山东、浙江、江苏、黑龙江、辽宁、新疆生产建设兵团等。

6. 私营企业投资占当年流量的 1.5%。

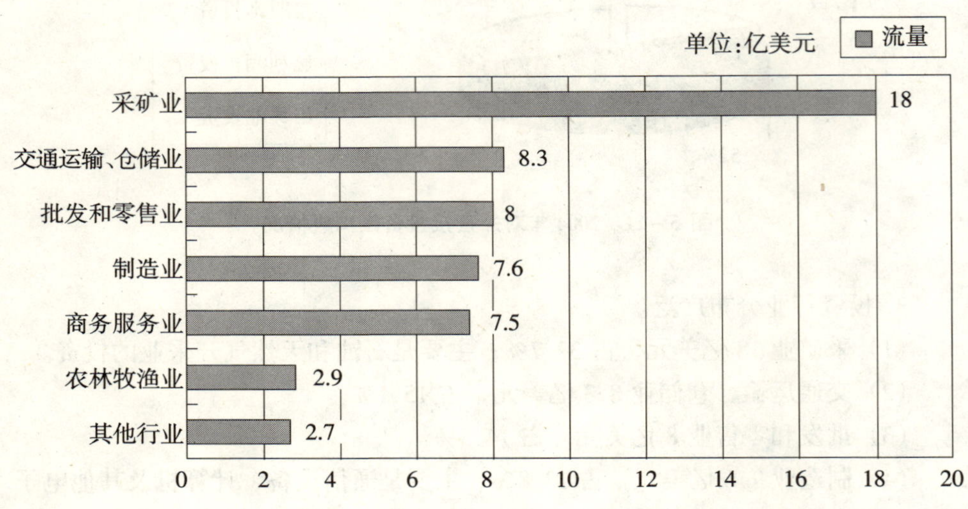

图 5-12 2004 年对外直接投资行业分布情况

表 5-2 2004 年中国对外直接投资净额流向前 10 位国家（地区）

单位：亿美元

序号	国家（地区）	金额
1	香港特别行政区	26.29
2	开曼群岛	12.86
3	英属维尔京群岛	3.86
4	苏丹	1.47
5	澳大利亚	1.25
6	美国	1.20
7	俄罗斯联邦	0.77
8	印度尼西亚	0.62
9	新加坡	0.48
10	尼日利亚	0.46

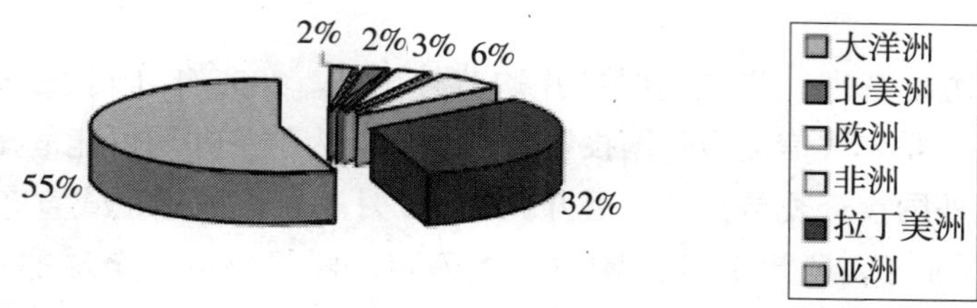

图 5-13 2004年对外直接投资地区构成情况

第三节 对外直接投资中几个值得关注的问题

在我国的对外直接投资中，有几个值得关注的问题，如对外直接投资的动因、跨国并购以及政府的政策导向等。

一、我国对外直接投资的动因

从上一节有关2004年我国对外直接投资的行业分布来看，我国对外直接投资主要分布在采矿业、制造业、信息和通信等方面。从这一具体事实可知，我国对外直接投资的动因主要有两个方面：一方面是国内稀缺的资源；另一方面是国内部分行业的生产能力过剩。

二、跨国并购

根据商务部2005年的最新统计，跨国并购已经成为我国对外直接投资的主要形式，对外并购主要集中在电讯、汽车、资源开发等领域。2005年中国企业首次在海外进行大规模的并购活动，下面我们将给出主要的案例。

1. 2003年4月，联想全球换标。与此同时，联想开始规划全球化战略。换标之后，联想开始把PC及一些外设销往欧洲，甚至北美市场。

2004年初，联想开始了与IBM的谈判。12月双方达成协议，联想以12.5亿美元的现金和股票收购知名品牌IBM的全球台式电脑和笔记本业务，从而组建成世界第三大个人电脑制造厂商。届时，IBM将持有联想集团18.9%的股份，成为联想的第二大股东。此外，还有5亿美元的净负债转到联想名下，交易总额达到17.5亿美元。此次并购意味着联想的个人电脑年出货量将达1 190万台，销售额将达120亿美元，从而使联想在目前个人电脑业务规模基础上增长4倍。

就在双方准备进一步磋商时，并购节外生枝。2005年1月26日，3名美国共和党议员联名致信美国外国投资委员会，认为这一并购可能危及美国国家安全，美国外国投资委员会正式展开调查。5月1日，联想正式宣布完成收购IBM全球PC业务，联想IBM并购案尘埃落定。联想将成为全球的三大PC制造商。

2. 2005年9月，经历历时一年多的谈判，中石油和中石化共同组成的中国石油投资集团——安第斯石油公司，将以现金形式收购加拿大石油公司在厄瓜多尔的石油资产和管道资产，总价为14.2亿美元。厄瓜多尔是产油大国，原油日产量约为20万桶，石油产品出口额占全国总出口额的40%以上。中国石油、中国石化收购加拿大石油公司的资产包括三个区块，共计日产原油7 200桶。有关专家认为，此项交易将进一步加强中国与南美洲的能源联系。

3. 2005年10月26日，中石油获得加拿大阿尔伯塔省卡尔加里地方法院不带任何条件的最终裁决，100%收购PK公司。这标志着中石油最终完成了收购PK公司的全部法律程序，双方并已完成了交割。PK公司是在加拿大注册的国际石油公司，油气田、炼厂等资产全部在哈萨克斯坦境内，年原油生产能力超过700万吨。PK公司在哈拥有12个油田的权益，6个区块的勘探许可证，具有较大的勘探潜力。

根据中石油提出的收购条件，中油国际以每股55美元现金要约购买PK公司所有上市股份。这一报价总价值约为41.8亿美元，是迄今为止中国企业最大的海外并购案。至此，中石油海外油气资源计划初战告捷，中石油将因此增长1.5%的储量，产量也将大增3%。中石油将加强勘探，提升公司的作业水平，增加在哈油气领域的投资、加快PK项目发展。

据悉，中石油成功收购PK公司后，选择与哈萨克斯坦国家石油公司合作经营和管理PK项目。哈达克斯坦国家石油公司将获得为保持国家对矿产资源开发活动的战略控制所需的PK公司的部分股份，并获得在对等条件下联合管理PK公司奇姆肯特炼厂和成品油的权利。

4. 2005年11月14日，海航集团董事长陈峰正式进驻中富航空有限公司担任董事长。此次海航的收购以收购股份的方式进行，目前双方正在就收购中富航空60%的股权进行深入谈判。海航将成为内地第一个拥有香港基地的航空公司。

这次航空领域的京港联姻据称“中富航空主动投怀送抱”。至于中富何以相中海南航空，中富航空主席叶长青对媒体坦诚，公司的战略重点是拓展连接香港与国内二线城市的航空运输业务，弥补香港航空市场的空缺，并与现有的大型航空公司的航线互为补充，良性竞争。

三、政府的政策导向

就目前来看，一方面，中国的企业实力还不太强，法人治理结构尚未形成；另一方面，中国企业缺乏国际经营能力，抗国际风险能力也不够强。因此，政府不鼓励盲目对外直接投资和对外扩张。当前政府支持中国企业走出去的领域主要有：能源、农林业、加工制造业、服务业、基础设施以及工程承包等。之所以选择对这些领域进行直接投资，其方针是：

农业、林业方面，过去我国较少进行对外直接投资，主要还是经济援助项目，但中国农林种植能力强，具有这方面的优势。此外，农业、林业的对外投资还能带动劳务输出。

在加工制造领域，中国尤其在轻工业制造、电子、信息等方面具有优势，故鼓励到有条件的国家和地区建立生产基地，开展国际化经营。

在能源和矿产能源等方面，为保证国内经济的持续发展，有必要参加境外在这方面资源的合作开发。

政府还鼓励中国企业参与对方国家交通、水利、电力、通讯等基础设施建设。

此外，还支持企业在境外建立研究开发机构，吸取境外科技智力资源，提高创新能力。

第四节　资本外逃

经济学家常常把资本外逃定义为来自资本稀缺的发展中国家的净的未被记录的资本流出。

一、资本外逃的含义

资本外逃是一种复杂的现象，它基本上无法被观察到。如何才能理解这种复杂的现象呢？经济学家常常采用的一种策略是把它从资本流出中区别出来。要做到这一点，一种识别的方法是把资本外逃定义为违法的资本流出，而资本流出是合法的。另一种方法是把资本外逃定义为未被记录的交易项，如货币的走私，而资本流出定义为记录的交易项。

另一种策略是不做任何区分，而把资本外逃看成是一种残差项，或净的未被记录的资本流出。这一假定是由于资本外逃混入在资本流出中。因此，资本外逃并不容易从资本流出中区分开来。所以，我们仅仅把资本外逃看成是在能合理解释的资本和外汇流动后的一种残差项。从这样一种意义上讲，资本外逃代表能够被国内经济所使用来促进经济活动的资源的损失。

为了区分资本外逃和资本流出，经济学家运用了这样一些判别标准，如资本流动的数量、动机和方向。虽然我们这里单独来分析这三种情况，但实际上它们是相互关联的。

1. 从数量角度来识别资本外逃。从数量角度来看，资本流出可分为正常或不正常。正常的资本流出被看成是组合投资的分散化。相反，非正常的资本流出常常是一种突然的或离散的流出。这些非正常的资本流出是由于国外的或国内的不利因素引起的。此外，非正常的资本流出常常发生在较大的资本流出的这段时期。然而，当资本流出是由于国外存在高收益的投资机会时，它被认为是正常的流动。从这种意义上讲，就不存在资本外逃。

Kindleberger（1937）和 Walter（1987）认为，当资本流出是由于一些对资本的不公平对待或是出于一种担心或害怕，如像资本价值的巨大损失，这时资本流出就是资本外逃。例如，当资本持有者怀疑国内会有对资本不利的大的经济政策的改变时，资本流出就会突然发生。在这样一种情况下，这种资本流出被定义为资本外逃。再者，由于经济或金融恐慌或感染的羊群效应，由此引起的资本流出也被视为资本外逃。简言之，从数量角度来看，资本流出的数量是定义资本外逃的关键指示器。同样，出于对未来会出现本币大的贬值或政府巨大的财政赤字考虑，也会引起资本外逃，1997 年 7 月东南亚金融危机就是一个典型的例证。

一些经济学家把风险的概念扩展到包含如政治不稳定和风险、和平和战争等这样一些情况。在这些情况下，就可能存在不正常的资本流出，因此，可把它们视为资本外逃。

关于热钱的定义，Cuddington（1986）提出了一个具有可操作的非正常的资本流出的定义，即他把热钱（hot money）或短期资本流出视为资本外逃。更具体地讲，他把资本外逃定义为短期的投机资本流出。他认为，热钱是那些能对政治和金融危机、重税、资本控制加大、大的货币贬值以及对实际或早期的恶性通货膨胀做出反应的资金。

后来一些经济学家扩展了 Cuddington 的有关热钱的定义。他们对热钱的定义中包括了长期资本，例如长期的国家债券。这是因为长期的政府债券在二级债券市场上进行交易并不困难。因此，当一个国家的政治风险加大或出现经济危机，以致持有这一国家债券变得缺少吸引力，其国债的持有者能够抛出国债，并把其卖出国债的资金转移到外国。在这种情况下，存在突发的资本流出，因此可把这种资本流出定义为资本外逃。

2. 从动机角度，资本流出极可能是由于国内居民想要为他们的资本获得所希望的收益，寻求逃避税收，或政府当局对资本流动和外汇控制等原因所致。经济学家认为，为获得所希望的收益而产生的资本流出是正常的资本流出；但寻求逃避税收或政府控制下的资本流出是非正常的资本流出，它就是资本外逃。

Walter（1987，1990）从动机角度定义了资本外逃：如果动机是纯属经济性质，如资本流向外国寻求所希望的收益，那么，资本流出不能被定义为资本外逃；但是动机是为了避免政府税收或政府控制，甚至保守自己拥有资本的秘密，那么，这样的资本流出就是资本外逃。

Dooley（1986）认为识别资本外逃的指导原则是放置在国外的资本是否出于逃避国内当局对资本控制的动机，如果是这样的，那么资本流出就是资本外逃。Dooley（1986）定义的资本外逃，是居民愿意获得在国内当局控制之外的金融资产以及从这些资产上赚得的收益的动机。经济学家认为 Dooley 的定义是一种纯粹的资本外逃。

3. 从资本流动的方向来识别资本外逃。

当资本流动是双向的，就不存在着资本外逃的推论。当经济是对外开放的，这种双向的资本流动是正常的流动。另一方面，当资本的流动主要是资本流出，这就存在非正常性流动的假定。也就是说，一国出现大的净资本流出，往往是出于国内经济风险增大、经济危机、政府政策的不确定性以及一些不利条件所致。在这样一种情况下，净的流出是非正常的，可视为资本外逃。

国际清算银行（BIS，1984）和 Hermes 和 Lensink（1992）提出从资本流动方向来识别资本外逃的另一种观点是镜像统计（mirror statistic）。

Hermes 和 Lensink 定义资本外逃为在外国银行里的一个国家非银行居民的资产的变化。也就是说，居民持有外国银行账户，因此，居民在外国银行账户上的资本就是资本外逃。值得注意的是，这种运用银行账户中的信息来测定资本外逃的方法，实际上是假定私人持有的资产仅有一种形式——即银行存款。

此外，这种方法还假定，在外国银行账户中，存款者的国籍是报告了的和明确的，但在实践中，这也许并不可靠。

不过，还有一些经济学家和国际组织（如 Erbe，1985；Morgan Guaranty，1986；World Bank 1985）提出了不同的识别资本外逃的方法。他们把资本外逃定义为净的未被记录的资本流出。这一定义常常被称为残差项定义或资本外逃的广义的定义。

残差项定义被认为是对资本外逃笼统的估计，它包括短期资本（热钱）和长期资本（冷钱）的流出。从概念上讲，国际收支表上的净误差项和遗漏应该记录了残差。由于有未被记录和违法的资本流出的缘故，因此，经济学家把净误差和遗漏从测定资本外逃中排除出去。

更进一步讲，尽管残差项定义能识别资本的方向，但它不能识别从数量或动机方面的任何性质。

二、资本外逃的测定

有不同的资本外逃的定义就必然有不同的测定资本外逃的方法，这也意味着会得到不同的估计值。不过，如果我们手中拥有可靠的数据资料，对所有的不同测定方法来讲，就有可能获得一个可信的结果。

根据 Beja.Jr.（2005）的归纳和总结，按照不同的资本外逃的定义，虽然有不同的测定方法，但可以把这些方法归纳为两大类：直接法和间接法。直接法又可细分为派生法（derived method）和残差项法（residual method）。前者之所以称为派生法，这是由于它能把初次测定的资本外逃估计值的结果，经过归为国内居民的外国资产总量对此结果进行调整后获得资本外逃。后者之所以称为残差项法，这是因为在对所有资本流入和记录的外汇流出做出解释后所得到的结果，这一结果就称为资本外逃。下面将讨论这些测定方法。

（一）直接法

1. 热钱或狭义的测定。根据 Cuddington（1986）有关热钱的定义，资本外逃应是国际收支表上其他部门的短期资本项（用 SK_t 表示，在 IMF 国际收支表上的线 93～97 项下）和误差与遗漏项（用 EO_t 表示，在 IMF 国际收支表上的线 112 项下）的总和。热钱并不包括长期资本项，但 Cuddingtor 在资本外逃测定中包括了 EO_t 项，因为他认为这一项能够对未被记录的 SK_t 流出做出解释。所以有：

$$KF_{H,t} = -SK_t - EO_t \tag{5.1}$$

式中，$KF_{H,t}$表示热钱，即资本外逃。对式（5.1），还有两种经过调整的变换式：

$$KF_{H,t} = -SKI_t - EO_t \tag{5.2}$$

$$KF_{H,t} = -SK_t - (PORTI_t + PORT_t) - EO_t \tag{5.3}$$

式中，SKI_t 仅表示其他资产（在 IMFBOP 线 94 项下）；$PORTI_t$ 是净的组合其他债券（在 IMFBOP 线 56～58 项下）和公司股本（在 IMFBOP 线 59～61 项下）；$PORT_t$ 表示净的组合资产的股本（在 IMFBOP 线 59～61 项下）。

在对热钱（资本外逃）的狭义测定中，式（5.2）是最为狭窄的狭义测定，式（5.1）是适中的狭义测定，式（5.3）是最为宽泛的狭义测定。

2. 镜像统计测定或 BIS 测定方法。BIS 方法运用了对 BIS 报告银行存款信息国家的数据来作为测定私人外国资产或资本外逃。但是不足之处是，BIS 大约只有 24 个国家的这方面的数据资料，而且如前所述，其存款者的国别身份可能存在虚假情况。

一种替代的方式是把 IMF 国际金融统计上的数据运用到 BIS 方法来测定资本外逃。通过运用 IMF 数据中的外国银行里的国内居民货币存款的变化和包括外汇汇率调整的资料，我们就能获得在 BIS 方法下的资本外逃的估计值。

一些经济学家运用年度的资本流出到外国存款账户的资料，这一资料等同于记录的外国银行货币存款的增加。还有的经济学家把私人资产作为对资本外逃的测定。

（二）间接法：派生法

1. Dooley 的测定。Dooley（1986）把测定资本外逃分为三个步骤：

第一步是获得总的资本流出的存量（TKO），然后运用从世界银行的世界债务表（WDT）中获得的外债数据和从国际收支表（BOP）中获得的数据之间的差作为对债务数据差异的一个调整，用它来调整 TKO。

$$TKO_t = RCNR_t(\text{没有 FDI}) + DiffWBIMF_t \tag{5.4}$$

式中，$DiffWBIMF_t = WDT_t$ 数据减去 IMF 数据（在 IMFBOP 线 62～68 项上），$RCNR_t$（没有 FDI）是累积记录的非居民对非 FDI 的权益。

因此，当 $DiffWBIMF_t$ 是正的，相对于 WDT_t，BOP 上的总外债被低估了，反之反是。把外债的差异加到 TKO_t 上，其目的是为了得到更为精确的资本流动的数据。还要值得注意的是，如何把存量变成流量，并把这一结果与实际流量相比较。因为对这些数据的运用存在不同的看法，但是在这里，我们仅指出的是，由于存在不同的数据解释模型，因此资本外逃的估计值也不尽相同。

第二步是估算总的记录的外国资产（EA），运用在 BOP 上报告的外国资产的利息总收入（INTEARN）（在 IMFBOP 线 15、17 和 19 项上），并使用利率

$$EA_t = \frac{INTEARN_t}{r_t} \tag{5.5}$$

式中，r 可以是美国 90 天国债利率（在 IFS 中美国的线 60c ~ zf 项上）；ΔEA_t 为国债资产的流量。

最后一步是式（5.4）减去式（5.5），以获得 Dooley 的对（净存量形式）资本外逃的估计值。

$$KF_{D,t} = TKO_t - EA_t \tag{5.6}$$

$\Delta KF_{D,t}$给出的是流量的数值。

遵循 BOP 原则，式（5.4）等同于下面的残差项方法。Dooley（1986）、Hermes 等（2003）、Murinde 等（1996）在他们有关 ΔTKO_t 方程中包含于 EO_t。即：

$$\Delta TKO_t = ED_t + NEI_t - CA_t - \Delta RES_t - EO_t + DiffWBIMF_t \tag{5.7}$$

式中，$RCNR_t$（不包括 FDI_t）$\equiv ED_t + NEI_t - CA_t - \Delta RES_t - EO_t$

然而，在 Dooley（1986）和一些经济学家的早期研究中，在公式中并不包括 EO_t 项。即：

$$\Delta TKO_t = ED_t + NFI_t - CA_t - \Delta RES_t + DiffWBIMF_t \tag{5.8}$$

Beja.Jr.（2005）认为，式（5.8）等同于式（5.7），因而是对 ΔTKO_t 的正确识别。

第二步和第三步与上述相同，但是这里考虑的是流量 $KF_{D,t} = \Delta TKO_t - \Delta EA_t$ (5.9)

另一种替代 Dooley 测定的方法是 Khan 和 Haque（1987）提出的。他们运用了 Dooley 流量方法，但定义 ΔTKO_t 仅等于 SK_t，在这一点上有点类似 Cuddington 的测定。其余的过程如上所述，因而：

$$\Delta TKO_t = SK_t \tag{5.10}$$

$$KF_{KH,t} = SK_t - \Delta EA_t \tag{5.11}$$

2. 贸易的误开发票。系统的误开贸易发票的大小也能够用来测定资本外逃。例如，出口商的低开发票和进口商的高开发票也是一种资本外逃的渠道。从技术上讲，进口的低开发票实际上是一种走私，它是一种负的资本外逃的形式。当政府对出口按出口收益份额比例提出奖励时，这时可能就会发生出口高

开发票。

经济学家常用下面的方法来计算贸易误开发票的数值大小。这种方法共分为三个步骤：

第一步，运用IMF的Director of Trade Statistics（DOT）的数据，来获得一个国家与它的主要贸易伙伴国之间的出口和进口的差异，即：

$$DX_t = PX_t - CIF_t \cdot X_t \tag{5.12}$$

$$DM_t = M_t - CIF_t \cdot PM_t \tag{5.13}$$

式中，DX_t 和 DM_t 分别表示一个国家与它的贸易伙伴国之间的总的出口和进口差异。PX_t 是来自贸易伙伴国从这一国家的进口总值，PM_t 是同一贸易伙伴国对这一国家的出口总值。而 X_t 和 M_t 分别是一个国家来自贸易伙伴国的有记载的出口和进口。CIF或cif /fob是用于调整货运和保险成本的调整系数。

第二步，用一个国家总的出口和进口中的主要贸易伙伴国的份额的倒数，去乘式（5.12）和式（5.13），就可以获得全球出口差异（MISX）和进口差异（MISM）。对于贸易伙伴国的选择，经济学家常选择工业化国家，这是因为从工业化国家中可以获得比非工业化国家来讲更准确的数据资料。由此得到：

$$MISX_t = \frac{DX_t}{XINDUS_t} \tag{5.14}$$

$$MISM_t = \frac{DM_t}{MINDUS_t} \tag{5.15}$$

式中，$XINDUS_t$ 代表一个国家出口中工业化国家所占的份额，$MINDUS_t$ 代表一个国家进口中工业化国家所占的份额。

最后一步，从第二步中所获得的总的出口和进口差异（MIS）可看做是资本外逃，即：

$$KF_{MIS,t} = MIS_t = MISX_t + MISM_t \tag{5.16}$$

（三）间接法：残差项或广义测定法

残差项或广义测定法考虑到了有记录的资本流入（如 $\Delta DEBT_t$ 和 $NFIT_t$）和有记录的外汇流出（如 CA_t 和 ΔRES_t）。有两种测定资本外逃的残差项方法：世界银行法（1985）和Morgan Guaranty（1985）法。下面分别介绍这两种方法。

1. 世界银行法。世界银行用下列公式来估计资本外逃：

$$KF_{WB,t} = \Delta DEBT_t + NFI_t - CA_t - \Delta RES_t \tag{5.17}$$

式中，$\Delta DEBT_t$ 是公共和私人外债的变化，包含了 $LTDEBT_t$ 和 $STDEBT_t$。$\Delta DEBT_t$ 等同于 $ED_t + DiffWBIMF_t$。

一些经济学家对世界银行法有一些不同的看法，并对此公式做出了自己的修正。例如，Eggerstedt 等（1995）从式中剔除了公共部门的 $\Delta PUBLC_t$，得到：

$$KF_{F,t} = KF_{WB,t} - \Delta PUBLC_t \tag{5.18}$$

他们认为，由于包含了使用政府资金的政府控制的公司，世界银行高估了资本外逃。Eggerstedt 等还认为，$\Delta PUBLC_t$ 就像是另一种形式的 ΔRES_t。这是因为 $\Delta PUBLC_t$ 不像私人累积的外国资产，它是在政府的控制之下，所以不应看做是资本外逃。由此，在资本外逃的范畴内不应包含 $\Delta PUBLC_t$。

与 Eggerstedt 等类似，Conesa（1987）从式（5.17）中剔除了官方或公共部门资产（$ASSETS_{public,t}$）的变化，得到：

$$KF_{E,t} = KF_{WB,t} - \Delta ASSETS_{public,t} \tag{5.19}$$

Conesa 的方法实际上是 Eggerstedt 的方法的延展，不仅是政府拥有的公司而是整个公共部门都不应该包含在资本外逃的范畴内。换句话说，涉及外汇交易的公共部门的活动是一种官方的交易，因此不应该成为构成资本外逃的一个部分。

当然还有其他修正的模型，可参阅 Zedillo（1987）等人的文章，这里就不一一描述。

2. Morgan Guaranty 测定法。Morgan Guaranty（1985）方法是从世界银行测定法中剔除银行部门外国资产的变化（$\Delta BANKS$）。其表达式如下：

$$KF_{MG,t} = \Delta DEBT_t + NET_t - CA_t - \Delta RES_t - \Delta BANKS_t \tag{5.20}$$

从式（5.20）中剔除 $\Delta BANKS_t$ 的理由是，Morgan Guaranty 认为银行部门累积的外国资产或它所包含的内部并不构成资本外逃。事实上，Morgan Guaranty 并不能合理解释为什么要排除 $\Delta BANKS_t$。

当然还存在许多修正的 Morgan Guaranty 方法，可参阅 Cline（1987）、Pastor（1990）等人的文章。

以上所述的直接法和间接法通称为基准测定法。当可得到的数据资料可靠时，就可以得到良好的资本外逃估计值。当收集的报告数据存在问题时，比如说数据有误差，这些误差会影响到经常项目和资本项目。因此，在存在大的数据误差时，就有必要对经常项目或资本项目或两者进行调整。有关对这两个项目如何调整，可参阅 Boyce 和 Ndikumana（2001）、Chang 等（1997）、IMF（1987、1992）、Morgan Guaranty（1985）等的文章。

第六章　中国国际储备

在过去的40年里，国际汇率制度发生了显著的变化，总的趋势是从固定汇率制度向浮动汇率制度转变。根据传统的国际金融理论，从全球角度来看，在这一趋势下，全球国际储备应当减少，但事实是，全球的国际储备与GDP的比率在显著上升。根据Flood和Marion（2002）等经济学家的报告，1960年全球国际储备占GDP的比率为1.7%；1990年为4.1%；2002年为7.8%。特别值得一提的是，这一趋势几乎可以归因于发展中国家最近几年大量和迅速地积累国际储备，尤其是东亚国家和地区。

第一节　世界国际储备概况

一、国际储备的含义

国际储备是一国货币当局持有的、用以弥补国际收支赤字和保持本国货币对外汇率稳定的对外流动性资产。因此，国际储备资产必须具有：（1）广泛性，即能为世界各国普遍承认和接受；（2）稳定性，即其内在价值相对稳定；（3）适应性，即其数量和规模能适应国际经济、贸易和金融的需要。

与国际储备概念密切相关的概念是国际清偿力。在现实生活中，人们容易混淆国际储备与国际清偿力这两个概念。英国《经济大辞典》认为：国际清偿力分为无条件清偿力和有条件清偿力。前者指一国政府或中央银行持有的、能全权处置的国际储备资产；后者除包括前者外，还包括该国政府通过与国际金融机构或其他国家政府之间达成的筹资协议，即有条件地借入外汇或其他金融资产的能力，以及动用私人对外国人的短期债权等方式取得贷款和资金的能力。具体地说，它包括：（1）从国际金融机构和国际金融市场借款的能力；（2）商业银行持有的外汇资产；（3）国际收支出现逆差时，外国人仍持有其货币的意愿；（4）利率提高或利率期限结构变化，在未发生不利于国内经济的条件下，对于鼓励资金内流的程度。因而，有条件的国际清偿力除表示一国金融实力外，还反映一国国际经济地位的高低和它在国际金融市场上的资信程度。

关于国际储备和国际清偿力这两个概念之间的关系，美国经济学家弗·伯格斯坦用三个同心圆的方法作了较为形象的表述。一国政府自有的国际储备（用 *L*1 表示）处于三个同心圆的核心；位于第二圈（用 *L*2 表示）的资产首先是该国政府的无条件提款权，其次是该国政府借入的储备；位于同心圆最外的一圈（用 *L*3 表示）是货币当局可迅速得到的私人部门（特别是商业银行）的短期外汇资产及流动性较差的对外长期债权。三个同心圆中，圆核 *L*1 和 *L*2 的第一层资产之和表示一国的无条件清偿力，即该国的国际储备；*L*2 的第二层资产和 *L*3 则表示一国有条件的国际清偿能力。可见，国际储备与国际清偿力在范围和数量上是既有联系又有区别的两个概念。国际储备包含在国际清偿力之中，可称为狭义的国际清偿力，如图 6－1 所示。

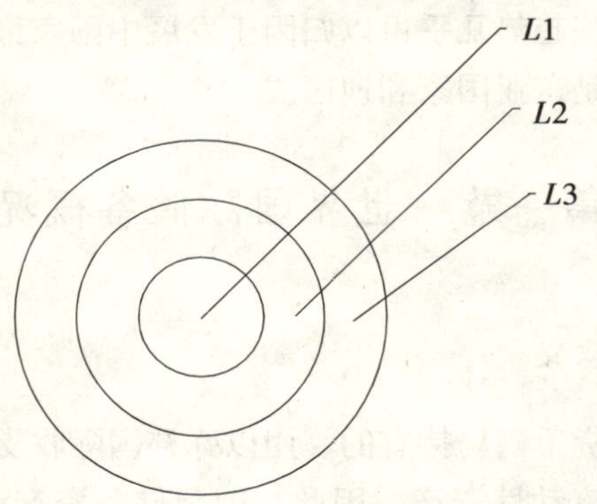

图 6－1　国际清偿力结构

二、世界国际储备结构的演变

国际储备的结构随世界经济、金融的变化而不断变化：

1. 在典型的金本位制下，货币黄金是一国国际储备的主要内容，但即使在那时，黄金在国际储备中的比重也在发生变化。有资料显示，1880 年货币黄金占国际储备的 90.7%，到了 1913 年，货币黄金的比重下降到 81.1%。

2. 在布雷顿森林体制时期，国际储备的构成也在发生变化。在 1970 年以前各国国际储备由货币黄金、外汇储备和各国在基金组织的头寸三部分组成。1950 年三者所占比重分别为 70.2%、26.4%和 3.4%。1970 年开始，国际货币基金组织创设了特别提款权，这样国际储备就在上述三者之外增加了特别提款权这一新的内容。1970 年四者的比重为货币黄金 39.7%、外汇储备 48.6%、特别提款权 8.3%和在基金组织的头寸 3.4%。

3. 布雷顿森林体制后，国际储备仍由上述四方面组成，但呈现出如下的特点：黄金储备的比重在不断下降，外汇储备的比重在不断上升，各国在基金组织的头寸和特别提款权的比重互有增减。

在布雷顿森林体制后，外汇储备币种的变化表现为由单一的美元储备转变为多元的货币储备，其中尤为以日元和马克的比重上升最大。

4. 近年来世界国际储备构成情况。表 6－1 给出了 1999—2004 年世界国际储备的构成。让我们进一步来进行分析：

从表 6－1 中可知，2004 年与 1999 年相比较，包括黄金在内的总的世界国际储备增加了 73.5%。到 2004 年年底，世界国际储备超过了 2.7 万亿特别提款权。国际储备中最大组成部分是外汇储备，2004 年年底超过了 2.4 万亿特别提款权。在 2004 年年末，外汇储备占了国际储备 87.9%的份额。据国际货币基金组织估计，发展中国家持有的外汇储备占总的外汇储备量的 64.9%。

我们再来考察与国际货币基金组织相关的资产。与国际货币基金相关的资产包括特别提款权和在国际货币基金组织中的头寸。据 IMF 估计，在 2004 年年末，工业化国家持有其中 77.4%的份额。

与 2003 年相比较，2004 年黄金储备的市场价值下降了约 1%，总值为 2 539 亿特别提款权。在这一期间，黄金的市场价格仅略微上涨 0.4%，而官方黄金储备数量下降了 1.4%。据 IMF 估计，工业化国家持有大约 82.3%的黄金储备，其余由发展中国家所持有。

表 6－1　　官方持有的储备资产　　单位：10 亿特别提款权

年　份	1999	2000	2001	2002	2003	2004
1. 在国际货币基金组织的储备头寸	54.8	47.4	56.9	66.1	66.5	55.8
2. 特别提款权	18.5	18.5	19.6	19.7	19.9	20.3
3. 外汇储备	1 299.6	1 490.2	1 633.1	1 771.0	2 037.5	2 407.2
4. 黄金						
黄金数量（百万盎司）	967.1	952.1	942.8	930.6	913.1	900.2
按伦敦市场价格计算的黄金价值	204.5	200.6	207.4	234.6	256.4	253.9
5. 总储备	1 577.3	1 756.6	1 916.9	2 091.3	2 380.3	2 737.2

资料来源：《国际货币基金组织 2005 年年报》。

三、世界外汇储备构成分析

外汇储备占了国际储备的绝大部分，因此有必要对它的构成做进一步的分析。

从布雷顿森林体系到现在，国际储备中的货币构成正逐步发生变化。为此，一些经济学家认为，国际储备中的货币构成的渐进变化反映了国际货币体系也正在逐步变化。在布雷顿森林体制时期，美元在国际储备货币中占了主导地位。随后，美元在储备货币中的份额逐渐下降。美国经济学家伯恩斯坦认为，从长时期看，美元在储备货币中的份额下降与美国国民生产总值在世界经济地位中下降是相一致的。特别值得一提的是，在20世纪70年代后期，由于美国出现高通货膨胀和宏观经济的不稳定性，美元一度在储备货币中的份额急剧下降。在1987年至1990年期间，美元在储备货币中的份额再次出现大幅度下降。就其原因来讲，经济学家普遍认为，这主要是由于日元的坚挺和欧洲货币体制的稳固，使得工业化国家在外汇储备中增加日元、德国马克和法国法郎的份额和减少美元的份额所致。这一趋势持续到1992年。1992年，欧洲出现了货币危机，同时日本泡沫经济破灭，美元在全球外汇储备中的份额开始缓慢和持续地上升，见表6-2。

表6-2　国际外汇储备中的货币构成　单位：%

年份	1992	1993	1994	1995	1996	1997	1998	1999	2000	2001	2002	2003	2004
美元	55.3	56.7	56.6	59.0	62.1	65.2	69.4	71.0	70.5	70.7	66.5	65.8	65.9
日元	7.6	7.7	7.9	6.8	6.7	5.8	6.2	6.4	6.3	5.2	4.5	4.1	3.9
英镑	3.1	3.0	3.3	2.1	2.7	2.6	2.7	2.9	2.8	2.7	2.9	2.6	3.3
瑞士法郎	1.0	1.1	0.9	0.3	0.3	0.3	0.3	0.2	0.3	0.3	0.4	0.2	0.2
欧元	—	—	—	—	—	—	—	17.9	18.8	19.8	24.2	25.3	24.9
德国马克	13.3	13.7	14.2	15.8	14.7	14.5	13.8	—	—	—	—	—	—
法国法郎	2.7	2.3	2.4	2.4	1.8	1.4	1.6	—	—	—	—	—	—
荷兰盾	0.7	0.7	0.5	0.3	0.2	0.4	0.3	—	—	—	—	—	—
欧洲货币单位	9.7	8.2	7.7	8.5	7.1	6.0	1.2	—	—	—	—	—	—
未说明的货币	6.5	6.6	6.4	4.8	4.3	3.8	4.5	1.6	1.4	1.2	1.4	1.9	1.8

资料来源：《2002、2005年国际货币基金组织年报》。

现在我们再来分析其他几种主要储备货币。1991 年，日元在储备货币中的份额达到了最高峰，高达 8.3%。随后，日本面临经济和金融方面的困境，以及日本低利率，日元在国际储备货币中的份额一直在下降。德国马克 20 世纪 80 年代末在国际外汇储备中的份额达到最高峰，为 17.8%。后来，由于 1990 年德国货币统一和出现经济上的困境，德国马克的份额开始逐渐下降。

最后要提到的是欧元。1999 年 1 月 1 日，欧元取代了欧洲国家 11 种货币和欧洲货币单位，成为一个重要的国际储备货币。从 1999 年至 2004 年这一时期来看，欧元在国际储备货币中的构成中保持稳定增长，2004 年年末增长至 24.9%。

第二节 国际储备充足性需求理论

一、国际储备的充足性问题

虽然按照惯例，储备水平的评估与预测同商品和服务进口总额有直接联系，但最近关于储备充足性的指标则以金融脆弱性为重点。不管使用哪一个外汇充足性指标，我们都应该知道，汇率体制的性质在确定充足的储备水平方面也发挥着作用。以往的推断是，与实行浮动汇率制的国家相比，实行固定汇率制的国家需要保持更多的储备，因为储备是抵御冲击的唯一缓冲。但在实践中，如果人们相信当局有能力维持辅助性政策，那么即使是实行固定汇率制的国家也不一定需要巨额的储备来捍卫其货币。例如，波兰在 1991 年实施改革计划的初期，尽管储备水平不高，但当局仍然能够维持固定汇率制，因为其经济政策赢得了金融市场的信心。即使实行管理浮动汇率制，当局允许汇率贬值，但如果经济政策不可信，资本照样会外流，储备也会耗尽。因此，从根本上说，当局经济政策的可信度以及市场参与者的信心是评估储备充足性的关键。事实上，只有实行了可信的政策，当局才能以优惠的条件在国外借款，增加储备。这种借入储备可以成为自有储备的重要补充。以波兰为例，基金组织提供的经济稳定资金在提高政策可信度方面发挥了重要作用，尽管当局从未动用这笔资金。

（一）储备与进口比较的指标

在布雷顿森林体制时期，常运用该指标衡量一个国家国际储备总额与月度进口额（年度进口/12）的关系。其指标为：

国际储备可支付进口的月数 = 期末国际储备总额/平均月度进口额

一般的规则是，储备总额应等于至少 3 个月的进口额。储备超过 6 个月进口额的国家会感觉储备更加充足。但是，这个规则是在资本流动控制较多的年代形成的。在评估储备的适当水平时，分析家们认为还应该考虑许多其他因素，其中包括：(1) 资本和金融账户的开放程度；(2) 高度流动性负债的存量；(3) 该国借入短期资金的能力；(4) 该国进出口的季节性。

根据基金组织部分成员国的实际数据（不包括那些对外状况非常困难的国家），1994 年这些国家的储备数量平均能支付 4.5 个月的进口，高于上述 3 个月的规则。但是，波罗的海国家、俄罗斯和其他前苏联国家的储备水平明显较低，这些国家的储备大都低于 3 个月的进口额。

关于这一指标我们将在下一节中做更为详细的说明。

(二) 关于储备充足性的更广泛的概念

近年来，国际资本市场日益一体化，私人资本流动的规模和波动幅度也在扩大，决策者和经济分析家们开始重新评估传统的储备充足概念（3 个月的进口额）。1994 年年末和 1995 年年初的墨西哥金融危机，以及 1997 年的东南亚金融危机都表明：在发生信心危机并引发资本外流时，再多的国际储备也会很快地耗尽。这是促使人们重新评估传统储备充足性概念的动因之一。

在资本流动起伏不定的世界里，关于储备充足性争论的焦点是金融脆弱性指标。在这种情况下，分析家们认为，储备的充足性不仅要考虑传统的流量变量（例如对外经常账户差额和财政差额），还要考虑存量变量（例如以外币表示的国内货币供应量与国际储备外币价值的比率）。这种想法的理由是：在出现信心危机时，不仅要用国际储备来支持国内货币，而且还应该在公共部门负债的期限结构框架内考虑储备。因为过多的短期外币负债会增加一个国家的金融脆弱性。同时还应考虑经济开放度（反映在对外贸易与国内生产总值的比率中）和对外资本账户的开放度。因为这两种开放度有助于确定一国所能承受的由资本流动引起的波动风险的程度。对风险的承受能力影响该国吸收意外冲击所需的储备水平。

在一些情况下，持有的储备与外汇交易的变异性和/或数额有关。尽管这些数字本身并不是储备充足性的良好指标，但它们有助于评估在金融体系成熟的国家持有储备的必要性。那些希望采用货币局制度、实行固定汇率制的国家发现，以储备与基础货币的比率作为衡量储备充足性的指标非常有用。这一指标有助于判断国际储备总额是否足以为基础货币提供保证。该指标还提供了一个衡量是否有足够的储备来捍卫汇率的标准。

应该注意的是，3个月进口额和基础货币规则一般都表明，实行钉住汇率制或管理浮动汇率制的国家所需的储备水平大体相似，但对于多数转轨经济来说，3个月进口的规则显得有些苛刻。

上面讨论的储备充足性的量化指标为我们提供了有用的参照，但我们还应关注宏观经济形势和政策的变化、金融市场完善程度，以及它们带来的影响。

二、主要决定因素同储备需求之间的决定关系的示意模型

各主要因素之间的关系以及它们如何共同作用决定储备需求的关系，可以用一个几何模型来表示，该模型是由 Clark. P. B 于 1970 年在杂志“Journal of Political Economy”发表的一篇名为“Optimum International Reserves and the Speed of Adjustment”的文章中首先提出的，见图 6－2。这个模型利用一个四边相连的坐标图，以目标储备量为因变量，解释了它与其他外生变量的关系。模型集中反映了四个与储备需求水平密切相关的决定因素：第一，持有储备的机会成本；第二，国际收支失衡的调节速度；第三，经济开放程度和国际收支波动程度；第四，国民收入水平和收入变化之间的两相权衡（Trade-off）。

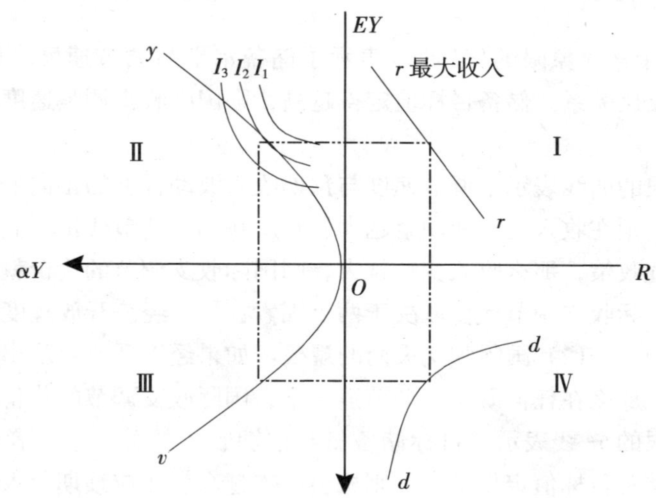

图 6－2 国际储备需求及其影响因素

在图 6－2 中，R 为目标储备量（Target Level of Reserves）（或目标储备水

平）；EY 为预期收入水平（即持有储备的机会成本）（Expected Level of Income）；∂Y 为收入的波动程度（Variability of Income）。

我们知道，国际储备被视为一个缓冲存量，当国际收支出现逆差时，这个缓冲存量可以增加调整的灵活程度，在此，进口是受到国内总需求调整制约的。在理论上，储备水平与调整速度之间是负相关关系。较高的国际储备水平对应缓慢的进口调整，即用充足的国际储备保障进口支付而不必立即调整进口。较低的国际储备水平对应较快的进口调整，即由于储备水平过低，当出现贸易逆差时必须立即着手调整国内需求，压缩进口。因此，在储备水平与调节速度之间存在着一系列不同的组合，货币当局面临着二者不可兼得的选择。

选择一个高储备水平和缓慢调节速度的组合则意味着将决定一个相对较低但却稳定的国民收入水平。国民收入水平低是由于因持有储备而放弃了对一部分真实资源的利用从而牺牲了一部分收入。但是由于有足量的储备可以用来为赤字融资而不必立即调整进口，减少国内需求，因而收入水平又是稳定的。反之，选择一个低储备水平和较快调整速度则意味着较高但却不太稳定的国民收入水平。因此，在收入水平和收入波动之间也存在一系列的不同组合可供选择。货币当局必须在二者之间做出权衡（Trade - off），挑选出最期望的组合位置。

图 6-2 中第Ⅳ象限的 dd 曲线表示了储备水平与调节速度之间的不同组合，它们成反比关系。储备目标值定得越高，则国际收支调整速度就越小，反之亦然。

第Ⅲ象限的曲线表示了调节速度与预期收入波动程度的正向变动关系。调节速度越快，则在收入上的变动就越大。它反映的是调节代价。假定调节采取的是需求管理政策，那么收入变动越大，则国际收支调节的代价就越高。依此观点而论，国际收支调节代价取决于两个因素：（1）经济开放程度——以边际出口倾向来测量；（2）国际收支失衡的规模。如果经济开放程度小而国际收支变动性较大，那么在任何既定的调节速度下，国际收支调节的代价将比较大。

第Ⅰ象限的 rr 线表示了目标储备量与预期收入的关系，二者呈反向变动关系。因为储备目标值定得越高，则机会成本越高，相应预期收入就减少。它反映的是持有储备的机会成本。

由 dd、rr、Ov 三条曲线的相互转换关系可以导出第Ⅱ象限的 Oy 线。Oy 代表预期收入水平和收入波动程度之间的不同组合，反映了二者的正相关关系。预期收入越高，产生波动的可能性越大。I_1、I_2、I_3 为无差异曲线，表示了货币当局对预期收入水平和收入波动程度的不同组合的选择偏好。这一选择反过来可控制目标储备水平的高低。也就是说，如果货币当局对稳定收入更为偏好，那么它对储备的需求将更大。

西方经济学家非常重视持有储备的机会成本对储备需求的作用。以上模型中的预期收入便是衡量储备的机会成本的一种指标。所谓预期收入或者未来收入是指将储备资产转化为实际投资可能带来的收益，在正常情况下，实际投资收益都应该大于储备资产收益（如证券投资等）。

以上我们已经对决定国际储备需求的诸多因素（或变量）做了较为全面和详尽的分析。总而言之，一个国家的国际储备需求是受许多因素影响的，其中有些是决定性的因素，有些则不是；有的可以定量分析，有的则不能。并且这些影响因素在不同国家、不同时期所表现出的性质和特点都有可能不相同，每个国家就是在这些错综复杂的因素中，择其重要的经济变量，结合本国实际情况进行定性和定量分析，来谋求本国所需要保持的国际储备的需求量。

三、传统的储备/进口比例法（R/M）

储备/进口比例法最早是由 R. 特里芬（R. Triffin）提出来的，他研究储备与进口的比例问题始于 20 世纪 40 年代末期。

他认为，国际储备需求会随同贸易的发展而增长，而他又把国际贸易中的进口作为唯一的一个变量，因此提出一国所需要保持的国际储备量可以用储备与进口额的一定比例关系来反映。[①]并且他还认为，这一比例也可以用来反映储备充足性随时间而变化的情况。如果随着时间的变化，储备/进口比率下降，就表明储备需求不足。需要明确的是，特里芬这里所指的国际储备是指外汇储备，即是外汇储备对进口的比例。

特里芬通过对 1950 年到 1957 年间 12 个主要贸易国家的储备变化情况的实证检验，得出结论：一国的外汇储备对进口的比例一般以 40% 为适度，低于 30% 需要采取调节措施，而 20% 则为最低限度。如按全年储备对进口的比率计算，约为 25%，即一国的储备量应以满足三个月的进口为宜。

很显然，应用这种储备/进口比例法的一个突出优点就是简单易行，并且储备额与进口额的回归分析确已证实两者之间存在着一种稳定关系。因此，自

---

① R. 特里芬在由耶鲁大学出版社 1960 年出版的《黄金与美元危机》一书中对该问题进行了说明。

20世纪60年代以来，这种方法在世界上得到了广泛采用。比如，IMF在《国际货币基金组织1985年世界发展报告》中就写道："足以抵付3个月进口额的储备水平，有时被认为是发展中国家的理想定额"。许多发展中国家，包括我国，曾经都是以3个月的进口额作为自己的储备水平标准。

这种比例法虽然简单易行，但却因为过于简单而存在着不少缺陷：

第一，储备/进口比例只是一个来源于经验的法则，缺乏理论依据。储备的主要作用在于作为"缓冲库存"以弥补一国国际收支的逆差，而并不是为一国进口交易总额提供融资。因此，以储备额与进口交易总额的比例来判定储备水平与储备的主要作用并不相符合。

第二，储备/进口比例还表示储备需求与进口贸易额同步上升，即储备需求与进口交易额的弹性为1，从而忽视储备运用的规模经济。储备需求的平方根规律也证明储备需求与交易额的弹性为0.5，而有些经济学家的实证分析也导出弹性为0.5或0.6[①]。因此，利用储备/进口比例可能会在一定程度上高估储备的需求。

平方根规律是由西方经济学家鲍谟（W.Baumol）和托宾（J.Tobin）提出的对货币需求的一个定律，即 $C=\sqrt{(bT)\ /\ (2i)}$。其中，C 表示现金存量，T 表示交易总量，b 为变现成本，i 为利率，其含义是最佳现金存量增长与交易总量增长的弹性为0.5，即现金需求量与交易总量按同一方向增长，但其增长率却低于交易量的增长率。这个定律可以适用于国际储备。也就是说，如果我们把一国的国际储备也看成是一国储备的现金的话，那么，平方根规律也是适用的。

第三，储备/进口比例仅仅考虑储备需求与进口额之间的关系，而不去分析出口额。这是以资金的单向流动衡量储备，忽视国际收支中资金对流的实质。而且，仅以贸易额衡量储备需求，实际上排斥了劳务支出、单方面转移支出、短期资本和长期资本流动等诸因素对国际收支和国际储备需求的影响。这样就不足以反映储备需求的全部内容，而国际收支是否发生逆差，恰恰是各种因素综合运动的结果。特里芬是在20世纪50年代对各国贸易和储备情况进行调查后得出上述结论的，那时的国际经济情况远比现在简单。而现在，资本移动数量的巨大和频繁、劳务输入输出种类繁多、旅游的方兴未艾，都对一国的

---

① J.H.欧利维拉发表在《政治经济学杂志》1971年79期的文章《预防性储备的平方根规律》对该问题进行了说明。

外汇收支产生巨大影响。所以仅仅用进口额是不足以反映国际收支整体概貌的。

此外，除储备/进口比例法之外，还有一些比率指标也用来作为储备需求量的测算标准。如 R/MS（国际储备/国内货币供应量）、R/FLS（国际储备/国外出游流动负债）、R/ANB（国际储备/外债净额）等。它们是为了补充 R/M（储备/进口）法的不足而设立的，但都有类似的片面性缺陷，也很少运用。

四、成本—收益模型（海勒模型）

（一）基本原理

Heller 模型是以微观经济学中厂商收益最大化为其理论基础的。在微观经济学中，西方经济学家用边际收益曲线与边际成本曲线的关系来确定收入最大时的生产要素适量问题，即生产经济商品的边际成本（marginal cost）等于消费这部分商品的边际收益（marginal benefit）时收益为最大。或者说，为了实现最大的经济福利，必须使生产某一商品的边际成本等于其所获得的边际收益，从而达到一种利润最大化状态。这种方法称为成本—收益分析法（the cost - benefit approach）。

在风险和不确定的条件之下，就力图扩大本身经济福利这一点而言，政府同其他经济单位是没有区别的。我们假定政府同其他经济单位一样，具有一种社会效用函数，它们在对不同的行为做出选择时，往往衡量边际收益和边际成本以后才合理地制定决策。就储备需求而言，由于同样存在着持有储备的利益和代价问题，因此，政府在确定合理的储备需求量时就应对利益和代价两个方面进行比较。

持有储备是保障未来安全的一种形式。它们使一国能融通暂时的国际收支赤字而无须立即转向经济调整。所以，持有储备的利益是指由此避免了为应付对外收支逆差而进行收支调节的成本（可称为国际调节成本或国际收支调节代价）。根据边际分析方法，当一个国家的货币当局持有的储备增加时，其边际利益是递减的。一个国家持有的储备如果超过短期国际收支调节的需要，其边际利益就是负数。这是因为，国际储备持有额越多，所需的额外储备就会减少。虽然积累储备可能提供更多的安全，但所提供的追加安全则会下降，或者说，当要动用储备资产时所需要的额外增量的可能性就越来越少。所以，持有储备的边际收益是递减的。

持有储备的成本不是指储备货币的生产费用或保管费用，而是指牺牲运用其他真实资源的机会成本。其边际机会成本是递增的。因为储备愈多，进口减少愈多，经济中可利用的实际资源便愈缺乏，边际生产力愈高。

一国所应持有的储备量应该是储备的边际利益等于边际机会成本时的量，此时代价最小而收益最大，即：

储备的边际利益－储备的边际机会成本＝0

（二）Heller 模型（海勒模型）

H.R. 海勒（Heller，1966）是最先采用成本—收益分析法探讨储备需求的西方经济学家。他用边际进口倾向的倒数（$1/m$）和储备耗用概率的乘积来反映储备的边际收益。因为 $1/m$ 实际上是反映停止进口所造成的国民收入的损失，因而构成调节政策的成本，反过来便是持有储备的收益。即，持有储备的边际收益（MBHR）＝$\eth/m$（$\eth$ 为概率）。

海勒用资本的社会收益率（the social rate of return on capital）来表示持有储备的边际机会成本，因为以金融资产形式持有的储备可获得一定的金融收益，所以，持有储备的边际机会成本就等于资本的社会收益率与储备收益率的差，这个差用 r 表示，则持有储备的边际机会成本（MCHR）＝r。

根据边际收益等于边际成本原则，可以得到：

$$r = \pi/m \tag{6.1}$$

海勒还假定一国国际收支差额的发生为一个对称的随机过程，不管盈或亏皆为一定的金额 h，并且国际收支顺逆差的概率相等，同为 1/2，而国际收支逆差连续发生的时间为 t，则：

$$\eth = (1/2)^t \tag{6.2}$$

两边取对数，得：

$$t = \lg\eth/\lg\frac{1}{2} \tag{6.3}$$

即：$t = \lg rm/\lg\frac{1}{2}$ (6.4)

所以融通 t 时间内国际收支逆差的适度储备需求量应等于：

$$R_{opt} = ht = h\lg rm/\lg\frac{1}{2} \tag{6.5}$$

式中，r、m、h 皆可利用实际资料计算而得。

海勒运用这个公式对大多数国家和地区的储备进行了测算和检验。表 6－3 是海勒对 1963 年各国储备量的计算。其中第（3）项为 1963 年实际持有的储备量；第（4）项为运用公式计算出的储备量；第（5）项为实际储备与计算的储备的比较，用以判断实际持有的储备量是否处于成本最小、收益最大的最佳状态。若 $R/R_{opt}=1$，则为适度（Optimal）；$R/R_{opt}<1$ 为不足（sub - optimal）；$R/R_{opt}>1$ 为过量（excess）。

他得出的结论是：世界总储备水平是充足的，但存在着严重的分配问题：北美和欧洲国家有着过量储备；而拉丁美洲、亚洲和非洲等发展中国家从整体来看持有的储备不足；另外，一些地区持有的储备却相当充足。这与实际情况也是比较相符合的。

表 6-3 **适度国际储备量** 单位：百万美元

国家或地区（平均数）	(1) h	(2) m	(3) R_{1963}	(4) R_{opt}	(5) R_{1963}/R_{opt}
世界			63 861	41 062	1.56
北美			19 446	8 951	2.17
拉丁美洲			2 572	3 998	0.64
亚洲			5 345	5 617	0.95
欧洲			32 295	18 166	1.78
大洋洲			2 023	2 229	0.91
中东			1 042	690	1.51
非洲			1 138	1 411	0.81
中国台湾	34.5	0.18	523	231	2.26

资料来源：H.R.Heller，Optimal International Reserve，The Economic Journal，1966 年 6 期，Vol.76（摘取）。

从海勒模型中我们可以看出它有如下特点：一国应该持有的储备量同三个变量相联系，即：进口倾向 m；持有储备的机会成本 r；国际收支失衡时，过去储备每年平均变动额 h。m 和 r 的增加将降低储备需求量，而 h 的增加会导致增加储备需求量。因为边际进口倾向增大，国际收支调节的代价就小，即通过调节所造成的国民收入减少较小。因此，反过来说，每单位储备融通国际收支失衡所取得的收益就会降低。资本的社会收益率的增加会造成资源从持有储备向资本投资的转移。最后，如果国际收支差额年平均变动额 h 增大，实际使用储备的概率就会增加，从储备所获得的利益也会上升，从而刺激对储备的需求增大。

五、缓冲存量模型

1956 年 Baumol（1952）和 Tobin 提出了基础的货币需求模型，但他们的模型是非随机模型。后来，Miller 和 Orr（1966）首先运用随机存货理论方法来建立所希望持有货币数量的模型。随后，Frenkel 和 Jovanovic（1981）把这一存货方法运用到国际储备管理，建立起国际储备的缓冲存量模型（Buffer Stock Model）。

缓冲存量模型较成功地解释了第二次世界大战后的一段较长时间里各国持有国际储备的状况。这一模型假设货币当局选择一个初始的国际储备水平，并且这一储备水平能最小化总的预期成本。这一模型区别了货币当局所面临的两种成本：第一种成本是持有国际储备的机会成本，另一种是当国际储备下降到某一临界点时的调整成本。调整成本常被解释为所放弃的产出或福利，以至于能采取某种政策措施来产生外在收支盈利来增加必要的国际储备水平。

上述两种成本是相互关联的。较高的国际储备水平减少了进一步做出调整的可能性，因而减少了预期的调整成本；但这是以放弃高收益的机会成本为代价的。由此，最优国际储备管理寻求找到一个成本最小化的国际储备水平。其实，这一缓冲存量模型的基本思想来自于 Miller 和 Orr（1966）的随机存货管理模型。

Frenkel 和 Jovanovic 假设在偶然的重置存量之间的国际储备运动是一个外生的维纳过程（Wiener Process）。在这一维纳过程中，在一个较小的时间区间内国际储备的递增变化是正态分布的。Frenkel 和 Jovanovic 还假定国际储备递增变化中的决定性部分表现为负的漂移，而随机部分不发生漂移。他们设定国际储备的低临界值为零。

在存量之间没有储备漂移这样一个特殊例子中，对持有最优储备的二阶泰勒级数展开产生下列近似储备方程：

$$R_0 = \sqrt{\frac{C\sigma}{r^{0.5}}} \tag{6.6}$$

式中，R_0 是在重置存量后的最优国际储备初始水平；C 是针对特定国家固定调整成本的名义常数；σ 是在存量调整之间储备时间序列的维纳递增量的标准差；r 是持有储备的机会成本。

式（6.6）显示，在缓冲存量模型里，持有的最优国际储备随储备波动度（σ）的增加而增加。较高的波动度意味着国际储备更容易和更频繁地接近低的临界水平。因此，货币当局将愿意补充大量的储备和承受较大的机会成本，以免出现较频繁的调整成本。式（6.6）还显示较大的调整成本增加了持有的最优国际储备，而较高的机会成本会减少持有的最优国际储备。

式（6.6）是以著名的平方根形式表示的方程，而在更有用的实证分析中，常常采用下列的对数变换形式：

$$\ln R_0 = c_0 + 0.5\ln\sigma - 0.25\ln r \tag{6.7}$$

在 Frenkel 和 Jovanovic 进行实证分析时，还需把式（6.7）变换成估计方程式。其中，关键的一步是假定观测到的储备 R_t 与最优储备成一定的比例关系，误差项 μ 与 σ 和 r 是不相关的。因此，$R_0 = BR_te^{-u}$。这样估计方程变为：

$$\ln R = b_0 + b_1\ln\sigma + b_2\ln r + u \tag{6.8}$$

在式（6.7）中，国际储备被定义为外汇、黄金、特别提款权和在 IMF 的储备头寸的总和。他们还定义 R 为名义项，σ 是先前 15 年里国际储备存量的趋势调整年度变化的每年标准差。为了排除度量单位对测度波动性的影响，他们用进口总值去除标准差。他们还用一国的政府债券收益近似地表示持有国际储备的机会成本 r，而常数项 b_0 被看成是一个特定国家或地区的特征量。

在随后的实证分析中，Frenkel 和 Jovanovic 选取了 1971 年至 1975 年期间 22 个发达国家的数据，并运用普通最小二乘法以及横截面数据和综列数据来进行估计，其结果为：

$$\ln R = b_0^i + 0.50\ \ln\sigma - 0.279\ \ln\ r \tag{6.9}$$

$$(0.110) \quad (0.149)$$

$$R^2 = 0.97, n = 110, S.E. = 0.234$$

式中，括号内的数据为 OLS 的标准误差。b_0^i 为特定国家的常数项，取值范围是在 3.47 和 6.78 之间。把式（6.9）中的 σ 和 r 的估计参数（即弹性）与式（6.7）中的理论预期值相比较，两者非常接近。

总之，Frenkel 和 Jovanovic（1981）所建立的有关国际储备需求的缓冲存量模型，实际上是把国际储备看成在调整钉住汇率制或管理浮动汇率制下的缓冲存量。这一模型较成功地解释了第二次世界大战后的一段较长时期内各国国际储备的行为。

六、当前有关国际储备的观点

经济学家指出，虽然缓冲存量模型有着一定的现实意义，但它对当前世界上出现的大幅度国际储备增加原因的解释能力有着局限性——即根据传统的国际金融理论，最近几年汇率更加浮动，国际储备应当减少，但事实是大幅度地增加，特别是在东亚国家和地区。

尤其是针对当前发展中国家金融一体化的深入，这些国家越来越暴露在称之为“热钱”的短期资本流入，同时又频繁地出现突然停止流入和流出的情况，经济学家们对此提出一些新的解释。

对于上述所出现的新情况，一些经济学家提出了把囤积国际储备视为预防性调整的学说，这一学说反映了货币当局为防止未来短期资本流入突然停止的一种自我保险的行为。对于这种自我保险行为，经济学家之间有着几种不同的解释。一种解释（Aizenman and Marion，2004）是发展中国家预防性的囤积国际储备是为了稳定财政开支。特别是，当发展中国家面临国内产出剧烈波动、无弹性的财政支出、高征税成本和主权风险时，这些国家往往会出现高的国际储备和对外债务。当一个国家出现产出剧烈波动时，对外借债可以平稳这一国家的消费。而高的国际储备除具备上述对外债务在产出剧烈波动下平稳一国消费的能力外，它甚至还能在资本外流和偿还外债下平稳一国消费。另一种解释是，把国际储备视为产出的稳定器。在这种情况下，高的国际储备有助于减少由于资本流入突然停止时产出下降的可能性。

除了上述预防性学说外，还有一种是现代重商主义学说。这一观点主要由Dooley、Folkert S－Landan和Garber（2003）发展起来的。这种观点把国际储备视为一国促进出口政策的副产品。这种促进出口的政策是为了在出口行业中创造出更多的就业机会，以便吸收如农业这样的传统部门中的富余劳动力。

上述这两种学说的侧重点有所不同，与国际储备相联系的预防性学说主要针对资本流入突然中断、资本外逃和产出波动，而现代重商主义学说主要把国际储备的增加视为产业政策的副产物。

第三节 我国国际储备研究

一、我国国际储备结构管理

这里所说的结构管理，并不是要在国际储备的四个组成部分（即货币黄金、外汇、特别提款权和在基金组织的储备头寸）之间确定一个比例关系，而只是提出结构管理的某些原则。这是因为，国际储备的四个组成部分的作用是不相同的：有的组成部分的量也不是一个国家所能确定的，这主要是指特别提款权和在基金组织的储备头寸。

下面以我国 1990 —2005 年的国际储备结构（见表 6－4），说明国际储备结构管理的一般原则。

从表 6－4 中可以看出：

第一，20 世纪 70 年代以来，黄金储备在世界国际储备总额中的比重在下降，但黄金仍然因它的实际的内在价值成为可靠的保值手段，也因它的活跃交易市场而成为理想的长期化的储备资产。因此，我国一直保持黄金储备的稳定。

表 6－4　　　　1990 —2005 年我国国际储备　　　　单位：百万美元

年份	储备总额	外汇储备	特别提款权	在基金组织头寸	黄金储备（百万盎司）
1990	12 085	11 093	562	430	12.67
1991	22 722	21 712	577	433	12.67
1992	20 620	19 443	419	758	12.67
1993	22 387	21 199	484	704	12.67
1994	52 914	51 620	539	755	12.67
1995	75 377	73 597	582	1 216	12.67
1996	107 039	105 029	614	1 396	12.67
1997	142 762	139 890	602	2 270	12.67
1998	149 015	144 959	676	3 553	12.67
1999	157 704	154 675	717	2 312	12.67
2000	168 277	165 574	798	1 905	12.67

续表

年份	储备总额	外汇储备	特别提款权	在基金组织头寸	黄金储备（百万盎司）
2001	215 602	212 165	850	2 587	16.08
2002	291 109	286 407	993	3 709	19.29
2003	408 132	403 251	1 083	3 798	19.29
2004	614 496	609 932	1 244	3 320	19.29
2005		881 887			19.29

注：储备总额中不包括黄金储备。

资料来源：中经网《中国经济数据库》。

第二，在国际货币基金组织的储备头寸是我国按基金组织的要求缴纳的份额确定的（20 世纪 90 年代以来有较大的增加）；它的使用也有一定的规定，因此，对这一储备的管理不需要多加讨论。

第三，特别提款权是国际货币基金组织按成员国缴纳的份额按比例分配的，其使用也有一定的范围，对这一储备的管理也就无需多加讨论。

第四，外汇储备的管理是我国国际储备管理的重点。从结构管理角度来说，外汇储备的管理主要是币种结构的管理。其基本的管理原则是：（1）外汇储备虽然要兼顾安全性、流动性、盈利性原则，但安全性和流动性是外汇储备结构管理的核心。外汇储备是为了满足对外支付的需要的，因而其价值的变动会影响我国对外支付能力；而在浮动汇率制时代，外汇储备的价值经常受到汇率波动风险的威胁。这样，在外汇储备的结构管理中，外汇储备币种的多元化是我们应首先考虑的，即使储备货币币种保持最优结构比例，并根据各种储备货币的价值的变化不断调整这一比例，以谋求某些储备资产保值或增值的目的。（2）各种储备货币在外汇储备中的比例的确定要符合我国国际收支的实际情况，既要根据我国进口商品支付货款和偿还外债时的币种构成和数量，以及各种储备货币汇率的变化，也要考虑贸易和非贸易外汇收入的币种构成和数量，同时还要考虑中央银行在干预外汇市场时的币种和数量需要。

二、影响中国外汇储备的主要因素分析

表 6－4 的第 2 栏是我国 1990 —2004 年的外汇储备状况。从总的情况来看，除 1992 年我国的外汇储备比上年有所减少外，其余年份都是连续增加，

尤其是进入 21 世纪之后增加的势头更加猛烈。我们认为，我国外汇储备不断增加的原因是：

1. 中国经济多年连续的高速度增长是外汇储备连年增加的根本的、决定性的因素。改革开放以来，中国经济持续地高速发展。1978 年我国的 GDP 仅 3 624.1亿元，到 1986 年首次突破 1 万亿元，1991 年则突破 2 万亿元。从 1993 年开始每年上一个万亿元台阶。1997 年 7.44626 万亿元。2002 年第一次突破 10 万亿元。2003 年 GDP 达到 11.6694 万亿元，人均 GDP 首次突破1 000美元。2004 年达到 15.9879 万亿元，成为世界第六大经济体。1979 —2004 年 GDP 以年均 9.6%的速度增长。我国经济的持续高速度增长为外汇储备的连续增长奠定了坚实的基础。

2. 我国国际收支的连年顺差是外汇储备连年增加的直接原因。从 1990 —2004 年，我国的经常项目除 1993 年为逆差（119.04 亿美元）外，其余年份都为顺差；资本和金融项目除 1990 年、1992 年和 1998 年为逆差（分别为 27.74 亿美元、2.51 亿美元和 63.21 亿美元）外，其余年份为顺差。除此之外，其余大多年份为“双顺差”。而且，到了 21 世纪，这个“双顺差”还在逐年扩大：2001 年经常项目顺差为 174.05 亿美元，资本和金融项目顺差为 347.75 亿美元，两者之和为 521.8 亿美元；2002 年经常项目顺差为 354.22 亿美元，资本和金融项目顺差为 322.91 亿美元，两者之和为 677.13 亿美元；2003 年经常项目顺差为 458.75 亿美元，资本和金融项目顺差为 527.06 亿美元，两者之和为 986.01 亿美元；2004 年经常项目顺差为 686.59 亿美元，资本和金融项目顺差为 1 106.60 亿美元，两者之和为 1 793.19 亿美元。

即使是经常项目或资本和金融项目的逆差，也可以被资本和金融项目或经常项目的顺差所抵消，从而整个国际收支仍然为顺差。例如，1990 年的资本和金融项目的 27.74 亿美元的逆差被经常项目的 119.97 亿美元的顺差所抵消，整个国际收支仍有 92.23 亿美元的顺差。1992 年的资本和金融项目的 2.51 亿美元的逆差被经常项目的 64.01 亿美元的顺差所抵消，整个国际收支仍有 61.5 亿美元的顺差。1993 年的经常项目的 119.04 亿美元的逆差被资本和金融项目的 273.54 亿美元的顺差所抵消，整个国际收支仍有 154.5 亿美元的顺差。1998 年的资本和金融项目的 63.21 亿美元的逆差被经常项目的 314.71 亿美元的顺差所抵消，整个国际收支仍有 251.5 亿美元的顺差。

3. 我国的外汇储备与我国经济的对外依存度密切相关。所谓对外依存度主要是指外贸依存度、出口依存度和进口依存度，即外贸总额与 GDP 之比、出口与GDP之比和进口与GDP之比。以2004年为例，2004年我国外贸总额为11 278.03亿美元，其中出口为5 933.93亿美元，进口为5 344.10亿美元。按1美元兑8.27元人民币计算，2004年的15.9879万亿元人民币相当于1.9332万亿美元。那么，2004年的外贸依存度为58.33%；出口依存度为30.69%；进口依存度为27.64%。三者均比1994年有较大幅度提高。1994年三者分别为46.5%、23.8%和22.7%。与此相适应，2004年的外汇储备比1994年增加了5 583.12亿美元。

我们认为，对外依存度的提高表明我国对外经济活动的规模在不断加大。而对外依存度的提高的必然结果就是外汇储备的增加。同时，外汇储备的增加也为我国对外经济的进一步发展提供了有力的保证。

4. 我国的外汇储备在一定程度上也受国际经济变化的影响。随着中国经济融入世界经济广度的扩大和深度的加深，中国经济与世界经济之间形成了“你中有我，我中有你”、“一荣俱荣，一损俱损”的局面。这样，国际经济、金融的变化，特别是主要的发达国家经济、金融的变化，必然通过各种渠道引起我国国内的经济、金融和对外的经济、金融的变化。这种影响既有暂时性的影响，也有经济周期变化的影响。这些变化和影响必定通过经常项目、资本和金融项目在我国的外汇储备上反映出来。

例如，在1997年东南亚金融危机的打击下，一些国家（包括某些发达国家）面临极大的经济困难，世界经济进入低速增长的时代，因此，我国从1998年起，经常项目顺差连年减少：1997年为369.63亿美元，1998年下降到314.71亿美元，1999年再降为211.14亿美元，2000年又降为205.19亿美元，2001年到了最低点，只有174.05亿美元。与此同时，我国的外汇储备在这几年虽有增加，但增加得很少。1998年的增加额为50.69亿美元，1999年增加97.16亿美元，2000年增加108.99亿美元，2001年增加465.91亿美元。这里要说明的是，2001年比2000年大幅度的增加得益于这一年资本和金融项目大幅度的顺差347.75亿美元，而2000年资本和金融项目的顺差仅为19.22亿美元。

但从2002年开始，世界经济走出了金融危机的阴影，有了较大的恢复和发展，我国的经常项目、资本和金融项目的“双顺差”也逐年加大，外汇储备也连续大幅度增加。2002年经常项目、资本和金融项目的顺差分别为354.22亿美元和322.91亿美元，外汇储备的增加额达到742.42亿美元。2003年和2004年的“双顺差”数字也如上述，而外汇储备的增加额则分别为4 032.51

亿美元和 2 066.81 亿美元。

三、对我国外汇储备适度规模的分析

对我国外汇储备的适度规模问题始终是官方和学术界争论的一个问题，但也是始终没有得出一个明确结论的问题。有人认为，“外汇储备当然是越多越好”。更多的人主张应该确定我国外汇储备的适度规模。

我们认为，出现这一争论且始终得不出结论的原因是：究竟应该建立一个什么样的经济计量模型来计算我国的外汇储备的适度规模？在这个模型中应该包含哪些影响外汇储备适度规模的自变量？而这些自变量中，哪些是可以定量的，哪些是无法定量的？如何把外汇储备的成本与收益考虑进去？等等。

根据上面介绍的理论，结合我国的实际情况，我们认为，我国外汇储备的适度规模应该考虑以下的自变量：

1. 进口的需要。我国的经济虽然有了很大的发展，但要真正成为一个世界经济大国（尤其表现为在国际上的定价权），还有许多工作要做，因此，我们还要从国外进口我国经济发展所需要的关键设备、高新技术，等等。外汇储备为这些进口提供资金支持是它的首要职责。

在确定进口所需外汇储备中，3 个月的进口需要虽然是一个经验数据，且出现在 40 多年前，但它已得到了国际社会的认可，因此，我们可以沿用这一经验数据。如果考虑到 1997 年东南亚金融危机后，国际贸易的波动，我们也可以以满足 6 个月的进口需要为确定外汇储备量的依据。那么，以 2004 年 5 612.3亿美元的进口额为准，按 3～6 个月的进口需要计算，所需外汇储备为 1 403.08 亿～2 806.15 亿美元。

2. 外债还本付息的需要。国际货币基金组织、世界银行、国际清算银行和经济合作与发展组织的专家组成的“外债统计工作小组”（1984）的外债的核心定义是：“外债总额是一个国家一定时期居民对非居民的应还未还的契约负债总额，包括本金的偿还（无论这一本金是否有利息）和利息的支付（无论这一利息是否和本金有关）。”这些外债的本金和利息都是要用外汇储备支付的。

截至 2004 年，我国的外债余额为 2 474.92 亿美元。若还本付息按余额的 25%计算，则所需外汇储备为 618.73 亿美元。

3. 执行政策的需要。这里所谓的执行政策的需要包括：（1）中央银行干预外汇市场的需要。外汇储备的一个重要功能就是稳定外汇市场，即当外汇价

格过高或过低对经济带来不利影响时，中央银行或抛出外汇，或抛出本币。从我国现阶段来说，中央银行对外汇市场的干预既有因内地实行有管理的浮动汇率制度而需要对外汇市场进行干预，也有为维护香港国际金融中心地位和联系汇率制度而需要的对外汇市场的干预。(2) 预防金融危机的需要。这一需要包括预防本国可能出现的金融危机和预防外国金融危机对国内的传染的需要。东南亚金融危机的历史证明，在强大的投机性的国际游资的冲击下，外汇储备在一定情况下，或一定时期可以起到抵御游资冲击的作用。(3) 满足我国成为国际货币基金组织协定第八条款成员国的需要。按照协定的第八条款的要求，我国应尽兑付他国持有的人民币为它们所需要的货币的义务。

4. 应付偶发事件的需要。预防动机是一国官方持有外汇储备的动机之一。这里的预防动机是指应付一些现在不可预测的未来的突发事件的发生，例如天灾、战争等。这里也包括在其他国家发生类似突发事件时我国的援助。

很显然，外汇储备的前两个需要是可以定量的，而后两个需要是无法定量的。如果从前两个需要来说，2004 年我国只需要 2 102.21 亿～3 585.70 亿美元的外汇储备，那么我国当年的 6 099.32 亿美元的外汇储备是过多了。然而，由于后两个需要是无法定量的，因此，这 6 000 多亿美元的外汇储备似乎并不算多。由此，我们认为，研究外汇储备的适度规模要把长期需求和短期需求结合起来，要把静态需求和动态需求结合起来。同时，我们还认为，不能仅仅研究外汇储备本身，而应该把外汇储备放在整个国际储备中进行研究。我国的国际储备除了外汇储备以外，还包括特别提款权、在基金组织的头寸、货币黄金和其他债权。后面这几个部分都是在一定情况和一定条件下可以动用的，因此没有必要保持过多的外汇储备。而且，不仅应该考虑外汇储备的现有存量，还应该考虑国际清偿力，也就是必要时我国在国际上融资的能力。

福特和黄国宝（1994)、黄国宝（1995）以及窦祥胜等（2005）对于我国外汇储备的适度规模进行了计量经济学的分析。我们这里主要转述窦祥胜等（2005）的分析。我们认为，他们在计量模型中所使用的影响中国国际储备的变量与我们上面的分析大致相同；所选择的样本期是 1985—2002 年，更符合当前的实际；模型也能通过数据的检验。这里首先要说明的是，他们虽然探讨的是外汇储备的适度规模，但不少时候用的是国际储备这一概念。

窦祥胜（2002）主张将国际储备分为基本储备、调节性储备和风险性储备三个方面。根据这一国际储备结构，2005 年窦祥胜等探讨了在非均衡经济条件下中国长期和短期的国际储备问题，并用 1985—2002 年间的数据进行了实证分析。他们认为，中国的国际储备需求主要由经济规模（或规模变量）、进口倾向、储备的机会成本、债务风险和国际收支的波动性等因素所决定。经济规模决定对储备的交易需求，两者呈正相关关系；进口倾向主要反映对调节性储备和风险性储备的需求，两者也呈正相关关系；储备的机会成本与对储备的需求呈负相关关系；债务风险和国际收支的波动性与储备需求都呈正相关关系。

按照这 5 个变量与储备的关系，窦祥胜等建立了如下的对数线性形式的我国国际储备需求的模型：$r_t = \beta_0 + \beta_1 y_t + \beta_2 ap_t + \beta_3 c_t + \beta_4 de_t + \beta_5 v_t + \varepsilon_t$。式中，$r$ 表示国际储备存量；y 表示规模变量；ap 表示平均进口倾向；c 表示国际储备的机会成本；de 表示债务风险；v 表示国际收支波动程度；ε 表示随机误差项。经过实证检验，除机会成本以外，其他变量都对国际储备有明显的影响。

以上是中国国际储备需求的长期模型。为了求得短期的动态模型，他们引入了货币非均衡因素，得出了如下的模型：$Dr_t = \delta_0 + \delta_1 Dy_t + \delta_2 Dap_t + \delta_3 Dde_t + \delta_4 Dv_t + \delta_5 Dm + \delta_6 (r - y - ap - de - v - m)_{t-1} - \delta_7 y_{t-1} + \delta_8 ap_{t-1} - \delta_9 de_{t-1} + \delta_{10} v_{t-1} + \delta_{11} m_{t-1} + \mu_t$。式中，$D$ 表示差分；m 表示非均衡的货币需求；μ 为随机误差项；r、y、ap、de、v 和 m 均为一阶单整序列，且它们之间存在协整关系；其他变量的含义与前相同。经过对 1985—2002 年的数据的检验，大部分变量或它们的滞后变量都在 5% 的检验水平上显著。只有变量 Dy 的滞后两期、Dap 的滞后一期和 Dm 的滞后一期在 10% 的检验水平上显著。各个变量前面的系数符号，也基本上与理论所要求的相符合。方程总体检验的 F 统计值达到 485.63，说明方程总体十分显著。方程的拟合性也很好，其拟合优度（R^2）达到 0.9992 水平。各变量系数的标准差，除 Dy_{t-2} 和 Dv_t 在 0.2 左右外，其他的都比较小。总之，从统计上判断，这里所估计出的国际储备的动态方程是比较令人满意的。它可以被用于评价和预测中国的国际储备的短期动态变化情况。

四、关于我国外汇储备的成本与收益问题

与关于我国外汇储备的适度规模的争论相关的一个问题是，我国外汇储备大量增加引发的外汇储备的成本与收益问题。

主张外汇储备越多越好的人（邱晓华，2002）主要是强调了大量外汇储备的战略意义：（1）这是抵御国际风险的坚实的物质基础。没有这么多的外汇储备，我国应对国际一些挑战的难度就会比较大。（2）这是中国经济走向更发达

阶段的一个重要推动力，对于调整结构、深化改革、提升技术等诸多方面都发挥着重要的作用。(3) 这也是人民币最终实现完全可兑换的一个必备条件。没有充足的外汇，人民币要走向世界也是不可能的。所以，不能仅仅从当前经济资源的角度去看待我国的外汇储备，而更要看到，我国在世界的大格局中间所处的地位、在目前的发展环节以及未来中都需要更多的外汇储备。李扬等认为，充足的外汇储备可以起到震慑国际炒家、安定人心的作用。人民币不是强势货币，所以需要凭借强大的外汇储备来稳定人民币汇率，同时也利于本国居民对本币的信心，建立货币当局的信誉。

然而，外汇储备大量增加带来的成本也是不可忽视的：

1. 外汇储备会因为储备货币的价值变动（升值或贬值）而受到影响。我国的外汇储备中美元的比重占了 70% ~ 80%；以美元面值的资产占了很大比例，单是中国持有的美国国债就达 2 500 亿美元左右，因此，我国外汇储备受美元价值的变动的影响最大，尤其是当美元贬值时就会受到很大的损失。受美国“双赤字”和其他因素的影响，从 2002 年以来，美元对欧元和日元一直处于贬值状态（虽然也有上升的时候）：对欧元贬值 40%，对日元 20%。根据国际货币基金组织测算，美元贬值 25%将使东亚经济体遭受相当于美国 GDP 总量 1.5%的美元储备损失。在巨额的美元储备的情况下，中国处于两难境地：如果我国为外汇储备保值增值而大量减持美元储备，又会使美元更大地贬值。

2. 中国一方面持有大量的美元资产储备，另一方面又在大量引进外资，借用外债。这两者的利率差是中国大量外汇储备的另一种成本。美国的国债（国库券）的总体收益率在 3%左右。而最近以来 LIBOR 的一年期利率在 4% ~ 5%之间，国际上即使是贷款利率最低的政府贷款的利率也在 3%左右。这样一来，我国的以美元为主的外汇储备或者是无利可图，或者是倒贴利息。这实际上就等于将自己国家的储蓄以低利率贷款给国际收支逆差的国家，而后它们又以较高的利率贷款给我们。

3. 我国中央银行冲销外汇占款的成本。外汇储备的大量增加使中国人民银行的外汇占款大量增加。2004 年，我国外汇储备达到 6 099.32 亿美元，比 2003 年猛增 2 067 亿美元。外汇占款也从 12 459 亿元人民币猛增为 16 098 亿元人民币，增加 4 639 亿元。面对猛烈增加的外汇占款，中国人民银行采取了冲销手段，创造了自己的“负债”，发行中国人民银行票据、110 次进行公开市场业务操作，但也只冲销了 6 690 亿元。也就是说，通过外汇占款的人民币净投放就达 9 408 亿元，通货膨胀的压力加大。另一方面，中国人民银行为了冲销外汇占款导致的基础货币的增加，削减了对商业银行的再贷款。如此循环往复，中国人民银行陷入“滚雪球”的困境中。再加上外汇储备的低的或负的收益率，形成了IMF所定义的“准财政赤字”。中国人民银行由此产生的实际的亏损保守估计每年在150亿~200亿元间。

4. 加大人民币升值的压力。我国外汇储备的大量增加加大了人民币升值的预期，这会诱使大量热钱流入中国，从而使外汇储备进一步增加。而中国人民银行为了稳定人民币汇率，就必须实行购进美元、卖出人民币的干预。而这又会进一步加大外汇的流入。长此下去，会陷入恶性循环。

5. 外汇储备的机会成本和潜在成本。外汇储备的机会成本是每增加1单位外汇储备所减少的国内的投资（产出）或消费。但反过来说，如果一国不持有或少持有外汇储备，虽不会产生机会成本，但却会产生潜在成本，即因缺少国际收支失衡或汇率波动的调节手段而对国民经济大规模调节的成本。但我国现在值得注意的问题是外汇储备的机会成本。因此，这里有一个巨额的外汇储备的使用问题。有专家建议：把大量的外汇储备用于海外重要经济资源的收购和重要的战略物资的储备，引进国外的先进技术和设备，通过企业的国际并购打造中国的跨国企业，等等。我们认为，这些都不失为好的建议。

然而，我们更认为，机会成本既然是因储备而减少的投资和消费，因此，要解决机会成本问题，最根本的还是要把外汇储备的一部分投到生产中去，尤其是将积累的外汇储备投到边际生产力最高的投资上去。“将积累的外汇储备投到边际生产力最高的投资上去”是我国台湾的蒋硕杰先生针对台湾省在经济起飞之后外汇储备大量增加所提出的建议。他主张，应该把过多的外汇储备花在边际生产力最高的地方，而且要好好制定计划，以求得外汇储备在行业和地区间使用的最佳配置，用于从劳动密集型向技术密集型转变和一些急需的建设项目的投资上去。

第七章　人民币汇率

在本章中，我们首先介绍汇率制度选择的理论和现实，继而探讨人民币汇率制度的选择问题和人民币经常项目的可兑换。最后，结合当前的热点，详细地介绍人民币均衡汇率测定的理论基础。

第一节　汇率制度选择的理论和现实

汇率制度的选择是当前国内外经济学家所关注和研究的一个热点问题。特别是对于转型国家和发展中国家，汇率制度的选择对其宏观经济的稳定和发展起着至关重要的作用。20世纪90年代以来，苏联、东欧国家从计划经济向市场经济转型过程中出现的宏观经济震动、墨西哥金融危机、东南亚金融危机，以及之后发生的阿根廷金融危机等，均证实了汇率制度选择对一国宏观经济的影响和重要性。近年来，我国面临西方国家要求人民币升值和改变现行人民币汇率生成机制的压力，因此有必要对汇率制度选择进行探讨。本节将主要探讨四个方面的问题：第一，汇率制度选择的评价标准和汇率制度选择的理论；第二，汇率制度分类问题；第三，汇率制度选择与一国宏观经济制度的特征；第四，苏联、东欧国家经济转型过程中汇率制度的演变。

一、汇率制度选择的评价标准和理论

固定汇率制度与浮动汇率制度各有其优缺点。对于固定汇率制度来讲，其优点主要是：(1) 给货币政策提供了一个名义锚，即可在任何产出水平条件下控制其物价水平；(2) 有利于促进国际贸易和投资；(3) 防止国家间出现竞争性贬值；(4) 避免出现投机泡沫。对于浮动汇率制度来讲，其优点主要是：(1) 一国能实行独立的货币政策；(2) 能对来自贸易的震动做自动的调整；(3) 避免投机攻击。因此，固定汇率制度的优点就是浮动汇率制度的缺点，反之亦然。

面对不同汇率制度的各自特点，一国在选择汇率制度方面，到底是选择固定汇率制、浮动汇率制，还是选择介于两者之间的汇率制度呢？从开放宏观经

济的角度来看，其评价标准是看这种汇率制度能否对一国宏观经济的稳定和发展做出贡献；而一国改变其现行汇率制度，其判别标准是这一汇率制度能否使一国宏观经济运行得到改善。具体地讲，判别标准就是在这种汇率制度下，一国经济增长、通货膨胀、贸易等宏观经济变量的表现。

Mundell（1961、1963）、Fleming（1962）和 Poole（1970）最早提出现代汇率制度选择的理论。该理论表述为：在存在粘性价格的经济社会里，一国选择汇率制度的标准是看这一汇率制度能否减少国内产出的波动。具体而言，一个国家究竟是选择固定汇率制度还是选择浮动汇率制度，取决于经济社会中震动的来源，是来自于名义震动还是实际震动，以及资本流动的程度。

根据该理论，在一个资本流动的开放经济社会里，当出现名义震动，如来自货币供给方或需求方的变化时，就应当选择固定汇率制度。例如，货币供给增加会引起通货膨胀。在浮动汇率制度下，通货膨胀会导致汇率的贬值，汇率的贬值又会对一国实质经济和产出产生影响。按照上述理论，在这种情况下应优先选择固定汇率制。这是因为在固定汇率制下，货币需求或供给的变化对产出波动产生的影响较小。另一方面，当经济社会面临实质震动，如生产率或贸易条件变化时，应优先选择浮动汇率制。比如当贸易品价格相对于非贸易品价格变化时（即贸易条件变化），经济社会需要名义汇率的变动，以便减缓贸易品价格相对于非贸易品价格变化对国内产出和就业产生的影响。

自 Mundell 等以后，汇率制度选择理论有两个方面的重要发展：即三角悖论和最优货币区理论。最优货币区理论的基本思想是：加宽一种特定货币的使用区域，会获得类似于从物物交换到货币交换所带来的收益。特别需要指出的是，这种行为消除了交易的成本。最优货币区理论的发展主要归功于 Mundell（1961）、McKinnon（1963）和 Kenen（1969）。他们的研究主要是针对货币一体化的成本效益分析中的成本方面的研究。Mundell 提出了货币联盟成功的环境条件。他认为：（1）工资/价格的流动性，或（2）要素（劳动力和/或资本）的流动性可能是代表针对总需求这一特定震动的自动调整的充分机制。如果在经济社会里，上述两个条件至少一个成立，有关当局就不必改变汇率，从而加入货币联盟而放弃汇率的成本就为零或非常低。后来的经济学家们认为，在成本方面，还应考虑到加入货币联盟各国通货膨胀率、失业率、劳动力市场、经济增长率、铸币税等方面的差异。此外，从收益方面考虑，消除交易成本和消除汇率不确定性带来的风险是显而易见的。

三角悖论认为：在固定汇率制、货币独立性和开放资本市场三者之间，一国只可能选择这三个可能目标中的两个。例如，金本位制的特点是开放资本市场和固定汇率制，而缺少独立的货币政策。布雷顿森林体制实行的是钉住汇率制和独立的货币政策，但对资本流动实行控制。在资本高度流动的今天，一些经济学家把三角悖论发展成二极学说。二极学说认为：在资本高度流动的世界里，汇率制度的选择最终会趋向两极，一极是完全浮动的汇率制度；另一极是刚性的钉住汇率制度，包括货币联盟、美元化和货币局制度等。这一学说还认为，介于两极之间的中间汇率制度会逐渐消失，所以二极学说又称为中间汇率制度消失学说。

Eichengreen（1994）是最早表述二极学说的经济学家。当时他不是针对新兴市场国家，而是针对欧洲汇率机制（ERM）出现危机提出这一学说的。1992—1993 年的欧洲货币危机使得意大利、英国等国家货币被迫贬值或退出欧洲汇率机制，以致参加欧洲汇率机制的国家做出加宽汇率波幅的改变，才保证法国留在欧洲汇率机制中。1997—1998 年东南亚金融危机爆发后，两极学说被应用于分析新兴市场国家汇率制度的选择。

经济学家们在国际货币基金组织的汇率制度分类中，运用上述汇率制度选择理论，从成本和效益角度来探索在各种汇率制度安排下汇率制度对经济增长、贸易、通货膨胀、商业循环、价格、真实汇率等的影响，以此来确定哪一种汇率制度较优。除了对真实汇率波动（Mussa，1986）的影响得到普遍认同外，他们无法从上述的分析中得到哪一种汇率制度较优的一致性结论。这使得经济学家们不得不回过头来重新思考他们研究的基础——汇率制度的分类，也就是国际货币基金组织的汇率制度分类是否科学。

二、汇率制度分类问题

科学的汇率制度分类是研究一国汇率制度选择的基础。到目前为止，对汇率制度分类的标准，经济学家之间仍存在较大的争议。从布雷顿森林体系建立以来，IMF 就对汇率制度进行了分类，并且随着时间而不断改变其分类体系和标准。1982 年以后 IMF 的分类体系的变化如下：

（一）1983—1996 年

IMF 将各国的汇率制度安排（Exchange Rates Arrangements）分为：

1. 钉住汇率制：钉住美元、英镑、法郎、其他货币或篮子货币；
2. 有限浮动汇率制：相对于单一货币或合作安排而有限浮动；
3. 更为浮动汇率制：根据一组指标进行汇率调整，其他管理浮动汇率制；

4. 独立浮动汇率制。

（二）1997—1998 年

IMF 将各国的汇率安排分为：

1. 钉住汇率制：钉住单一货币或篮子货币；

2. 有限浮动汇率制；

3. 管理浮动汇率制；

4. 独立浮动汇率制。

（三）1999 年至现在

IMF 将各国的汇率安排分为：

1. 没有自己法定货币的汇率安排；

2. 货币局安排；

3. 传统钉住汇率制安排；

4. 在水平波幅带内的钉住汇率制；

5. 爬行钉住汇率制；

6. 爬行带汇率制；

7. 没有事先宣布汇率路线的管理浮动汇率制；

8. 独立浮动汇率制。

一些经济学家认为，IMF 的汇率制度分类带有“人为”主观的色彩，这是因为 IMF 的分类主要是依据官方的汇率数据来进行汇率制度分类。他们认为，建立在这些分类基础上的研究会产生误差和混乱，也可能是他们的研究得不到一致性的结论的原因。为此，Ghosh 等（2000）、Levy – Yeyati 和 Sturzenegger（2002）、Reinhart 和 Rogoff（2002）等进行了新汇率制度分类的基础性工作，他们认为他们的分类更接近“自然”分类。

Levy – Yeyati 和 Sturzenegger（2002）主要根据三个变量的变化情况来对汇率制度进行分类：名义汇率的变化、名义汇率变化的波动度和国际储备的波动度。他们认为，选择这些变量来进行汇率制度分类的依据是：固定汇率制度往往与国际储备变化相联系，因为国际储备的改变目的在于减少名义汇率的变化；而浮动汇率制度的特征是名义汇率不断变化而国际储备相对稳定。他们用 $\acute{o}r$ 表示国际储备的波动度，$\acute{o}e$ 表示汇率的变化，$\acute{o}\Delta e$ 表示汇率变化的波动度。表 7 – 1 给出他们的汇率制度分类标准。

表 7-1　　Levy-Yeyati 等的汇率制度分类

	бe	б∆e	бr
无法确定	低	低	低
浮动汇率	高	高	低
肮脏浮动	高	高	高
爬行钉住	高	低	高
固定汇率	低	低	高

资料来源：Levy-Yeyati and Sturzenegger，2002。

Reinhart 和 Rogoff（2002）的分类方法较为复杂。他们认为，国际货币基金组织虽然在 1997 年以后对汇率制度分类方法进行了大的改进，但主要还是以官方汇率数据为依据，带有人为分类的色彩。Reinhart 和 Rogoff 认为他们的汇率制度分类更接近于自然的分类方法。他们的自然分类方法中有几个值得注意的特征：（1）他们不仅考虑了官方汇率数据，而且考虑了存在多重汇率等因素。（2）对官方事先宣告和未宣告的汇率制度进行分析，并根据实际情况加以分类。（3）与其他汇率制度分类的另一个重要的不同点是增加了一个自由下降（Freely Falling）的分类，即一个国家 12 个月内通货膨胀率高达 40%以上就划分到自由下降这一个分类中去。他们增加自由下降分类的基本思想是，一个宏观经济极不稳定的国家往往会出现非常高的通货膨胀，同时伴随着大幅度的经常性的汇率贬值。因此，很难把这种宏观经济不稳定情况下的汇率制度归为浮动汇率制、中间汇率制度或钉住汇率制度。Reinhart 和 Rogoff 的自然分类法把汇率制度分为 5 大类和 15 个小类。其 5 大类为：固定汇率制、有限浮动汇率制、管理浮动汇率制、自由浮动汇率制和自由下降汇率制。表 7-2 给出了他们的 15 个小类的汇率制度分类。

Reinhart 和 Rogoff 选用了 153 个国家和地区从 1973 年到 1999 年的汇率数据，把他们的自然分类与 IMF 的分类相比较。他们发现，两种分类中仅有一半汇率制度分类相同。特别是 IMF 归于浮动汇率制的分类，在他们自然分类中仅包含了 20%，另外 60%为中间汇率制或钉住汇率制，其余 20%属于自然下降汇率制。

Ghosh 等（2000）按照名义汇率的实际行为，把汇率制度分为钉住汇率制、中间汇率制和浮动汇率制等几大类。

经济学家们还对不同汇率制度分类下的汇率选择做了实证分析。Ghosh 等（2000）比较了货币局制度、钉住汇率制和浮动汇率制下的经济运行状况，得出的结论是：货币局制度下经济增长最快，浮动汇率制下次之，最后是钉住汇率制。

表 7-2　　Reinhart 和 Rogoff 的汇率制度自然分类

1. 没有独立的法定货币
2. 事先宣告的钉住汇率制或货币局安排
3. 事先宣告水平钉住，其波幅在 ±2%以内
4. 事实上的钉住汇率制
5. 事先宣告的爬行钉住汇率制
6. 事先宣告的爬行钉住汇率制，其波幅在 ±2%以内
7. 事实上的爬行钉住汇率制
8. 事实上的爬行钉住汇率制，其波幅在 ±2%以内
9. 事先宣告的爬行钉住汇率制，其波幅大于或等于 ±2%
10. 事实上的爬行钉住汇率制，其波幅小于或等于 ±5%
11. 能移动的汇率带，其波幅小于或等于 ±2%（允许汇率随时升贬值）
12. 管理浮动汇率制
13. 自由浮动汇率制
14. 自由下降汇率制
15. 双重外汇市场情况

资料来源：Reinhart and Rogoff，2002。

Levy-Yeyati 和 Sturzenegger（2002）进行了类似的检验和比较。当他们用 IMF 的汇率制度分类方法，把汇率分为浮动汇率制、固定汇率制和中间汇率制度时，得出的结论是中间汇率制下经济运行最佳。当他们用自己的自然汇率制度分类时，得出的结论是浮动汇率制下的经济运行最佳。

面对在不同汇率制度下和不同汇率制度分类下，无法得出哪一种汇率制度最佳的一致性结论，Frankel（1999，2003）认为没有一种汇率制度对所有国家都适用，也没有一种汇率制度在任何时候都适用于同一个国家。Calvo 和 Mishkin（2003）甚至认为，对于新兴市场国家来说，宏观经济成功的关键在于一个国家是否有健全的宏观经济制度，而汇率制度选择也许并不是一个主要因素。因此，经济学家们一致认为，在对汇率制度选择时，应该考虑到该国的宏观经济制度的特征。

三、汇率制度选择与一国宏观经济制度特征

20 世纪 90 年代以来发展中国家和转型经济国家出现的金融危机使人们清

楚地认识到，没有一种汇率制度能防止宏观经济的混乱。因此，汇率制度选择必须适应一国的宏观经济制度和经济社会特征，同时还必须考虑到它们宏观经济制度上的脆弱性。这些国家宏观经济制度上的脆弱性主要表现为：高通货膨胀、巨额的外债、脆弱的银行和金融体系以及宏观经济的不稳定性和波动等。下面分别说明这些宏观经济制度特征。

（一）转型过程中的国家

从前苏联、东欧国家转型过程中汇率制度选择来看，从计划经济到市场经济，汇率具有两个作用：一方面决定一国国际竞争水平；另一方面，它在确定宏观经济稳定性方面起到关键作用。在转型初期，通货膨胀压力和宏观经济的稳定性是政府考虑的主要因素，较固定的钉住汇率制成为不少转型国家首选的汇率安排。在转型后期，市场经济制度已经形成，金融市场和制度已经建立起来，通货膨胀压力减轻，给宏观经济稳定性带来大的震动的制度因素已经消失或受到抑制。在权衡汇率对宏观经济稳定性和国际竞争力两方面的作用后，不少转型国家选择了后者，即选择了较为浮动的汇率制度。

在转型过程中，经济制度因素应是汇率制度选择所应考虑的重要因素。一个转型国家在银行还未实施风险测定和管理，企业和个人找不到规避汇率风险和其他金融风险的市场和工具时，是无法实行浮动汇率制度的。

（二）货币政策

倾向浮动汇率制度的人们认为，这种制度会使货币政策在针对国内经济政策时有更大的灵活性，而固定汇率制度则缺少这种优势。但是，这种灵活性有时在理论上是可行的，而实践上可能行不通。比如，在浮动汇率制度下，要运用货币政策来促进价格的稳定，还需要人们对这一政策的信心以及制度和法律的保证。此外，在浮动汇率制度下，货币政策在平衡国内目标时，还会影响到进出口和资本流动。对于有较大比例进出口和资本流动的国家，这一政策会通过对进出口、资本流动的影响进而影响到一国的实质经济。因此在现实经济中，由于上述种种理由，在浮动汇率制下，货币政策不一定具有较大的灵活性。这是由一国宏观经济制度特征所决定的。

（三）汇率错位

钉住汇率制容易产生汇率错位的可能性，这可能成为一部分人支持浮动汇率制的理由。但是在固定名义汇率制国家，可以运用对进出口的税收和补贴调节来改变其有效真实汇率。如通过对进口的减税或减少出口退税使真实汇率升值，保持名义汇率不变。但这种财政性升值和贬值是有限度的。

(四) 减少利率风险溢价

赞成固定汇率制的一个观点是这种汇率制能够减少国内利率的货币风险部分，因此能降低政府、企业和个人的借贷成本，从而促进投资和经济增长。但这些是建立在一个有良好信用（如政府信用、企业信用、个人信用）基础上的。在这方面的反例是，实行浮动汇率制的智利在主权债务上的利率比实行美元化的巴拿马要低，原因是在国际上，智利的信用比巴拿马要高。

(五) 工资和价格的流动性

在这方面的一般原则是，工资和价格流动性大的国家，应实行固定汇率制；工资和价格流动性小的国家，应实行浮动汇率制。因此，在汇率制度选择时，应充分估计政府控制工资和价格波动的能力。例如，通常情况下，公共事业部门的工资具有较小的流动性。一般认为，发展中国家比发达国家在工资和价格方面具有较大的流动性。

当然，在汇率制度选择方面，还应该考虑一国财政制度、金融制度、资本流动、对外贸易、通货膨胀、国际储备等多方面的宏观经济制度因素。

四、苏联、东欧国家转型过程中汇率制度的演变

(一) 苏联、东欧国家转型过程中汇率制度演变的过程

苏联、东欧国家在20世纪90年代的转型过程中，由于各国不同的宏观经济条件，这些国家采用过几乎当前所有的汇率制度，即从严格的货币局制度到独立浮动的汇率制度。

俄罗斯于1991年12月至1995年7月期间实行独立浮动汇率制度；1995年7月至1998年8月实行管理浮动汇率制度；目前实行独立浮动汇率制。

乌克兰在1996年9月以前实行多重汇率制度；1996年9月以后实行爬行钉住汇率制度；目前采用管理浮动汇率制度。

立陶宛于1992年10月开始采用浮动汇率制度；1994年4月以后改为实行货币局制度，并把对美元的兑换率固定。

爱沙尼亚在1992年脱离卢布区后实行货币局制度，并使本币与德国马克的兑换率固定。

拉脱维亚自1992年7月脱离卢布区以来实行管理浮动汇率制度；当前采用固定的钉住汇率制。

波兰经济从1990年开始转型，最初承诺在一段时期实行钉住美元的固定汇率制；在1991年5月改为实行钉住一篮子货币的可调整的钉住汇率制。

1991 年 10 月，波兰当局开始采用爬行钉住汇率制。之后，在 1995 年 5 月把汇率波幅放宽为 ± 7%，目前波幅又放宽到 ± 15%。

匈牙利当局自 1989 年以来采用传统钉住一篮子货币进行无规则的小幅度贬值的汇率政策；有的时候实行小的贬值，以纠正通货膨胀偏差，保持实际汇率稳定和对外竞争力不变。从 1995 年 3 月开始，匈牙利当局和波兰一样采用了爬行汇率制度。

从以上苏联、东欧国家转型过程中汇率制度演变的情况来看，它们的汇率制度选择的特点可以归纳为以下几点：

1. 不同的转型国家实行的汇率制度各不相同，从货币局制度到独立浮动的汇率制度都有。

2. 就是同一个国家，在转型的不同时期，采用的汇率制度也有所不同。但随着时间的推移，总的趋势是实行更为浮动的汇率制度。

3. 就宏观经济的稳定和恢复角度看，在转型的初期阶段实行钉住汇率制的国家做得更好一些。

(二) 苏联、东欧国家转型过程中汇率制度选择的原因

从计划经济到市场经济转型的过程中，汇率既要有利于一国国际竞争力水平，又要有利于宏观经济稳定。例如，汇率的贬值在短时期内会提高一国国际竞争力；但是与此同时，它会增加国内通货膨胀压力，带来宏观经济的不稳定性。因此，如果考虑宏观经济的稳定性，固定汇率制的选择是优先目标；而考虑到国际竞争力，浮动汇率制是优先目标。

在转型的初期，从减轻通货膨胀的压力和稳定宏观经济的稳定性的角度，应该首选固定汇率制和钉住汇率制。极端固定的货币局制度也是反通货膨胀和稳定宏观经济的可行方案。

但在转型初期的苏东国家，由于某些原因，并未采用钉住汇率制和固定汇率制，而选择了管理浮动汇率制和独立浮动汇率制。其原因主要是由于国内外宏观经济变动的影响和缺少外汇储备，这些国家没有能力维持固定和钉住汇率制度。

而到了转型后期的今天，除了保加利亚、爱沙尼亚、拉脱维亚和立陶宛四国外，其他国家的市场经济制度已经形成，金融市场和制度包括外汇市场都已建立起来；通货膨胀压力减轻，给宏观经济稳定性带来大的震动的制度因素和其他重大因素都已经消失或受到抑制；与此同时，由于对外开放程度加大，这些国家面临资本大量流入，实际汇率升值，国际竞争力减弱。所有这些问题都

可能减缓国家经济的恢复和增长。在权衡汇率对宏观经济稳定性和国际竞争力两方面的作用后，它们选择了较为浮动的汇率制度。

第二节 人民币汇率制度的选择

关于人民币汇率制度的选择，我们分为两节进行。这里先讨论1949年至2005年7月21日以前的人民币汇率制度的选择，后一节再讨论2005年7月21日起的人民币汇率制度。

一、人民币汇率的产生

1948年12月1日中国人民银行成立时就开始发行人民币，并通过兑换各解放区原来流通的货币而进入流通。1949年1月18日开始对外发布人民币对美元的外汇牌价。由于人民币没有规定含金量，因此，人民币汇价的计算不是以两国货币的黄金平价为基础，而是以物价对比法为基础计算的。

物价对比法是解放初期，本着鼓励出口、兼顾进口、照顾侨汇的汇价方针确定的。它是以当时的国内物价水平为基础，依据进出口商品的国内人民币价格与主要进出口商品的国外价格的对比，确定人民币的对外汇率。这样得出的人民币与外币的比价称为进出口物资理论比价。

（一）出口物资理论比价

其计算方法是以我国当时大宗出口物资中的每一种商品的国内人民币成本与出口价格（均以FOB价格为准）相比，即为每一种大宗商品的人民币比价，用公式表示为：

$$\text{出口物资理论比价} = \frac{\text{出口商品国内总成本}}{\text{出口商品的国外价格（FOB）}} \tag{7.1}$$

由于这个比价是以出口商品的成本计算的，对出口商品没有刺激作用。因此，当时曾经对不同的出口商品规定了5%～15%的出口利润率。加上利润率因素后，式（7.1）变为：

$$\text{出口物资理论比价} = \frac{\text{出口商品国内总成本} \times (1 + \text{利润率})}{\text{出口商品的国外价格（FOB）}} \tag{7.2}$$

有了各种商品的理论比价后，可以用简单算术平均数的方法，也可以用加权算术平均数的方法求出人民币对美元的比价。加权算术平均数的公式为：

$$\text{出口物资理论比价} = \frac{\sum(\text{各种商品理论比价} \times \text{出口比重})}{\text{总的出口比重}} \tag{7.3}$$

式（7.3）中的出口比重为参加计算的各种商品在整个出口总额中的比重；总出口比重是参加计算的出口商品额之和占整个出口总额的比重。

（二）进口物资理论比价

它与出口物资理论比价计算方法大致相同，不同的是进口商品是以 CIF 价格为计算标准，其公式是：

$$\text{进口物资理论比价} = \frac{\text{进口商品国内市场价格}}{\text{进口商品的国外市场价格（CIF）}} \tag{7.4}$$

（三）侨汇购买力比价

它是用于测定进出品商品理论比价是否有利于侨汇的比价，计算方法分为两个步骤：

首先是生活费指数的计算。以一个华侨眷属五口之家、中等生活水平为准，定出一个月国内日常所必需的消费品种类和数量，然后再按香港和广州两地的零售物价编出国内外加权的生活指数。生活费指数计算公式：

$$\text{生活费指数} = \frac{\text{计算期价格} \times \text{消费量}}{\text{基期价格} \times \text{消费量}} \tag{7.5}$$

则国内外侨眷生活费指数之比为：

$$\frac{\text{国内侨眷生活费指数}}{\text{国外侨眷生活费指数}} \tag{7.6}$$

其次是侨汇购买力比价的计算：

$$\text{侨汇购买力比价} = \frac{\text{外汇牌价} \times \text{国内侨眷生活费指数}}{\text{国外侨眷生活费指数}} \tag{7.7}$$

计算后所得到的比价，如果低于外汇牌价，汇价就有利于侨汇；反之就不利于侨汇。因为外汇牌价高，侨汇所能兑换的旧人民币购买力与等值的外国货币在国外的购买力相比要强，这就鼓励了侨汇事业的发展。

从以上三个方面可以看出，人民币对外汇率的确定是以贸易和非贸易的国内外商品与劳务价格对比为基础，经过综合加权平均计算出来的，它能比较真实地反映人民币对外的价值。

二、人民币汇率的演变过程

（一）1949—1952 年年末人民币汇率动荡时期

解放初期，由于多年国内外战争的破坏和帝国主义的掠夺，国内生产停滞，外汇资金奇缺，通货膨胀尤为严重，国民经济亟待恢复。为了鼓励出口，增加外汇收入，我国政府参照当时国内物价水平，对旧人民币的外汇牌价连续调整了几十次。从最初的1美元兑换旧人民币80元降低到1美元兑换旧人民币42 000元。1950年3月始，我国经济状况基本好转，国内物价趋于稳定，人民币汇率有所回升，1952年年末，调回到1美元兑换旧人民币26 170元。

（二）1953—1972年人民币汇价基本稳定不变

从国内条件看，这时我国已进入有计划的社会主义建设时期。一方面，国民经济恢复与发展使国内物价基本稳定，1955年3月进行币制改革，以发行的新人民币收回了旧人民币，新旧人民币的比价为1∶10 000。此时，人民币币值基本上稳定。另一方面，随着对私营进出口商的社会主义改造的完成，对外贸易实现了国家垄断制，由外贸公司按照国家规定的计划统一经营，整个外贸体系采取进出口统一核算，以进口补贴出口的方法。这样，人民币汇价成为编制外汇收支计划和进行外贸核算的会计标准。人民币汇率基本不变。

从国际上看，在1944年建立的布雷顿森林货币体制下，资本主义国家普遍实行了固定汇率制。因此，以维持汇率稳定为直接目的的人民币对美元的汇率在20年内始终未动。对英镑的汇率只有在英镑贬值后才加以调整。

（三）1973—1980年人民币汇率稳中有升

由于资本主义经济发展的不平衡，以美元为中心的固定汇率制在1973年走向崩溃。在1973年3月西方各国普遍实行浮动汇率制后，外汇汇率随着外汇市场的供求情况自由波动。在当时，主要国家货币都呈贬值态势。国际金融市场的剧烈动荡，使人民币汇率不可能保持不变。人民币汇率应根据国际外汇市场汇率的变动情况，结合我国的实际国情，不断地做相应的调整。在当时我国国内物价不再稳定而呈上升趋势的情况下，人民币汇率也应相应下调。但在当时高度集中统一的经济体制下，我们却坚持人民币汇价水平稳定的方针，既不随上升货币而上升，也不随下跌货币而下跌。这样，人民币汇率不但未能及时下调，对西方主要货币的汇价反而上升，从而形成人民币汇率的长期高估。在这段时期我国还曾经采用过新的定值方法，即采取“一篮子”货币的定值方法，参照国际市场行情及时调整人民币汇价，避免西方国家货币汇率的变动对人民币汇率带来的冲击。篮子中所选用的货币是我国对外经济贸易往来中经常使用的货币，按其重要程度和政策上的需要确定权重，再根据这些货币在外汇市场上的当日平均汇率，加权计算出人民币汇率。在货币篮子中，选用的货币种类、数量及权重有过几次变动。经过这样的计算和调整，尽管篮子里的货币汇率经常变化，但其加权平均值基本稳定。因此，人民币汇率仍然继续保持稳定。这符合当时人民币汇价政策的直接目标，即维持人民币的基本稳定。但是，这种钉住制的人民币汇价的确定却脱离了直接的物质基础和货币购买力原则，反映的只是人民币与篮子货币的相应变动情况，而不是人民币本身的价值量的变动情况。当20世纪70年代后期爆发世界性通货膨胀时，美元汇率下跌，由于人民币汇价的相对稳定导致了人民币对外汇价的节节上升。从1972年至1980年，人民币汇率由 \$1 = RMB2.20 逐步上调为 \$1 = RMB1.52。人民币对美元升值32.6%。人民币币值的上升，加大了人民币汇率的不合理性，提高了人民币的对外价值，使我国出口贸易处于不利地位。1980年全国平均出口换汇成本为1:2.75，比美元与人民币的比价高出1.23元。[①]也就是说，每出口1美元商品亏损1.23元。出口越多，亏损越大。

（四）1981—1984年人民币贸易汇价与金融汇价并存

为了鼓励出口，限制进口，加强外贸的经济核算，1979年8月国务院决定改革我国汇率制度，除继续保留人民币的公开牌价之外，另外制定内部贸易结算价，从1981年1月1日起实行。对外公布的人民币牌价为 \$1 = RMB1.5，此为金融汇率，主要用于非贸易外汇的兑换和结算。而进出口贸易则使用内部贸易结算价：\$1 = RMB2.80，此为贸易汇率，它是按1978年全国出口平均换汇成本1美元=2.53元人民币加上10%的利润计算出来的。两种汇价的实行，虽然对促进对外贸易起到一定的积极作用，但人民币汇价高估状态仍未得到根本改变。1981年出口换汇成本仍高于汇价。部分出口商品亏损仍存在，而进口商品购汇成本的提高抬高了国内售价，国家依然需对进出口双方面施以财政补贴，且两种汇价不利于吸引侨汇。同时，这种双重汇率制度也不符合IMF协议。于是，1984年年底停止实行双重汇率制度。

（五）1985—1988年逐步下调的单一的官方的人民币汇率

为了适应对外经济发展和外贸体制改革的需要，改变人民币汇率高估状况，1985年1月1日我国对人民币汇率进行必要的调整，对外公开的金融汇率向内部贸易结算价靠拢，重新实行单一的汇率。这意味着人民币对外贬值86.7%。1985年10月人民币汇率又作了一次调整，调为1美元=3.20元人民币，人民币对外贬值14.3%。此后，国际上美元汇率大幅度下跌，人民币对美元汇率也调整为1美元=3.70元人民币，贬值幅度为15.8%。但人民币汇价高估仍没有得到彻底解决。

---

① $出口换汇平均率成本 = \frac{以人民币计算的出口成本}{以外币计算的销售价格}$

（六）1989—1993 年人民币汇率双轨制

1985—1988 年人民币的法定贬值使人民币向着合理汇率靠近。但是，这一时期人民币汇率的每一次下调都维持了一个较长时期。因此，这一时期的人民币汇率仍是较为稳定的。而这时，国内物价水平因多种原因节节上升，物价上涨率大大高于贬值率。于是 1989 年 12 月人民币对主要货币汇率再下调 21.2%，人民币对美元比价为 1:4.71。这一时期外贸体制实行了重大改革，即允许出口企业留存部分外汇额度，为了调剂出口企业外汇额度的余缺，1988 年 4 月正式成立上海外汇调剂中心，随后其他主要城市也陆续成立了外汇调剂市场和调剂中心，从而开始了人民币汇率的双轨制：一方面是官方对外公布的可调整的外汇牌价；另一方面是由外汇调剂市场以外汇供求形成的外汇调剂价。企业出口收汇中上交国家的外汇按官方汇率折算，企业所得到的外汇留成可按调剂市场汇率折算，这样可适当地提高出口企业创汇利润，或补偿其高换汇成本的亏损，从而鼓励出口。在进口用汇方面，关系国计民生的重要物资和必需品的进口由国家批准按官方汇率折算，一般商品的进口按市场汇率折算，以提高购汇成本达到限制进口的目的。在利用外资方面，外商来华投资注册资本按官方汇率 1:5.8 折算，汇出利润通常按市场调剂价 1:8.7 来计算。

双轨制的实施是为了逐步解决长期以来人民币汇率明显高估而无法调动企业出口创汇积极性，同时也为了避免人民币大幅度下调可能会引发国内物价全面上升的危险。但是，在国内外汇短缺的情况下，国家官方汇率存在的同时，保持调剂市场汇率，调剂市场汇率必然高于官方汇率。而且，在国内经济高速增长、投资规模不断扩大的情况下，两者的价差越来越大。1990 年年末，人民币官方汇率下调 9.57%，调整的依据是全国出口平均换汇成本的变化。1991 年 4 月 9 日起，我国改变了以往间隔较长时间后进行一次大幅度调低的做法，转而实行政府直接干预与市场调节相结合的人民币计划弹性制。国家根据经济发展和国际收支平衡的需要，对人民币汇率实行目标区管理，定期公布有弹性的官方汇率，并对它进行经常的小幅的直接调整，使之爬行滑动到预定的目标汇率，逐渐接近市场汇率，从而实现两者的并轨。1992 年 3 月前，官方汇率连续小幅下滑，与市场汇率的差距从 2 元缩小到 0.5 ~ 0.8 元。但是，由于我国经济金融形势变化，使外汇供求日趋紧张。自 1992 年 4 月开始，美元的调剂市场汇率节节下跌，8 月份狂跌至 1:7.0823 元。1993 年 6 月更是突破 1:10 元大关。而官方汇率仍然维持 1:5.88 元的水平上，两者之间的差幅扩大到 40%以上。官方汇率的高估和外汇调剂市场的不健全导致了哄炒外汇的投机行为，扰乱了外汇外贸的正常经营秩序，不利于国内物价的稳定。

此外，人民币双重汇率制的另一个显著弊端表现为进出口企业及外资企业的不平等竞争机制。由于双轨制下用汇成本高低不同，用官方汇率获取外汇的成本相对低廉，成为盲目引进与扩大投资规模和浪费外汇的一个潜在因素。这种苦乐不均的差别不利于企业的成本核算和平等竞争，从而造成资源配置的不合理。同时双重汇率使外商在投资资本汇入和红利汇出中无形地增加了投资成本，减少了外汇盈利收入。既使外商失去公平竞争的机会，又损害了外商投资企业的利益，使外商对我国的利用外资政策产生怀疑，也影响了外商投资的积极性。

最后，双轨制是阻碍我国“复关”及取得最惠国待遇的重要因素。我国是国际货币基金组织的成员国。《国际货币基金组织协定》第八条规定：禁止成员国实行歧视性汇率安排或采取复汇率制。而关税及贸易总协定有关货币汇率制度的规定又是以国际货币基金协定的有关条款为准的。因为复汇率制往往被视为对外贸易倾销的一种政策，不利于实现贸易的自由化，更不符合关税及贸易总协定的宗旨。因此，人民币双重汇率的并轨是必然的趋势。

（七）1994年至2005年7月20日以前的以市场供求为基础、单一的、有管理的人民币浮动汇率制

1993年下半年，中国人民银行进一步加强金融宏观调控，全面清理整顿违章拆借和变相提高存、贷款利率，严肃各金融机构的资金结构，于是人民币资金出现“短流”现象，迫使有汇企业忍痛抛售外汇，从而有效地抑制了外汇调剂价的上升势头，人民币市场汇率回升至1:8.5的水平上，且波动幅度小。据统计，这一水平略高于1:7.5的平均换汇成本。人民币市场汇率逐渐接近其真实水平。因此，1993年12月29日，中国人民银行发布了《关于进一步改革外汇管理体制的公告》，决定自1994年1月1日起实行人民币汇率并轨，人民币对美元的汇率调整为1:8.7，并实行以市场供求为基础的、单一的、有管理的浮动汇率制度，同年4月1日起外汇体制改革进入正式运作阶段：全面实行银行结售汇制，取消外汇留成制度，取消出口企业创汇的有偿和无偿上缴、取消外汇收支指令性计划，停止发行外汇券，禁止外币在境内流通，建立银行间的外汇交易市场等。这一系列改革措施标志着我国已初步建立了以市场供求为基础的、统一的、有管理的人民币浮动汇率制。人民币汇率主要由外汇市场的供求来决定。中国人民银行根据上一日银行间市场人民币与美元交易的加权平均价，并参照国际外汇市场主要货币汇率的变化，套算出主要货币的中间价，

以此作为交易基准汇价。银行与客户之间的外汇买卖在交易基准汇价基础上的±0.25%幅度内浮动；而银行间市场汇价，可在交易基准汇价基础上±0.3%的幅度内浮动。若市场汇率超过这个幅度，中国人民银行及时入市进行直接的干预活动，以保持人民币汇率的稳定。

由于新的外汇体制增加了出口企业的利润，提高了出口企业创汇与结汇的积极性，1994年我国出口有了明显增长，达到了1 025亿美元，外汇储备也迅速增加，达到516亿美元，人民币汇率继续保持稳定。

在这一个时期，人民币对美元的汇率基本保持稳定。1994年1月1日，人民币对美元汇率为1美元兑8.7元人民币，同年年末为1:8.4。从1995年至2005年7月20日，人民币对美元的汇率基本上保持在1:8.82左右。

但是，1997年爆发的东南亚金融危机打断了从1994年开始的有管理的浮动汇率制度，而演变为事实上的钉住美元的汇率制度。东南亚金融危机爆发之后，东南亚国家、日本、韩国等国货币纷纷贬值，我国从一个负责任的大国角度出发，宣布人民币不贬值，同时收窄了人民币的浮动幅度。中国的这一举措赢得了国际社会的高度赞扬，但也给中国经济带来了一定的不利影响。此后，随着中国经济长期高速、稳定的发展和外汇储蓄的大量增加，国际上要求人民币升值和人民币汇率制度更加富有弹性的呼声日高。在这种背景下，我国从2005年7月21日起又一次开始实行了有管理的浮动汇率制度。关于这一新的浮动汇率制度我们将在下一节进行讨论。

第三节　新的有管理的浮动的人民币汇率制度

一、新的有管理的浮动汇率制度的形成及完善

2005年7月21日，我国实行新的人民币汇率机制。根据中国人民银行的公告，其人民币汇率机制的形成有如下几个方面：

1. 自2005年7月21日起，我国开始实行以市场供求为基础、参考“一篮子”货币进行调节、有管理的浮动汇率制度。人民币汇率不再钉住单一美元，形成更富弹性的人民币汇率机制。

2. 中国人民银行于每个工作日闭市后公布当日银行间外汇市场美元等交易货币对人民币汇率的收盘价，作为下一个工作日该货币对人民币交易的中间价格。

3. 2005年7月21日19：00时，美元对人民币交易价格调整为1美元兑8.11元人民币，作为次日银行间外汇市场上外汇指定银行之间交易的中间价，外汇指定银行可自此时起调整对客户的挂牌汇价。

4. 现阶段，每日银行间外汇市场美元对人民币的交易价仍在中国人民银行公布的美元交易中间价±0.3%的幅度内浮动，非美元货币兑人民币的交易价在中国人民银行公布的该货币交易中间价±1.5%幅度内浮动。

中国人民银行将根据市场发育状况和经济金融形势，适时调整汇率浮动区间。同时，中国人民银行负责根据国内外经济金融形势，以市场供求为基础，参考篮子货币汇率的变动，对人民币汇率进行管理和调节，维护人民币汇率的正常浮动，保持人民币汇率在合理、均衡水平的基本稳定，促进国际收支基本平衡，维护宏观经济和金融市场稳定。

随后，为了完善这一人民币汇率市场形成机制，中国人民银行又推出了如下多项改革配套措施：

2005年8月上旬，中国人民银行先是提高了境内机构经常项目外汇留成比例，放宽了居民个人经常项目购汇政策；随后又允许符合条件的非银行金融机构和非金融企业参与银行间外汇市场交易，并在外汇市场引入询价交易方式，进一步丰富银行间外汇市场交易品种，扩大远期结售汇业务和开办掉期业务，为银行给客户提供套期保值，管理汇率风险提供工具，等等，以进一步发展外汇交易市场。

9月22日，国家外汇管理局宣布取消对外汇指定银行结售汇周转头寸外汇限额，实行结售汇综合头寸管理，给银行提供了更多地持汇空间，使其可以灵活自主地管理外汇资金，为今后外汇衍生产品市场的发展以及外汇市场的功能深化拓展了管理空间。

9月23日，中国人民银行又公布了改进汇价管理的一系列重要措施，除了将非美元货币兑人民币交易价的浮动幅度扩大到3%，还包括对银行美元挂牌汇价实行价差幅度管理，美元现汇买卖价差限制在交易中间价的1%，现钞买卖价差扩大到中间价的4%，银行可在规定价差幅度内自行调整挂牌价格等。新措施还取消了银行挂牌的非美元货币的价差幅度限制。

11月24日，国家外汇管理局发布公告，在银行间市场引进美元做市商制度，并决定于2006年初推出即期询价交易方式，进一步将外汇市场的自主定价权下放给商业银行。

至11月25日，中国人民银行又与10家国内银行首次进行了60亿美元的货币掉期操作。当天中国人民银行以 1:8.0805 的价格向 10 家银行买入人民币，卖出美元，同时约定一年后中国人民银行再以 1:7.85 的价格用人民币买回美元。通过掉期业务，一方面，缓解国际金融市场对人民币升值的预期，保持人民币汇率的稳定；另一方面，中国人民银行将美元调换给商业银行，中国人民银行持有的外汇相应转到商业银行手中，外汇储备的增长必然减缓。

中国人民银行的上述举措，都属于增强银行自主定价能力和外汇管理风险意识的举措，有利于提高市场在汇率形成中发现价格、规避风险的基础性作用，有利于中国人民银行更有效地以市场供求为基础，参考篮子货币汇率变动对人民币汇率进行管理和调节，以进一步推进汇率机制朝着更富弹性的市场化方向发展。

但中国这种渐进性改革的汇率方针并未得到美国的认可。美国、日本、欧盟和国际货币基金组织还是一再要求人民币再度升值。在中美纺织品谈判、七国集团（G7）会议、二十国集团（G20）会议、美国财长斯诺访华以及美国总统访华等各种重要场合上，人民币汇率都成为重大和敏感的议题。

二、人民币货币篮子的构成

2005 年 8 月 10 日，中国人民银行行长周小川披露了选择进入人民币货币篮子的货币的依据和货币的种类：

第一，在篮子货币的选取以及权重的确定时主要遵循的基本原则是：考虑我国国际收支经常项目的主要国家、地区及其货币。因此，是以着重考虑商品和服务贸易的权重作为篮子货币选取及权重确定的基础。同时适当考虑外债来源的币种结构、外商直接投资和经常项目中一些无偿转移类项目的收支。

第二，按照篮子货币的确定以对外贸易权重为主的原则，美国、欧元区、日本和韩国等目前是我国的主要贸易伙伴，因此，美元、欧元、日元和韩元自然成为主要的篮子货币。而新加坡、英国、马来西亚、俄罗斯、澳大利亚、泰国和加拿大等国家与我国的贸易比重也较大，因此，这些国家的货币对人民币汇率也很重要，也进入了货币篮子。根据《中国统计年鉴 2005》，这 11 个国家在我国贸易总额中的比重分别为：美国 14.69%、欧元区 12.12%、日本 14.54%、韩国 7.80%、新加坡 2.31%、英国 1.71%、马来西亚 2.27%、俄罗斯 1.84%、泰国 1.50%、加拿大 1.34%、澳大利亚 1.77%。11 个国家合计占我国 2004 年进出口贸易总额的 61.89%。

第三，从贸易量（进出口之和）来说，一般而言，与我国的年双边贸易额超过 100 亿美元，在权重中是不可忽略的，50 亿美元以上也是不小的。根据《中国统计年鉴 2005》，2004 年与我国的双边贸易额超过 100 亿美元的国家和地区有 17 个（不包括香港特区）；超过 50 亿美元的国家和地区有 23 个（不包括我国香港和台湾）。

从上面的货币篮子中货币的构成，我们可以看出中国的货币篮子有下面三个特点：

1. 进入人民币货币篮子的货币不仅有质的规定，而且也有量的界限，是质与量的统一。所谓质的规定是指以双边贸易为主，同时考虑了外债和外商直接投资的币种结构；所谓量的界限就是 100 亿美元和 50 亿美元的双边贸易额。

2. 货币篮子中的货币既有发达国家的货币，也有发展中国家和转型经济国家的货币。我们借用人们常用的硬币与软币的区分，也可以说，在我国的货币篮子中是既有硬币也有软币，而不是像有的国家在构建自己的货币篮子时那样只有硬币。当然，硬币和软币并没有严格的界限，一切都以时间为转移。

3. 从双边贸易量（进出口总额）来说，虽然有 100 亿美元和 50 亿美元两个数量界限，但进入我国货币篮子的都是 100 亿美元以上的货币；然而又不是所有 100 亿美元以上的国家和地区的货币都进入了我国的货币篮子。之所以在这些 100 亿美元国家的货币中只选取了 11 种货币，而其中有 5 个是亚洲国家的货币，很明显是因为这些国家和地区与中国的贸易在近年有了很大的发展，同时这些双边贸易的未来发展具有很大的潜力。这也表现了中国在亚洲地区的作用日益增加，以及人民币在周边国家和地区的影响日益增大。

三、国内外对人民币货币篮子权重的计算

由于周小川只披露了人民币货币篮子的货币种类，而没有披露在货币篮子中各种货币的权重，于是国际上一些研究者和研究机构使用各种方法和数学模型测算它们的权重。这种测算有两个方向：一个方向是根据进入我国的篮子货币的量的界限，即根据 100 亿美元和 50 亿美元的双边贸易额进行测算；另一个方向是根据我国正式公布的货币篮子中的 11 种货币进行测算。

根据进入我国货币篮子的量的界限进行测算的主要是美国旧金山联邦储备银行（Federal Reserve Bank of San Francisco）的副主席 Mark M. Spiegel。他在 2005 年 9 月 9 日发表的 A Look at China ’s New Exchange Rate Regime 中为测算各种货币在篮子中的权重计算了三个指数：狭义指数、广义指数和狭义加香港的指数。他将 IMF Direction of Trade Statistics 公布的 2004 年与中国的双边贸易额超

过100亿美元（不包括香港特区）占中国贸易总额66%的15种货币（这与我国公布的不同）构成的指数称为狭义的贸易加权指数；将与中国的双边贸易额超过50亿美元（也不包括香港特区）的22种货币（这也与我国公布的不同）构成的指数称为广义的贸易加权指数；将包括香港特区在内的狭义贸易加权指数称为第三种指数。他计算出的第三种指数的贸易权重为：美国20%、日本18%、欧元区16%、香港15%、韩国10%、其他亚洲国家10%、其他国家11%。

根据我国公布的进入货币篮子的11种货币进行测算的是TAC研究小组。他们使用了三种方法测算篮子中每种货币的权重：

第一种方法是根据中国与贸易伙伴的经常项目交易的相对比重测算每种货币在篮子中的权重。他们测算的结果是：在篮子中美元的权重为33%、日元为30%、韩元为16%、欧元为11%、其他货币为10%。他们认为，用这种方法进行的估计显然低估了美元的权重。因为，中国与贸易伙伴的经常项目和资本项目的交易主要是以美元表示的。于是他们使用了第二种方法。

第二种方法就是使用普通最小二乘估计量（the Ordinary Least Squares Estimator，OLS），以篮子中的11种货币对美元的每天的汇率为基础，对7月22日至9月6日人民币对美元的每天的即期汇率进行回归（2005年7月22日为100），测算出的权重分别为：美元81%、欧元3%、日元2%、韩元4%、其他货币为10%。很显然，对人民币汇率产生大的影响的是四种主要货币。

然后，他们又使用了Johansen的协整过程（Cointegration Procedure）得出了两组协整关系数据，其中美元的权重分别为81%和62%，欧元为3%和10%，日元为3%和16%，韩元为3%。他们认为，第二组协整关系的数据较为可信，即美元为62%、欧元10%、日元16%、韩元3%。与Morgan Stanley测算的结果比较（美元43%、欧元14%、日元18%，其他25%），TAC研究小组的美元比重明显高于Morgan Stanley，其他则相差不大。

然而，据德意志银行大中华区首席经济学家马骏说，从人民币汇率的波幅看，按照德意志银行的分析和计算，人民币汇率的一篮子货币中美元的比重为94%，其他货币为6%。这种测算方法显然夸大了美元在篮子中的比重。

四、从人民币货币权重的计算看人民币汇率的走势

对我国货币篮子中各种货币权重进行测算的最终目的，是要对影响人民币汇率的因素进行分析，从而对人民币汇率的走势进行预测。

Mark M. Spiegel 令 2001 年 1 月人民币对美元的汇率为 100，描绘了他计算的三个指数的路线图。他得出的结论是：在一个较长的时期之内，三个指数的值对货币篮子的币种构成相对说来是不敏感的；从 2001 年以来，三个指数对美元都表现为明显的升值。三种指数的升值幅度分别为：狭义货币指数 11%，广义货币指数 10%，狭义加港元 9%。而这种升值很大程度上来自于欧元对美元的升值。他对三个指数的升值呈递降趋势的解释是：港元是与美元紧密联系的；而进入广义指数的沙特阿拉伯和阿拉伯联合酋长国的货币是钉住美元的；墨西哥货币形式上没有钉住美元，但它与美元汇率的变动相对于篮子中的其他货币的变动要小。因此，当欧元相对于美元升值时，它们的汇率的变化都不大。

TAC 根据货币篮子中的不同的贸易权重在 2005 年 9 月预测了 2005 年 8 月至 2006 年 8 月末人民币对美元的即期汇率。其结果是：用 OLS 和第一个协整关系得出的预期的即期汇率基本上相同，平均为 8.08 元。而用第二个协整关系得出的预期的即期汇率最高值为 7.91 元，最低值为 8.11 元，平均为 7.99 元，人民币的年升值率为 1.2%。然而，他们认为，这些预期值最终要取决于中国货币当局为保持人民币对货币篮子稳定的弹性的大小。但是，人民币渐进的、持续的升值的趋势是可以预料的。如果人民币日平均升值 0.15%，则年平均升值 33.1%（一年后最高值为 5.36 元，最低值为 5.49 元，平均为 5.41 元）；日平均升值 0.05%，则年平均升值 13.3%（最高为 6.95 元，最低 7.12 元，平均 7.02 元）；周升值 0.3%，年平均升值 15.5%（最高 6.77 元，最低 6.93 元，平均 6.84 元）。而一年之后很可能人民币对美元的比价在6.85～7.99 元之间，即使取中间值也是 7.5 元，也会比现在升值 7.3%。

五、我们对人民币货币篮子的观点

从 Spiegel、TAC 和德意志银行的研究，结合我们的分析，我们对我国的货币篮子有如下一些看法：

1. 从 2005 年 7 月 21 日起，人民币汇率制度虽然仍然是有管理的浮动汇率制度，但它已经不是 1994 年 1 月 1 日开始实行的有管理的浮动汇率制度。这表现在：（1）虽然两者都是以市场供求为基础，但现行制度的微观经济主体进一步增加，国家对外汇供求的限制进一步放宽，因此，这个基础更加稳固。（2）1994 年的汇率制度是在将复汇率制度变为单一汇率制度的背景下出现的，而现行汇率制度是在放弃钉住美元的汇率制度的背景下产生的。（3）中央银行对人民币汇率的调节是在外汇供求基础上，参照一篮子货币而不是钉住一篮子货币进行，这样就使人民币汇率有了更大的弹性。随着时间的推移，这个弹性将会逐渐加大，直到人民币汇率制度从有管理的浮动汇率制度变为自由浮动的汇率制度。

2. 我们认为，要探究人民币货币篮子中各种货币的权重只能根据我国中央银行已经公布的 11 种货币，而不能像 Spiegel 那样用扩大了的篮子来探讨各种货币的权重。这是因为，Spiegel 只考虑了进入货币篮子的量的界限，但忽视了货币篮子的质的规定性。而且，虽然 Spiegel 只提供了他的三个指数中的第三个指数（即狭义指数加香港）的各种货币的权重，但我们可以看到，扩大货币篮子的结果导致各种货币的权重极大地不同于 TAC 和 Morgan Stanley 测算的权重，尤其是低估了美元在货币篮子中的权重，这显然是与今天美元在中国对外经济中的地位和作用不相称的。因此，在估计篮子中货币的权重时，我们不同意扩大货币篮子从而测算各种货币权重的做法。但是，我们也不同意用人民币的波幅来判断各种货币权重的做法。因为，人民币的波动既有经济的因素，也有非经济的因素，尤其是我国中央银行干预的因素。我们同意中国货币篮子中美元占 60% ~ 70% 的判断。

3. 在我国的货币篮子中 11 种货币有两个层次："自然成为主要的篮子货币"的美元、欧元、日元和韩元；"对人民币汇率也很重要"的新加坡、英国、马来西亚、俄罗斯、澳大利亚、泰国和加拿大的货币。如果我们把前一种货币称为"核心货币"，后一种货币称为"次级"货币，那么，我们可以看到，由于 4 种核心货币在货币篮子中占了很大比重，所以，核心货币对人民币汇率的变化影响最大。然而，由于美元在我国篮子货币中占了最大的比重，也由于我国的一些主要贸易伙伴的货币是钉住美元的，再加上在当前世界上美元占据着其他货币无法替代的地位和作用，因此，影响人民币汇率的仍然主要是美元的强弱。核心货币中的欧元、日元、韩元和次级货币对美元的汇率的变化并不能够完全说明人民币汇率的变化。正因为如此，在当前美元对欧元和日元大幅升值的背景下，人民币对欧元和日元也大幅升值。这也就是说，尽管人民币现在不是钉住美元的，但实际上人民币与美元仍然有很强的互动关系。

4. 我们认为，Spiegel 将港币包括在货币篮子中的看法是值得考虑的。香港特区虽然是中国的一部分，但大陆与香港特区的贸易往来历来都计入大陆的国际收支中；2005 年香港特区与大陆贸易总额为 1 126.6529 亿美元，占大陆的进出口贸易总额的近 10%；港元也是国际上一种很重要的货币，因此，我们认为，在货币篮子中应该包括港元。

六、对中国汇率制度选择的总结

从上面两节我们可以看到，我国汇率制度选择的依据是：

1. 中国经济体制的变革是汇率制度选择的基本依据。1953—1978 年的计划经济决定了我国实行固定汇率制度。从 1978 年开始，中国进入了改革开放时期，经济管理体制从计划经济向市场经济转型。与市场经济逐渐在中国建立、形成和发展相适应，人民币汇率制度也从 20 世纪 80 年代的复汇率制度变为 1994 年到现在的单一汇率制度；并在 1994 年 1 月 1 日实行以市场供求为基础的、单一的、有管理的浮动汇率制度和 2005 年 7 月 21 日实行以供求为基础的、参考一篮子货币进行调整、有管理的浮动汇率制度。

2. 中国的经济金融状况是人民币汇率制度选择的直接决定因素。1949—1952 年是新中国治理恶性通货膨胀的时期，这时我国实行浮动汇率制度，根据国内外物价水平的变动不断调整人民币汇率。从 20 世纪 90 年代开始，一方面，中国经济进入持续的高增长时期，经常项目和资本项目连续出现顺差，外汇储备大量增加；另一方面，中国的实体经济部门和金融部门抵御各种风险的能力还有待加强，因此，中国还不具备实行完全的浮动汇率制度的条件。在这种情况下，中国选择了有管理的浮动汇率制度。但我们可以看到，2005 年的有管理的浮动汇率制度比 1994 年的有管理的浮动汇率制度更具弹性。

3. 在一定情况下，中国的汇率制度的选择考虑了国与国之间的关系。这就特别明显地表现在 1997 年东南亚金融危机中，中国选择了钉住美元的汇率制度，实行人民币不贬值的政策，为缓解这场危机做出了应有的贡献。在国外要求人民币汇率升值和更具弹性的情况下，2005 年 7 月 21 日人民币汇率不但升值 2.1%，而且还放弃了实行近 8 年的汇率制度，选择了更具弹性的新的有管理的浮动汇率制度。

第四节 人民币经常项目可兑换

1996 年 11 月 27 日中国人民银行行长戴相龙正式致函国际货币基金组织，宣布中国不再适用《国际货币基金组织协定》第十四条第 2 款的过渡性安排，自 1996 年 12 月 1 日起，接受《国际货币基金组织协定》第八条第 2 款、第 3 款、第 4 款的义务，实现人民币经常项目下的可兑换。

国际货币基金组织总裁康德苏先生当天在华盛顿发表书面声明，对我国政府这一举措表示欢迎，他认为："这是中国在历史性变革和果断融入世界市场经济进程中的又一座里程碑。实现经常项目可兑换，将进一步增强国际社会对中国改革光明前景的信心，这一步骤以及计划中的其他结构改革预示着中国美好的未来，并将有益于世界经济。"

接受《国际货币基金组织协定》第八条款义务，意味着我国从此对经常性国际交易支付和转移，包括对所有无形贸易的支付和转移不得加以限制，不实行歧视性的货币安排或多重货币制度，所有法规和规章都必须遵循这一原则。这是国家宏观调控能力增强的表现，表明了中国政府有能力以间接调控手段管理国际收支，维护人民币币值的稳定。

据悉，目前国际货币基金组织大部分成员国已接受第八条款义务，实现了本国货币的经常项目可兑换。我国正式加入这一行列，使我国外汇管理体制与国际通行规则接轨，这必将推动我国经济进一步融入国际经济主流。同时，接受第八条款义务，实现人民币经常项目可兑换以后，将为外商来华贸易和来华投资，为中国企业走向国际市场提供宽松的环境，创造有利的条件。

我国在接受第八条款义务、取消对经常项目的外汇管制后，对资本项目外汇收支仍将有所限制，人民币还不是完全的自由兑换货币，居民在国内还不能自由买卖外汇和自由对外支付。逐步放松资本项目外汇管制，最终实现包括资本项目可兑换在内的人民币自由兑换，是我国外汇体制改革的最终目标，还需要较长的过程。

一、《国际货币基金组织协定》关于经常项目可兑换的有关条款

《国际货币基金组织协定》（Articles of Agreement of the International Monetary Fund）于 1944 年 7 月 22 日在美国布雷顿森林（Bretton Woods）召开的联合国货币金融会议通过，1945 年 12 月 27 日生效。1968 年 5 月 31 日经理事会第 23－5 号决议同意修改，自 1969 年 7 月 28 日起生效。后又经 1976 年 4 月 30 日理事会第 31－4 号决议同意修改，自 1978 年 4 月 1 日起生效。

《国际货币基金组织协定》关于成员国货币经常项目可兑换的条款是第八条。当一国一经接受这一条款，该国即成为第八条款成员国。我们下面将第八条（译文）全文引载，以便大家全面了解该条的内容。

第八条　会员国的一般义务

第一节　引言

各会员国除承担协定其他各条件的义务外，尚须履行本条规定的义务。

第二节　避免限制经常性支付

(a) 除第七条第三节 (b) 及第十四和第二节的规定外，各会员国未经基金同意，不得对国际经常往来的付款和资金转移施加限制。

(b) 有关任何会员国货币的汇兑契约，如与该国按本协定所施行的外汇管理条例相抵触时，在任何会员国境内均属无效。此外，各会员国得相互合作采取措施，使彼此的外汇管理条例更为有效，但此项措施与条例，应符合本协定。

第三节　避免施行歧视性货币措施

除本协定规定或基金准许者外，无论是在第四条或附录 C 规定的幅度之内或之外，任何会员国或第五条第一节所述之财政机关不得施行歧视性货币措施或多种货币汇率制，如在本协定生效前已经施行此项安排与措施，该有关会员国应与基金磋商逐步解除的办法，但其根据第十四条第二节规定而施行者不在此限。在该情况下得适用该条第三节的规定。

第四节　兑付外国持有的本国货币

任何会员国对其他会员国所持有的本国货币结存，如其他会员国提出申请，应予购回，但申请国应说明：

此项货币结存系最近经常性往来中所获得。

(ii) 此项兑换系为支付经常性往来所必需。购买国得自行选用特别提款权支付（须遵守第十九条第四节规定）或者使用该申请国的货币支付。

(b) 上述 (a) 所规定的义务，不适用下列情况：

(i) 按本条第二节或第六条第三节规定，已限制此项货币结存的兑换；

(ii) 此项货币结存系一会员国在撤销依照第十四条第二节所施行的限制的交易所得；

(iii) 此项货币结存之获得违反被要求购买的会员国的外汇条例；

(iv) 申请国的货币，依照第七条第三节 (a) 的规定，已经被宣告为稀少货币；

(v) 被要求购买的会员国由于其他原因，已经无资格用本国货币向基金购买其他国家的货币。

第五节　供给资料

(a) 基金得要求各会员国提供基金认为其进行活动所需得各种资料，为了有效地实现基金的任务，至少应包括以下全国性的资料：

(i) 官方在国内外持有的 (1) 黄金, (2) 外汇;

(ii) 官方机构以外的银行和金融机构在国内外持有的 (1) 黄金, (2) 外汇;

(iii) 黄金生产量;

(iv) 黄金输入量, 及输出入国别;

(v) 商品进出口量 (价值用本国货币表示), 及进出口国别;

(vi) 国际收支状况包括 (1) 商品与劳务交易, (2) 黄金的交易, (3) 可知的资本往来, (4) 其他项目;

(vii) 国际投资状况, 即外国人在本国境内的投资, 及本国人在国外的投资, 就可能范围内提供此项资料;

(viii) 国民收入;

(ix) 物价指数, 即批发和零售市场的商品价格指数, 及进出口价格指数;

(x) 买卖外币的汇率;

(xi) 外汇管理情况, 即加入基金时外汇管理的全面情况, 以及后来变更的详情;

(xii) 如有官方的清算安排, 关于商业及金融交易等清算的数额, 及此项未清算款项拖欠的时间。

(b) 基金在要求此项资料时, 应考虑各会员国提供资料能力的不同。会员国并无义务提供资料详细到这样地步以致泄露了私人和公司的事务。但会员国应提供尽可能详细而准确的必要资料, 避免单纯的估计。

(c) 基金得与会员国协商下, 获取更多的资料。基金应成为收集和交换货币金融情报的中心, 以便进行研究协助会员国拟定政策, 促进基金目的的实现。

第六节 会员国间对现行国际协定的协商

如根据本协定, 某会员国被准许在本协定规定的特殊或临时情形下维持或施行外汇交易限制, 而在本协定以前已与其他会员国签订的协议与此项外汇限制的实施相抵触时, 有关会员国应相互协商, 以作成双方可以接受的必要调整。本条规定不应影响第七条第五节的施行。

第七节 在储备资产政策上合作的义务

每个会员国应和基金或其他会员国进行合作, 以保证会员国有关储备资产的政策应与促进对国际流动资金转好的国际监督, 以及使特别提款权作为国际货币制度的主要储备资产的目标相一致。

1. 第二节中提到的第三条第三节（b）的内容如下。由于（b）又涉及第三条第四节和第五节，我们也一并引出。

第三节　基金持有的某种稀少货币

(a) 如基金认为对于某会员国货币的需求明显地严重威胁基金供应该项货币的能力时，不论其已否按本条第二节规定发出报告，应即正式宣告该货币已经稀少。此后，对所存有和可收的该项稀少货币，应参酌各会员国的相对需要、总的国际经济形势及其他有关的考虑，进行分配。基金并应发出关于此项措施的报告。

(b) 根据上述（a）所作的正式宣告，亦即是授权任何会员国，在与基金协商后，暂时限制稀少货币的自由汇兑。依照第四条和附录C，该成员国应有全权决定此项限制的性质。但此项限制，仅以对稀少货币的需求与该国已有或应供给相适应为限。一俟情况许可，应即尽速放宽或解除限制。

第四节　限制的执行

任何会员国依照本条第三节（b）的规定，对任何其他会员国货币施行限制时，应对其他会员国就此项限制措施所提的任何意见，尽量予以考虑。

第五节　其他国际协定对此项限制的效力

各会员国同意不引用本协定未签订前与其他会员国所订任何协定内的义务，以免妨碍本条文规定的施行。

2. 第二节提到的第十四条全文如下：

第十四条　过渡办法

第一节　对基金的通知

会员国应通知基金是否将采用本条第二节的过渡办法，或者是否将准备接受第八条第二、三、四节所规定的义务。采用过渡办法的会员国以后如准备接受上述义务时，应立即通知基金。

第二节　外汇限制

会员国在通知基金准备按本规定采用过渡办法后得不顾本协定任何其他条文的规定，维持并根据情况变化修改在其成为会员国时已在施行的各种限制国际经常性往来的付款和资金转移办法。会员国应继续在其外汇政策中注意基金的宗旨。一旦条件许可，应即采取各种可能的措施，与其他会员国发展各种商业上和金融上的办法，以便利国际支付，并促进一个稳定的汇率制度。特别是，一旦会员国自信取消此种外汇限制后已能解决本身国际收支问题，而不致过分依赖基金的普通资金时，应即取消本节规定下所维持的各种限制。

第三节 基金对限制办法的行动

基金应就依本条第二节实施的限制提出年度报告。任何会员国如仍保留不符合第八条第二、三、四节的任何限制，应每年与基金进行磋商有关继续施行的问题。如基金认为在特殊情况下有必要时得向会员国提议，指出目前情况有利于将不符合本协定其他条文规定得某项限制予以取消，或将全部限制予以放弃，并给予该会员国一答复的适当期限。如基金发现该会员国坚持仍保留不符合基金宗旨的限制，该会员国应受第二十六条第二节（a）的制裁。

这里提到的第二十六条第二节（a）的内容是："如一会员国不履行本协定任何义务，基金可宣告该国丧失使用基金普通资金的资格。"

如果会员国不能实施第八条款，则应按第十四条的要求每年同基金组织磋商，这种会员国通常成为第十四条磋商国。

3. 对于第八条中提到的"经常性往来支付"，在"协定"的第三十条"名次说明"的（b）款有如下说明：

（d）"经常性往来支付"，是指不用做资本转移目的的支付，包括（但不限于）以下各项：

（i）所有有关对外贸易，其他经常性业务（包括劳务在内），以及正常短期银行信贷业务的支付；

（ii）贷款利息及其他投资净收入的支付；

（iii）数额不大的偿还贷款本金或摊提直接投资折旧的支付；

（iv）数额不大的赡家汇款。

基金得与有关会员国协商后，确定何种特定往来属于经常性往来，或属于资本往来。

二、经常项目可兑换性的一般先决条件

可兑换性的定义随着国际货币体系的演变而发生了变化。20 世纪 30 年代以前，可兑换性通常被定义为按固定汇率把一种货币自由兑换成黄金的权利。今天，当货币持有者按市场汇率（固定或浮动汇率）把一种货币自由兑换成一种主要国际储备货币时，前者可以被视为充分可兑换货币。

货币可兑换性意味着不存在对外汇交易的限制，但不一定意味着不存在对国际贸易或资本流动的限制。因此，货币的可兑换性是指用本国货币兑换外币的权利是否受到限制。

在讨论经常项目可兑换性的问题时，国际货币基金组织的经济学家认为要

成功地实行可兑换性必须具备某些先决条件。随着时间的推移，这些先决条件可能有所变化，但基本的必要条件是：(1) 适当的汇率；(2) 充足的国际清偿手段；(3) 合理的宏观经济政策；(4) 使经济单位对市场价格产生反应的诱因，这种诱因应避免出现大的扭曲。

这些条件的前三个可以被视为是确保经常项目可兑换性的实施不会导致宏观经济不稳定的必要条件，而第四个是确保可兑换性带来预期的经济利益的必要条件。对正在从中央计划经济体制转变为市场经济体制的国家来说，第三和第四个条件要求进行大规模的体制改革。因此，是直接实行可兑换性还是分阶段进行，可能取决于对全面和迅速的改革方案是否有强烈的政治支持。

国际货币基金组织的经济学家对这四个条件的分析如下：

1. 适当的汇率。实行经常项目可兑换性的第一个先决条件（适当的汇率）是易于理解的。除非汇率与国际收支平衡大体一致，否则实行可兑换性会导致很大的不平衡。不管当局选择是让对外收支持续不平衡的政策还是决定通过国内政策措施使经济降温或刺激经济，这些不平衡通常都会对国内经济产生不稳定的影响。

在转型经济国家中，与国际收支平衡相一致的汇率在一段时间里可能会随着该国生产部门（包括出口和进口替代行业）竞争力的发展而变化。在转型过程的初期取消可兑换性限制所需的汇率可能会比在后期（当该国各行业更具有竞争力和能够对市场力量做出更好的反应时）取消这些限制所需的汇率贬值幅度更大。因此，设想一条表明转型过程不同时期与经常项目可维持性相一致的实际汇率水平的汇率轨迹可能是有益的。在其他情况不变时，预期的前景是：随着该国生产部门的基本竞争力有所提高，实际均衡汇率应有一些升值。但是，在短期内，各国的目标应该是实现这样一种汇率，即在改革的情况下，汇率应能带来可维持的经常项目平衡。汇率升值太多会给维持经常项目平衡造成困难，因为汇率贬值太多会使进口商品对企业和居民来说太昂贵，从而使生产和投资决策产生偏向。①

2. 充足的国际清偿手段。即使汇率轨迹与经常项目平衡大体一致，充足的国际清偿手段（主要包括外汇储备和获得外国融资的机会）对一国经受住其国际收支周期性逆差或暂时性贸易条件的冲击是很重要的。没有充足的国际清偿手段，各国难以为国内生产者和消费者保持稳定的宏观经济环境，因为在面

---

① 这些决策发生偏向的程度当然取决于决策者对未来汇率变化预期的准确度。

临对进出口额或价格的短期不利干扰的情况下，既要稳定汇率又要稳定利率是有困难的。另外，充足的国际清偿手段对一国的全面调整努力的信誉是必要的。没有充足的清偿手段，观察家们可能会认为该国易受不可预期的对外收支变化的影响，从而会刺激人们对其货币采取投机行为。不充足的清偿手段是西欧工业国家创设中央支付联盟作为过渡性安排的一个主要原因，也是1946年到20世纪50年代后期期间（当时的准则是固定汇率和依赖储备）逐步实行贸易自由化和可兑换性的一个主要原因。

要衡量国际清偿手段支持经常项目可兑换性的充足程度是一个复杂的问题。这一问题的答案部分取决于该国所期望的汇率弹性程度。在许多发展中国家进入国际信贷市场的机会有限的情况下，基金组织鼓励一部分发展中国家把外汇储备积累到至少能满足3个月的进口（到岸价格）需要。

3. 合理的宏观经济政策。实行经常项目可兑换性的第三个先决条件是合理的宏观经济政策。这种政策最低限度应足以保持维持经常项目平衡。很难说宏观经济控制和约束必须有多严才能达到这个目的。但是明显的是，需要有严格的财政和货币控制，以创造一个使改革计划成功的全面稳定的宏观经济环境。当对当局实行严格的宏观经济控制的意愿或能力有所怀疑而致使全面宏观经济稳定性（特别包括价格稳定）的前景模糊不清时，对外收支不平衡可以造成严重的投机压力。因而这时，更需要有严格的财政和货币控制。同样清楚的是，从中央计划转向依靠市场力量的国家必须进行全面的体制改革，这样就可以通过间接手段（如公开市场业务）而不是依靠直接控制来达到宏观经济稳定。

历史经验表明了严格的财政控制在改革计划中的重要作用。严格和可靠的财政约束通常要求有控制财政赤字的预算程序，包括限制对亏损企业的自动融资和补贴方式。此外，如一些经济学家所强调的，用公开税收制度取代中央计划经济的隐含税收制度是相当重要的。在公开税收制度下，公共企业的解体或在新的诱因下完善经营都会使税收收入随着经济的增长呈弹性增长趋势。

关于严格的货币控制对经济稳定的重要性，也已得到充分的证明。市场型经济的严格货币控制，要求中央银行系统具有通过调整利率或其他政策手段来间接地稳定经济的能力。建立这样一种机构在中央计划经济国家尤其重要。在中央计划经济里，对生产和资源分配的控制以及商业银行活动的欠缺，削弱了强有力的货币当局存在的重要性。

实行货币控制还需要取消一国最初面临的任何货币过剩。货币政策必须能够使价格水平和宏观经济环境保持一定程度的稳定性。在货币过剩的情况下这是不可能的，因为在货币过剩的情况下，清偿未清货币余额可能造成大量的消费者支出（包括进口）增长。通过这种货币改革，或者通过出售国有资产（如房产股本），以及把利率定在正实际水平上可以消除货币过剩。但是，如果取消对贸易和货币可兑换性的限制先于消除货币过剩，则利用国内货币余额购买进口商品的机会将会耗尽外汇储备，并给汇率和利率造成很大的压力。

4. 对市场价格反应的诱因。实行经常项目可兑换性的第四个先决条件——经济单位要具有对市场价格产生反应的诱因，这种诱因不应发生大的扭曲（不包括实行可兑换性后将要消失的那些扭曲）——也向还没有建立很有效的市场价格机制的经济提出了大的挑战。在中央计划经济中，价格通常与生产成本或相对消费者价值没有关系。因此，价格改革是转变过程的一个主要内容。这种改革的目标是确保价格正确地反映资源的相对稀缺和从不同经济活动中得到的边际收益。在这方面，人们普遍认为，现行世界市场价格最清楚地指明了贸易品和劳务的价值相对稀缺，而这又会影响非贸易商品的适当价格。

如前所述，一旦大的价格/成本扭曲已被消除，而且市场价格机制发生作用，那么，实行经常项目可兑换性的好处就是：让国内生产者面临进口竞争的压力，并创造由现行世界市场相对价格指导国内生产、投资和消费决策的环境。进口竞争迫使国内生产者提高效率和减少国内独家垄断和寡头垄断的市场力量。此外，由于根据世界价格做出各项决策，国内投资者将把资源分配到与该国在世界经济中的相对优势一致的领域里。

然而，如果国内生产者和居民没有增加供给的诱因，也没有对价格上涨做出减少需求的反应，市场价格机制就不会发挥适当的作用，取消对外汇和贸易的限制也不会对生产和投资的效率产生有利影响。因此，调动企业的积极性是沿着实行经常项目可兑换性道路前进的重要一步。在这一方面应强调的是，如果生产者不受底线约束的制约，市场价格机制就不能发挥适当的作用。在中央计划经济里，大量生产是在软预算限制下的企业里进行。在软预算限制下，财务亏损通常被国家的补贴、税收优惠或自动信贷弥补或掩盖了。因此，这些企业的生产者缺少对价格信号做出适当反应的诱因。在宏观经济方面，软预算限制一直是财政赤字和通货膨胀的滋生地。因此，硬化预算限制以及（更广泛地说）给予或加强生产者和消费者对市场价格信号做出适当反应的诱因，应在实行经常项目可兑换性之前或同时实现。对生产者来说，这可能要求私营化，尽管其他改革可能也会鼓励企业以追求最高净收益为目的。

三、我国实行经常项目可兑换的条件

从实际情况来看，20世纪90年代，我国已经具备了达到经常项目可兑换的四个条件。

1. 1994年的汇率并轨及其以后3年的实践表明，人民币汇率是合乎中国当时市场经济实际的汇率。1979年改革开放以前，由于中国计划经济体制的影响，人民币汇率长时期内基本不变。这样，在国内物价水平上涨、人民币对内贬值的情况下以及在西方国家主要货币于1973年以后实行浮动汇率的背景下，人民币汇率的固定不变必然带来人民币对外价值的长期高估。1980年与1972年相比人民币对美元的汇率上升了32.6%。人民币对美元币值的上升扩大了人民币汇率的不合理性，使我国的出口贸易处于亏损状态。1981年我国为了扭转贸易亏损而实行了官方汇率（1美元兑1.5元人民币）和内部贸易结算价（1美元兑2.8元人民币）的双重汇率制度。内部贸易结算价虽然对促进出口起到了一定作用，但人民币汇价高估的状况仍未改变。为了使人民币汇率向合理水平靠近，根据国际惯例，从1985年开始我国的人民币汇率对外大幅度贬值，到1993年年末人民币对美元的比价为1美元兑5.8元人民币。与1:1.5的汇率相比，人民币贬值了286%。然而，这时的人民币汇率仍然不是由外汇供求状况决定的汇率。随着外汇调剂市场的建立和发展，我国又再次实行了双重汇率制度。调剂市场汇率（1美元兑8.7元人民币）在一定程度上反映了中国的外汇供求状况。但双重汇率制度在国内导致了哄炒外汇的投机行为，扰乱了外汇外贸的正常经营秩序，不利于国内物价的稳定，在国际上也引起了非难，阻碍我国的“复关”，也不符合国际货币基金组织对成员国不得实行复汇率制度的要求。于是，从1994年1月1日开始，我国实行了汇率并轨，取消1:5.8的官方汇率，而实行1:8.7的市场汇率。在这之后，随着我国银行结售汇制度的实行和国际收支状况的改善，国家外汇供给持续大于外汇需求，人民币对美元的汇率也稳中有升，到1996年年末达到1:8.2982。由上可见，当时的人民币汇率是符合我国当时国内经济状况和对外经济关系的。人民币汇率也在调节我国经济结构、调节国际收支和引导外汇资源的合理配置中起到了应有的作用。

2. 我国已经拥有了充足的外汇储备，也有较强的筹措国外资金的能力。随着我国外贸、外汇体制改革的进行，我国外汇储备持续增加。仅以1995年和1996年为例，1995年我国对外贸易状况在1994年的基础上继续保持良好势头。出口比上年增长24.91%；进口比上年增长15.52%。经常项目顺差为

16.2亿美元。同时，资本项目继续保持高额流入的态势，全年顺差达386.7亿美元。在外贸顺差和资本净流入的有力支持下，1995年我国外汇储备年末余额为735.9亿美元，比上年增加了219.8亿美元，增幅达42%。1996年我国国际收支状况继续保持良好态势。对外贸易顺差达195.35亿美元；经常项目顺差为72.42亿美元。资本项目继续净流入，资本项目顺差达399.67亿美元。这样，我国外汇储备在1995年的基础上继续增加，增加314.31亿美元，增幅达42%。1996年年末外汇储备已达1 050亿美元，成为世界第二大外汇储备国。这为人民币经常项目可兑换提供了坚实的物质基础，也为应付人民币经常项目可兑换后一些突发事件的发生提供了可靠有力的保障。

3. 改革开放使我国经济管理体制发生了巨大变化：从计划经济向社会主义市场经济转化、从粗放型经济向集约型经济转化。与此相适应，我国经济的调控已逐步从以行政为主的直接调控向以政策为主的间接调控转化。尤其是1995—1996年国家的货币政策、汇率政策、利率政策和财政政策的顺利实施，使我国经济在低通货膨胀背景下实现了适度的发展，成功实现了经济的“软着陆”。经济软着陆说明我国已经有了健全的、可操作的、促进经济稳定的宏观经济环境。

4. 在经济体制改革中，我国现代企业制度已初步建立。现代企业制度使企业在产权清晰的前提下，成为一个有独立性的、能按自己的经济利益运行的法人组织。人民币经常项目的可兑换，实质上是价值规律由国内市场扩展到国际市场。在这种情况下，我国企业不仅要适应国内市场竞争的需要，也要适应国际市场竞争的需要。它要求企业按国内外市场经济的需要调整自己的运行机制，灵敏地反映国内外市场价格的变化和汇率的浮动所带来的冲击和影响。现代企业制度的建立和完善，必将使我国企业能够更好地抓住机遇迎接挑战。

四、我国实现经常项目可兑换的进程

我国实现经常项目可兑换的阶段性是与我国外汇管理体制改革进程相适应的。人民币可兑换的阶段性，反过来又直接地或间接地制约我国外汇市场的运行机制和规模选择。

我国实现人民币经常项目的可兑换大约经过了三个阶段：

第一阶段：1979年到1993年。

这一阶段的外汇体制改革为人民币经常项目的可兑换奠定了坚实的基础。这一阶段的主要特征是：改革计划经济体制下的外汇统收统支制度，实行外汇留成制度。

国家实行外汇留成制度是为了鼓励外贸经营的主体增加外汇收入的积极性，满足它们日常经营的需要。与此相适应，1980 年建立了外汇调剂市场，开办外汇调剂业务。

所谓外汇留成制度就是出口企业将出口收入的外汇卖给国家后，国家按规定比例给予出口企业和地方以一定的外汇留成额度；用汇时，用汇单位用人民币配以额度，按国家公布的外汇牌价购买外汇对外支付。外汇留成制度的实施极大地调动了企业和地方对外贸易的积极性，使我国对外贸易有了长足的发展。但在这一制度具体实施过程中也出现了一些问题：

1.1979—1987 年的外汇留成比例较低，且留成比例在地区上也有较大区别。在一般地区，以 1978 年外贸收购额为基数，各地对中央部委管的商品留成 20%；地方管的商品留成 40%；深圳特区外贸出口吸汇实行全额留成，保留现汇；经济技术开发区 80%留成，20%按牌价卖给国家银行。

2. 外汇额度和外汇实体的分离，造成外汇“一女二嫁”，出现外汇资源的超分配现象。

3. 在实行外汇留成制度的初期，一些有外汇留成的单位不需要外汇或需要的外汇很少，而另一些单位则需要外汇，但本身没有留成外汇或留成外汇不足，国家计划又不能给予安排。

为了改善外汇留成制度，国家采取了两个主要的措施：一是从提高留成比例到统一全国的留成比例；二是建立和发展外汇调剂市场。

外汇调剂是企业、事业单位之间外汇使用权的一种有偿转让。有外汇收入的单位可以把自己的留成外汇按外汇调剂价格卖给外汇调剂中心，用汇单位也可向外汇调剂中心申请购买外汇。在开办外汇调剂业务初期，只允许外汇交易，卖出额度需要先配成现汇，以后逐步允许外汇额度的交易。这时，外汇调剂价格在贸易外汇内部结算价（1 美元合 2.8 元人民币）的基础上在 5% ~ 10%的幅度内变动。1986 年起，在全国范围内将外汇额度调剂价格提高到 1 美元额度为 1 元人民币。外商投资企业之间的外汇调剂价格可以自由设定，不受最高价格的限制。1988 年 3 月在北京成立了全国外汇调剂中心，扩大了外汇调剂范围（除了原来允许的外汇调剂范围外，还允许地方政府的留成外汇，华侨、港澳台同胞的捐赠外汇，居民个人外汇进入外汇调剂市场），放开了外汇调剂价格（取消了对外汇调剂价格的限制，而由外汇市场的供求关系决定）。

外汇调剂市场的建立发展与完善，标志着实现人民币可兑换的条件逐步成熟。

第二阶段：1994 年到 1996 年。

在推进人民币经常项目可兑换中，这一阶段的主要工作是两个：

一是按照国际货币基金协定的各成员国不得实行歧视性货币政策或多重汇率制度的要求，1994 年 1 月 1 日实现了人民币汇率的并轨，实行以市场供求为基础的、单一的、有管理的浮动汇率制度。调剂市场汇率在一定程度上反映了外汇供求状况。因此，我国的汇率并轨是将官方汇率并为外汇调剂市场汇率，即将 1993 年 12 月 31 日的 1 美元兑 5.8 元人民币的官方汇率合并为 1 美元兑 8.70 元人民币的调剂市场汇率。这样，就达到了国际货币基金协定关于经常项目可兑换的要求之一。

二是实行经常项目人民币的有条件可兑换。所谓有条件的可兑换是指：一方面，对中资企业实行银行结售汇制度，即中资企业所得外汇收入必须无条件地卖给外汇指定银行（强制性结汇）；它们的经常项目的外汇需求需凭交易凭证到外汇指定银行兑付（有条件的售汇）。这样就使绝大部分经常项目交易的用汇和资金转移不再受到限制。另一方面，又存在着若干经常项目汇兑限制：(1) 对外商投资企业，国家允许保留外汇，但它们的经常项目用汇仍然在外汇调剂中心才能得到满足。按国家的要求，原则上外商投资企业外汇收支自求平衡，年检合格的企业允许其进入外汇调剂市场。(2) 个人因私用汇尚需审批，供汇范围和标准存在限制。(3) 某些非贸易、非经营性的经常性交易的用汇也有某些限制，如对驻华机构及来华人员从境外携入或在境内购买自用物品、设备、用具等，出售外汇后所得人民币款项的兑付要求的限制，对移居国外成为我国非居民的个人在国内的资产收益所产生的兑付和转移要求的限制等。(4) 若干法律法规中存在与经常项目可兑换相冲突的条款。

第三阶段：1996 年以后。

这一阶段实现了经常项目的人民币完全可兑换。这主要体现在三个重要文件上：

1. 1996 年 1 月 29 日中国人民银行颁布了《中华人民共和国外汇管理条例》(简称《条例》)。《条例》于当年 4 月 1 日起正式实施。《条例》消除了若干对经常项目中的非贸易、非经营性交易的汇兑限制。1997 年 1 月 14 日，国务院对《条例》进行了修改，发布了新的条例。《条例》的发布和重新发布，为人民币经常项目可兑换提供了法律保障。

2. 1996 年 5 月 13 日，国家外汇管理局发布了《境内居民因私兑换外汇办法》，自当年 7 月 1 日起正式实施。该办法消除了对因私用汇的汇兑限制，扩大了供汇范围，提高了供汇标准，超过标准的购汇要求在经国家外汇管理局审核真实性后即可购汇。

3. 1996 年 6 月 20 日中国人民银行颁布了《结汇、售汇及付汇管理规定》，将外商投资企业纳入银行结售汇体系。

当然，实现经常项目可兑换并不意味着我国在特殊情况下也不能实现应急的汇兑限制。国际货币基金组织认为，出现特殊情况时（如国际收支严重恶化），只要在履行其国际义务的前提下，第八条款成员国也可以重新实行汇兑限制。只不过基金组织希望对经常性支付和转移实施的限制只能在出现非常特殊的情况时，且仅持续极短一段时间。

第五节　人民币均衡汇率测定的理论基础

随着中国对外开放步伐的加快和中国经济持续的高速增长，中国国际收支中经常项目及资本项目都出现了大量的盈余，与此同时，人民币汇率在较长的一段时期里（即 1994 年至 2005 年 7 月）保持相对稳定，中国的国际储备随之大幅度上升。因此，国内外经济学界，尤其是国外的经济学家普遍认为人民币汇率被低估了。他们运用各种汇率理论和计量经济方法来寻找和估计人民币的真实均衡汇率，以确定当前人民币汇率被低估或高估的程度。

一、国内外对人民币均衡汇率的研究

目前来讲，经济学家对人民币真实均衡汇率的实证分析主要运用了两种方法：宏观经济平衡方法（Macroeconomic Balance Approach）和扩展的购买力平价方法（Extended Purchasing Power Parity Approach）。从某种意义上讲，扩展的购买力平价方法也是一种简化的宏观经济平衡方法。

在近期对人民币汇率的研究中，国外经济学家使用了这两种方法来测定人民币汇率被低估或高估的程度，表 7 – 3 给出了具有代表性的国外经济学家对人民币真实均衡汇率的估计结果。

从表 7 – 3 中可知，研究者们估计的结果差异甚大，从人民币汇率较小的高估到近 30% 的低估。但这并不令人吃惊，变量的选择、宏观经济结构稳定与否、各种估计方法的前提假设不同等，都会大大影响到估计的结果。

表 7-3　对人民币真实均衡汇率的估计结果

（与真实均衡汇率的偏差）

宏观经济平衡方法			扩展的 PPP 方法		
研究者	人民币低估程度	估计年份	研究者	人民币低估程度	估计年份
Goldstein（2004）	15%～30%的低估	2004	Lee 等（2005）	较小的低估	2004
Wang（2004）	较小的高估	2003	Coudert Couharde（2005）	18%～49%的低估	2002
Wang（2004）	较小的低估	2003	Wang（2004）	5%的低估	2004
Coudert Couharde（2005）	23%的低估	2003	Frankel（2004）	36%的低估	2000

资料来源：Dunaway and Li，2005。

二、均衡汇率的概念

在经济学家的眼中，对均衡汇率概念的定义随时间长短而有所不同，并且这一概念与各种均衡汇率理论和实证检验有着紧密的联系。从短时期来看，Meese 和 Rogoff（1983）认为，用随机游走模型来解释短期汇率行为与用基础宏观经济变量的汇率理论来解释汇率行为，至少应得到同样的效果。在短时期内(可能为一年)，汇率是由外汇市场供给和需求所决定的。这种使短期外汇供给和外汇需求相等的均衡汇率可称为市场均衡汇率。而依据基础宏观经济变量的汇率理论（如购买力平价理论）更侧重于测定长期的均衡汇率。经济学家往往认为，这种长期均衡汇率与经济社会的存量均衡是相联系的。但是，经济学家还认为，从宏观经济分析和经济政策的制定来看，与中期宏观经济平衡相适应的中期均衡汇率更具有适用性。那么，中期均衡汇率的概念是什么呢？经济学家们指出，这可以用宏观经济平衡学说来说明。

宏观经济平衡指的是一国同时达到内部平衡和外部平衡。现代经济学家认为，内部平衡隐含有两个条件，它们分别是国内经济在它的潜在供给水平下(即充分就业）运行和汇率的传导机制是完全的。而内部均衡的这两个条件均反映了中期均衡的特征。经济学家把与上述条件相一致的经常项目头寸称为基础经常项目（Underlying Current Account)。当基础经常项目等于合适的或目标的资本账户时，则达到了外部均衡。而这一目标的资本账户头寸又被描述成当经济达到内部平衡时所需要的持续的国家间资源的净流动，它又等于国内储蓄与投资之间的差额。中期均衡汇率被定义为与上述中期宏观经济内外均衡相适应的汇率水平，即当国内国外经济均处于均衡时，使基础的经常项目等于目标的资本账户头寸的汇率。因此，从某种意义上讲，宏观经济平衡方法是一个流量的和中期均衡的学说。

对宏观经济平衡学说的研究可以追溯到米德（Meade，1951）和斯旺（Swan，1963）对同时达到内部平衡和外部平衡所做出的开创性研究。随后，Williamson（1983）及其他一些学者开始运用此学说来估计与内部平衡和外部平衡相一致的汇率，并称这一汇率为基础均衡汇率（Fundamental Equilibrium Exchange Rate），这一学说有时又被经济学家们称为汇率决定的经常项目理论。后来，国际货币基金组织的经济学家 Isard 和 Faruqee（1998，2001）进一步发展了与 Williamson 的方法相类似的宏观经济平衡学说，并把这一学说运用于测定中期的均衡汇率。但值得注意的是，无论从短期、中期还是长期来讲，其均衡汇率并不是一成不变的，它会随着宏观经济的变化而发生改变。

三、宏观经济平衡方法

宏观经济平衡方法的主要目的之一是推导一个使一国宏观经济同时达到内外均衡时的真实均衡汇率，但是它更关注于国际收支是否达到平衡。通常有两种方法来定义国际收支均衡：第一种是正常的净资本流入等于基础的经常项目余额，这时，假定不存在国际储备的变化；第二种是外在的经常项目余额等于“结构”的国内储蓄—投资余额。在后一种情况，这种“结构”表示为净外国资产对 GDP 的比率稳定在一个适当的水平上。这一方法取决于储蓄、投资和经常项目余额之间结构关系的稳定性。第一种定义十分直接简单，经济学家一般针对第二种定义来进行研究。因此，如何测定出一个使外在的经常项目余额等于“结构”的国内储蓄—投资余额的中期均衡汇率，这就是宏观经济平衡方法所要解决的主要问题。

宏观经济平衡方法主要从两个方面分析经常项目，一方面，认为经常项目是对国内储蓄和投资动态的跨时决策的结果；另一方面，经常项目对应于净出口，所以它反映了人们在国内商品和服务与外国商品和服务之间动态的跨时的选择，因此，国内商品和服务与外国商品和服务的相对价格（即真实汇率）对经常项目有重要的影响。如果确定了均衡的国内储蓄—投资关系，同时其他影响净出口的因素受到控制或保持不变，在这种情况下，我们就能确定出均衡的真实汇率，这一汇率使上述有关经常项目的两方面的观点与内部平衡（即充分就业）相一致。这就是宏观经济平衡方法的核心。下面我们将深入地加以分析。

(一) 模型的基本框架

如上所述，宏观经济平衡方法要寻找的是经常项目与国内储蓄—投资之间的关系。经常项目可以表示为国内储蓄减去投资或商品和服务的净出口。这种关系是从国民收入核算恒等式中推导出来的：

$$Y = C + I + G + X - M \tag{7.8}$$

式（7.8）中，Y 表示国民收入；C 表示消费；G 表示政府开支；X 表示出口；M 表示进口。这一恒等式可以改写为：

$$(Y - C - G) - I = X - M \tag{7.9}$$

等式左边两项分别是国内储蓄与投资。

运用政府预算约束关系，我们可以从国内储蓄中推导出私人储蓄。式（7.10）是政府的预算约束方程：

$$DEF = G + TR - T \tag{7.10}$$

式（7.10）中，DEF 表示政府预算赤字；G 表示政府对商品和服务的支出；TR 表示转移支出（包括政府对自己的债务的利息支出）；T 表示税收。把经过变换的式（7.10）带入到式（7.9）中，得到：

$$(Y + TR - T - C) - DEF - I = X - M \tag{7.11}$$

等式左边第1项为私人可支配收入（$Y + TR - T$）减去消费 C，等于私人储蓄。这里隐含着这样一个假定，即仅由国内居民支付政府税收，以及政府不对外国居民转移支付，因此不会对净出口 $X - M$ 产生影响。

出于简化和研究的目的，可把式（7.11）写成：

$$S - I = N \tag{7.12}$$

式（7.12）中，S 表示国内私人和公共储蓄；I 表示国内投资；$N = X - M$，表示商品和服务的净出口（即经常项目余额）。

要把握宏观经济平衡方法的这一理论框架的一些重要特征，我们就要借助最早是由 Knight 和 Masson（1998）提出的一个简化模型。首先，这一模型是由需求方波动而引起的产出波动的短期模型中抽象出来的，但是这一短期模型又采用了古典模型的假定，即价格是浮动的，使得总供给和总需求总能保持相等。同时，该模型还假定储蓄和投资取决于世界真实利率（r），这里把世界真实利率视为外生变量。此外，国民储蓄（即私人储蓄加上公共储蓄）被认为是取决于被设定为外生变量的政府赤字。这里隐含着这样一个假定，即私人储蓄行为并不能充分反映李嘉图恒等（Richardian Equivalence）。换句话说，公共储蓄的变化并不能完全由私人储蓄的变化所弥补，因此，政府赤字的增加将会降低国民储蓄。最后，还假定净出口取决于真实汇率（R）。这样，宏观经济在总需求和潜在产出没有缺口情况下的平衡模型可以写成：

$$S(r, DEF) - I(r) = N(R) \tag{7.13}$$

在式（7.13）中，尤其值得注意的是，在古典模型的框架下，世界真实利率 r 决定世界储蓄与投资之间的平衡，而真实汇率 R 反映了对国内商品和外国商品的相对需求。

用实证分析所估计出的带有参数值的式（7.13）能够作为计算均衡汇率的基础。但是，使用决定储蓄和投资的较长期因素的模型比使用上述含有经济波动的短期因素的模型更能获得较好的估计，这时的均衡汇率才可视为中期或长期的概念。所有这些，正是下面需要进一步讨论的内容。

（二）中期均衡模型的建立

1. 寻找中期均衡的基础经常项目。要用上述的基本框架来进行实证分析，还需将其他一些复杂的因素引入上述简单的模型中去。第一个需要处理的复杂因素就是价格并不是完全浮动的。在短时期，产出是由需求方所决定的，它并不等于由供给方所给定的潜在产出。由于这一原因，当实际产出与潜在产出之间的产出缺口（GAP）较大时，净出口往往是较低的，而这时外国的产出缺口（$GAPF$）则相反。商业周期通过它与可能偏离世界利率的国内利率的联系与储蓄和投资发生关系。比如，投资是顺周期（Procycically）运动的，这样在某种程度上投资的预期收益或企业获得贷款就会受到这种周期的影响。类似的因素也会影响储蓄。更复杂的是，对于中期均衡，如何来确定这些变量的滞后影响。出于研究的目的，经济学家认为汇率对贸易平衡影响的滞后是最关键的。下面用函数的形式来表述这些复杂的周期影响因素和滞后效应：

$$S(r, DEF, GAP) - I(r, GAP) = N(a(L)R, GAP, GAPF) \tag{7.14}$$

式（7.14）中，滞后总权数为 1，滞后算子 L 的多项式方程为 a（L），它描述的是真实汇率的滞后对净出口的影响。值得注意的是，政府赤字（DEF）也被认为是取决于产出缺口，但事实上经济学家在分析时往往忽略了它。这是因为上述模型是一个短期的模型，而对于中期来讲，影响贸易的这一滞后效应将减弱且产出缺口趋于零。因此，在式（7.14）的右边，剔出滞后项和周期效应后的 N 我们称之为基础的经常项目（Underlying Current Account），用函数表示为：

$$N = N(R, 0, 0) \tag{7.15}$$

式（7.15）表示，在当前汇率水平持续到无限的未来时期时以及国内和国外消除了产出缺口的情况下的经常项目。由于在中期，影响贸易的滞后项将被剔出且产出缺口趋于零，所以基础的经常项目就成为用于评估中期均衡汇率的一个重要的基础。

2. 寻找中期均衡的目标资本项目头寸。如上所述，宏观经济平衡方法是要找到使基础经常项目与目标资本项目头寸相一致的中期均衡汇率。在前面的分析中我们已经得到了基础经常项目的函数表达式，现在，我们的目标是转向考虑影响目标资本项目头寸即储蓄和投资的中期均衡的因素。国际货币基金组织的经济学家 Isard 和 Faruqee（1988）以及 Isard 等（2001）指出，在一国宏观经济平衡时，一国的目标资本项目余额就等于该国最优储蓄—投资余额，因此，目标资本项目的余额取决于影响最优储蓄—投资决策的各种因素。其中主要的因素包括储蓄和投资的跨时或动态决策、财政政策以及根据不同发展水平所需要的资本存量等，下面对这些因素一一进行说明。

（1）影响储蓄和投资的动态考虑。出于储蓄和投资的基本的跨时性质，所以它们不仅取决于如利率和产出这样一些变量的当前值，还取决于这些变量的未来预期值。如果存在调整成本，它们还取决于滞后的资产存量。因此，这就需要我们对包含了预期和资产存量动态的更复杂的储蓄—投资方程进行估计。更具体地说，在计算储蓄和投资中期均衡值时，应该剔出由于周期波动而引起的解释变量的暂时波动的效应，而对于更长期的均衡，就应该对均衡资产存量进行滞后调整。

例如，给定技术和劳动力供给，均衡的真实利率就是确定愿望的或均衡的资本存量的因素。然而，在存在调整成本的情况下，资本存量水平仅随时间而渐进地趋于均衡状态。但是，在资本存量随时间转移的过程中，相对于产出或劳动力，现存的资本存量影响到资本的收益率，而收益率接下来又决定着资本积累率或投资。因此，在那些最初缺少资本且处于较低发展阶段的国家，它们的资本收益率从而投资率应该是较高的。

影响跨时储蓄行为的另一个重要方面是人口结构因素。储蓄的生命周期学说认为，经济社会中的家庭储蓄率应该取决于人口的年龄结构。如果储蓄主要是出于退休后的消费目的，有较大比例退休人口的经济社会应该具有较低的储蓄率；同样，如果一个经济社会的人口结构中没有工作的儿童占的比例较高，这会增加家庭的消费。相反，当经济社会中占有较大比例的人口处在就业状态下，一个国家的储蓄率应该是较高的。因此，我们不仅能够把储蓄表述为利率的函数，而且也能将它表述为儿童和退休人员占总人口比率的函数。这一比率的增加将会降低储蓄率。投资也许也与这一比率成反比的关系，这是由于当给定要素价格时，较小的均衡资本存量与较低的就业率相联系。然而，与产出的周期波动的调整不同，人口结构的变化是一个长期的和十分缓慢的过程。因此，从中期的角度来看，在计算均衡汇率时，没有任何理由认为可将人口结构因素变量调整到正常水平，所以在中期均衡中对这一因素变量不予考虑。它们仅仅是用于解释所观察到的储蓄率与投资率之间的差异，并将这些差异与经济基础变量相联系。

（2）不同财政政策的影响。在国际货币基金组织的经济学家所建立的简化模型式（7.13）中，通过财政赤字清楚地给出了财政政策的作用。但是，对财政政策的不同假定可以得到不同的中期均衡的概念。一种可能的假定是结构性财政政策保持不变。在这样一个政策框架下，中期均衡汇率的计算包含了仅对式（7.14）等式两边短期效应的调整。那么这就涉及对由于经济周期所带来的财政赤字变化的修正，从而涉及计算周期调整的或被国际货币基金组织的经济学家表述为 DEF_S 的结构性赤字。与这一赤字相对应的是剔出了来自私人部门余额和政府财政地位周期性影响的储蓄—投资余额。当设定的储蓄—投资余额等于基础的经常项目时，就能够计算出均衡汇率值。国际货币基金组织的经济学家将此时计算出的均衡汇率称为影子均衡汇率（Shadow Equilibrium Exchange Rate）R_S：

$$S(r, DEF_S, 0) - I(r, 0) = N(R_S, 0, 0) \tag{7.16}$$

另一种财政政策的假定是这样表述的，例如，即使经过对周期因素的调整，实际的赤字也许还不能达到所愿望的或可持续的水平，因此，国际货币基金组织的经济学家把对政府债务与 GDP 比率的增长的限制作为折中财政政策的表述。他们将这种财政赤字的规范概念表示为 DEF_D，它与称之为愿望的均衡汇率（Desired Equilibrium Exchange Rate）R_D 这一概念相联系：

$$S(r, DEF_D, 0) - I(r, 0) = N(R_D, 0, 0) \tag{7.17}$$

（3）流量均衡和存量均衡。在对均衡概念进行讨论时，除了上述方法外，还有就是区分流量均衡和存量均衡。从长期来看，这两种均衡都必须成立，但是在中期，经济学家更强调流量均衡。在存量均衡的情况下，作为基础经济下以 GDP 比率表示的资产存量是一个常数。这些资产存量包括家庭财富、资本存量和外国资产。因此，一个合理的假设是当前水平下的储蓄—投资余额是与稳定这些资产存量（作为 GDP 的比率）相一致的——尤其是如果当前的水平被视为是可持续的。

从理论上讲，流量学说与资产相关的存量学说应该是一致的，并且前者提供了向后者转移的途径。的确，从经济学原理上讲，净外国资产存量与经常项目流量之间的联系无论从存量角度还是从流量角度都能得出一致性的外部余额和均衡汇率。因此，净外国资产（*NFA*）对 GDP 的均衡比率这一概念提供了对均衡经常项目比率和均衡汇率路线的估计，而均衡经常项目和均衡汇率是与愿望的或可持续的政策下的储蓄—投资相联系的。

但是，在实践中，如果没有愿望的或可持续的经常项目比率和净外国资产比率的水平，也没有充分的动态存量——流量模型，要建立基于储蓄—投资的均衡评估与基于相关资产的均衡评估之间的一致性是十分困难的。

出于对汇率估计的目的，国际货币基金组织的经济学家运用长期资产存量均衡方法来搭建流量均衡和存量均衡、内部均衡和外部均衡的一致性。这种方法的注意力集中在能够使与稳定的净外国资产对 GDP 比率相一致的经常项目头寸上。净外国资产与 GDP 之比可以写成：

$$f = NFA/Y \tag{7.18}$$

它取决于净外国资产存量的变化大致等于净出口的这一关系，即：

$$\Delta NFA = N \tag{7.19}$$

这样，通过简单的数学变化，在 f 的水平下，剔出周期性影响的经常项目比率与净外国资产比率的这一关系可以写成：

$$N(R,0,0)/Y = f\Delta Y/Y_{-1} \tag{7.20}$$

(三) 应用宏观经济平衡方法的具体步骤

我们通过图 7－1 来归纳使用宏观经济平衡方法计算均衡汇率的三个步骤。

步骤一：相对应一国货币的真实汇率，运用经常项目方程计算出一国基础经常项目的头寸。从图 7－1 可知，一国基础经常项目的头寸与一国货币真实汇率成反比关系。

步骤二：估计一国正常的或可持续的国内储蓄—投资余额，即寻找目标的资本项目头寸。从开放经济角度来看，在资本可以自由流动的条件下，国内的投资并不一定等于国内的储蓄。如果国内投资超过国内储蓄，外国资本将会流入该国以弥补这一投资—储蓄差额。而现在问题的关键是决定一国可获得一个多大数量的可持续资本流入以满足一国可持续的国内投资与储蓄差额。有时，经济学家采用这一国家实际经常项目余额的中期平均值。

步骤三：组合步骤一和步骤二以估计一国货币的均衡汇率值。如图 7－1

所示，一国货币的均衡汇率 R_l 取决于一国基础经常项目与一国可持续的储蓄—投资缺口的交点 A。

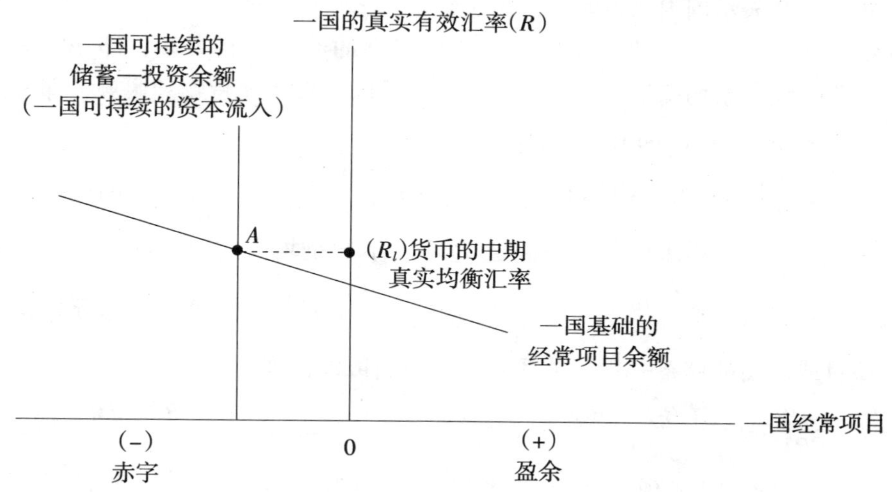

图 7-1 国际货币基金组织的中期均衡汇率决定的宏观经济平衡方法

（四）对实证分析的进一步探讨

国际货币基金组织的经济学家使用宏观经济平衡方法是要寻找当前汇率与均衡汇率之间的偏差或是估计均衡汇率。在国际货币基金组织发展起来的宏观经济平衡方法中有一国模型和多国模型之分。在对人民币均衡汇率的研究中经济学家较多使用的是一国模型，由于多国模型的分析方法与一国模型的分析方法是一致的，故这里只讨论一国模型。

在一国模型中，假定世界其他地方为外生变量和固定，并用两个行为方程分别表示进口和出口，从而构建了经常项目方程。此外，假定出口价格（包括本国和外国）不受真实汇率波动的影响。这两个行为方程如下：

$$X = X_0 Y_e^{\eta_x} R^{\epsilon_x} \tag{7.21}$$

$$M = M_0 Y^{\eta_m} R^{-\varepsilon_m} \tag{7.22}$$

在上述方程中：R 表示真实有效汇率，R 的增加对应于本币的贬值；X、M 和 Y 分别表示出口量、进口量和国内生产总值（GDP）；η_x 表示外国产出对本国出口的弹性；ε_x 表示汇率对出口的弹性；η_m 表示本国产出对进口的弹性；ε_m 表示汇率对进口的弹性。

这样我们就可以得到名义的经常项目方程：

$$B = PX - PRM$$

式中，P 表示国内物价水平。由于经常转移一般被假设为独立于真实汇率的变动，换句话说，上式也就是我们所要建立的经常项目方程，即 $B = BC$。这样，我们在考察均衡汇率与经常项目的关系时，仅考虑货物和服务，即考虑的是 dB 与均衡汇率之间的关系。

令 $\tau = \frac{PX}{PRM}$表示出口与进口的比率；$\mu = \frac{PRM}{P_y Y}$表示进口与 GDP 的比率。

将经常项目方程求微分，并假定 BC^* 表示的是均衡的经常项目或均衡的储蓄—投资关系，那么用 $bc^* = \frac{BC^*}{P_y^* Y^*} \approx \frac{BC^*}{P_y Y}$来表示以 GDP 百分比表示的均衡经常项目或均衡的储蓄—投资关系，这样我们可以得到：

$$\frac{dB}{PRM} = \frac{1}{\mu}\left[\frac{BC - BC^*}{P_y Y}\right] = \frac{1}{\mu}(bc - bc^*) = \tau\frac{dX}{X} - \frac{dR}{R} - \frac{dM}{M} \quad (7.23)$$

式（7.23）中出现了出口和进口方程的微分形式，因此我们写出式（7.21）和式（7.22）的微分形式：

$$\frac{dX}{X} = \eta_x y_e + \varepsilon_x q = \eta_x og_e + \varepsilon_x q \quad (7.21')$$

$$\frac{dM}{M} = \eta_m y - \varepsilon_m q = \eta_m og - \varepsilon_m q \quad (7.22')$$

其中，og_e 表示外国产出缺口；og 表示本国产出缺口。

我们将式（7.21′）和式（7.22′）代入式（7.23）中，并用 q 表示$\frac{dR}{R}$，这样我们可以得到：

$$\begin{aligned} q &= \frac{1/\mu}{\tau\varepsilon_x + \varepsilon_m - 1}[(bc - bc^*) + \mu(\eta_m og - \tau\eta_x og_e)] \\ &= \frac{1/\mu}{\tau\varepsilon_x + \varepsilon_m - 1}[(bc + OGR) - bc^*] \\ &= \beta(\overline{bc} - bc^*) \end{aligned} \quad (7.24)$$

式中，q 表示真实有效汇率偏离于它的均衡水平的偏差（$q > 0$ 对应于真实低估）；bc 表示趋势经常项目，即作为 GDP 百分比表示的经常项目相对于过去汇率滞后效应的调整；$\overline{bc}$表示基础经常项目，即作为 GDP 百分比表示的经常项目相对于滞后和循环效应的调整；bc^* 是作为 GDP 百分比表示的均衡经常项目或均衡的储蓄—投资关系；OGR 表示相对产出缺口。

这里需要强调的是，bc 并不对应于所观察到的经常项目。所以必须计算经过调整受经济周期影响的经常项目，以便包含经济周期对进出口的可能影响。在定义中期均衡的情况下，还需考虑真实汇率滞后存在对净出口的影响。

这一方程运用中，首先，假定国内和外国的经济活动水平为潜在水平。其次，假定贸易量不可能针对真实汇率的变化做出充分的反应。最后，汇率运动会产生一个与中期均衡相一致的经常项目。也就是说，在 $q=0$ 的特殊情况下，bc 代表的是基础经常项目。它是本国和外国经济在潜在产出水平下运行且过去汇率的影响被充分认识到时所取得的经常项目头寸。

四、扩展的购买力平价方法

购买力平价（PPP）汇率是指能使两个相关国家的价格水平以同一货币表示时相等的汇率，因此，一种货币单位购买力在两个国家应当相同。这里的购买力平价概念通常是指绝对购买力平价。而当一种货币相对于另一种货币的贬值率与相关两个国家的总物价的通货膨胀之差相一致时，则相对购买力平价成立。如果名义汇率简单的定义为一种货币用另一种货币表示的价格，那么，真实汇率就是经相关国家物价水平之差进行调整后的名义汇率。当购买力平价成立时，真实汇率是一个常数，因而真实汇率的变化就表示对购买力平价的背离。因此，对于真实汇率的讨论就等价于对购买力平价的讨论。

尽管“购买力平价”这个词出现于 80 年前［卡塞尔（Cassel），1918］，但在经济学中它已经有非常悠久的历史了。虽然当代很少的经济学家认为购买力平价能够在真实世界持续成立，但“他们却本能地认为购买力平价的某些变形可以作为长期真实汇率的锚”（热果夫，1996）。的确，国际宏观经济学中的大量论证的意义或假设表明，至少在长期联系中，购买力平价的一些形式成立。并且，购买力平价汇率的估算有很强的实用性，比如，对名义汇率与恰当的政策反应不匹配程度的决定、对汇率平价的设定以及国民收入水平的国际比较。因此，无论在学术界还是在相关政策领域，关于购买力平价理论都被大量运用就不足为奇了。

关于购买力平价的经验证据非常庞大，并且采用的检验程序的复杂性已发展到与现今的计量经济学技术相同步。根据 Sarno 和 Taylor（2003）的观点，经济学家对购买力平价的实证分析研究可分为 6 个不同的阶段：关于购买力平价的早期经验文献；检验真实汇率随机游走假设；协整研究；长期跨时研究；综列数据研究和运用非线性计量经济学技术的研究。

(一) 早期的购买力平价经验研究文献

绝对购买力平价意味着名义汇率等于两个相关国家的物价水平的比率。相对购买力平价则假定汇率的变化等于两国相对价格的变化。早期的经验文献是指20世纪70年代后期之前的文献。它们对购买力平价的检验建立在对以下方程式进行估计的基础上：

$$s_t = \alpha + \beta p_t + \beta^* p_t^* + \omega_t \tag{7.25}$$

这里 ω_t 是扰动项，s_t 是以对数形式表示的名义汇率，p_t 是以对数形式表示的国内物价水平，p_t^* 是以对数形式表示的外国物价水平。对绝对购买力平价的检验被看做是对 $\beta=1$ 和 $\beta^*=-1$ 的限制检验。特别是，我们常常对下述两个检验进行区别：一个是对 β 和 β^* 进行两者相等，但符合相反的检验——对称条件；另一个是对它们分别进行等于1和-1的检验——比例性条件。

在早期的相关文献中，研究人员并没有通过区别短期效应和长期效应的方法把动态分析引入对方程式的估计中，即使承认预期购买力平价只在长期内成立也是如此。但是，基于式（7.25）估计的经验文献通常拒绝购买力平价假设。不过，在一个有影响的研究中，弗兰克尔（1978）采用高通货膨胀国家的数据，得到了 β 和 β^* 非常接近1和-1的估计。他认为购买力平价是长期汇率建模的重要判断标准。不过，他的研究存在一些缺陷：第一，弗兰克尔并没有研究残差的随机特征，尤其是没有检验其平稳性。如果残差并非平稳的，那么，对真实汇率的冲击将是持久的，也就是违背了购买力平价。第二，除了恶性通货膨胀经济，在例如式（7.25）的估计的基础上，都倾向于强烈拒绝购买力平价。不过，弗兰克尔认为，对购买力平价的拒绝仅仅是由于暂时的真实冲击和商品市场上价格粘性造成的，而在长期内预期会发生向购买力平价的收敛。

另外一个以式（7.25）为基础检验购买力平价的问题，是名义汇率和物价水平两者的内生性问题。事实上，式（7.25）左边的变量的选择是任意的。克鲁格曼（1978）建立了一个弹性价格汇率模型。在该模型中，本国的货币当局运用扩张性的货币政策对真实冲击进行干预，因此导致了通货膨胀。该模型用工具变量（IV）和普通最小二乘法（OLS）来进行估计。对 β 和 β^* 的IV估计比OLS对它们的估计按绝对值来说更接近于1，但是购买力平价仍然被拒绝。

然而，关键问题是，早期的文献并没有考察在估计的方程式中残差的平稳性。如果名义汇率和相对价格两者都是非平稳变量（并且也不能被协整），那么，式（7.25）就是一个假回归，而以OLS为基础的常规统计推论也是无效的。然而，如果式（7.25）的误差项是平稳的，那么，汇率和相对价格之间就存在一个非常坚固的长期的线性关系。但是，因为在估计的标志差中有偏差的存在，常规统计的推论仍然是无效的。

实证研究发展的下一步是明显地强调考虑中的变量的非平稳性问题。这一步是从分析真实汇率本身是否平稳开始的——包括长期购买力平价的证据，或者从它是否倾向于服从一个单位根过程开始的——包括汇率向长期均衡水平收敛趋势的存在。

（二）真实汇率的单位根检验

再把真实汇率的对数形式 q_t 写出：

$$q_t \equiv s_t + p_t^* - p_t \tag{7.26}$$

在经验检验文献中，对购买力平价检验的第二步所使用的方法是以检验真实汇率的非平稳性为基础的。从 20 世纪 80 年代中期到后期以来，标志的研究方法是：在导出真实汇率的单位根过程中使用扩展的迪基—富勒（ADF）检验方法的变形。这一般说来是以下面通式的辅助回归为基础的：

$$\Delta q_t = \gamma_0 + \gamma_1 t + \gamma_2 q_{t-1} + \Xi(L)\Delta q_{t-1} + e_t \tag{7.27}$$

这里 Ξ（L）代表一个在滞后算子 L 中的 p 阶多项式，e_t 是白噪音过程。运用 ADF 检验方法，对 $\gamma_2 = 0$ 的零假设检验等价于在数据形成过程中对 q_t 来讲不存在长期均衡水平。购买力平价成立的另外一个可以选择的假设是要求 $\gamma_1 < 0$。

为了检验现代的浮动汇率制时期的购买力平价，经济学家的经验研究所使用的检验类型，一般说来都没能拒绝主要工业化国家的货币对另一个国家的货币的真实汇率的随机游走假设，因此，认为对购买力平价的偏离是持久的。

（三）购买力平价的协整研究

最初是由恩格尔和格兰杰（1987）提出的协整方法似乎是检验购买力平价的一个理想的方法。当认为 q_t，均衡误差在短期内变化的时候，购买力平价成立的必要条件就是 q_t 在这一时期内是平稳的。如果不是如此，那么，名义汇率和相对价格就将永久地倾向发散。协整分析告诉我们，如果任何两个同阶积分的非平稳序列存在着线性组合，而这个线性组合自身是平稳的，那么，这两个非平稳序列是协整的。如果情况的确如此，那么，一个序列的非平稳性就恰好被非平稳性抵消，并在两个变量之间建立了长期的关系。如果名义汇率 s_t 和相对价格 π_t（$\equiv p_t - p_t^*$）两者在 d 次差分后具有稳定的、不可逆的、非确

定的 ARMA 表示，即它们都被 d 阶或 $I(d)$ 积分，那么如果真实汇率有随机游走成分的话，线性组合

$$s_t + k\pi_t = z_t \tag{7.28}$$

一般来讲也是 $I(d)$ 的形式。但是，如果一个协整参数 α 存在，从而 qt 是 $I(d-c)$ 阶积分的，$c>0$，那么，名义汇率和相对价格是 d、c 阶协整的，或 $CI(d, c)$。在购买力平价检验中，我们需要 $d=c=1$，也就是说，s_t 和 π_t 两者都应该 $I(1)$ 变量的，但是，z_t 应该是均值回归的。在这种情况下，我们可以确信：在所考虑的两个变量中存在着强烈的长期关系，因为它们拥有一个共同的随机倾向，而一对变量的协整至少对有稳定的长期（线性）关系的它们来讲是一个必要条件。

然而，如果非协整假设不能被拒绝，那么，估计的回归正好是一个“伪回归”，并且没有任何经济意义。

对购买力平价进行检验所运用的协整和对真实汇率的非平稳性进行检验间的主要区别在于：并没有施加对称性条件和比例性条件，在估计的标准差中的偏差一定时对这两个也不容易检验。

早期的协整研究一般表明，在当前的浮动汇率制度的实践中，汇率向购买力平价的运动不存在显著的均值回归，但是，对于两次世界大战期间的浮动汇率，对于 20 世纪 50 年代美元—加拿大元的浮动汇率和对于高通货膨胀国家的汇率却支持向购买力平价回归。然后对最近主要工业化国家的长期购买力平价的实证研究，更有利于现代浮动汇率趋于长期购买力平价的假设。

总之，协整研究更显示了数据的一些重要特色。在考虑的样本期期间，当汇率是固定的而不是浮动的时候，就很容易拒绝非协整的零假设。让人感兴趣的是，当采用 WPI 而不是 CPI 时，可以发现支持购买力平价的强烈的证据，甚至这些证据比采用 GDP 平减指数时还要多。这很容易加以解释，因为 WPI 包括一个相对较小的非贸易品成分，因此，无论是与 CPI 相比，还是与 GDP 平减指数相比，WPI 对于购买力平价假设所要求的理想的物价指数来说是一个更好的近似值。

（四）长期跨时研究

在文献中考虑的用以解决常规单位根检验的低效力的第一种方法是采用长期跨时数据系列。例如，使用 1869—1984 年美元—英镑的真实汇率的年度数据，弗兰克尔（1986）估计了自回归常数为 0.86 的真实汇率的一个 AR（1）过程，并且能够拒绝随机游走假设。埃迪森（1987）也考察了 1890 —1978 年

期间美元—英镑的汇率的长期购买力平价问题。他使用了下面形式的误差纠错机制（ECM）：

$$\Delta s_t = \delta_t \Delta(p_t - p_t^*) + \delta_2(s_{t-1} - p_{t-1} + p_{t-1}^*) + u_t \tag{7.29}$$

它具有真实汇率的长期固定的均衡水平。埃迪森的结论提供了购买力平价成立的证据，但是，真实汇率受到的冲击是非常持久的，其半衰期大约是 7.3 年。格伦（Glen）（1992）也发现 9 个国家的真实汇率的均值回归，而 1900 —1987 年的样本期间的半衰期是 3.3 年。

洛西恩和泰勒（1996）用两个世纪的美元—英镑和法郎—英镑的真实汇率的数据，提供了近代浮动汇率制期间支持购买力平价的间接证据。他们运用邹检验（Chow Test），没有发现布雷顿森林体系前、后时期之间结构分割的明显证据，表明在近代浮动汇率制下，真实汇率均值回归的失败简单地说是由于样本不足。

不过，长期跨时研究也受到了一些文献的批评。其中一个批评与这样的事实有关：因为使用的是长期的时间跨度很大的数据，这就必然跨越不同的汇率制度。而且，实体经济的冲击已经产生结构分割或均衡真实汇率的变化。当然，这是长期跨时研究的一个“不可避免的弊病”。研究人员一般注意到了这个弊病。而且，运用长期跨时数据的研究人员一般在检验结构分割时处于苦恼之中。

然而，为了提供一个后布雷顿森林体系时期的令人信服的真实汇率稳定性的检验，必须设计出一种只使用那个时期数据的检验。这为购买力平价的综列数据研究提供了动力。

（五）综列数据研究

为了解决通常的单位根检验的低效力问题，文献中还有一种不同的检验购买力平价的方法。这个方法就是增加所考虑的汇率的数量，形成了综列数据。综列数据是由时间序列数据和横截面数据所组成的。

（六）非线性的真实汇率动态研究

读者可参阅本书参考文献中所列出的萨诺和泰勒合著的《汇率经济学》一书。

（七）建立长期购买力平价偏离模型

对简单购买力平价假设的修正和扩展来自试图使对购买力平价长期偏离的存在合理化。其中最著名的修正和扩张是哈罗德—巴拉萨—萨缪尔森模型［哈罗德（Harrod），1993；巴拉萨（Balassa），1964；萨缪尔森，1964］。

哈罗德—巴拉萨—萨缪尔森的模型的基本观点如下：为了便于论证，假设一价法则（LOOP）在贸易品中成立。在一个快速增长的经济中，劳动生产力的增长倾向于集中在贸易品部门。这将导致贸易品部门工资上涨，而并不必然引起物价的上涨。因此，由于名义汇率不变从而贸易品的价格仍然不变，一价法则继续成立。但是，非贸易品部门的工人也要求工资相应上升，而这就会导致 CPI 总的上升。因为一价法则在贸易品中成立，而按照假设，名义汇率保持不变，这就意味着国内 CPI 向上的运动与名义汇率的运动不相匹配，从而，如果购买力平价在开始时成立，那么，与用同一种货币表示的 CPI 相比较，国内货币相对于现行汇率高估。这个关键假设是在贸易品部门劳动生产率增长得更高。也应该注意到，即使经济中两部门均衡增长的情况下，只要非贸易品部门相对于贸易品部门是更加劳动密集型的，那么，非贸易品的相对价格也可能上升。

我们可以运用由弗鲁特和热果夫（1995）提出的简单的小型开放经济模型，对这一问题进行更正式的分析。考虑一下经济中两部门如下的生产函数：

$$Y^I = A^I(L^I)^{\theta^I}(K^I)^{1-\theta^I} \quad I = T, N \tag{7.30}$$

这里 Y^I，K^I，L^I，A^I 分别代表我们分析的经济的部门的国内产出、资本、劳动和劳动生产率；上标 T 和 N 分别代表贸易品部门和非贸易品部门；为了简便起见，我们省略了时间下标。这个模型也假设在贸易品部门和非贸易品部门间要素的自由流动和完全竞争。因此，我们可以用两部门的资本边际产量和劳动边际产量推导出如下的世界（和国内）利率和工资的方程式：

$$R = (1 - \theta^T)A^T\left(\frac{K^T}{L^T}\right)^{-\theta^T} \tag{7.31}$$

$$R = P^S(1 - \theta^N)A^N\left(\frac{K^N}{L^N}\right)^{-\theta^N} \tag{7.32}$$

$$W = \theta^T A^T\left(\frac{K^T}{L^T}\right)^{1-\theta^T} \tag{7.33}$$

$$W = P^N\theta^N A^N\left(\frac{K^N}{L^N}\right)^{1-\theta^N} \tag{7.34}$$

这里 R 代表世界的资本成本，W 是用贸易品计算的工资率，P^N 为非贸易品的相对价格。式（7.30）至式（7.34）的模型提供了四个内生变量：经济中两部门的资本—劳动比率，工资率和相对价格水平。对式（7.30）至式（7.34）取对数并求微分，模型就可以重新表示为：

$$\alpha^T - \theta^T(\underline{k}^T - \underline{l}^T) = 0 \tag{7.35}$$

$$p^N + \alpha^N - \theta^N(\underline{k}^N - \underline{l}^N) = 0 \tag{7.36}$$

$$\underline{w} = \underline{\alpha}^T + (1 - \theta^T)(\underline{k}^T - \underline{l}^T) \tag{7.37}$$

$$\underline{w} = \underline{p}^N + \underline{\alpha}^N + (1 - \theta^N)(\underline{k}^N - \underline{l}^N) \tag{7.38}$$

这里小写的变量是变量的对数形式，下划线是方程式中变量的微分。最后，运用式（7.35）至式（7.38），就可以得到模型中的内生变量的解是：

$$(\underline{k}^N - \underline{l}^N) = (\underline{k}^T - \underline{l}^T) = \underline{w} = \frac{\underline{\alpha}^T}{\theta^T} \tag{7.39}$$

$$\underline{p}^N = \left(\frac{\theta^N}{\theta^T}\right)\underline{\alpha}^T - \underline{\alpha}^N \tag{7.40}$$

根据式（7.39），模型预示着资本—劳动比率的百分比变化在贸易品部门和非贸易品部门是相同的，并且它们也等于工资率的变化。式（7.40）具体体现了哈罗德—巴拉萨—萨缪尔森条件：非贸易品相对价格的百分比变化仅仅由经济的生产而决定，而需求因素在长期内并不影响真实汇率。如果劳动和资本的密集程度在贸易品部门和非贸易品部门是相同的，即 $\theta^T = \theta^N$，那么，相对价格的百分比变化恰好等于两部门之间的劳动生产率之差。但是，如果非贸易品部门比贸易品部门的劳动密集程度更高，即 $\theta^N > \theta^T$，那么，即使两部门的劳动生产率平衡增长，非贸易品的相对价格也会上升。CPI 的一个组成部分不变，而另一个增加，整个物价水平也会上升。

日本常常被认为是哈罗德—巴拉萨—萨缪尔森效应得以表现的一个很好的例子。因为，平均来讲，日本是第二次世界大战后经济平均增长最快的国家之一。一般来讲，人们认为使用 CPI 比使用 WPI 哈罗德—巴拉萨—萨缪尔森效应更强，因为后者包括的贸易品的成分最大。然而，对日本来讲，不管使用什么物价指数，这一效应都是十分明显的。

第八章　开放宏观经济学

开放经济是一种不同于封闭经济的经济形态。在开放经济条件下，国与国之间的经济关系在一国的宏观经济运行中占有重要地位；各国宏观经济变量存在着内在的相互依赖的关系；宏观经济总量的均衡条件也发生了明显的变化。正因为如此，开放经济条件下的经济政策就被赋予了许多新的内容。

第一节　经济目标与经济政策关系的理论

一、经济目标和经济政策

综合来讲，在开放的市场经济体制下，一国所追求的经济目标主要有四个：(1) 内部平衡（internal balance）；(2) 外部平衡（external balance）；(3) 经济增长；(4) 公平的收入分配。本章重点探讨的是实现内部平衡和外部平衡这两个目标。

所谓内部平衡是指一国实现了充分就业并且保持物价稳定。所谓外部平衡是指国际收支平衡。从各国的经济实践来看，通常总是优先考虑内部平衡。但是如果一国面临着巨大而持久的国际收支失衡时，它也会被迫把外部平衡放在优先考虑的地位上。

为了实现内部平衡和外部平衡这两个目标，一国可以选择的政策工具包括：(1) 支出调整政策（expenditure - adjustment policies），又称为支出变动政策（expenditure - changing policies），即通常所说的需求管理政策；(2) 支出转移政策（expenditure - switching policies）；(3) 直接管制。

支出调整政策包括财政政策和货币政策。财政政策主要指改变政府支出及税收的政策。如果政府开支增加，或者减少税收，则该国实行的就是扩张性财政政策。这会通过乘数效应促使国内产出和收入增长，并导致进口增加。如果政府开支减少，或者增加税收，则称为紧缩性财政政策。这会导致国内产出和收入水平下降，并导致进口下降。货币政策主要通过改变一国的货币供给并影响利率来发挥作用。如果货币供给增加，利率下降，那么货币政策就是扩张性的，这会导致投资水平和收入水平提高，并使进口增加。同时，利率降低会导致国际短期资本外流或流入减少。而紧缩性的货币政策是指一国货币供给减少及利率上升，这会降低投资、收入和进口水平，同时导致国际短期资本流入增加或流出减少。

支出转移政策主要是指汇率政策，即通过改变汇率，使支出由本国商品转移到外国商品，或由外国商品转移到本国商品，以维持或达到国际收支均衡。例如，提高外汇汇率，即本币贬值，会使对国外商品的开支转移到本国商品上，从而可以减少一国贸易赤字，改善国际收支，但它也会导致国内产出增加，而这又会引起进口上升。进口上升会抵消部分国际收支的改善。而降低外汇汇率，即本币升值，会使对本国商品的开支转移到外国商品上，从而会减少一国国际收支盈余，但同时也会减少国内产出，从而导致进口下降，这又会部分抵消汇率下降的效果。

直接管制包括关税、非关税以及其他限制国际贸易和国际资本流动的措施。这些措施其实也可称为支出转移政策，所不同的是它们是针对特定的国际收支项目的，而上述改变汇率的政策则是一种同时作用于所有项目的普遍性政策。由于各国通常是以维护自由贸易和资本流动为宗旨的，所以除非迫不得已，一般都不会轻易采取直接管制政策。因此，支出调整政策和支出转移政策是实现经济内外部平衡的常用手段。

二、丁伯根法则

由于一国常常面临多个经济目标，而这些经济目标本身并不内在地一致。同时由于存在多种政策工具可供选择使用，而各种政策工具实施的效果可能差别很大，因此，任何一个国家都必须进行选择以决定采用何种政策工具来达到它预期的目标。

在研究经济目标与经济政策工具之间关系的理论中，一个非常著名的理论就是丁伯根法则（Tinbergen's Rule），它是由首届诺贝尔经济学奖获得者简·丁伯根（Tinbergen）提出，也称为经济政策理论。丁伯根法则的基本含义是：一国所需的有效政策工具数目至少要和想要达到的独立的经济目标数目一样多。也就是说要达到一个经济目标，至少需要一种有效的政策工具。由此类推，要达到几个独立的经济目标，就至少需要使用几种独立的有效政策工具。如果一国的经济目标是两个，即实现内部平衡与外部平衡，那么，它就需要有两个政策工具来达到这两个目标。相反，只用一个独立的政策工具试图实现内外的同时均衡是不可能的。这是因为，有时，一个政策工具可以直接针对一个特定的目标，同时也有助于朝另一个目标逼近，但更多的时候可能是远离另一个目标。例如，扩张的财政政策虽然可以消除国内失业，同时又使国际收支盈余减少，实现了内外均衡；但更多的情况下，增加国际收支赤字，造成国际收支失衡。

三、斯旺模型

澳大利亚经济学家斯旺（T.W. Swan）在《较长时期的国际收支问题》一文中提出了内外同时平衡的实现条件的模型，人称斯旺模型（Swan Diagram）。在这里，我们假定不存在国际资本流动，因此国际收支平衡等同于贸易收支平衡，同时还假设价格水平保持不变。

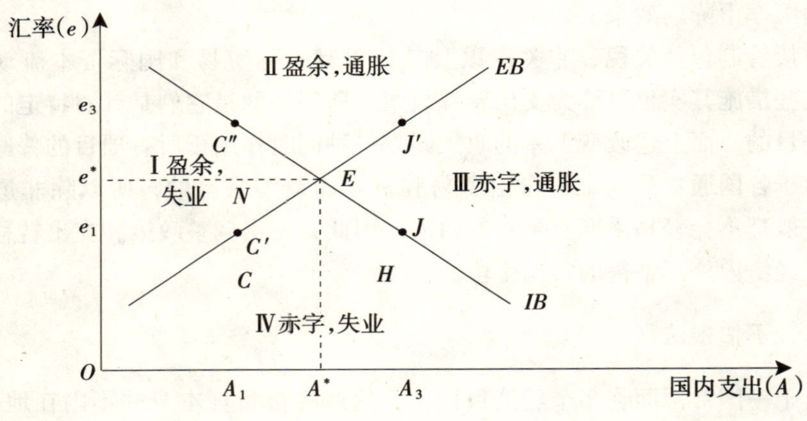

图 8-1 斯旺模型

在图 8-1 中，纵轴代表汇率（e），e 上升即外汇汇率上升，本币贬值；反之则外汇汇率下降，本币升值。横轴代表国内实际支出或需求（A），它包括国内消费和投资以及政府支出。*EB* 线是外部平衡线，它表示的是对应于外部平衡，汇率与国内真实支出的各种组合。*EB* 线向上倾斜是因为如果国内支出（A）增加，将带来进口增加，这时只有外汇汇率升高，才能减少进口，增加出口，维持外部平衡。例如，从 *EB* 线上的点 E 出发，当 A 由 A^* 上升到 A_3 时，汇率（e）就必须由 e^* 上升到 e_3，才能维持外部平衡，这时位于 *EB* 线上点 J'。*IB* 线是内部平衡线，表示对应于内部平衡时，汇率（e）与国内支出（A）的各种组合。IB 线斜率为负，因为如果外汇汇率下降，出口就会减少，因此一国国内支 出(A)必须增加，才能维持内部平衡。例如，从 IB 线上点 E 开始，e 从 e^* 下降到 e_1 时，为了维持内部平衡，A 就须从 A^* 增加到 A_3，从而达到 IB 线上的点 J。EB 线和 IB 线的交点 E 是均衡点，e^* 和 A^* 分别为均衡汇率和均衡支出。

我们可以看到，在图 8－1 中，只有 EB 线与 IB 线的交点 E，同时达到了内外部平衡，实现了两个政策目标，在其他的任何一点都只实现了一个政策目标。在 EB 线上方的任何一点都表示存在国际收支盈余，即外部盈余，而 EB 线下方的任何一点都表示外部赤字。在 IB 线上方的任何一点都表示存在通货膨胀，下方的任何一点则表示存在失业。这样就可以把 EB 和 IB 线组成的平面图划分出如下四个区域：

Ⅰ. 外部盈余，内部失业；

Ⅱ. 外部盈余，内部通货膨胀；

Ⅲ. 外部赤字，内部通货膨胀；

Ⅳ. 外部赤字，内部失业。

当经济处于内外失衡的状态时，可以搭配使用支出调整政策和支出转移政策，使经济移动到 E 点。如图 8－1 所示，如果经济处于赤字与失业并存的 C 点时，为达到 E 点，外汇汇率（e）和国内支出(A)都 必须上升。这样可以使用支出转移政策将汇率提高到 e^*，同时使用支出调整政策使国内支出增加到 A^*。如果只有 e 上升，当达到 EB 线上点 C′时，该国可以获得外部平衡；而如果 e 上升很快达到了 IB 线上的 C″点时，该国可以获得内部平衡，但仅仅依靠汇率调整不能同时取得内外部平衡。相似地，如果只增加国内支 出(A),达到 IB 线上的点 J 时，该国可以实现内部平衡，但同时会导致更大的外部赤字。此外，点 C 和点 H 都在第Ⅳ个区域内，为了达到 E 点，点 C 需要增加国内支出，而点 H 则需要减少国内支出。即使一国位于 IB 线上，比如说点 J，已经实现了内部平衡，但如果要达到外部平衡，也不能仅仅依靠支出转移政策。这是因为单纯的外汇汇率上升会推动该国移动到 EB 线上的 J′，出现通货膨胀。

因此，通过上面的分析我们可以看出，要同时实现内外部平衡这两个目标，通常需要同时使用支出调整和支出转移这两种政策。只有当一国经济恰好处于点 E 的水平或者垂直线上时，只用一种政策工具就能达到 E 点，实现内外部平衡。例如，如果要从点 N 移动到点 E，该国只需要增加国内支出。

四、米德冲突

在第二次世界大战后到1971年这相当长的一段时间里，世界上主要实行的是固定汇率制度。而在固定汇率制下，各国难以使用支出转移政策即汇率政策来作为政策工具。而且在实践中，各国即使出现了根本性的国际收支失衡，也不愿意使本币升值或贬值。盈余国倾向于积累国际储备，同时担心本币升值会影响出口；而赤字国则认为本币贬值是经济衰弱的表现，害怕产生国际资本外逃的后果。这使得最后各国只剩下支出调整政策可以使用。

在这一点上，英国经济学家米德在1951年出版的《国际经济政策理论》第一卷《国际收支》中提出了米德冲突（Meade's Conflict）的理论。他指出，在固定汇率情况下，单独使用支出调整政策追求内外部同时平衡，有可能造成一国内部平衡与外部平衡的冲突，这就是所谓的米德冲突。表8-1是米德对内部平衡与外部平衡的可能情况的分析。事实上，米德冲突是丁伯根法则的另一种表述形式。如果把财政政策和货币政策看做是一种政策工具，即支出调整政策时，根据丁伯根法则，就无法同时满足两个目标。

表8-1　　固定汇率制下的内部平衡与外部平衡组合

	内部状况	外部状况
1	经济衰退/失业增加	国际收支逆差
2	经济衰退/失业增加	国际收支顺差
3	通货膨胀	国际收支逆差
4	通货膨胀	国际收支顺差

米德认为，在固定汇率制下，由于汇率制度不变，因此汇率政策无效，政府只能主要运用影响社会总需求的政策来调节内外平衡。这样，单一的支出调整政策就不能同时实现内外部平衡，或者说可能导致内外部平衡的冲突。我们以表8-1中的第一、四两种情况加以说明。在第一种情况下，如果采取扩张性的支出政策，那么，国内经济好转，就业增加，实现了内部平衡。但扩张性的支出政策引起进口增加，在出口不变的情况下则国际收支逆差会更加恶化，外部平衡无法达到。在第四种情况下，如果采取扩张性的支出政策，虽然使进口增加，国际收支顺差减少，实现了外部平衡，但内部的通货膨胀加剧，内部平衡没有达到。

五、蒙代尔搭配法则

米德冲突是20世纪50年代被广泛接受的理论。但是，到了60年代，蒙代尔（Mundell）打破了这一观点。他指出，在固定汇率制度下，财政政策和货币政策是两种独立的政策工具，只要适当地搭配使用，是可以同时实现内外部平衡的。例如，用财政政策取得内部平衡，用货币政策取得外部平衡。因此，尽管在固定汇率制度下，不能使用支出转移政策，各国在理论上还是可以同时达到内外部平衡。蒙代尔还进一步指出，很多时候，针对某个特定目标的某项政策可能会对实现另一个目标有帮助；而有些时候，则可能阻碍另一个目标的实现，因而不同政策实施的效果往往会有冲突。因此，蒙代尔认为，应该将每一种政策实施在它最具有影响力的目标上，这就是著名的蒙代尔搭配法则（Mundell's Assignment Rule），或者称为有效市场分类原则。

下面我们对如何搭配使用财政与货币政策实现内外部平衡做一般性的论述，以介绍"蒙代尔搭配法则"。

如图8-2所示，横轴（$G-T$）表示净政府支出水平，代表财政政策，离原点越远，表明政府支出水平越高，财政政策越趋于扩张。纵轴表示利率，代表货币政策，离原点越远，表明利率水平越高，这时货币政策趋向紧缩。*IB*线和*EB*线的交点*E*表示内外同时均衡点。这时的均衡利率为i^*，均衡政府净支出为（$G-T$）*。*IB*线是内部平衡线，表示一国内部平衡时，财政政策与货币政策的各种组合。*IB*线向上倾斜，这是因为如果利率提高，紧缩国内经济，会导致总需求不足，失业增加，为维持内部平衡，政府支出必须同时扩大，增加总需求。以*E*点划分，*IB*线左上方的任何一点都意味着存在失业，右下方的任何一点都意味着存在通货膨胀。*EB*线是外部平衡线，表示一国外部平衡时，财政政策与货币政策的各种组合。*EB*线也是向上倾斜的，这是因为如果利率水平提高，一方面会刺激国际资本流入净额增加，另一方面通过紧缩国内经济会使进口减少，从而产生国际收支盈余。为了保持国际收支平衡，政府支出必须同时扩大，增加进口。以*E*点划分，*EB*线右下方任何一点都代表存在外部赤字，左上方任何一点都代表存在外部盈余。图中的*IB*线和*EB*线都是向左上方倾斜的曲线，但*EB*线比*IB*线更平坦。这是因为，货币供给的变化从而利率的变化对外部平衡的影响大于对内部平衡的影响。例如，如果实行紧缩的货币政策，货币供给减少，从而利率上升。而利率上升不仅引起短期资本流入，也使国内投资减少，从而收入减少，再进而引起进口减少。这样利率变化既直接影响国际收支，也间接影响国际收支。显然，利率的变化对外部平衡的影响大于对内部平衡的影响。

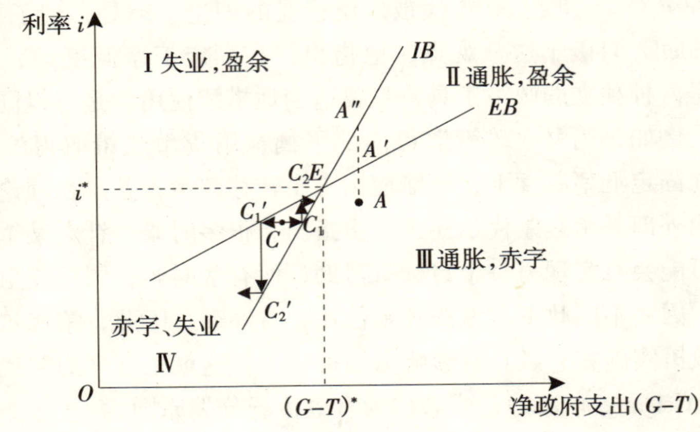

图 8－2　蒙代尔搭配法则

很明显，只有在 IB 线和 EB 线的交点 E 点，一国才能同时实现内外部平衡。IB 线和 EB 线相交，这样就可以把 IB 和 EB 线组成的平面图划分出如下四个区域：

Ⅰ. 失业，国际收支盈余；

Ⅱ. 通货膨胀，国际收支盈余；

Ⅲ. 通货膨胀，国际收支赤字；

Ⅳ. 失业，国际收支赤字。

可以看到，EB 线比 IB 线平坦，这是因为存在因利率差异而引起的国际资本流动，同时也说明了货币政策对外部平衡更具有影响力。比如图上点 A，要达到外部平衡线 EB 上的点 A′，利率只需要提高少许。而要达到内部平衡线上的点 A″，则要提高很多。因此，根据“蒙代尔搭配法则”，货币政策应被用于外部平衡，而财政政策应被用于内部平衡。如果不这样使用就会使一国离内外部均衡的 E 点越来越远。比如，从失业和国际收支赤字并存的区域Ⅳ的点 C 出发，一国使用紧缩性财政政策消除外部赤字，将 C 点移到 EB 线上的点 C_1'，然后再使用扩张性的货币政策消除失业，则经济将会移动到 IB 线上的 C_2'，可以看到这样一来该国就会离 E 点越来越远。而反之，如果该国运用扩张性的财政政策处理失业，将达到 IB 线上的 C_1 点，然后使用紧缩性的货币政策处理外部赤字，就会移动到 EB 线上的 C_2 点，这样该国经济就离点 E 越来越近了。

事实上，该国可以搭配使用扩张性的财政政策和紧缩性的货币政策，从而一步达到 E 点，实现内外部的均衡。由此可见，一国可以在任何的内外部失衡点通过使用合理搭配的财政和货币政策达到内外部平衡点 E 点。在这些分析中，国际资本的流动是非常重要的一点。国际短期资本对利率差异的反应越敏感，EB 线相对于 IB 线就越平坦。反之，如果短期资本流动对利率差异没有反应，EB 线将会和 IB 线斜率相等，这时无论怎样搭配使用财政政策和货币政策都没有作用，只有改变汇率，一国才能够实现内外部的平衡。

第二节 传统的开放宏观经济模型：IS—LM—BP 模型

在介绍了开放经济下的经济目标和经济政策关系的理论之后，现在我们再来介绍一个更为一般的均衡模型。这个模型把货币市场和实际经济部门结合在一起，同时，这个模型还结合了国际贸易和国际资本流动对开放经济模型均衡的作用。我们所说的这个模型就是 IS—LM—BP 模型。我们将运用它来详细论述在固定汇率制度下如何使用财政政策和货币政策来实现内外部平衡。在这里我们假设存在国际资本流动，但是价格水平保持不变。

一、货币市场的一般均衡：LM 曲线

当货币供给等于货币需求的时候，货币市场就实现了均衡。我们知道名义货币供给量由真实货币供给和价格水平决定；而货币需求则是由货币的交易性需求和投机性需求构成。由此，我们以下式来表示货币市场的均衡：

$$M_s = L \tag{8.1}$$

或者是，

$$m(DR + IR) = m(BR + C) = f[\overset{+}{Y}, \overset{-}{i}, \overset{+}{P}, \overset{+}{W}, E(\overset{-}{p}), \overset{?}{O}] \tag{8.1a}$$

式中，M_s 为货币供给；L 为货币需求；m 为货币乘数；DR 为中央银行持有的国内储备；IR 为中央银行持有的国际储备；BR 为商业银行和其他存款机构的储备；C 为非银行的公众持有的货币；Y 为经济中的真实收入水平；i 为国内利息率；P 为价格水平；W 为真实财富水平；$E(p)$ 为价格水平预期变动的百分数；O 为其他所有影响一国居民意愿持有货币余额的变量（比如：外国利息率、预期的汇率变动、持有外国资产的风险溢价等）。

式（8.1a）中 Y、i、P、W、$E(p)$ 和 O 上面的 +、- 号表示这些变量与

货币需求之间的相关关系。

因为收入水平和利息率被认为是两个最主要的影响货币需求的因素，所以我们将集中讨论这两个变量对货币市场均衡的影响，其他变量则假设保持不变。进一步说，对于任意给定的收入水平，货币需求的图形可以用一条向右下方倾斜的 L 曲线表示，如图 8-3 所示。在其他条件不变的情况下，这个图形可以帮助我们集中研究利息率和货币需求的反向变动关系。我们能够提出许多对这种反向变动关系的解释，比如利息率的上升意味着持有不产生利息收入的货币资产的机会成本增加，因此人们意愿持有货币的数量减少。而当除利息率以外的其他因素变动时，L 曲线就会产生漂移，比如收入增加，L 曲线就会向右漂移，因为在每一个利率水平产生了更大的货币交易需求。

讨论了货币需求，我们再简单地谈谈货币供给。我们暂时假设在任意给定的时间点，货币供给是固定不变的。货币供给由货币当局控制。我们把这个固定的货币供给（称它为 $\bar{M}_s$）用一条垂直直线表示在图 8-3 中。增加（或者减少）货币供给会使这条直线向右（或者向左）漂移。

货币需求和供给的交点决定了均衡利息率，即 i_e，在这一点上 $M_s = L$。相反，在均衡利息率之外的任何其他的利率水平，都会存在超额的货币供给或者货币需求。例如，在利率 i_1 处，货币需求的数量（用水平距离 i_1A 表示）少于货币供给（用水平距离 i_1B 表示）。AB 则成为货币的超额供给，它表示人们以货币形式（i_1B）持有的财富超过了他们所希望持有的数量（i_1A）。于是，货币的持有者就会以这部分多出来的现金购买其他的资产，比如债券。而这种购买其他资产的行为就会使债券的价格上升，使利息率下降。这种情况会一直继续下去，直到利率回到均衡水平（i_e），这时现存的货币供给数量等于意愿持有的货币数量。相反地，在 i_2 这个低的利率水平存在着 $A'B'$ 的超额货币需求。这时，人们会卖出债券和其他资产来换取货币。这种活动会使债券和其他资产的价格下降，同时使利息率上升直到回到均衡利率水平（i_e）为止。

现在我们根据图 8-3 考虑货币需求和供给改变的情况。如果货币当局增加了货币供给，那么 $\bar{M}_s$ 线就会向右移动到 M_s。在货币需求曲线不变的情况下，新的货币供给曲线 M_s 与 L 曲线的交点形成低于原均衡利率（i_e）的新均衡利率（i_{e1}）。相反，货币供给的减少使 $\bar{M}_s$ 线向左移动。在 L 曲线不变时，新的均衡利率会高于原均衡利率（i_e）。如果考虑需求曲线 L 的移动，货币需求的增加（或者减少）会使 L 曲线向右（或向左）移动，从而产生了超额的货币需求，在给定的货币供给条件下，就会使利率上升（或者下降）。

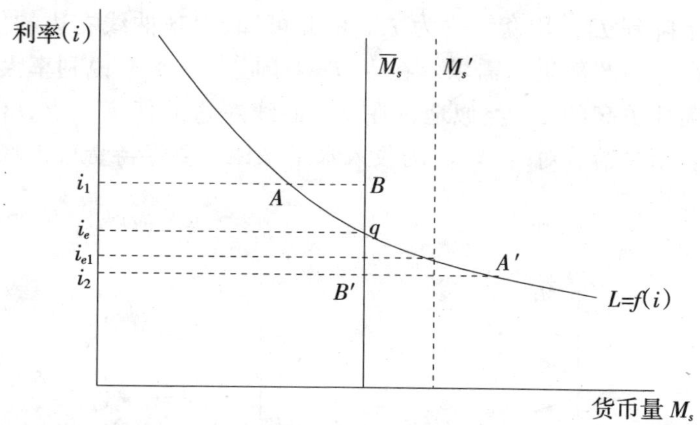

图 8-3 货币市场的均衡

以上，我们只讨论了货币需求和供给之间的利率和均衡问题，而这只是一个片面的分析，因为我们忽略了经济体的收入水平这个决定货币需求的重要因素。下面我们将进一步讨论收入在货币市场均衡中的作用。

我们在图 8-3 中得到的均衡利率仅仅是由货币需求和货币供给直接决定的。现在假设经济体的收入水平 Y 上升了。我们在前面讲过，收入水平和货币需求是同方向变化的。参考图 8-4（a），图中的 L 曲线是我们前面提到过的货币需求曲线，但是这里它与收入水平 Y_0 相联系。如果收入上升到 Y_1，这时就产生了一条在收入水平 Y_1 下的新的 L 曲线即 L'。在这个升高的收入水平下就需要更多的货币，这使得均衡利率从 i_0 上升 i_1。与此相同，如果收入从 Y_0 下降到 Y_2，货币需求曲线就移动到 L''，下降的收入水平使均衡利率下降到 i_2。

通过讨论收入水平、利息率和货币市场均衡的关系，我们得到了 *LM* 曲线。*LM* 曲线表示的是实现货币市场均衡条件下的各种收入和利率的组合，如图 8-4（b）所示。在这条曲线上的每一点，对应着横轴上某一收入水平和纵轴上的利息率。这样一来，在点 R_0，当货币供给为 $\overline{M}_s$ 时，收入水平 Y_0 和利息率 i_0 共同使货币市场达到均衡。

从图 8-4（b）上我们知道 *LM* 曲线是向上倾斜的，原因何在呢？假设收入水平从 Y_0 上升到 Y_1，增加的收入将产生增加的货币需求，使图 8-4（a）中的 L 曲线移动到 L'，利率就从 i_0 上升到 i_1。一旦利率上升到 i_1，就会消除超额的货币需求，使货币市场恢复均衡。类似地，如果收入从 Y_0 下降到 Y_2，

货币需求会下降到 L''，均衡利率为 i_2。由此可知，*LM* 曲线右边的任意一点，例如点 *T*，都存在超额货币需求。在点 *T* 对于收入水平来说利率太低，货币市场的均衡需要更高的 *i*。类似地，在 *LM* 曲线左边的任意一点，例如点 *V*，都存在超额货币供给。对于 *V* 点的收入水平来说，要保持货币市场的均衡需要更低的利息率。

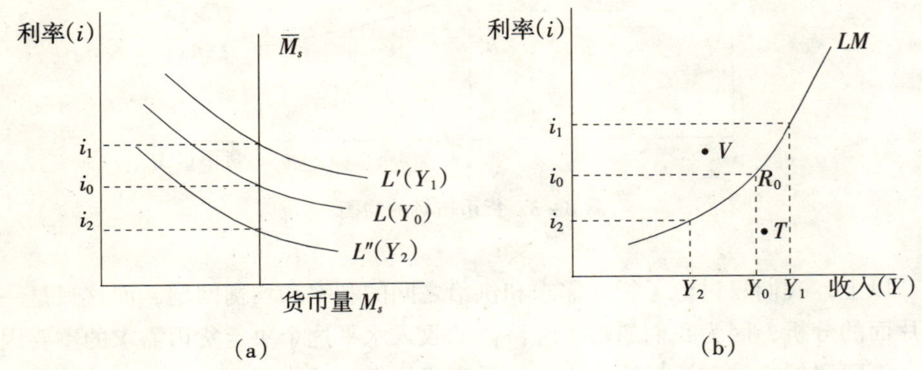

图 8-4　收入与利率的组合：LM 曲线

最后要补充的一点是，除收入以外的其他因素引起的货币需求的增加或者货币供给的减少会使 *LM* 曲线向左移动。在这两种情况下，对于任意给定的收入水平，利息率上升；或者说为了保持相同的利息率，收入水平必须下降。这样，每一个利息率都对应着比货币需求增加或者货币供给减少前更低的收入水平。反之，除收入以外的其他因素引起的货币需求的减少或者货币供给的增加则会使 *LM* 曲线向右移动。

二、商品市场的一般均衡：IS 曲线

在这里我们讨论商品和服务市场，或者说实体经济体的实际部门。我们知道在收入均衡中，“漏出”（包括储蓄 *S*、进口 *M* 和税收 *T*）应该等于“注入”（包括投资 *I*、出口 *X* 和政府的商品与服务支出 *G*）。现在我们假设利率水平不是固定不变的，在图 8-5（a）中，符号 i_0 是指在我们讨论 I（i_0）$+ X + G$ 线时，利率水平被固定在 i_0。在这个利率水平下，均衡的收入水平是 Y_0。如果我们把利率从 i_0 下降到 i_1，由于借入成本的下降，投资者将会愿意将更多的钱用于投资，而一些以前因为收益率低于借入成本而不能进行下去的投资项

目也会因此而变得有利可图了。由于投资对于利率变化的这种反应，与较低利率水平 i_1 对应的投资曲线就会升高。投资曲线由 $I(i_0)+X+G$ 向上移动到 $I'(i_1)+X+G$，移动后与 $S+M+T$ 线相交于更高的均衡收入水平 Y_1。相反，如果利率从 i_0 上升到 i_2 就会引起 $I(i_0)+X+G$ 线向下移动到 $I''(i_2)+X+G$，这时与 i_2 对应的是更低的收入水平 Y_2。

通过分析利率（反映货币变量的重要性）、投资与均衡收入水平之间的关系，我们可以得到 *IS* 曲线。*IS* 曲线是显示实现实体经济部门均衡的各种收入和利率的组合。在我们的这个模型中，也可以说 *IS* 曲线是显示使 $I+X+G$（投资加出口加政府支出）等于 $S+M+TC$（储蓄加进口加税收）的各种收入和利率的组合。因此在图 8－5（b）中，利率 i_0 与收入水平 Y_0 相对应，因为这是实现（$S+M+T$）等于（$I+X+G$）的一个利率与收入的组合。较低的利率 i_1 与较高的收入水平 Y_1 相对应；而在相反方向，较高的利率 i_2 则与较低的收入水平 Y_2 相对应。

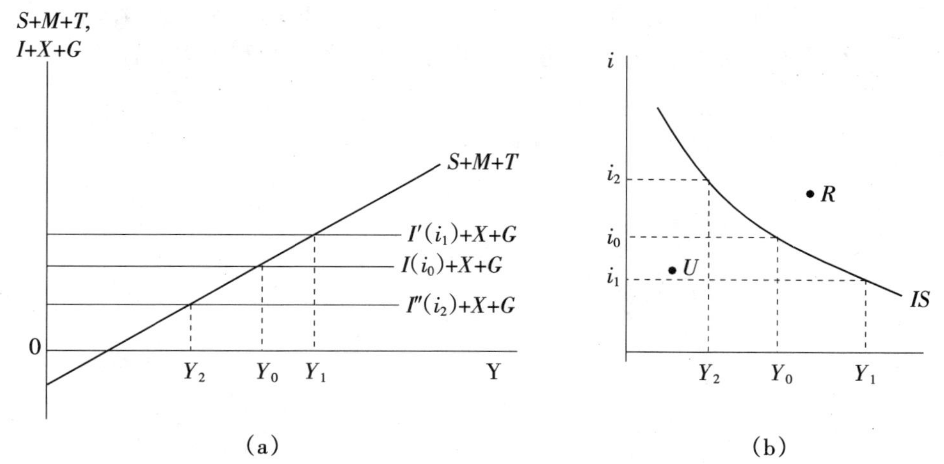

图 8－5 收入与利率的组合：IS 曲线

如果经济体处于 *IS* 曲线的右方，比如在图 8－5（b）的点 R，这时因为 $S+M+T$超过了 $I+X+G$，存在着不均衡。相对于利率，收入水平显得“太高”，而高的收入水平造成了“过多”的储蓄、税收和进口（或者也可以说，在 R 点的收入水平，利率显得“太高”，从而抑制了投资）。这时收入就会下降，其原因是由于高收入水平时的非意愿存货的积累带来了生产的减少。在

IS 曲线的左边，例如在 *U* 点 $I+X+G$ 超过了 $S+M+T$，因而存在非意愿存货的匮乏带来的扩张性压力。对于给定利率的点 *U*，收入太低不能产生充足的储蓄、税收和进口来与投资、出口和政府支出相匹配。或者说，对于一个给定的收入水平，“过低”的利率使（$I+X+G$）超过了（$S+M+T$）。

很明显，任何自主性投资、出口、政府支出、储蓄、税收或者进口的变动都会引起 *IS* 曲线的移动。自主性投资（利率下降以外的因素引起）、自主性出口和政府支出的增加，或者是储蓄、税收和进口的自主性减少，都会使 *IS* 曲线向右移动。而相反地，*I*、*X* 或 *G* 的自主性减少，或者 *S*、*M* 和 *T* 的自主性增加，都会使 *IS* 曲线向左移动。

三、货币市场和商品市场的同步均衡：IS—LM 模型

要研究经济体的货币市场和商品市场同时决定收入和利率水平就需要将 *IS* 和 *LM* 曲线放入同一个坐标图中加以考察，如图 8-6 所示。当这两条曲线相交于点 *q* 时就实现了两个市场的同时均衡，这时的收入水平为 Y_e，利率为 i_e。*q* 点仅是使经济体的两个市场同时实现均衡的收入和利率的组合。

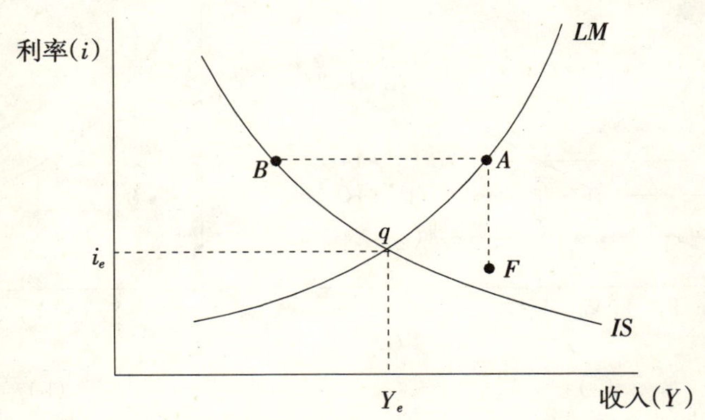

图 8-6 货币市场和商品市场的同步均衡

如果这个经济体并没有处于 Y_e 和 i_e，市场力量就会促使它们向均衡位置移动。例如，假设经济体处于点 *F* 的位置，这时是在 *IS* 曲线的右边，（$S+M+T$）大于（$I+X+G$），因而收入水平存在收缩的压力。但是，因为这时我们也处于 *LM* 曲线的右边，货币需求大于货币供给，因此会迫使利率上升。于是这些市场力量将最终使经济体移动到点 *q* 的均衡位置。然而，由于每个

市场的调整速度不同，在实际中将产生各种不同的调整路径。例如，从点 F 出发，该经济体可以先垂直移动到 *LM* 曲线上的某个位置，例如 A 点，这时货币市场处于均衡状态，而商品市场处于非均衡状态。接着我们可以水平移动到 *IS* 曲线上的 B 点取得商品市场的均衡，但是这时经济体处于 *LM* 曲线的左边，存在超额货币供给。这将使利率水平下降并使我们再次垂直移动到 *LM* 曲线，然而这时我们又处于 *IS* 曲线的下方。这样的调整过程将一直进行下去直到达到 q 点为止，这时货币市场和商品市场都实现了均衡。

四、国际收支均衡：BP 曲线

下面我们将介绍开放经济中的国际收支，而 *BP* 曲线显示的就是使国际收支均衡的各种收入和利率的组合。在这里我们所讲的国际收支包括国际收支分类中的分类Ⅰ（经常项目）、分类Ⅱ（长期资本流动）和分类Ⅲ（短期私人资本流动），而不考虑分类Ⅳ（官方储备短期资本流动）。也就是说在这里我们关注的是除政府官方储备资产和债务变动以外的所有国际收支项目。在这个意义上的国际收支均衡就是指官方储备交易余额为零。

现在我们讨论收入水平和利息率如何影响一国的国际收支，以此获得 *BP* 曲线。应该说明的是，一条给定的 *BP* 曲线是在汇率固定，而且外国利率、外国价格水平、预期的汇率和外国财富等其他变量维持不变的假设条件下得到的。在分析中，一方面，我们假设收入主要是通过对进口的影响而对经常项目起作用的。其他条件不变时，收入上升就会引起更多的进口。当出口不受收入影响时，进口的增加就意味着经常项目趋于恶化，可能出现赤字。这种变化将会反过来使收入下降。另一方面，我们假设利率主要影响资本项目，特别是分类Ⅲ（短期私人资本流动）。如果利率上升，具有流动性的短期金融资本就会从国外流入本国来赚取更高的利息率，同时一些本国短期资本也会留在本国。外国短期资本的流入和本国资本的流出减少会推动资本项目向盈余方向发展。而如果利率下降，情况就会反方向变化。

通过以上的分析，现在我们来考察图 8－7 中的 *BP* 曲线。因为这条曲线显示的就是使国际收支（BOP）实现均衡的各种收入和利率的组合，因此点 Q_0 就是一个满足这样条件的点，与这一点相对应的收入水平是 Y_0，利率是 i_0。*BP* 曲线是向上倾斜的一条曲线，现在我们分析其中的原因。如果从 Q_0 点出发，收入上升，而利率不变，我们就会垂直移动到 Q_0 的右边，即点 N。因为较高的收入水平会产生更多的进口，国际收支将出现赤字。而如果此时利率

也从 i_0 上升到 i_1，就会削减国际收支赤字，这是因为利率的上升会产生短期资本的净流入，因而对国际收支产生正的影响，当达到 Q_1 时，这种影响就完全抵消经常项目赤字，此时国际收支余额为零。因此在点 Q_1，收入水平 Y_1 和利率 i_1 的组合也能实现国际收支均衡。

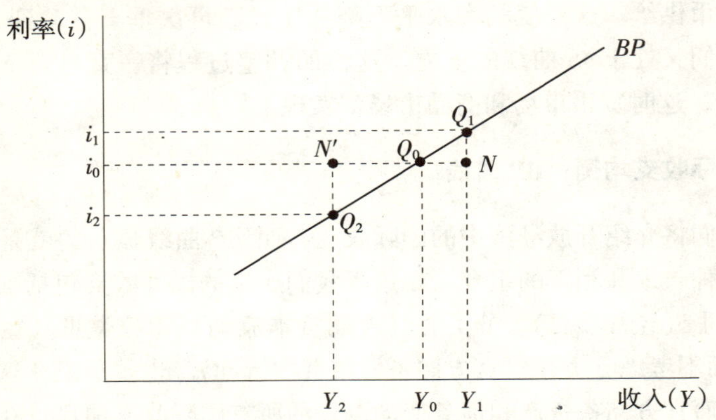

图 8-7 收入与利率的组合：BP 曲线

很明显，在点 Q_2 的收入水平 Y_2 低于 Y_0，利率 i_2 也低于 i_0，它们是另外一组使国际收支实现均衡的 Y、i 组合。如果收入从 Y_0 下降到 Y_2，意味着进口减少，在 i_0 不变时，Q_0 将会移动到点 N'，经常项目将会得到改善，实现国际收支盈余。然而，如果利率由 i_0 下降到 i_2，短期资本就会离开本国外流以寻求更高的利息率，这样就会引起短期私人资本账户的恶化而抵消了经常项目的改善。随着利率的下降，我们就会从点 N' 移动到点 Q_2，这是在 BP 曲线上的另一个均衡点。

如果经济体处于 BP 曲线的右边，就会出现国际收支赤字，这时对于任意给定的利率，收入水平会产生过多的进口，而利率却显得太低，无法吸引充足的资本流入来与经常项目赤字相匹配。其结果就是作为整体的国际收支（官方储备交易余额）处于赤字状态。相反地，如果经济体处于 BP 曲线的左边，就会出现国际收支盈余。

需要说明的一点是，BP 曲线向上倾斜的准确斜率主要取决于短期私人资本账户对利率变化的敏感程度。下面我们对这一点进行说明。假设在图 8-7 中由点 Q_0 移动到点 N，这将产生经常项目赤字，为了恢复国际收支均衡就需要利率上升。在其他条件不变的情况下，如果短期资本流动对利率变化非常敏感，那么就只需要利率从 i_0 到 i_1 的小幅上升就能够获得需要的资本流入。然而，如果资本流动对利率变化不大敏感，那么就需要利率从 i_0 大幅上升才能恢复国际收支均衡。因此，我们得到的结论是：短期资本流动对利率越敏感，*BP* 曲线越平坦；而短期资本流动对利率越不敏感，*BP* 曲线越陡峭。

到现在为止，我们都假设国际收支均衡由一条向上倾斜的 *BP* 曲线表示，其实情况并非总是如此。开放经济中，Y 与 i 的关系呈正相关是由于短期资本在各国之间流动存在障碍（或者说，该国是金融上的“大国”，能够影响利率的国际水平，而不是对利率做出反应的价格接受者）。因此，向上倾斜的 *BP* 曲线是在不完全的资本流动条件下产生的，即假设国家间对利率变化做出反应的短期资本流动没有受到完全的限制，但同时这种短期资本流动又不是充分的，不足以完全消除国内利率和国际利率的差异，如图 8－8（a）所示。我们知道，外国和本国资产之间的不完全替代性是指投资者持有本国以外的资产存在风险溢价。因此，在这种条件下，国内利率将高于外国利率，这是因为净资本流入意味着由于这时外国投资者持有较多的本国资产，因而他们的风险溢价增加了。

而在完全的资本流动条件下，BP 曲线就变成一条固定于国际利率水平 i_w 的水平直线，如图 8－8（b）中所示。在这种条件下，本国利率对国际利率的任何轻微的偏离都会引起短期资本的充分流动，使国内利率恢复到国际利率水平。例如，假设国内货币供给增加导致国内利率下降，这会立即引起金融投资者将短期资本移出本国，通过调整他们的资产组合来持有更多的外国资产。而这种资本外流和随之产生的国际收支赤字将会减少国际储备的持有（减少的储备被用于购买本国货币以维持固定汇率），从而货币供给也会减少，这一连串反应将会持续到国内利率再次达到国际利率水平为止。如果国内利率高于国际水平就会增加短期资本的流入，国际收支出现盈余，从而将导致该国国际储备和货币供给的增加，这种活动也会一直进行到国内利率再次回到国际利率水平为止。因此，在这种条件下，外国和本国的金融资产之间存在着完全替代的关系，任何利率差异都会立即被国际资本的流动消除。

目前在世界上严格控制商品市场和资本市场对外联系的国家已经不多见了。维持严格外汇控制的国家往往会出现汇率的高估。在这种条件下，BP 曲线的特点就是资本的完全不流动，如图 8－8（c）所示。当短期资本流动受到严格限制、不允许对利率变化做出反应时，BP 曲线就是垂直于收入水平上的一条直线，而由于政府对使用外汇的控制使得收入水平保持不变。在资本账户的控制上只有收入水平和进口对给定的汇率保持一致。例如，假设收入从 Y_0 上升到 Y'，就会引起过多的进口，产生国际收支赤字，从而对外汇汇率产生上升的压力（即产生本国货币的贬值压力）。为了维持本国货币的价值，政府就必须用外汇储备在外汇市场上买入本国货币。这样一来，本国货币的供给就会减少，于是本国利率上升，国内投资和收入减少，直到本国经济再次回到 Y_0 水平上的 *BP* 曲线上，恢复均衡为止。相反地，如果收入从 Y_0 下降到 Y''，就会导致外汇汇率的下降压力，从而扩大货币的供给，直到经济体再次恢复 Y_0 水平上的 *BP* 曲线上的均衡为止。因此，货币供给的变化会自动使经济体保持在 *BP* 曲线上。

综上所述，BP 曲线的斜率反映了一国资本流动的特性。资本流动越受到控制，短期资本的运动越就不会对国内利率变化做出反应，BP 曲线就越陡峭。反之，对资本流动的限制越少，所讨论的国家越符合金融小国的要求，BP 曲线就越平坦。

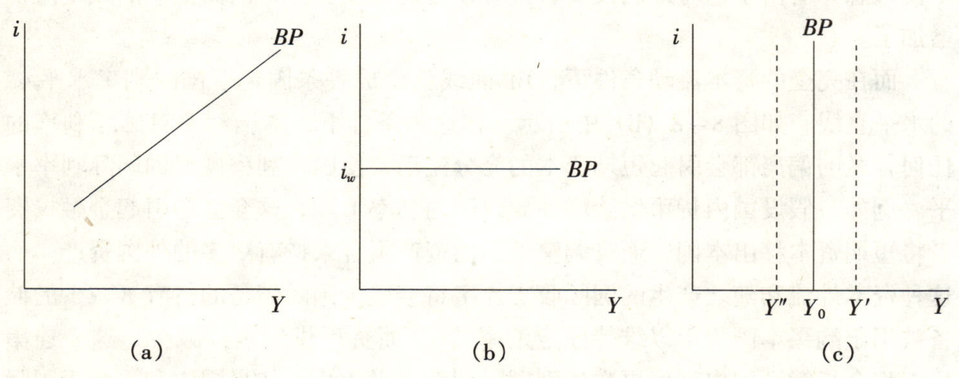

图 8-8 不同资本流动假设条件下的 BP 曲线

最后要强调的一点是 *BP* 曲线是在某一特定汇率条件下得到的。例如，假设本国是美国，如果美元和其他货币之间的汇率发生变化，就会出现不同的 *BP* 曲线。一般来说，本国货币对外国货币贬值，会使 *BP* 曲线向右边移动；而本国货币对外国货币升值，则会使 *BP* 曲线向左边移动。我们可以假设存在一条类似于图 8-7 中的 *BP* 曲线。如果本国货币贬值，假设马歇尔—勒纳条件成立，就会改善本国的经常项目。对于原来 *BP* 曲线上的任意给定的利率，现在都存在国际收支盈余。因此，对每一个 i 就需要更高水平的 Y 与之对应，来保持国际收支平衡，这是因为较大的 Y 会产生更多进口，削减国际收支盈余。这样就会产生一条新的 *BP* 曲线，它位于原来 *BP* 曲线的右边。

此外，其他变量的数量改变也会使 *BP* 曲线移动。这是因为这些因素的改变会影响开放经济的均衡。例如，出口的自主性增加会引起 *BP* 曲线向右或向下移动，这是因为在经常项目改善的条件下，较低的利率就足以维持国际收支均衡。本国进口的自主性减少也会产生同样的结果。其他货币变量的变化，例如外国利率的下跌也会引起 *BP* 曲线向下移动。此外，预期的变化也会影响均衡和 *BP* 曲线。

五、开放经济的均衡：IS—LM—BP 模型

现在如图 8－9 所示，我们把 *LM*、*IS*、*BP* 曲线放在一起进行讨论，为下一步我们分析开放经济的经济政策做准备。在三条曲线相交的点 E，货币市场、商品市场和国际收支同时实现了均衡。与这个均衡点相对应的收入水平是 Y_E，利率是 i_E。然而，对于一国的经济目标来说，这个均衡点可能并不是最佳选择。在这种情况下，宏观经济政策就必须发挥作用来实现这些经济目标。

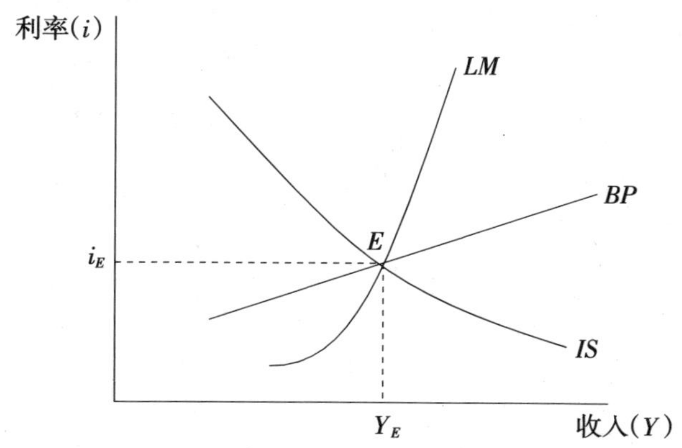

图 8－9 商品市场、货币市场和国际收支的同步均衡

在建立了一般均衡的 IS—LM—BP 模型框架之后，我们来讨论这种均衡的特征以及移动到均衡点的调整过程。首先，我们来看国际收支在固定汇率制下的自动调节机制。在图 8－10 中，我们从经济体处于均衡点 E（Y^*，i^*）出

发，考察如果系统受到冲击将发生什么样的情况。例如，假设外国收入上升了，这将增加本国经济体的出口水平，这一出口的外生变化将使 *BP* 曲线向右移动到 *BP′*，因为这时任意给定的利率水平都与更高的收入水平相对应，以保持国际收支的均衡。如果本国经济依然停留在原来的均衡点 *E*，那么国际收支就会出现盈余。然而，国内均衡也不能够长久地停留在 Y^* 和 i^*，这是因为出口的扩张也会引起 *IS* 曲线向外移动到 *IS′*，从而使收入和利率保持在点 *E′*（*Y′*，*i′*）。

而在点 *E′*，国际收支会产生盈余，因此该经济体也不可能在这一点停留。我们假设国家采取的是固定汇率制度，因此它就必须保持本国的货币价值不变。在这样的体系下，中央银行就必须在外汇市场上购买多余的外汇，以避免本国货币的升值。由于中央银行是使用本国货币购买外汇，因此本国的货币供给就会增加。在我们的 IS—LM—BP 模型分析中，这种作用将使 *LM* 曲线向右移动。这种自动的货币调节会一直进行到不再存在国际收支盈余为止，其结果会使 *IS*、*LM* 和 *BP* 曲线相交于点 *E″*（*Y″*，*i″*），这与现在升高的出口水平保持一致。

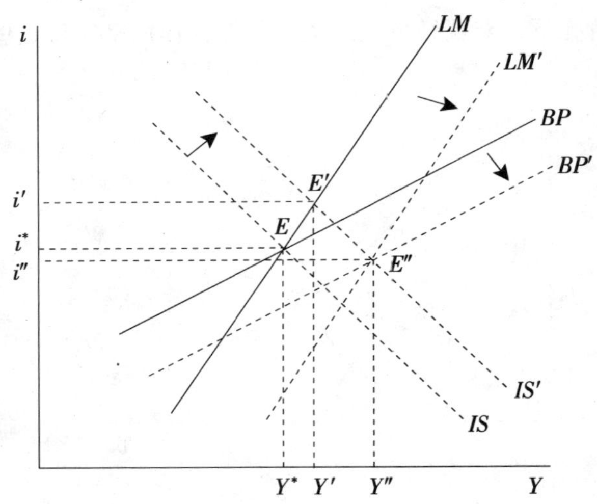

图 8－10　固定汇率下的自动调节

在固定汇率制度下，自动调节机制就是指在钉住的汇率下，由潜在的国际收支盈余或者赤字所引起的国内货币供给的变动。如果经济体受到的冲击使国际收支产生赤字，就会造成本国经济在调整到新均衡的过程中货币供给减少。

因为在钉住汇率的体系下，汇率不能够变动，因此 *IS*、*LM* 曲线相交的 Y 和 i 的均衡组合就必须在 *BP* 曲线上。只要汇率保持固定，国内的政策制定者就必须在实现目标利率（例如，达到一定的增长目标），还是实现目标收入水平（以及就业）中进行选择。然而，需要强调的一点是，只要中央银行不干涉调整的过程，也不抵消在外汇市场上维持货币固定价值所带来的影响，经济体就能够自动调节到新的均衡水平。如图 8－10 中，如果中央银行在公开市场上卖出政府债券，购入外汇，相对改变了它的资产组合结构，这就会对自动调节造成影响，使 *LM'* 又移动回到原来 *LM* 的位置，这种影响会使国际收支不均衡长期存在。

IS—LM—BP 模型和均衡点 *E* 是一个很好的研究出发点，它便于我们考察在固定汇率制下，如何适当地搭配财政政策和货币政策以达到充分就业的收入水平即内部平衡，同时实现外部平衡。我们知道，扩张性的财政政策会使 *IS* 曲线向右移动，而紧缩性的财政政策则使 *IS* 曲线向左移动。另一方面，扩张性的货币政策会使 *LM* 曲线向右移动，而紧缩性的货币政策则使 *LM* 曲线向左移动。货币和财政政策并不直接影响 *BP* 曲线，由于假定汇率是固定的，在其他影响国际收支的外生变量不变的情况下，*BP* 曲线保持不变。由此，在一经济体偏离均衡位置的时候，我们可以通过适当地搭配运用财政政策和货币政策，推动 *IS* 和 *LM* 曲线向均衡位置移动，直到再次达到新的均衡点，同时实现内部和外部的平衡。

第三节　新开放经济的宏观经济学

本节将探讨有关最近的“新”开放经济的宏观经济学的文献。这方面的文献受到最早由奥布斯特费尔德和热果夫（Obstfeld 和 Rogoff，1995，1996）开创性的研究激发起来的。它反映了研究者们试图在动态的一般均衡模型的构架内，使汇率决定更有效的努力。这个动态模型具有明晰的微观基础、名义刚性价格和不完全竞争等假设。

这一研究项目的主要目标是发展一个用于开放经济的宏观经济分析的新的架构。相对于我们在前一节讨论到的传统宏观经济学模型，新开放宏观经济模型提供了一个建立在完全特有的微观基础上的更严密的分析基础。然而，另一方面，更传统的模型的主要优点是它们较为简单的分析框架，这使它们在应用政策分析中的讨论和运用更容易。而且，因为新开放宏观经济模型的预测通常对微观基础的特别的设定十分敏感，因此政策评估和福利分析通常依赖于对偏好和名义刚性价格的特别设定。这就产生了一个对微观基础设定的“正确性”或者至少是对这一设定“更可取的”专业的需要。反面的论点是，传统模型通过做出一些隐含的假设来实现分析的简单化，而在新开放经济的宏观经济学中，这些假设被简化得更明确，因而分析的这一简化使经济学家们能更细致地观察这些特定假设。

本节回顾了自奥布斯特费尔德和热果夫（Obstfeld 和 Rogoff，1995）的开创性的“归来”论文（Redux）以来，新开放经济的宏观经济学领域的主要贡献研究（尽管我们也注意到这一研究的一些重要的先行者），同时探讨目前在该领域内一些正在辩论的最有争议的问题。

一、归来模型（REDUX）

（一）基线模型（The Baseline Model）

奥布斯特费尔德和热果夫（Obstfeld 和 Rogoff，1995）的研究通常被看成是关于新开放经济的宏观经济学最早的研究（例如，见 Lane，2001；Corsetti 和 Presenti，2001；Sarno，2001），而且在很多方面，该研究具有开拓性贡献。理所当然，这是新开放宏观经济学的种子论文。然而，在这里值得提到的是，奥布斯特费尔德和热果夫模型之前的先行者斯万森和威杰伯格（Svensson 和 Wijinbergen，1989）提出的模型。他们提出了一个随机的、两国的、新古典的、理性预期的粘性价格模型，其中粘性价格是由垄断竞争厂商决定的。在这个模型中为了方便考察货币干扰对产出的国际溢出效应，允许存在可能的超额生产能力。标准的蒙代尔—弗莱明—多恩布什理论框架的论断是本国货币扩张导致外国经济衰退（例如，见多恩布什，1976；Obstfeld 和 Rogoff，1996），但斯万森和威杰伯格的论文却与这一论断相反，认为货币政策的溢出效应实际上是很模糊的，而且依赖于跨期的（intertemporal）和期间内的（intratemporal）消费替代弹性的相对大小。客观地说，在开放经济模型中对严格微观基础的需要在新开放经济的宏观经济学中并不新奇，在奥布斯特费尔德和热果夫之前的许多研究者已经强调了这一需要；特别值得一提的例子有斯托可曼（Stockman，1980、1987），卢卡斯（Lucas，1982）和巴克斯、基欧和基德兰德（Backus，Kehoe 和 Kydland，1992、1994、1995）。

奥布斯特费尔德和热果夫（1995）提出的基线模型是一个有微观基础的、两国的、动态的一般均衡模型。这个模型考虑到了名义价格刚性、不完全竞争和经济主体是生产者和消费者的统一体。每一个经济主体生产单一的非同质产品。所有经济主体具有相同偏好，并被赋予跨期效用函数的特征。这个函数与消费和真实货币余额正相关，而与工作努力程度负相关。工作努力程度与产出正相关。汇率被定义为外国货币的本国货币的价格。本国和外国分别被标记为本国（Home）和外国（Foreign）。

正式地考虑在一个由集生产者和消费者为一体的经济主体组成的两国世界。这个世界可以用 $z \in [0, 1]$ 来表示，本国（Home）为 $[0, n]$，外国为 $[n, 1]$，每个生产者——消费者生产一种不同质的产品，同样用 z 来表示，并且同所有的其他生产者——消费者具有相同的偏好。对于一个典型的国内经济主体 z，其跨期效用函数为 U_t。U_t 与消费 C 正相关、与真实货币余额 M/P 正相关、与工作努力程度呈负相关，而工作努力程度与产出 y 正相关（所以效用随 y 的增加而递减）：

$$U_t = \sum_{s=t}^{\infty}\beta^{(s-t)}\left[\frac{\sigma}{\sigma-1}C_s^{\frac{\sigma-1}{\sigma}} + \frac{\chi}{1-\varepsilon}\left[\frac{M_s}{P_s}\right]^{1-\varepsilon} - \frac{k}{\mu}y_s(z)^{\mu}\right] \tag{8.2}$$

式中，C 是消费的常量替代弹性（constant - elasticity - of - substitution, CSE）指数；â 是主观贴现因子，而 ó，÷，å，ê 和 ì 是参数，ó，÷，å，ê >0；ì >1；0< â <1。如果本国个人对商品 z 的消费用 $c(z)$ 表示，而每个垄断者面对的关于相对价格的需求弹性用 è(> 1) 表示，那么，C（为清晰起见暂时去除时间下标）可以用下面的表达式给出：

$$C = \left[\int_0^1 c(z)^{\frac{\theta-1}{\theta}}dz\right]^{\frac{\theta}{\theta-1}} \tag{8.3}$$

因此，本国个人对于商品 z 的需求和对商品 z 的总需求表示为：

$$c(z) = C\left[\frac{p(z)}{P}\right]^{-\theta} \tag{8.4}$$

$$y^d(z) = \left[\frac{p(z)}{P}\right]^{-\theta}C^w \tag{8.5}$$

式中，P 是本国的生活指数成本（或者基于消费的货币价格指数）的成本；$p(z)$ 是 z 的国内价格；全球总消费 $C^w \cdot Q + nG + (1-n)G^*$，其中 G 表示本国人均真实的政府消费（而星号表示外国变量），而 $Q \cdot [nC + (1-n)C^*]$ 表示世界私人的总消费。式（8.4）可以由服从于名义预算约束 $\int_0^1 p(z)c(z)dz = Z$ 的最大化 $C = \left[\int_0^1 c(j)^{\frac{\theta-1}{\theta}}dz\right]^{\frac{\theta}{\theta-1}}$ 而得到，其中 Z 是商品的固定的总名义支出。对全球数据汇总可以得到式(8.5)。

因为在这个模型中国与国之间贸易没有任何障碍和成本，因此，对于每一种商品而言，一价定律（LOOP）始终成立，所以：

$$p(z) = Sp^*(z) \tag{8.6}$$

式中，S 表示名义汇率。同时，生活指数的成本（定义为购买一个单位的 C 所需要的最小国内货币支出）表示为：

$$P = \left[\int_0^1 p(z)^{1-\theta}dz\right]^{\frac{1}{1-\theta}}$$

$$= \left[\int_0^n p(z)^{1-\theta}dz + \int_n^1 sp^*(z)^{1-\theta}dz\right]^{\frac{1}{1-\theta}} \tag{8.7}$$

而且，因为各国的偏好相同，所以购买力平价（PPP）成立：

$$P = SP^* \tag{8.8}$$

奥布斯特费尔德和热果夫也假设存在一个统一的世界资本市场，在该资本市场上两个国家都可以借入和贷出资本。国与国之间交易的唯一资产是无风险的实物债券 B，用复合消费品计价。那么，动态的预算约束可以用如下的实物项表示为：

$$B_{s+1} + \frac{M_s}{P_s} = (1+r)B_s + \frac{M_{s-1}}{P_s} + \frac{p_s(z)}{P_s}y_s(z) - C_s - T_s \tag{8.9}$$

式中，r 是真实利率，而税收 T 按以下关系与政府开支有关：

$$G_s = T_s + \frac{M_s - M_{s-1}}{P_s} \tag{8.10}$$

经济主体在预算约束下（本国和外国经济主体预算约束一致）最大化其生命效用：

$$\Lambda_s = \sum_{s=t}^{\infty}\beta^{(s-t)}\left[\frac{\sigma}{\sigma-1}\ln C_s^{\frac{\sigma-1}{\sigma}} + \frac{\chi}{1-\varepsilon}\ln\left[\frac{M_s}{P_s}\right]^{1-\varepsilon} - \frac{\kappa}{\mu}y_s(z)^{\mu}\right]$$

$$-\sum_{s=t}^{\infty}\lambda_s\left[B_{s+1} + \frac{M_s}{P_s} - (1+r)B_s - \frac{M_{s-1}}{P_s} - \frac{p_s(z)}{P_s}y_s(z) + C_s + T_s\right] \tag{8.11}$$

假设真实利率 r 和名义利率 i 按照 $1+i_s =$ （$P_s + 1/P_s$）（$1+r_s$）通过真实利率平价联系在一起，那么，最大化意味着一阶条件成立：

$$C_{s+1} = \beta^s(1+r_s)^{\sigma}C_s \tag{8.12}$$

$$\frac{\chi(M_s/P_s)^{-\varepsilon}}{C_s^{-1/\sigma}} = \frac{i_t}{1+i_t} \tag{8.13}$$

$$y_s(z)^{\mu-1+(1/\theta)} = \left[\frac{\theta-1}{\theta\kappa}\right]C_s^{-1/\sigma}[Q_s + nG_s + (1-n)G_s^*]^{1/\theta} \tag{8.14}$$

对外国个人而言也有相同的一阶条件。因此，效用的最大化隐含着三项明显的可解释的条件。第一个条件，式（8.12），是标准的欧拉（Euler）方程。这意味着在真实利率不变的时间内一条平滑的消费路径。第二个条件，式（8.13）是货币市场的均衡条件。这一条件等于真实货币余额服务的消费对持有真实货币余额（名义利率）的消费的机会成本的边际替代率。在效用函数中，有代表性的经济主体从持有货币中直接受益，但会损失无风险债券的利率和消除通货膨胀成本的机会。（注意在此模型中，货币需求依赖于消费，而不是收入。）第三个条件，式（8.14），要求从每生产一单位的额外产出所获得的更高收入的边际效用等于努力工作所需的边际非效用，所以也可以表述为劳动—休闲的权衡方程式。

上述一阶条件中隐含的稳定状态（用上划线表示）现在可以被计算出来。在零通货膨胀的稳定状态，且 $\bar{G}=\bar{T}$ 和 $\bar{G}^*=\bar{T}^*$，欧拉方程隐含了下述真实利率的稳定状态：

$$\bar{r} = \frac{1-\beta}{\beta} \tag{8.15}$$

用 F 来表示外国资产，并用净外国资产一定为零 $[nF+(1-n)F^*=0]$ 的恒等式，消费的稳定状态为：

$$\bar{C} = \bar{r}\bar{F} + \overline{\frac{py}{P}} - \bar{G} \tag{8.16}$$

或者：

$$\bar{C} = -\bar{r}\left[\frac{n}{1-n}\right]\bar{F} + \frac{\bar{p}^*\bar{y}^*}{\bar{P}^*} - \bar{G}^* \tag{8.17}$$

因此，在特殊情况下，当外国净资产为零、本国和外国政府开支水平相等时，可以得到一个收入和真实货币余额的封闭解（用下标零表示）：

$$y_0 = y_0^* = \left[\frac{\theta-1}{\theta\kappa}\right]^{\frac{\sigma}{\sigma(\mu-1)+1}} \tag{8.18}$$

$$\frac{M_0}{P_0} = \frac{M_0^*}{P_0^*} = \left[\frac{1-\beta}{\chi}\right]^{\frac{1}{\varepsilon}} y_0^{-\frac{1}{\sigma\varepsilon}} \tag{8.19}$$

因为这个理论框架是建立在市场结构的基础上的；这个结构允许存在不完全竞争；在这个不完全竞争中，每个经济主体都因产品的差异而拥有一定程度的市场力量，因此，稳定状态的产出处于次最优的低水平。当 $\theta\to\infty$，需求弹性增加，各种商品成为近似替代品，结果垄断力量削弱。根据式（8.18），那么当 $\theta \to \infty$，产出接近于相应的完全竞争市场的水平。[①]

奥布斯特费尔德和热果夫（1995）的一个研究重点是货币冲击对真实货币余额和产出的影响。在完全弹性价格下，一个永久性冲击不会产生动态变化，世界经济仍然保持在稳定状态（价格随货币供给同比例上升）。也就是说，货币供给的增加没有什么真实效应，也不能纠正次优的产出水平。货币是中性的。[②]

然而，在短期内，因为价格呈现粘性，货币政策会有真实效应。如果货币供给增加，由于价格是固定的，那么，名义利率下降，从而汇率贬值。这是因为，在外汇市场存在套利的情况下，无抛补的利率平价成立。外国商品相对于本国商品变得更为昂贵，从而对本国商品的需求暂时上升，并导致国内产出增加。结果，货币冲击产生了对经济的真实效应。但是，怎样能够保证生产者愿意增加产出呢？如果价格是固定的，那么产出是由需求决定的。因为垄断者总是在边际成本以上定价，因此，在固定价格下由于未预期的需求出现，就完全能获得利润。要注意的是，在这个模型中，汇率的上升幅度小于货币供给增加的幅度，货币贬值使世界的需求向本国商品倾斜，这就会引起国内收入的短期增加。本国居民将超额收入的一部分用于消费，但是，因为他们希望在一定时期内平滑消费，因此也会将一部分额外收入用于储蓄。于是，在长期经常项目平衡时，在短期内本国经常项目盈余。随着长期内拥有财富的增加，本国经济主体在边际上由工作向休闲转移，从而使本国产出减少。不过，因为本国经济主体的真实收入和消费在长期内是上升的，因此汇率没有必要贬值。

多恩布什（Dornbusch，1976）最早提出了与粘性价格超调模型的说法不同的观点，即归来模型不会得到回应货币冲击的汇率超调。汇率效应越小，替代弹性 $\grave{e}$ 越大；随着 $\grave{e}$ 趋近无限大，本国商品和外国商品的替代越密切，只要汇率发生极小的变动都会导致需求的很大转移。

最后，也能够证明货币扩张导致一阶福利改善。因为，在垄断均衡中价格超过边际成本，全球产出处于无效的低水平。一个未预期的货币冲击总需求增加，从而刺激生产，缓和经济的扭曲。

---

① 从式（8.18）看到，于是（$\grave{e}-1$）/$k\grave{e}\cdot 1/k$，（$1+\grave{e}$）/$\grave{e}\cdot 1$。

② 注意在归来模型中和随后的一些论文中，货币冲击的讨论都没有货币当局反应函数的说明。然而，近来的一些研究正式考察了新开放经济的宏观经济模型中的反应函数；例如，见 Ghironi 和 Rebucci（2000）的文献和后面的参考文献。

总之，在归来模型中，尽管一价定律和购买力平价两者成立，但是，货币冲击能产生持久真实效应，最终影响消费水平、产出水平和汇率。在一个正的货币冲击之后，本国和外国将增加相同数量的福利，而生产向它的有效水平（完全竞争市场）靠近。在一个时期内发生向稳定状态的调整，但因为通过经常账户导致的短期财富的积累，货币供给冲击的真实效应将延长到名义刚性的时间框架以外。这样，即使在长期内，货币也是非中性的。

（二）小型开放经济的基线模型

基线模型和此后的新开放经济的宏观经济学的大多数文献是以两国构架为基础的，它清楚地分析了利率和资产价格的国际传导渠道和内生决定机制。不过，在小型开放经济的框架的假设下，而不是在两国框架的假设下，也可以构建一个类似的但更为简单的模型。在小型开放经济中，也更容易允许在分析中区分贸易品和非贸易品。奥布斯特费尔德和热果夫（1995）在他们的附录中提供了这样一个例子。该模型中，非贸易品部门具有垄断竞争的特征，贸易品部门被赋予一个单一同质贸易品的特征。这样，这些贸易品就可以以灵活的价格在完全竞争市场上在全世界以统一的价格销售。在小型开放经济（本国）中，具有代表性的经济主体在每一个时期都有一定数量的贸易品禀赋，并对某一非贸易品的生产具有垄断力量。

在这种情况下，一个持续的货币冲击不会产生经常账户的不平衡。因为贸易品的产出是固定的，所以经常账户行为由贸易品消费的时间路径所决定。在对数可分偏好和贴现率等于世界利率的情况下，这意味着一个完美的平滑最优消费时间路径。因此，经常账户仍然保持平衡。然而，与基线归来模型不同的是，在这个模型中可能会出现汇率超调。因为货币冲击并不产生经常账户的不平衡，那么，在长期内货币是中性的，而名义汇率随货币存量同比例上升。因为货币需求的消费弹性小于1（按照假设），因此，名义汇率会超过它的长期水平。

莱恩（Lane，1997）使用这一小型开放经济模型考察了无约束的货币政策和开放程度（以贸易品部门的相对规模来度量）对均衡通货膨胀率的影响。一个更加开放的经济（有大的贸易品部门），从“意外”（surprise）的通货膨胀中获得的收益就较小，这是因为货币扩张的产出收益可以在非贸易品部门中得到，而且这个收益相对地低。因为在无约束条件下的均衡通货膨胀率与“意外”的通货膨胀的收益呈正相关（Barro 和 Gordon，1983），因此，该模型预测更加开放的经济有较低的均衡通货膨胀率（见 Kollman，1997；Velasco，1997）。

莱恩（Lane，2000）进一步扩展了这个模型，即在货币冲击引起经常账户产生不平衡的情况下，考虑了另一种效用函数的设定。然而，经常项目的符号是不确定的。事实上，这取决于跨期的替代弹性系数 ó 和期间内的替代弹性系数 è 之间的相互作用。ó 影响着跨期的消费替代的意愿程度，而 è 影响着贸易品和非贸易品消费之间的替代程度。如果 ó < è，一个正的货币冲击产生经常账户盈余；然而，如果 ó > è，就会产生经常账户赤字；如果 ó = è，则经常账户保持平衡。因此，这个模型清晰地描述了从这类模型引出的结果对微观基础的设定非常敏感。

这类小型开放经济模型的意义还值得探讨。当相关文献（以及本节的后面部分）大多都使用两国的全球经济框架时，我们认为，在小型开放经济假设的基础上开展研究也是十分有意义的。事实上，该假设就像是对一个除美国以外的发达工业国家的近似模拟。此外，对本节所讨论的小型开放经济模型的经验检验，指出了应用经济学家的一个新的研究方向。

二、对归来模型的再思考

（一）名义刚性

正如前文所述，随后的研究对归来模型的很多假设都进行了修正。在这一小节中，我们讨论在名义刚性设定基础上的修正。这里所讨论的新开放经济文献在这方面提供了一些新鲜的看法，同时能够产生一些可以进行经验评估的论断。这些论断成为在宏观经济模型的各种粘性设定之中进行选择的基础。从封闭经济模型扩展到开放经济模型是否有助于在名义刚性的设定上达成共识还有待观察（例如，参见下面要讨论的 Obstfeld 和 Rogoff，2000，提出的看法）。

就名义刚性而言，归来模型假定价格在前一时期已经确定。这就意味着，在一个时期之后价格向均衡的调整是彻底的。然而，正如科赛蒂和佩赛恩蒂（Corsetti 和 Presenti，2001）所强调的，假定价格粘性是由固定菜单成本所促进的，如果边际成本提高到高于价格的话，冲击将足够的大，并导致他们的参与成本上升，这时当厂商受到一个冲击之后就会有立即调整价格的动机。因此，归来模型的分析只有在冲击的有关范围内似乎才是有道理的。

为了考察工资刚性和非贸易品在国际传递机制中的作用，豪（Hau，2000）用三个方法将归来模型一般化：（1）在布兰查德和克约塔克（Blanchard 和 Kiyotaki，1997）的研究之后，该模型考虑了要素市场和源自粘性工资的名义刚性。（2）豪假设以本币表示的价格具有弹性，而假设国际间不存在商品套利。

由于最优垄断竞争价格的决定，一价定律仍然成立，同时，消费价格指数的非贸易品的设定产生了与购买力平价的偏离。(3) 和归来模型分析的情况不同，豪也考虑了非贸易品。该论文的主要结论是工资刚性同刚性的国内生产者价格具有相似的含义。从某种意义上说，归来模型的结论在工资刚性的市场结构中得到了证实。然而，非贸易品在一些重要方面改变着国际传递机制。较大的非贸易品份额意味着汇率的运动被放大，因为货币市场均衡依赖于较少份额的贸易品所实现的短期价格的调整。这一效应是有意义的，因为它有助于解释观察到的与价格波动有关的名义汇率的剧烈波动。

然而，在价格水平刚性的框架下，捕捉价格粘性的一种更为复杂的方式是渐进的价格设定。这种设定可以使总的价格水平平滑地而不是跳跃似地调整。尤其由泰勒（Taylor，1980）和卡尔沃（Calvo，1983）发展的这种渐进的价格模型是最典型的例子。柯尔曼（Kollman，1997）对粘性价格和粘性工资的动态的开放经济模型进行了测量，从而仔细考察了在工资和物价事先决定和卡尔沃类型的名义刚性的情况下，汇率行为和物价行为对货币冲击做出的反应。他的研究结果表明，卡尔沃类型的名义刚性与名义汇率及真实汇率和价格水平的平滑调整之间的高度相关性十分匹配，但是与产出和其他几个宏观经济变量的相关性不太匹配。

查理、基欧和麦克莱顿（Chari，Kehoe 和 McGrattan，1998、2000）在新开放经济的宏观经济模型背景中，将粘性价格模型与真实汇率的行为联系起来。他们开始注意到：发达国家的数据显示出真实汇率对购买力平价的较大的且持续的偏离，而这种偏离主要是由贸易品对一价定律的偏离所引起的。也就是说，真实汇率和名义汇率的波动大约是相对价格水平波动的 6 倍，而且两者的波动都很持久，其一阶序列相关系数按年度频率计算分别大约是 0.83 和 0.85。这样，查理、基欧和麦克莱顿发展了存在价格歧视的垄断竞争厂商的粘性价格模型。这个模型显示了贸易品对一价定律的偏离。然而，他们的基准模型是一个季度设定一次价格，且有一个货币需求的单位消费弹性，然而这个基准模型并不再显示出如上所述的真实汇率及名义汇率的序列相关的特性。而生产者 6 个季度设定一次价格，且货币需求的消费弹性为 0.27 的模型能更好地生成持久的、不稳定的真实汇率和名义汇率。真实汇率和名义汇率的一阶序列相关系数分别为 0.65 和 0.66。而汇率的波动大约是相对价格水平波动的 3 倍。

在一篇与此密切相关的论文中，杰恩内（Jeanne，1998）试图评价在商业周期的动态的一般均衡模型中，货币是否能产生持久的经济波动。他的研究表明，如果商品市场上一个微小的名义摩擦被劳动力市场的真实工资刚性放大的话，那么，这个摩擦就会使产出对货币冲击做出大而持久的反应。他也认为，因为真实工资刚性水平似乎是合理的，即使名义粘性很小也足以使货币导致经济的持续的波动，正如在数据中观察到的那样。①

奥布斯特费尔德和热果夫（2000）发展了一个基于粘性名义工资、垄断竞争和用出口商货币定价的随机的新开放经济模型。这在后文中还会进一步讨论。在不稳定情况下，要明确地解决工资设定问题，就要分析不同的货币制度的福利影响，及这些货币制度对预期产出和贸易条件的影响。为了推广他们的模型，奥布斯特费尔德和热果夫指出，观测到的贸易条件与汇率相关性和它们对名义刚性的假设一致，而不是和基于用本国货币定价的另外一种设定一致。

我们现在转而讨论在引入市场定价（pricing to market）基础上的再造归来模型的各种形式。

（二）市场定价

当归来模型假设对所有贸易品一价定律都成立时，许多研究者在这个基础上对该模型提出了质疑：由国界产生的对一价定律的偏离大于由地理距离或运输成本所解释的偏离（例如，见 Engel，1993；Engel 和 Rogers，1996）。因此，一些研究者将国界的分割、不完全竞争厂商和以本币定价（本质上是随市场定价，或 PTM）结合起来，扩展了归来模型。克鲁格曼（Krugman，1987）使用 PTM 对一定种类的商品价格歧视的特征进行了描述（如汽车和多种类型的电子商品），对这些商品而言，国际套利是困难的或者也许是不可能的。例如，这可能是由于各国有不同的标准（例如，在欧洲不使用 100 伏的电灯泡，在英国、澳大利亚或日本不流行左边驾驶的汽车）。另外，垄断厂商可能会用拒绝为在另一个国家购买的商品提供保修服务的方法来限制和防止国际商品套利。就价格不能用以套利而言，生产者可以在不同的国际市场上实行价格歧视。

对 PTM 的研究独特地发现，PTM 在汇率决定和国际宏观经济的波动中起着重要的作用。这是因为 PTM 限制了从汇率运动向价格的传递（pass－through），从而减少了汇率变化的“支出转移”作用，并产生了比没有 PTM 的模型所得到的更大的汇率变动。同时，名义价格粘性与 PTM 一起，放大了汇率对宏观经济基础冲击的反应。另外，由于产生了同购买力平价的偏离，PTM

---

① 读者还可以参考 Anderson（1998），Benigno（1999），及 Bergin 和 Feenstra（2000）所发表的相关文章。

模型也趋向于减少国与国之间消费的同步运动，同时，增加了产出的同步运动。这和一些著名的经验规则相一致（见 Backus，Kehoe 和 Kydland，1992）。最后，PTM 的引入对货币政策冲击的国际传导有着重要的福利意义。下文将对此详细讨论。

例如[①]，贝茨和德弗卢（Betts 和 Devereus，2000）赋予 PTM 模型的特征是：假设许多商品的价格是以买方的本国货币定价的，而且并没有余额的调整，因此，真实汇率将以高的频率随名义汇率变动。这些假设也隐含了价格/成本加价（markup）随汇率而不是随名义价格而内生性地波动（见 Knetter，1993）。在贝茨和德弗卢的框架中，贸易品被赋予国内市场分割的有效程度的特征，而贸易只是由厂商进行。家庭不能在国与国之间以价格差来套利，而厂商能够设定短期名义价格。因此，以本国货币表示的价格是粘性的。

贝茨—德弗卢模型是建立在一个具有差别产品的经济的基础上的，同时假设厂商能在各国实行价格歧视。如果 PTM 的程度较高（即当大部分厂商都使用 PTM 时），那么，汇率贬值对国内消费者购买的进口品的相对价格只有小的影响。这也削弱了相对于以卖方货币定价的情况下汇率变化的分配效应；在以卖方货币定价的情形下，汇率对价格的传递是立即发生的。因此，PTM 减少了汇率贬值的支出转移效应，而汇率的贬值一般说来意味着全世界的需求转向货币贬值国的出口品。因为在 PTM 下，国内价格对汇率贬值反应很小，所以均衡汇率的反应被足够地放大，而和著名的已观察到的经验规则一致的是，汇率比相对价格的变动更大。

PTM 也有宏观经济冲击的国际传递的意义。例如，在不存在 PTM 时，货币干扰趋向于产生各国间消费的大的正向同步变动，但是产出是大的反向同步变动。然而，PTM 反转了这样的顺序：由 PTM 导致的对购买力平价的偏离使得消费的同步变动下降。同时，汇率的支出转换效应的消除，提高了各国间产出的同步变动。

就福利而言，回想一下在 LOOP 和购买力平价基础上的框架。它表明未预期的货币扩张增加本国和外国所有经济主体的福利。但是，在 PTM 下，国内的货币扩张增加本国的福利，减少外国的福利；所以货币政策是以邻为壑的政

① 在本小节中，Betts 和 Devereus（2000）的模型被用来作为这一类型 PTM 模型的代表。其他使用 PTM 模型的例子有 Betts 和 Devereus（1996，1997，1999a.b），Chari，Kehoe 和 McGrattan（1998，2000）及 Bergin 和 Feenstra（2000a，b）。

策工具。因此，与在 LOOP 和购买力平价基础上的框架不同，PTM 框架提供了一个国际货币政策的协调的论据。

总之，PTM 框架表明，商品市场的分割可能有助于解释国际数量和价格的波动，并且对经济冲击、政策和福利的国际传递有重要的意义。

（三）稳定状态的不确定性

在奥布斯特费尔德和热果夫（1995）提出的构架中，经常项目在冲击的传递过程中发挥了决定性作用。但是，稳定状态是不确定的，而且各国间的消费差距和一个经济体的净外国资产是非平稳的。在货币冲击之后，经济会向一个不同的稳定状态运动，直到新的冲击发生。为了得到内生变量的封闭解，而把模型对数——线性化时，一个解趋近于围绕稳定状态变动的模型的动态解。一些研究者认为，这将使人们质疑模型所隐含的结论，特别是他们认为对数——线性近似的可靠性很低，原因是变量会漫无目的地离开最初的稳定状态。

很多归来模型的随后的变形并没有强调把净外国资产的积累看成是国与国之间宏观经济相互依赖的渠道的作用。为此，就要假设（a）国内外商品的替代弹性为 1，或（b）金融市场是完全的。这两个假设都意味着经常项目不会对冲击做出反应（例如，参见 Corsetti 和 Pesenti，2001；Obstfeld 和 Rogoff，2000）。[①] 虽然这一框架达到了稳定状态确定性的预想结果，但要排除经常项目，就要有强有力的假设条件——上述的（a）或（b），而这些假设是不现实的。从某种意义上说，这些假设是围绕不确定性问题的。但它们并未真正解决这一问题。

杰罗尼（Ghironi，2000）提供了一个归来模型中的不确定性和非平稳性问题的更广泛的讨论。杰罗尼也提供了一个易于处理的宏观经济相互依赖的两国模型，该模型不依赖于上述两个假设，即国内外商品的替代弹性可以不为 1，金融市场并不是完全的，这两点与现实更为贴近。杰罗尼用更迭生成结构，表明稳定状态是如何存在的、是如何内生决定的，世界经济在短暂冲击之后是为何向稳定状态回归的。净外国资产的积累在冲击向劳动生产率传递的过程中发挥了重要作用。最后，杰罗尼指出，排除经常项目会导致福利出现较大的误差，这引起对这一文献的几个结论的再思考。

---

① 这是一个经常在国际实际商业周期的文献中遇到的问题。然而要注意的是，在这类文献中经常可以看到，经常项目动态变化所产生的暂时的冲击的持久效应的作用，从数量上讲无足轻重。读者可以参见 Baxter 和 Crucini（1995）及 Kollmann（1996）对这一点的讨论。

新开放经济模型中稳定状态的不确定性问题是现在还在争论的问题，需要该领域研究者们更深入地思考。

（四）偏好

和蒙代尔—弗莱明—多恩布什模型相比，新开放经济的宏观经济学模型的主要优点是能更为鲜明地处理微观基础，不过这类模型的含义取决于对偏好的设定。归来模型的一个方便的假设就是对称性，因为这个对称性国内外商品都以固定的替代弹性效用函数进入偏好。科赛蒂和佩赛恩蒂（Corsetti 和 Pesenti，2001）通过考察本国与外国商品间有限替代程度的效应扩展了归来模型。在他们的基线模型中，一价法则仍然成立，而技术用柯布—道格拉斯生产函数描述，本国和外国商品满足单位替代弹性，国内外的经济主体分享一定常量的收入。该模型描述了扩张性货币和财政政策的福利效应与经济扭曲的内部根源和外部根源相关，也就是说一国生产中的垄断供给和垄断力量有关。例如，未预期的汇率贬值可能是“损己利人”而不是“损人利己”，因为国内产出的收益被消费者购买力的损失和贸易条件的恶化所抵消。而且，开放性不是微不足道的：小型的但是更开放经济更易于遭受通货膨胀的影响。然而，财政冲击在长期内一般是“以邻为壑”，但是，在给定的贸易条件下，财政冲击会在短期内增加国内需求。这些结果证明了国际政策协调的作用，但在归来模型中并非如此。[①]

归来模型的一个重要假设是消费和休闲是分离的。然而，如果把技术进步限制在市场部分的话，该假设对于平稳的增长路径是不适合的。当一国逐渐变富，劳动供给将逐渐减少，并向劳动供给为零的状态收敛，除非跨期的替代弹性为 1。例如，查理、基欧和麦克莱顿（Chari、Kehoe 和 McGrattan，1998）采用了没有将消费和休闲加以分开的偏好设定（例如真实的商业周期的文献中这是很标准的做法）。这种偏好设定适合于平稳的增长路径，也同数据中观察到的较高的真实汇率波动一致。较大的劳动力供给弹性和较高的跨期的消费替代弹性产生更为剧烈的真实汇率波动。因此，与归来模型相比，这一偏好设定提供了对几个宏观经济变量的短期动态变化更合理的解释，而且能更好地和一些

① Benigno（2000），Belts 和 Devercux（1999b），Devercux（1999），Doyle（2000）及 Tille（1998a.b）试图在对 Corsetti – Pesenti 模型的变形中试图对国际政策协调明确地建模，读者还可参阅 Obstfeld 和 Rogoff（2000b）所发表的文章。

已经观察到的规则相匹配。①

本小节的讨论仅仅集中在两个有关偏好设定的问题上（在消费中本国和外国商品的替代程度，以及消费和休闲在效用中的分离），同时，有明显的微观基础的模型的结果在很大程度上依赖于其他方面效用函数的设定。例如，放松效用函数中的对称性假设，并考虑消费和休闲的不可分离性将得到更贴近现实的、更一般化的效用函数。当然，这里也有其他一些重要的相关问题，而在这方面可以借鉴封闭经济文献来进行研究。

（五）金融市场结构

归来模型假设仅仅存在无风险实物债券（real bond）的国际交易，因此金融市场是不完全的。一些论文检验了对这一金融市场结构的偏离。查理、基欧和麦克莱顿（Chari，Kehoe 和 McGrattan，1998）在他们的 PTM 模型范围内，在完全市场下和只有以本币面值的非或有名义债券进行交易的背景下，对货币冲击的效应进行了比较。他们的研究结论表明，归来模型在这种情形下更明显。实际上，金融市场的不完全似乎意味着对持久的货币冲击只有小的，而且可能是不明显的差别。

萨瑟兰（Sutherland，1996）的相关研究在跨期的一般均衡模型的范围内分析了贸易摩擦（这实质上是考虑了国内外的利率差），在这个模型中金融市场是不完全的，而债券的购买涉及凸型调整成本。商品市场是完全竞争的市场，而商品价格服从于卡尔沃式的缓慢调整。萨瑟兰的研究显示，金融一体化壁垒对产出影响愈大，价格惰性也愈大。在很大的价格惰性下，产出缓慢地调整，而更多经济主体通过国际金融市场来平滑他们的消费。他的模拟研究表明，当冲击来源于货币市场时，金融市场的一体化会增大许多变量的波动性，但当冲击来源于真实需求或真实供给时，会减小大多数变量的波动性；这些结论在赛内（Senay，1998）将萨瑟兰模型加以推广时仍然成立。例如，正向的国内货币冲击导致本国利率下降，因此，相对于外国货币的利率呈现负利率差。接着，负利率差产生一个较小的汇率贬值和较大的相对的国内消费的跳跃。这意味着这个模型中的国内产出相对于基线归来中的国内产出增加得更少。

奥布斯特费尔德和热果夫（1995）在为他们的归来模型的金融市场结构的

---

① 研究者们所考虑的对归来模型的进一步的修正是在分析中引入了非贸易品，这就明显地意味着增大了最新的汇率对货币冲击反应的规模。读者还可以参见 Ghironi（2000b），Hau（2000）和 Warnock（1999）所发表的文章。

假设进行辩解时指出，分析商品市场的不完全或刚性，与同时又假设国际资本市场是完全的似乎是语无伦次的。的确，一个人可以论证：虽然存在完全的国际风险分担，但仍然不清楚价格或工资刚性怎么会存在。尽管如此，完全的国际资本市场一体化的假设还是存在很大争议。很多经济学家都同意金融一体化程度随时间而增加（至少在主要工业化国家间是如此），但也许应该公正地说在金融市场上仍然存在着重要的摩擦（见 Obstfeld，1995）。在关于现实的金融市场结构是由什么组成的争议的同时，对金融一体化壁垒的影响的分析仍然是这一领域中的一个研究内容。

（六）资本的作用

在新开放经济模型中，文献在很大程度上都忽视了资本的作用。例如，包含资本的竞争模型能够释放供给冲击的效应，这同在包含资本内生效用的垄断竞争模型中独特地发现的效应一样。（例如，参见 Finn，2000）。查理、基欧和麦克莱顿（Chari，Kehoe 和 McGrattan，1998、2000）也认为资本（在归来模型和它的其后的大多数变形中都被省略）起着重要作用，这是因为货币冲击能通过降低短期利率来刺激投资，从而产生经常项目赤字（而不像在归来模型所说的产生盈余）。在新开放经济模型中明确地引入资本是未来研究的一个重要方向。

三、随机的一般均衡开放经济模型

目前，赋予以上讨论的很多文献（包括归来模型）特征的必然等价假设被逐渐放宽。当必然等价使研究者能接近精确的均衡关系时，它“排除了影响产出差异性变动的严格的福利分析”（Kimball，1995）。按照这种推理思路，奥布斯特费尔德和热果夫（1998）首次将归来模型和科赛蒂和佩赛恩蒂（Corsetti 和 Pesenti，2001）的研究推广到随机环境下。更准确地说，奥布斯特费尔德和热果夫（1998）的创新脱离了只有未预期冲击的分析。

（一）风险与汇率

奥布斯特费尔德和热果夫（1998）模型可以表述为粘性价格的货币模型。在这个模型中风险对资产价格、短期利率、单个生产者价格制定决策、预期产出和国际贸易流动都有影响。这种研究方法使奥布斯特费尔德和热果夫能够量化各种汇率制度之间福利的权衡，同时将这种权衡与一个国家的大小相联系。该模型的另一个重要发现是汇率风险影响汇率水平。不足为奇的是，正如下文即将讨论到的，该模型对远期溢价和远期贴水的偏差有重要意义。

奥布斯特费尔德和热果夫（1998）模型的结构将不确定性增加到归来模型中。许多结论是具有权威的，且在数量上和归来模型的结论是一致的。但是，这种方法的最原始的结论之一是描述均衡汇率的方程。为了得到均衡汇率，奥布斯特费尔德和热果夫（1998）假设本国和外国具有相同趋势的通货膨胀率（等于费雪方程中长期名义利率），而为了得到名义汇率的决定方程，他们使用了常规的对数——线性化（除购买力平价成立的假设以外）。该方程可以看成是货币模型类的方程，在这个方程中常规的宏观经济基础决定汇率。而且，该汇率方程除了随时间变化的风险溢价项外，和归来模型中的汇率方程是一样的。在不存在泡沫的假设下，该模型的解表明一定水平的风险溢价成为该汇率方程的一部分。从某种意义上说，该模型可以解释汇率决定的传统货币模型的失败，因为它省略了汇率方程的一个变量，即汇率风险（Hodrick，1989 年在预付款的弹性价格的汇率模型中得到相同的结论）。例如，用本国货币投资的较低的相对风险将导致国内名义利率下降和本国货币升值，这就是对本国货币具有“安全天堂”效应（“Safe Heaven”Effect）的意思。

对合理的利率而言，本国货币波动性的增加导致汇率风险溢价水平和远期升水两者的下降（从数量来说，后者的下降更大）。这一结论同常规的知识相矛盾。常识是：波动性大的货币，金融市场会添加一个正的风险溢价。奥布斯特费尔德和热果夫（1998）对此做出了解释：

即使预期的汇率变化为常量，本国货币波动性的增大导致远期升水下降。为什么呢？如果正的本国货币冲击导致全球消费增加，那么，以实物形式表示的本国货币能通过对冲来对抗对消费的冲击。（本国货币的真实价值在自然状态将倾向于无法预期的增加，这时消费的边际效用也会变高。）另外，这一效应在弹性价格模型中也在起作用：在其他条件不变的情况下，较大的货币波动性使得对货币未来真实价值的预期升高。

这一结论为我们讨论远期升水之谜提供了一个新颖的理论解释，即远期升水或利率差与随后的汇率变动呈负相关，而非正相关，这是与无抛补的利率平价相矛盾的。根据奥布斯特费尔德和热果夫（1998）的分析，不但高利率并不是必然和预期贬值相联系，而且反之也可能是成立的，对于有相同趋势的通货膨胀率的国家更是如此。这明显是一个将来应该给予更多理论和经验研究的领域。

然而，该模型产生的结论完全依赖于微观基础设定，因此，也受制于其后的某些文献，这些文献质疑归来模型的设定是否恰当。因此，下面一点是合乎逻辑的：急于知道采用不同的效用的设定、不同的名义刚性，等等，正如上面所讨论的，是如何影响奥布斯特费尔德和热果夫（1998）随机模型的结论的。例如下一小节将讨论在该模型中引入 PTM 后的变化。

（二）相关研究

如上所述，奥布斯特费尔德和热果夫（1998）的分析是建立在如下的假设基础上的：(a) 生产者用他们的本国货币定价，(b) 当汇率变化时，外国人对国内商品所付的价格（以及本国居民对外国商品所付的价格）同步变动，和 (c) LOOP 成立。德弗卢和恩格尔（Devereux 和 Engel，1998），通过 PTM 成立的假设，和生产者对本国居民用本币定价、对外国居民用外币定价的假设，扩展了奥布斯特费尔德和热果夫的分析。因此，当汇率波动时，LOOP 就不成立。风险溢价取决于生产者定价行为的类型。德弗卢和恩格尔比较了在固定和弹性汇率安排下经济主体的福利，发现汇率制度不仅和消费的变动、真实余额的变动及休闲有关，而且一旦风险溢价纳入定价决策，那还和它们的均值有关。因为 PTM 将消费和汇率波动隔离开来，所以，在 PTM 下，浮动汇率制比生产者国家货币定价的成本更低。因此，从福利的角度而言，弹性汇率制比钉住汇率制更具有优势。

恩格尔（Engel，1999）从四点总结了这类一般均衡模型的外汇风险溢价的证据：(1) 弹性价格的一般均衡模型中风险溢价的存在取决于外生的货币冲击和总供给冲击的相关性，而粘性价格模型中，风险溢价呈现出内生性。(2) 粘性价格模型中，总供给冲击的分布并不影响外汇风险溢价。(3) 既然风险溢价取决于消费者所面对的价格，那么，当 LOOP 不成立时，由于生产者以消费者国家的货币定价，因而不存在唯一的外汇风险溢价。(4) 标准的随机动态一般均衡模型通常不包含大的风险溢价。

这些模型的共有特征是：汇率风险溢价是汇率均衡水平的一个重要决定因素。但是，人们是否能创建一个能令人信服的用来解释远期升水之谜的粘性价格模型，还是一个有待研究的问题。然而，这似乎是未来研究的一个有希望的方向。

四、新的研究方向

（一）名义刚性的来源和本外币定价间的选择

奥布斯特费尔德和热果夫（2000）再次为本节所讨论的随机的开放经济模型指明新的研究方向。他们开始注意到在多种货币的国际经济中比在单一货币的封闭经济中对名义刚性建模的可能性更大，而在国际环境中，很自然地应该考虑到各国市场间分割的可能性。因此，奥布斯特费尔德和热果夫强调究竟是以本币定价还是以外币定价更贴近现实这一经验问题。他们认为，如果进口商以进口国的货币开具发票，那么，未预期的货币贬值应该和贸易条件的改善（而不是恶化）相关。之后，他们表明这一结论与数据不一致。实际上，他们的数据显示总体数据对传统的理论构架更为有利，在传统框架中出口商在多数情况下以本币开具发票，而名义汇率的变化对国际竞争力和贸易有明显的短期影响。

这类文献中一些论文所采用的奥布斯特费尔德和热果夫关于 PTM——本国货币定价框架的主要限制条件可以从下面几个方面去观察：(1) 经测量的对一价法则的大部分偏离来自于非贸易部分（例如，租金、物流服务、广告等）进入了消费物价指数。非贸易品就被假定为贸易品；还不清楚的是：为了解释对一价法则的偏离和汇率的偏离之间的紧密联系，巨大的市场分割和 PTM——本币定价方法的传递假设是否是必要的。(2) 由工资粘性而导致的价格粘性在决定宏观经济的持久波动时可能更为重要。因为开具发票的贸易不能产生足够高的持久性（开发票的贸易大部分适用于 90 天或 90 天以下的合约）。(3) 开发票的直接证据大部分与出口商主要以进口国货币定价的观点不一致；但美国是例外。(4) 加价的国际证据与以出口国货币开具发票是主要的实际操作的观点保持一致（例如，参见 Goldberg 和 Knetter，1997）。

奥布斯特费尔德和热果夫（2000）创建了一个随机的动态开放经济模型，这个模型具有劳动市场名义刚性（以上述前两点观察为基础推理得来）和外国货币定价（以上述后两点观察为基础推理得来）两个假设。他们考虑了一个标准的两国的全球经济。在这个经济中本国和外国生产大量不同的贸易品（本国和外国的规模相等）。另外，每个国家也都生产大量不同的非贸易品。工人决定下一期的本币的名义工资，并根据现实的经济冲击满足劳动需求。所有商品的价格都完全具有弹性。

奥布斯特费尔德和热果夫提出了预先设定工资的均衡方程，提供了模型中的每个内生变量的封闭解以及对所有方差和效用的解。特别的是，汇率的解表明，在名义工资确定后发生的国内货币供给的相对增加将导致汇率过度贬值。然而，完全预料中的变化将导致工资差距和汇率的完全相等的运动。

用这个结构，奥布斯特费尔德和热果夫推导出了两个前沿的福利结论：

(1) 他们表明，受约束的、有效的货币政策规则复制了弹性价格均衡，并赋予对劳动生产率冲击产生周期性反应的特征。[①] 例如，当工资被事先确定时，一个正向的劳动生产率冲击适当地引起国内货币扩张的反应。而在弹性工资下，劳动生产率的冲击导致更多的劳动供给和产出。同样的冲击将导致外国货币的紧缩反应，但是全球的净货币反应始终为正。而且，最优货币政策承认汇率随国与国间劳动生产率冲击造成的差异做出反应而产生波动。这一结论与金和沃尔曼（King 和 Wolman，1996）的理性预期模型中得出的结论相似，在该模型中货币政策有真实效应，因为不完全竞争厂商被迫不能频繁地调整价格，也被迫以标价满足所有的需求。在金—沃尔曼粘性价格模型中，名义利率接近零的货币政策是最优的货币政策（也就是中和了粘性价格的效应），并且在一个不完全竞争的模型中重复了弗里德曼在完全竞争条件下发现的结论。在一个完全的通货膨胀的目标下，货币政策当局使货币供给逐渐增加，以至粘性价格模型的表现和弹性价格模型的表现相类似。

（2）奥布斯特费尔德和热果夫计算了三种可能的货币体制的预期效用，即最优的浮动汇率制、世界货币主义（在这种制度下，两个国家将汇率固定，同时也以汇率加权的平均数固定两个国家货币供给）和最优的固定汇率制。结论是：最优浮动汇率制下的预期效用最高。这一结论是十分明显的，这是因为该模型中的最优货币政策考虑了汇率随国与国之间的劳动生产率冲击的差异而发生的波动。只有当国内外的劳动生产率冲击是完全相关时，固定汇率制才是有意义的。[②]

奥布斯特费尔德和热果夫（2000）模型强调了几个理论和政策方面的问题，包括在不同名义汇率制度下的福利分析。名义汇率运动引起短期内国与国世界需求转移的假设在传统的蒙代尔—弗莱明—多恩布什框架中起着决定性的作用。这一假设是与事实一致的，而且可以合理地把它作为随机的开放经济模型的基石。毋庸置疑，这一方法成为进一步推广和深入分析的根据。特别需要注意的是，在奥布斯特费尔德和热果夫（2000）的研究中，为了避免前面所讨论的不确定性问题排除了经常项目。但是，排除经常项目使得该模型从经验角度来说不太真实，因为它扭曲了被建模的经济动态学。

---

① 这些货币政策规则（a）是受约束的，因为它们是通过最大化本国和外国的预期效用来推导出来的，而这些预期效用以模型中工人的最优工资作为和厂商的价格制定行为为条件；（b）是有效率的，这是由于在一定的制约条件下市场的分配，如果没有使劳动一国恶化的话是不可能改变的。

② 事实上，这些结论表明，如果劳动生产率冲击的方差非常小，或者与努力工作所带来的效用的弹性非常大，那么，最优浮动汇率制下的预期效用和最优固定汇率下的预期效用的差异不会太大。

(二) 非零的国际贸易成本

迄今为止，新开放宏观经济学的研究文献（明显地或不明显地）假设国际贸易没有任何成本。不过，通过引入某些种类的国际贸易成本——包括，尤其是运输成本、关税壁垒和非关税壁垒——是理解如何改善经验汇率模型和解释国际宏观经济学和金融学中未能解决的几个疑团的关键。在开放经济建模中考虑贸易成本的存在并不是一个新思想，这至少可以追溯到萨缪尔森（1954）或甚至可以追溯到赫克歇尔（Heckscher，1916）。奥布斯特费尔德和热果夫(2000c）最近强调：在解释六个经验发现之谜中，贸易成本是阐明专业研究缺陷的关键因素。

奥布斯特费尔德和热果夫（2000）的题材广泛的论文大量说明的性质是：在大多数谜团的分析中，他们注意到自己没有提出一个结合不完全竞争的正式的新开放宏观经济模型，同时他们也没有考虑价格或工资粘性的存在。但是，他们的简单模型显示，加入贸易成本是如何有助于解释贸易偏向国内之谜、储蓄—投资相关之谜、股权偏向本国之谜和消费相关性之谜。

奥布斯特费尔德和热果夫对前四个谜的思考如下。因麦克卡伦（McCallum，1995）而突出起来的贸易偏向国内之谜与这样的现实有关：人们似乎有着很强的消费本国商品的偏好。由费尔德斯坦和霍里沃卡（Feldstein 和 Horioka，1980）提出的储蓄—投资相关之谜，与大多数主要发达国家所经历的小的不平衡有关，而这个不平衡与储蓄和投资向后推延有关，这表明国际资本流动程度较低。首先由弗伦茨和波特巴（French、Poterba，1991）突出出来的股权偏向本国之谜与这样的事实有关：投资者在管理他们的资产组合时对国内股权的偏好似乎很强，即使到20世纪末，国家资本市场快速增长，世界股票市场极大扩展。由巴克斯、基欧和基德兰德（Backus、Kchoe 和 Kydland，1992）第一次强调的消费相关性之谜与观察到的主要工业化国家之间的低的消费相关性有关。

关于贸易偏向国内之谜，奥布斯特费尔德和热果夫指出，在贸易成本和贸易偏向国内贸易之间存在理论的关系，并且推导出下述非线性关系：

$$\frac{\mathrm{dlog}(C_H/pC_F)}{\mathrm{dlog}\tau}=\frac{\tau}{1-\tau}(\theta-1)=EHB \tag{8.20}$$

式中，C_H 和 C_F 分别表示本国对本国商品的消费和外国生产的商品的消费；$p\equiv P_F/P_H$，其中 P_F 和 P_H 分别表示外国商品的国内价格和本国商品的国内价格；τ 表示“冰山”运输成本（用“冰山”是因为一部分商品当用船运输时在运输过程中"融化")；θ 是进口需求对价格的弹性；$\tau(\theta-1)/(1-\tau)$ 是本国的偏好弹性（EHB）。根据式（8.20），在没有贸易成本时（$\tau=0$），不存在贸易偏向国内（$C_H/pC_F=1$）。然而，贸易成本越高（τ 接近于1），贸易成本每降低1%对贸易偏向本国的影响越大。例如，如果 $\tau=0.25$ 和 $\theta=6$（Obstfeld 和 Rogoff 把它们看成是可用于经验分析的数值），偏向国内商品对贸易成本的弹性等于1.67。因此，相对较高的替代弹性可以解释大部分贸易偏向国内商品的情况。①

在将似乎可信的贸易成本作为他们分析的基本要素的基础上，奥布斯特费尔德和热果夫（2000）检验了费尔德斯坦—霍里沃卡的储蓄—投资之谜，表明贸易成本能在债权人和债务人所面对的有效真实利率之间创造一个楔，只有当经常项目的不平衡变得非常大时，才有力地证明它自身具有很高的非线性效应。奥布斯特费尔德和热果夫指出，这种早期的真实利率效应能把观察到的经常账户的不平衡保持在一个相对较小的范围内。他们也表明，从经验来说，经常项目赤字（盈余）的国家明显有较高（较低）的真实利率。这和他们的理论分析一致。使用相类似的分析，奥布斯特费尔德和热果夫提出了类似的非线性关系，这个关系在很大程度上也可以用来解释股权偏向国内偏好之谜和消费相关性之谜。

按新开放宏观经济学的精神，在更为复杂的模型中，奥布斯特费尔德和热果夫（2000）宣称，国际贸易成本有助于揭开国际金融中另外两个谜，即购买力平价之谜和汇率分离之谜，而这也需要再次引入一些重要的非线性分析。

购买力平价（PPP）之谜（Rogoff，1996）在这里可作如下表述。在那些有关真实汇率均值回归的研究中，一致认为偏离购买力平价的半衰期大约为3~5年。如果我们接受真实冲击不是真实汇率短期波动的主要因素的观点（因为很难让人相信对真实要素，例如偏好和技术的冲击，会是极不稳定的），而名义冲击只在名义工资和名义价格是粘性的时间构架下才能发挥重要影响的话，那么，购买力平价之谜与真实汇率的明显的无法说明的高度持久性是一致的（Rogoff，1996）。不过，这一购买力平价之谜可以只被看成是广泛的汇率分离之谜的一个例子，也就是这样的事实：汇率和任何宏观经济总量的联系是很微弱的（长期的情况除外）。值得提出的是，米斯和热果夫（Messe 和 Rogoff，1983）的研究显示，传统的汇率决定模型不能对汇率做出满意的预测，甚至也

---

① 显然，$\lim_{t\to\infty}\mathrm{EHB}=1$。

不能胜过朴素的随机游走模型；米斯和热果夫研究之后的文献只记录了在提供用于预测的好的汇率模型的偶然的成功。而且，巴克斯特和斯托可曼（Baxter和Stockman，1989）的研究发现，向自由浮动汇率制度的转变只会引起名义汇率和真实汇率的波动性明显地向上移动，但是传统宏观经济基础的分布却没有任何实质性的改变。

关于购买力平价之谜和真实汇率行为，我们在此可以做出如下的总结。基于早期的关于交易成本的重要性的观点，其中尤其是赫克歇尔（Hechscher，1916）、卡塞尔（Cassel，1922），以及其他一些早期的研究者的观点（见Officer，1982），许多研究者发展了国际套利中由交易成本引起的非线性真实汇率调整的理论模型（例如，Dumas，1992；Sercu、Uppal和Van Hulle，1995；Sercu和Uppal，2000）。在大多数这些模型中，成比例的或冰山交易成本创造了一个真实汇率带，在这个带中套利的边际成本大于边际收益。假设在这个带的边缘存在瞬间商品套利，那么，这通常意味着这个门槛反映出存在着壁垒。根据最近有关不确定性下投资理论的研究，该门槛不应该仅被解释为反映运输成本和贸易壁垒，而且应该被看成是国际套利的沉淀成本（sunk cost）和交易者在进入市场之前趋向于等待更大的套利机会的结果（见Dumas，1992）。总之，这些模型表明，汇率将变得更向均值回归。在一些模型中，向均值回归的跳跃是突然发生的，在另外一些模型中却是平滑的，而杜马斯（Dumas，1994）认为即使在前一种情况下，时间集合将倾向于在汇率制度之间实现平滑的转变。另外，如果用具有不同水平的国际套利成本的商品价格组成的价格指数来度量真实汇率，那么，以可预期所有真实汇率的调整是平滑的而不是间断的。

显然，在真实汇率未知、真实的数据产生过程中存在非线性的情况下，(线性）文献研究所记录的半衰期，即形成产生购买力平价之谜的证据的实体，可能会被过度夸大。然而，新近出现的经验文献开始使用一些非线性模型，这些模型能够把握交易成本下的真实汇率决定的理论文献的一些含义。例如，泰勒、皮尔和萨诺（Taylor、Peel和Sarno，2001）提供了这样的强有力的证据：自1973年的浮动汇率制度以来，在G5国家中的四个主要的真实双边美元汇率很好地表现出非线性均值回归过程的特征。这些估计的非线性模型隐含了一个真实汇率的均衡水平，在这个均衡汇率附近，真实汇率对数值的行为非常贴近于随机游走，但用偏离均衡水平的绝对值来衡量，这个对数水平更加趋向于向均值回归。这和前面讨论的存在国际套利成本情况下真实汇率动态性质的理论研究是一致的。他们估计的脉冲反应函数表明，因为这些模型的内在非线性，对真实汇率冲击的半衰期不仅随冲击的大小变化，也随初始条件变化。这意味着真实汇率的调整速度比迄今为止记录的真实汇率调整明显的“冰河”（Rogoff，1996）速度要快。

运用于购买力平价之谜的推理过程也可以适用于范围更广的谜团。这些谜团同汇率和传统宏观经济基础变量间的弱的短期反馈联系有关，即汇率分离之谜。例如，正如前章所讨论的，基里昂和泰勒（Killian 和 Taylor，2001）表明，由交易成本所导致的汇率运动的非线性揭示了它为何很难胜过汇率的随机游走模型预测。

总之，奥布斯特费尔德和热果夫（2000）的“联合理论”有助于阐明：当粘性价格只起明显的次要作用，而把贸易成本作为基本的建模特征时，在试图解释几个经验发现之谜的过程中专业工作究竟遗漏了什么。新开放宏观经济学的未来研究将跟随奥布斯特费尔德和热果夫的非零国际贸易成本的观点。这是我们的希望所在。

五、总结和评论

在本节中，我们有选择性地回顾了新开放经济的宏观经济学最新的研究文献，从1995年奥布斯特费尔德和热果夫开创性的“归来”论文问世以来，该领域的研究文献呈几何级数增长。随机的开放经济模型的日益增加的复杂性增加了更多的福利分析，并对在国际宏观经济学和金融学中的几个谜团提供了新的解释。这一方法是否会成为开放经济宏观经济学的新的奠基模型，在这类模型中是否能达到满意的设定，这一方法是否为较好地拟合经验汇率模型的发展提供了真知灼见，仍然是一些值得讨论的话题。

尽管新开放宏观经济学的理论发展十分迅速，但是，对新开放经济模型预测的检验付出的努力还不够，而这正是未来研究可以大显身手的领域。如果业内人士对某一特定模型设定的一致认同的观点加以发展，这一理论方法必然会生成清晰明了的估计方程。[1]

目前要让所有人都认同某一特定的新开放经济模型还非常困难。这种至少是因为，这要求人们要同意这样一些假设，而这些假设通常很难直接检验（比如对效用函数的设定），或者是因为它们涉及经济学家信仰已久而不愿妥协的

---

① 新开放经济的宏观经济学已迈出了一些前进步伐，读者可以参见 Ghironi（2000c）和 Bergin（2001）所发表的文章。

问题（比如名义刚性是否从来源于商品市场或者劳动市场，或者名义刚性是否完全存在）。然而，获得一个开放经济建模的新范式仍然是业内人士面临的一个巨大挑战。在人们都对宏观经济建模方法取得一致看法的同时（例如，广泛接受了对微观基础的需要），似乎还不太可能在可预见的未来出现一个大家都能接受的模型。

目前，由于新开放经济模型在许多方面还需谨慎对待和认真推敲。所以，这些模型也许更像训练有素的赛马而不是役马。尽管这种研究本身就具有很高价值，然而，如果能培育出更强壮的物种，进一步研究是必要的。

第四节　中国经济的内外均衡问题

一、经济均衡、内部均衡及外部均衡的含义

对于经济均衡，经济学家从不同的角度给予了定义和描述。我们对经济均衡的观点是：

1. 所谓经济均衡是指影响经济可持续发展的各个经济变量在一定条件下处于和谐共存状态。或者说，经济均衡就是在外部力量不变的前提下，经选择的、互有关系的若干经济变量的和谐共存状态。而在这个状态中，即使经济变量之间的关系在进行调整，也不会使事物产生内在的变化趋势。因此，研究经济均衡不仅要研究各个经济变量间的数量关系，更要研究它们之间的相互作用、相互影响的共生共存关系。或者说是在它们之间的数量关系的基础上，研究它们之间的综合关系。

2. 经济均衡不仅仅是一个一年两年的短期均衡的概念，还应该是一个中长期的均衡的概念。因为，影响经济短期发展变化的因素中，一些因素是暂时起作用的。因此，只研究短期均衡不能正确地判断经济是否均衡。我们只有分析在较长时期内起作用的因素才能较为准确地判断经济是否均衡。也就是说，不能根据短期的失衡得出经济失衡的结论。

3. 经济均衡不仅仅是一个静态的概念，还应该是一个动态的概念。静态的均衡是某一时点的存量的均衡，而动态的均衡是一定时期的流量的均衡，也就是各个经济变量在从一个时期到另一个时期的运动中达到和谐一致。

4. 研究经济均衡不仅仅应该研究局部均衡，还应该研究一般均衡。局部均衡是一个市场的供给和需求的数量的均衡，而一般均衡是各个市场之间的均

衡。在一般均衡中，供求的数量和价格决定着经济的均衡，一般均衡不是局部均衡的简单的加总，而是各个局部均衡之间的相互促进、相互作用下的均衡。

在开放经济条件下，一国的经济均衡是由内部均衡和外部均衡组成的。

根据我们前面的说法，所谓内部均衡是指一国的生产资源得到充分利用并且物价水平保持稳定，也就是实现了无通货膨胀的充分就业状态。很显然，生产资源得不到充分利用会造成资源的极大浪费和经济的萎缩或衰退；而如果生产资源过度利用会造成资源的紧张和经济的过热。这两种情况都会在物价水平的波动上反映出来。前者使物价水平下降，经济处于通货紧缩状态；后者使物价水平上升，经济处于通货膨胀状态。因此，说到底，内部均衡实现的关键是生产资源的适度开发和利用。

所谓外部均衡是指国际收支的均衡。而国际收支是由经常项目与资本和金融项目构成的，因此，国际收支均衡应该是经常项目与金融和资本项目之间的平衡。在外部均衡中，汇率和国际储备（其中最主要的是外汇储备）对国际收支均衡起着重要的作用，因此，外部均衡不是指经常项目盈余（或赤字）与资本和金融项目赤字（或盈余）之间的数量上的相等，也不是两者之间的静态的、存量的平衡，而是经常项目、资本和金融项目、汇率和国际储备（尤其是外汇储备）之间的动态的、流量的均衡。

在内部均衡和外部均衡的关系中，一般说来，内部均衡是重心、是关键，外部均衡从属于内部均衡；外部均衡是内部均衡的延伸和发展。但外部均衡也影响着内部均衡，甚至在一定条件下，决定着内部均衡。

二、中国经济的内外均衡

随着中国改革开放的深入发展和市场经济体系的不断完善，对中国经济均衡的研究不仅在国内学术界展开，而且也在国际学术界展开。对中国经济的均衡问题不仅引起了学术界的极大兴趣，也引起了官方的高度重视。而从2003年以来，人们研究和关注的重点是中国经济的内部失衡和外部失衡问题。甚至有人认为，中国经济的内外失衡正在吞噬中国改革开放的成果，有可能使中国经济的成就毁于一旦。有趣的是，这种观点出来之后引起了广泛的共鸣，赞成者大大多于反对者。

（一）中国经济内外部失衡的表现及原因

按照我们前面所讲的内部均衡归根结底是生产资源的适度开发和利用来判断，中国经济的内部失衡从根本上说表现为生产资源的过度开发和低效利用。

资源的过度开发表现为投资的膨胀，尤其是政府投资的膨胀，但投资却是低效率的，投资对经济的推动是以远远高于发达国家的原材料、能源等的耗费为代价的。由于投资的增长与 GDP 的增加密切联系；而 GDP 的高低是衡量政府官员业绩的主要指标，同时，也出于寻租的需要，政府官员都要想方设法扩大投资，尤其是争取到更多的国家投资。而由于生产要素价格的扭曲（自然资源、土地、劳动力等的价格严重地脱离其价值，资金的使用成本也较为低廉），也使企业有着很强的投资冲动。很显然，在能源、原材料、土地等关键生产要素的瓶颈制约下，一旦投资大幅度减少，尤其是政府投资大幅度减少，中国经济将面临极大的困难，甚至可能出现衰退。

在封闭经济条件下，储蓄等于投资是经济学的基本原理，也是经济均衡的基本保证。然而，在中国已经摆脱短缺经济、储蓄猛增的情况下，却出现了高储蓄而不能转化为投资的问题。其原因在于：(1) 对未来收入和支出预期的不确定，以及教育、医疗、住房等的价格的不断高涨，而社会保障制度尚不健全的情况下，城乡居民为了应付未来的风险不得不增加预防性储蓄，尤其是增加定期储蓄。(2) 在商业银行为了预防金融风险而更加谨慎地发放贷款，又不能在资本市场取得融资的情况下，企业，尤其是中小企业，也不得不增加储蓄，以应付未来投资的需要。(3) 资本市场的不完善以及可供选择和使用的既能避险又能取得收益的金融工具的缺少，使储蓄转化为投资的渠道不通畅。

对于中国这个最大的发展中国家来说，国内的消费应该在促进经济发展中占据主导地位。中国经济的内部失衡的一个重要表现就是内需中存在的投资与消费的平衡问题。扩大内需最重要的就是扩大直接消费。近几年来，虽然国家力图控制投资的过快增长，但投资与消费的比例失衡仍然没有得到彻底的解决。投资和消费的关系仍然在恶化：投资在 GDP 中的比重大幅度上升，而消费所占比重却在下降；投资对 GDP 的贡献越来越大，而消费的贡献越来越小。产生这种情况的根本原因是经济的深层次结构矛盾仍然在加剧：居民收入的差距在拉大；东部与中西部、东北老工业基地的差距在拉大；三次产业仍然以第二产业为主，在 GDP 中所占比重也最大，第一、三产业的增长幅度仍然低于第二产业。再加上上面所说的储蓄猛增不仅抑制了当期消费，甚至也可能意味着未来居民的消费意愿的降低。总之，消费对经济发展的作用并没有占据主导地位。

(二) 中国经济外部失衡的表现及原因

中国经济的外部失衡主要表现为连续的、长期的、大幅度的经常项目和资本与金融项目的“双顺差”，从而导致外汇储备的急剧增加。

就其常态来说，一国的国际收支总是不平衡的，要么是顺差，要么是逆差。但只要这种失衡是暂时的、短期的、小幅度的，或者经常项目的逆差（顺差）可以用本项目的顺差（逆差）来弥补，那么，这种失衡就是可以接受的，用不着担心的，也不会引起国际社会的反响。然而，如果出现连续的、长期的、大幅度的顺差或逆差的失衡就应该引起警觉，并应该进行相应的经济政策的调整。因为，这种失衡不仅会对本国经济产生不利的影响，也会对世界经济产生不利的影响，从而引起国际争端和摩擦。

从中国的情况来看，中国国际收支十多年的大幅度顺差不仅是某些年份的经常项目与资本项目的顺、逆差互抵之后的顺差，而且更是经常项目和资本项目的“双顺差”。这种持续的、长期的、大幅度的顺差虽然使中国的外汇储备增加，增强了中国在国际上的地位，但它的不利后果也是不容忽视的：(1) 它使国内的总供给和总需求的平衡遭到破坏。持续的大量顺差意味着出口大于进口。这对于劳动生产率不高、出口产品的技术含量不高的中国来说，这就意味着对国内资源的掠夺性开发。持续的大量顺差也意味着资本的流入大于流出。如果资本是以直接投资的形式流入，而生产出的产品是供出口，那么，中国得到的一点点加工费仍然是以价格低廉的中国生产资源的掠夺性利用为代价的。如果资本是以外债形式流入，而中国是以自己生产的产品偿还，那么，这也意味着中国资源的过度开发与利用。(2) 持续的大量顺差意味着外汇供给的增大，外汇储备的增多。这既形成人民币升值的压力，也形成通货膨胀的压力。在一定情况下，这两种压力都会变为现实。关于这两个方面，我们在前面已经多次谈到了，这里就不再重复。(3) 中国的国际收支顺差就是其他国家的逆差。如果我们不采取必要措施缩减顺差，就会引起国际摩擦，最终于我国对外经济的发展不利。由于我国过大的国际收支顺差和过多的外汇储备引起的国际争端和贸易摩擦已经成为现实，对我国的对外经济已经产生了极为不利的影响。当然，一些国家以此为借口转移国内民众对国内问题的注意力，甚至宣扬“中国威胁论”那是另一种性质的问题，不在我们的讨论之列。

产生我国过大的“双顺差”的原因，学术界和官方谈得最多的是我国对出口的鼓励政策、对外资的优惠政策和人民币长期以来的低估，等等。这些当然是对的。然而，在人民币于 2005 年 7 月 21 日升值之后中国的国际收支仍然大幅度顺差，外汇储备也仍然大幅度地增加，因此，我们应该更深一步地讨论中国经济的外部失衡问题。

按照内外经济的关系的基本原理，应该说外部失衡是内部失衡的外在表现，是内部失衡在外部的延伸和发展，是经济过度向外扩展的结果。按照宏观经济学的基本原理：

1.一国的国民总收入（Y）与国内总支出（E）的差额应该等于国内储蓄（S）与国内投资（Id）的差额，即：

$$Y - E = S - Id \tag{8.21}$$

2.如果以 D 表示国内的商品与服务支出，X 表示出口，M 表示进口，那么，

$$Y - D = X \tag{8.22}$$

$$E - D = M \tag{8.23}$$

则有：

$$Y - E = X - M \tag{8.24}$$

因此：

$$S - Id = X - M \tag{8.25}$$

由此可见，国内生产的商品在国内找不到销路的情况下，国内企业只能转向国外市场，扩大出口。这也就是说，国内储蓄大于投资必然是出口大于进口，经常项目出现盈余。

3.如果经常项目盈余不用于国外投资，也就是不用资本的流出来抵消经常项目盈余，即（$S - Id$）$- If = 0$（If 为对外投资），而又没有实行“藏汇于民”的背景下，就只能是官方的外汇储备增加。

4.在经常项目盈余引起的外汇储备增加的同时，如果再出现资本的流入大于流出（即资本净流入），那么，官方的外汇储备就会更大地增加。

因此，中国经济的外部失衡说到底是内部失衡引起的。

（三）中国经济失衡的特殊性

中国经济失衡的特殊性在于，在经济高速发展时期不应该出现的失衡却出现了：生产资源的过度利用与生产资源的“失业”（就业困难）同时并存；经济的高速发展与消费下降同时并存；国内居民的高储蓄、政府的高外汇储备与大量引进外资同时并存，等等。

出现这种特殊的非均衡的根本原因是：政府主导经济的格局没有根本改变，因而，生产要素市场的发展严重滞后，城乡二元经济依然存在，涉外经济优先的发展思路仍然是指导经济发展的基本原则，第三产业的管制过度。

三、解决中国经济内外失衡的对策建议

对治理中国经济的失衡，学术界做了许多探讨，官方也出台了许多政策措

施。然而，这些研究和措施或者是针对内部失衡的，或者是针对外部失衡的。但我们认为，既然中国经济现在既处于外部失衡又处于内部失衡，而外部失衡从根本上说是由内部失衡引起的，要解决中国经济的失衡就必须从治理内部失衡着手。而且，事实已经证明，就外部失衡治理外部失衡是很难奏效的，例如，人民币的升值、出口退税的降低等并没有使出口减少，使经常项目的盈余下降。

要治理内部失衡应该从下列几方面入手：

1. 明晰中国宏观调控的主要目标是生产资源的适度开发和利用。这不仅是中国经济今天平稳发展的需要，也是中国经济今后持续发展的需要。按照经济学的原理，经济的内部均衡和外部均衡的目标是多重的，而这些目标之间是互相有矛盾的。因此，如果在这些目标之间游移不定，或不能确定一个始终应该把握的主要目标，宏观调控就会举棋不定，或者就会陷于“头痛医头，脚痛医脚”的境地，调控政策的效果就会受到很大的影响。而要解决生产资源的适度开发和利用的关键是发挥市场经济的作用，而不是直接的行政干预。直接的行政干预既容易矫枉过正，也容易损害市场主体的积极性。

2. 始终坚持内需为主，外需为辅的方针，改变内需与外需的比例，改变投资与消费的比例，把增加消费需求、提高消费对经济的贡献率放在重要位置。启动消费是一个系统工程。它涉及随着经济的增长人民收入水平应该相应提高，调整三次产业的构成及相应的就业构成，扩大就业渠道，尽量缩小各阶层人群、不同经济发展地区、城乡的收入差距，完善各种社会保障制度。

3. 财政政策和货币政策的协调。在经济宏观调控中，财政政策和货币政策是比其他宏观经济政策更为重要的政策。因为，它们直接作用于国家的总供给和总需求。也因此，它们的组合或搭配对经济均衡有着极为重大的意义。从1998年到现在，我国的财政政策和货币政策的组合经历了“积极的财政政策、稳健的货币政策——适度从紧的财政政策和货币政策——稳健的财政政策、稳健的货币政策”的变化。两种政策组合变化的依据就是我国经济近几年出现的明显的失衡。我国从1998年开始实行积极的财政政策和稳健的货币政策的组合。这两种政策的搭配一方面带来了我国经济最近几年的持续的高速发展，另一方面却带来了经济比过去更大的失衡：由政府驱动的投资过热、重复建设、高消耗、高污染、出口猛增、外资大量流入、外汇储备急剧增加。针对这种情况，2003年下半年中央提出了“适度从紧、有保有压”的宏观调控措施。但是，整个经济发展的过热的势头并没有有效地遏制。于是2005年年初中央提出了财政政策和货币政策的“双稳健”的政策搭配。然而，由于政府主导的投资过热并没有完全消退，投资高增长的惯性还不可能马上停止，国际收支的“双顺差”还未下降，因此，2006 年继续实行财政政策和货币政策的“双稳健”的组合。我们认为，只要现在的经济的内部失衡和外部失衡没有根本好转，“双稳健”的政策搭配就应该继续下去，而不应该经济某些方面有所好转就改变这种政策的组合。

4. 货币政策内部的货币数量政策和货币价格政策（利率政策和汇率政策）的协调。我们曾经在 2004 年和 2005 年研究过开放经济条件下中国货币政策的内在矛盾。我们的结论是：货币数量政策和货币价格政策（利率政策和汇率政策）协调一致时，就有利于货币政策目标的实现；反之，当它们不协调时，就不利于货币政策目标的实现；而现阶段我国货币政策内部的不协调主要表现为汇率政策与货币数量政策和利率政策的不协调；为了通过货币政策优化配置生产资源，我国中央银行应该从对货币数量的调控向对货币价格的调控转变，或者在一定时期之内把两者结合起来对经济进行宏观金融调控。

参考文献

中文部分

[1] 何泽荣：《国际金融原理》（第三版），成都，西南财经大学出版社，2004。
[2] 何泽荣等：《中国国际收支研究》，成都，西南财经大学出版社，1998。
[3] 钱纳里等：《工业化和经济增长的比较研究》，中文版，上海，上海三联书店、上海人民出版社，1995。
[4] [美] 克鲁格：《发展中国家的贸易与就业》，中文版，上海，上海三联书店、上海人民出版社，1995。
[5] [英] 萨诺、泰勒：《汇率经济学》，中文版，成都，西南财经大学出版社，2006。
[6] [美] 弗里德曼、本·M. 哈恩、弗·H.：《货币经济学手册》，中文版，第2卷，北京，经济科学出版社，2002。
[7] [美] 伊林斯基、卡：《金融物理学——非均衡定价中的测量建模》，中文版，北京，机械工业出版社，2003。
[8] [英] 约翰·伊特韦尔等：《新帕尔格雷夫货币金融大辞典》，中文版，第2卷，北京，经济科学出版社，2000。
[9] 中华人民共和国国家统计局：《中国统计年鉴 2005》，北京，中国统计出版社，2005。
[10] 国际货币基金组织：《国际收支手册》（第四版），中文版，北京，中国金融出版社，1988。
[11] 国际货币基金组织：《国际收支手册》（第五版），中文版，北京，中国金融出版社，1994。
[12] 王潼：《中国国际收支》，北京，中国经济出版社，2005。
[13] [美] Salvatore：《国际经济学》，中文版，北京，清华大学出版社，1998。
[14] 中华人民共和国商务部：《中国对外直接投资公报（非金融部分）》，http: //fec.mofcom.gov.cn/aarticle/gonggl/gebtt/200509/20050900377913.html，2005－09－09。
[15] 王绍媛：《中国对外贸易》，大连，东北财经大学出版社，2002。
[16]《巴塞尔委员会征求意见稿：巴塞尔新资本协议概述》，载《金融时报》，2003－05－15（5）。
[17] 林毅夫：《可口可乐罐装系统对中国经济的影响》，载《中国经济研究中心内部讨论稿系列 NO.C200001》，2000年。
[18] 张婉洁、臧旭恒：《试析外资流入对我国通货膨胀的影响》，载《经济研究》，1995（9）。
[19] 姚洋：《非国有经济成分对我国工业企业技术效率的影响》，载《经济研究》，1998（12）。
[20] 张帆、郑京平：《跨国公司对我国经济结构和效率的影响》，载《经济研究》，1999（1）。
[21] 何泽荣、何军：《中国货币政策：1994—2003》，载《经济学家》，2004（1）。
[22] 何泽荣、徐艳、傅瑜：《人民币汇率机制改革对四川出口的影响与对策》，载《四川省

情》，2005（9）。

[23] 徐艳、何泽荣：《开放经济条件下中国货币政策的内在矛盾》，载《中央财经大学学报》，2005（1）。

[24] 郭树清：《中国经济均衡发展需要解决的若干特殊问题》，载《比较》，2004（15）。

[25] 白明：《入世后中国经济首次宏观调控的外部效应分析》，载《世界经济研究》，2004（10）。

[26] 何帆：《中国经济面临内外失衡　改革成果可能毁于一旦》，载《郎咸平网络文摘》，2005-02-15。

[27] 孙立坚：《合理的汇率制度一定要保证内外均衡吗?》，复旦大学金融研究院系列文章，2004-01-24。

[28] 张斌：《内外兼修降低巨额贸易顺差》，载《中国证券报》，2006-01-20（2）。

[29] 王冷一、王健：《国际热钱中国套利不会得逞》，http：//shwomen.eastday.com/epublish/gb/paper92/20030927/class009200003/hwz1283990.htm，2005-09-27。

[30] 杜艳、周迪伦：《"经常项目下"的热钱通道》，http：//www.chinamoney.com.cn/content/zongheng/yanjiu/whsc/200309/111G0OCR043297.htm，2003-09-10。

[31] 徐炯：《德意志银行：人民币篮子美元比重逾九成》，http：//www.nanfangdaily.com.cn/jj/20051128/jr/200511280041.asp，2005-11-28。

[32] 安明静：《中国对非法跨境"热钱"宣战》，http：//www.yangtse.com/gb/content/2003-09/26/content 206311.htm，2003-09-26。

[33]《大批热钱涌入香港，任志刚妙手狠杀金融炒家》，http：//news.xinhuanet.com/house/2003-10/17/content-1128134.htm，2003-10-17。

[34] 罗伟忠：《实现内外平衡　破解高外汇储备和人民币升值困局》，中国经济网，2006-01-26。

[35]《何以关注"热钱"》，http：//www.chinamoney.com.cn/content/zongheng/jiaodian/200309/111L0P2H043764.htm，2003-09-15。

[36]《基金组织对新资本协议意见和建议》，载《金融时报》，2003-09-09（4）。

[37]《"热钱"——考验中国金融应变力》，http：//202.108.40.100/content/zongheng/jiaodian/200311/41370SIU044766.htm，2003-11-12。

[38]《"热钱"渗透，房地产再次成热钱旋风中的虚拟主角》，http：//news.soufun.com/2003-09-28/200856.htm，2003-09-28。

[39]《400亿"热钱"进中国，人民币目前绝不能升值》，http：//202.108.40.100/content/waihui/yaowen/gnyw/200309/611M0RJ0043949.htm，2003-09-16。

[40]《外管局称"热钱"流入有限，将随时准备严厉打击》，http：//www.chinanews.com.cn/n/2003-09-23/26/349689.html，2003-09-23。

[41]《外管局负责人说：净误差与遗漏不等于"热钱"》，http：//202.108.40.100/content/waihui/yaowen/gnyw/200310/112H0OOJ042278.htm，2003-10-17。

[42]《中国不是热钱的温床》，http：//202.108.40.100/content/zongheng/guonei/200309/311T13QE044800.htm，2003-09-23。

[43]《周小川：当前强调稳定　热钱投机中国很可能失败》，http：//news.xinhuanet.com/for-

tune/2003 - 09 - 04/content 1062468.htm，2003 - 09 - 04。
[44]《周小川详解一篮子货币内涵》，载《金融时报》，2005 - 08 - 11（1）。
[45]《胡祖六：宏观调控的五个“反思”》，http：//www.chinanews.com.cn/news/2005/2005 - 04 - 08/26/560715.shtml，2005 - 04 - 08。
[46]《经济面临内外失衡　中国重蹈日失败路》，http：//www.torontocn.com/index-read-news.asp？id = 89067&address = 3115，2005 - 10 - 17。
[47]《治标治本并举内外均衡兼顾》，http：//finance.sina.com.cn/review/20051014/01332031891.shtml，2005 - 10 - 14。
[48] 郑鸣鸣：《中国经济呈现“W”形轨迹》,http://news.hexun.com/detail.aspx？id = 1379196，2005 - 10 - 27。
[49]《中国经济平稳较快增长的背后失衡问题仍需关注》，http：//finance.icxo.com/html-news/2005/12/20/741768.htm，2005 - 12 - 22。
[50]《统计局总经济师：贸易顺差给中国经济带来大问题》，http：//finance.people.com.cn/GB/1037/3967670.html，2005 - 12 - 23。
[51] 韩红梅：《健康发展的我国外向型经济——97 中国国际收支述评》，载《中国外汇管理》，1998（2）。
[52] 胡继红：《1998 年中国国际收支状况分析》，载《中国外汇管理》，1999（7）。
[53] 本刊评论员：《宏观调控综合效应带来涉外经济健康发展——1999 年中国国际收支述评》，载《中国外汇管理》，2000（7）。
[54] 国家外汇管理局：《2000 年中国国际收支状况分析报告》，载《中国外汇管理》，2001（6）。
[55] 专稿：《由表及里：2001 年中国国际收支解读》，载《中国外汇管理》，2002（6）。
[56] 专稿：《问答 2002 年中国国际收支平衡表》，载《中国外汇管理》，2003（7）。
[57] 专稿：《问答 2003 年中国国际收支平衡表》，载《中国外汇管理》，2004（6）。
[58] 专稿：《问答 2004 年中国国际收支平衡表》，载《中国外汇管理》，2005（7）。
[59] 王国安、杨军安：《我国服务贸易现状分析》，载《国际贸易问题》，2005（9）。
[60] 孙杰：《中国银行黄金储备市场交易概况》，载《中国外汇管理》，1996（3）。
[61] 周洁卿：《论我国黄金储备适度规模及其实现途径》，载《上海金融》，2005（11）。
[62] 钟伟：《持续的双顺差有喜亦有忧》，载《中国外汇管理》，2003（7）。
[63] 者贵昌：《中国国际储备的分析与研究》，载《国际金融研究》，2005（5）。
[64] 胡晓炼、戴满有：《中国外汇储备：50 年巨变的历史轨迹及其经营管理之路》，载《中国外汇管理》，1999（10）。
[65] 管涛：《解读国际收支平衡表中的净误差与遗漏项目》，载《中国外汇管理》，2003（7）。
[66] 朱孟楠、郭春送、陈意：《对我国国际收支错误与遗漏项目问题的研究》，载《金融与经济》，2004（2）。
[67] 徐艳、何泽荣：《蒋硕杰汇率理论及其对中国大陆的启示》，载《台湾研究集刊》，2005（3）。
[68] 窦祥胜等：《中国国际储备需求的理论与实证分析》，载《统计研究》，2005（10）。
[69] 程刚：《专家评说中国外汇储备　高储备带来巨大机会成本》，载《环球时报》，2006 -

01－18（3）。

[70] 江瑞平：《美元资产面临再度暴跌　中国5千亿外汇储备临渊》，载《中国经营报》，2004－11－22（2）。

[71]《邱晓华：中国外汇储备并未过剩》，http：//www.china.org.cn/chinese/ch－yuwai/247919.htm，2002－12－07。

[72] 邢译天：《弱势美元导致中国外汇储备“蒸发”400亿美元》，http：//finance.beelink.com.cn/20041125/1732083.shtml，2004－11－25。

[73] 王皓宇：《外汇储备急剧增加　央行货币冲销压力加大》，http：//bond.money.hexun.com/detail.aspx？sl=1890&id=874488，2004－10－20。

[74]《我国外汇储备增加　加大货币政策操作难度》，http://news.xinhuanet.com/stock/2005－01－24/content-2500200.htm，2005－01－24。

[75] 韩瑞芸：《央行每年亏掉150亿　中国外汇储备被指成本太高》，http：//hlj.rednet.com.cn/Articles/2004/11/636902.HTM，2004－11－24。

[76] 刘铮、刘菊花：《中国GDP：13年跨越10个万亿元台阶》，http：//news.xinhuanet.com/newscenter/2004－09/28/content 2041893.htm。

[77] 王永志：《中国GDP历史数据修订结果揭晓　25年年均增9.6%》，http：//news.xinhuanet.com/fortune/2006－01－09/content-4028282.htm，2006－01－09。

[78]《中国外汇储备6099亿美元不过剩　业内人士解原因》，http：//cn.biz.yahoo.com/050131/2/7qfh.html，2005－01－31。

[79] 于春萍：《浅析中国对外贸易商品结构及其对经济发展的影响》，对外经济贸易大学国际贸易专业硕士论文，2004。

[80] 高崇：《我国服务贸易国际竞争力研究》，浙江大学国际贸易专业硕士论文，2003。

[81] 周兴：《国际收支与外汇储备》，对外经济贸易大学金融专业硕士论文，2004。

[82] 张贵宾：《外国直接投资对中国经济影响的实证分析》，西南财经大学金融学专业硕士论文，2002。

英文部分

[83] Beja，Jr.（2005）Capital Flight：Meanings and Measures，In Capital Flight and Capital Controls in Developing Countries，Edited by Gerald Epstein，Edward Elgar，2005.

[84] Blecker，R.（2002）The Balance of Payments－Constrained Growth Model and the Limits to Export－Led Growth，In P. Davidson，ed.，A Post Keynesian Perspective on Twenty－First Century Economics Problems，Edward Elgar.

[85] Daniels，J.P. and VanHoose，D.，《International Monetary and Financial Economics》，3ed，高等教育出版社，2005。

[86] Handa，J.，Monetary Economics，Routledge，2000.

[87] Obstfeld and Rogoff，Foundations of International Macroeconomics，MIT Press，1996.

[88] Alesina，Alberto and Alexander Wagner（2003）Choosing（and Reneging on）Exchange Rate Regimes.，NBER Working Paper No.9809，2003.

[89] Aizenman，J.，International Reserves，Prepared for The New Pal grave Dictionary of Economics，

2nd edition, 2005.

[90] Axel Merk, China 's Basket of Currencies Impacts Trading Partners, file //J : \ Safe Haven China 's Basket of Currencies Impacts Trading Partners.htm, August 12 ,2005.

[91] Baily, M.N., Farrell, D., and Lund, S., The Color of Hot Money, [N] Foreign Affairs, March/April 2000.

[92] Bordo, Michael D., Exchange Rate Regime Choice in Historical Perspective., NBER /Working Paper No.9654, 2003.

[93] Bruno, M., Estimation of Factor Contribution to Growth under Structural Disequilibrium, International Economic Review 9, 1968.

[94] Calvo Guillermo and Frederic Mishkin, the Mirage of Exchange Rate Regimes for Emerging Market Countries, NBER Working Paper No.9808, 2003.

[95] Dr.John Rutledge Blog, China 's New Currency Basket, file //J : \ Dr _ John Rutledge Blog China 's New Currency Basket.Htm, July 21, 2005.

[96] Dunaway, S.and Li, X., Estimating China 's "Equilibrium" Real Exchange Rate, IMF Working Paper No.202, 2005.

[97] Dvornak, N., eds, Australia 's Medium – Run Exchange Rate: A Macroeconomic Balance Approach,Research Discussion Paper 2003 – 3, Reserve Bank of Australia, 2003.

[98] Edwards, Sebastian, the Great Exchange Rate Debate after Argentina, NBER Working Paper No.9257, 2002.

[99] Eichengreen, Bary, International Monetary Arrangements for the 21st Century, Washington, DC: Brookings Institution, 1994.

[100] Feder, G., On Exports and Economic Growth, Journal of Development Economics 12, No.1, 1982.

[101] Feldstein, M.and Horioka, C., Domestic Saving and International Capital Flows, Economic Journal 90, 1980.

[102] Felipe, J.and Lim, Export or Domestic Demand – Led Growth in Asia, ERD Working Paper No.69, Asian Development Bank, 2005.

[103] Fishcher, Stanley and Ratna Sahay, the Transition Economics After Ten Years, IMF Working Paper 00/30, 2002.

[104] Fleming, Marcus.Domestic Financial Policies Under Fixed and Floating Exchange Rates, IMF Staff Papers 9 (March).

[105] Flood, R.and Marion, P.N., Holding International Reserves in an Era of High Capital Mobility, in Collins S.M.and Rodrik D., Editors, Brookings Trade Forum 2001, Brookings Institution Press, 2002.

[106] Frankel, Jeffrey, No Single Exchange Rate Regime is Right for All Countries or All Times, Essays in International Finance, Princeton University Press, 1999.

[107] Frankel, J., Jovanovic, B., Optimal International Reserves: A stochastic Framework, Economic Journal 91, 1981.

[108] Frankel, Jeffrey ,"Experience of Lessons from Exchange Rate Regimes in Emerging Economies",

NBER Working Paper No.10032, 2003.

[109] Ghosh, Atish, Anne – Marie Gulde, and Holger Wolf, Currency Boards: The Ultimate Fix?, International Monetary Fund. Revised as Currency Boards: More than a Quick Fix?, Economic Policy, 31 (October): pp.270 ~ 335, 2000.

[110] IMF, World Economic Perspectives, 2005.

[111] IMF, "IMF Annual Report", 2003, 2005.

[112] Isard, P. and Faruqee, H., eds, Exchange Rate Assessment: Extensions of the Macroeconomic Balance Approach, IMF Occasional Paper No.167, 1998.

[113] Isard, P., eds, Methodology for Current Account and Exchange Rate Assessments, IMF Occasional Paper No.209, 2001.

[114] Kenen, P., "the Theory of Optimum Currency Areas: An Electic View" in R.A.Mundell and A.Swoboda (eds.), Monetary Problems in the International Economy, University of Chicago Press, 1969.

[115] Levy – Yeyati, Eduardo, and Federico Sturzeneger, Classifying Exchange Rate Regimes: Deeds vs. Words, mimeograph, Universidad Torcuato Di Tella, 2002.

[116] Mark M. Spiegel, A Look at China 's New Exchange Rate Regime, File: //J : \ A Look at China 's New Exchange Rate Regime (2005 – 23, 9 – 9 – 2005) .htm.

[117] Mckinnon, R.I., Optimum Currency Areas, American Economic Review, 53, 1963Michalopoulos, Constantine and Jay, Keith (1973) Growth of Exports and Income in the Developing World: A neoclassical view, AID discussion paper No.28.

[118] Mundell, Robert, Theory Optimum Currency Areas, American Economic Review vol.51 (November): pp.509 ~ 517, 1961.

[119] Mundell, Robert, Capital Mobility and Stabilization Policy Under Fixed and Flexible Exchange Rates, Canadian Journal of Economics and Political Science, 29 (No.4) pp.457 – 485, 1963.

[120] Mussa, Michael, Nominal Exchange Rate Regimes and the Behavior of Real Exchange Rates: Evidence and Implications, Carnegie – Rochester Conference Series on Public Policy25: pp.117 ~ 213, 1986.

[121] Mussa, Michael etc, Exchange Rate Regimes in an Increasingly Integrated Word Eonomy, IMF Occasional Paper No.193, 2000.

[122] Obstfeld, M. and Rogoff, K., Foundations of International Macroeconomics, MIT Press, 1996.

[123] Palley, J.I., A New Development Paradigm: Domestic Demand – Led Growth. Why It is Needed & How to Make it Happen, Foreign Policy in Focus, 2002.

[124] Poole, William, Optimal Choice of Monetary Policy Instruments in a Simple Stochastic Macro Model, Quarterly Journal of Economics 84 (2): pp.197 ~ 216, 1970.

[125] Prasad, E. and Wei, Shang – Jin, The Chinese Approach to Capital Inflows: Patterns and Possible Explanations, NBER Working Paper No.11306, 2005.

[126] Raghavan, C., Tackle "Hot Money" at Source, [N] http: //www.twnside.org.sg.

[127] Reinhart, Carmen. M and Kenneth S. Rogoff, the Modern History of Exchange Rate Arrange-

ment: A Reinterpretation, NBER Working Paper No.8963, 2002.

[128] Sarno, Lucio and Mark P.Taylor , the Economics of Exchange Rates, Cambridge University Press, 2003.

[129] TAC – Applied Economic Financial Research, Assessing The Composition of The Chinese Currency Basket, www.tac – financial.com, September 2005.

[130] TAC – Applied Economic Financial Research, Assessing the Composition of The Chinese Currency Basket, An update at the end of October 2005, www.tac – financial.com.

[131] Tenorio, A.S., "Hot Money" Inflows Increase on Interest for Govt Debt, [N] Business, July 11, 2003.

[132] The American Heritage Dictionary of the English Language, (4th ed) [M] 2000.

[133] We Can Stop the Hot Money Casino, [N] http: //www.web.net.

[134] Wren – Lewis S.and Driver, R., Real Exchange Rates for the Year 2000, Institute for International Economics, 1998.

后　记

《中国转型期国际收支研究》得到了西南财经大学“十五”、“211 工程”的资助。

全书由邹宏元教授、何泽荣教授组织并参加编写。

参加本书编写的西南财经大学博士生有：文博（第一章）、王晓东（第二章）、徐艳（第四章）、何军（第六章）、傅瑜（第七章）。

参加本书编写、打印、校对和资料查阅的西南财经大学硕士生有：王春伟、赵春梅、江婧、刘柯椤、刘莉莎等。

在本书的编写过程中，我们阅读了大量的参考文献，但是在本书后面只列出了主要的参考文献目录。对我们所参考的所有文献的作者，我们在此表示衷心的感谢。

另外，我们要特别感谢中国金融出版社和本书的责任编辑，是他们的努力使本书得以顺利出版。

作者

2006 年 3 月